Beiträge zur historischen Theologie

Herausgegeben von

Albrecht Beutel

121

Christopher Voigt

Der englische Deismus in Deutschland

Eine Studie zur Rezeption englisch-deistischer Literatur
in deutschen Zeitschriften und Kompendien
des 18. Jahrhunderts

Mohr Siebeck

Christopher Voigt, geboren 1972; Studium der evangelischen Theologie: 1991–1993 in Frankfurt/Main, 1993–94 Cambridge (GB), 1994–1997 Göttingen; 2001 Promotion in Göttingen; ab 2001 Vikar der Evangelischen Kirche in Hessen und Nassau.

Gedruckt mit Unterstützung des Förderungs- und Beihilfefonds Wissenschaft der VG WORT.

ISBN 3-16-147872-X
ISSN 0340-6741

Die Deutsche Bibliothek verzeichnet diese Publikation in der Deutschen Nationalbibliographie; detaillierte bibliographische Daten sind im Internet über *http://dnb.ddb.de* abrufbar.

© 2003 J.C.B. Mohr (Paul Siebeck) Tübingen.

Das Buch wurde von Gulde-Druck in Tübingen aus der Bembo-Antiqua gesetzt, auf alterungsbeständiges Werkdruckpapier gedruckt und von der Buchbinderei Spinner in Ottersweier gebunden.

Vorwort

Die vorliegende Studie ist von der Theologischen Fakultät der Georg-August-Universität Göttingen im Sommersemester 2001 als Inauguraldissertation im Fach Kirchengeschichte angenommen worden. Für den Druck wurde sie leicht überarbeitet.

Prof. Dr. Martin Ohst und Prof. Dr. Ekkehard Mühlenberg haben die Entstehung dieser Arbeit begleitet und unterstützt. Für ihre vorbildliche Betreuung danke ich ihnen ganz herzlich.

Die Mitarbeiterinnen und Mitarbeiter der SUB Göttingen und der Arbeitsstelle „Zeitschriftenindex des 18. Jahrhunderts" haben mir in der Beschaffung der Quellen oft geholfen. Dafür danke ich ihnen sehr.

Das Evangelische Studienwerk Villigst e.V. hat die Arbeit durch ein Doktorandenstipendium gefördert: Vielen Dank. Prof. Dr. Dietz Lange hat meine Bewerbung zu diesem Stipendium mit einem Gutachten unterstützt. Nicht nur dafür danke ich ihm herzlich.

Für Korrekturen danke ich: Dr. Kai Bremer, Stefanie Frost, Ralf Haekel, Friedrich Ley, Mareike Rake, Matthias Wilke und Christian Witt.

Ich danke Prof. Dr. Albrecht Beutel für die Aufnahme der Arbeit in diese Reihe. Ganz besonders danke ich meinen Freunden.

Angelburg, März 2003   Christopher Voigt

Inhaltsverzeichnis

Abkürzungsverzeichnis

AdB	Allgemeine deutsche Bibliothek
AE	Acta Eruditorum
AE Suppl.	Acta Eruditorum Supplementa
ATB	Auserlesene Theologische Bibliothek
DAE	Deutsche Acta Eruditorum
FoSa	Fortgesetzte Sammlung
HIRSCH I–V	Emanuel Hirsch, Geschichte der neuern evangelischen Theologie im Zusammenhang mit den allgemeinen Bewegungen des europäischen Denkens, neu hg. und eingeleitet von Albrecht Beutel, 5 Bde. (= GW 5–9), Waltrop 2000 (zuerst Gütersloh 1949–54)
JÖCHER	Christian Gottlieb Jöcher (Hg.), Allgemeines Gelehrten-Lexicon, Theil 1–4, Leipzig 1750–1751 (ND Hildesheim 1960)
JÖCHER/ADELUNG	Christian Gottlieb Jöcher/Johann Christoph Adelung (Hrsg.), Fortsetzung und Ergänzungen zu Christian Gottlieb Jöchers allgemeinem Gelehrten Lexicon, 7 Bde., Leipzig 1784–1897 (ND Hildesheim 1961)
LECHLER	Gotthard Victor Lechler, Geschichte des englischen Deismus. ND der Ausgabe Stuttgart-Tübingen 1841. Mit einem Vorwort und bibliographischen Hinweisen von Günter Gawlick, Hildesheim 1965
LILIENTHAL	Michael Lilienthal, Theologische Bibliothec, das ist, richtiges Verzeichnis, zulängliche Beschreibung der dahin gehörigen vornehmsten Schriften welche in Michael Lilienthals ... Bücher-Vorrath befindlich sind. Stück 1–10, Königsberg 1741
MEUSEL	Johann Georg Meusel, Lexikon der vom Jahr 1750–1800 verstorbenen teutschen Schriftsteller, 15 Bde., Leipzig 1802–1816
NhB	Nachrichten von einer hallischen Bibliothek
NmB	Nachrichten von merkwürdigen Büchern
NAE	Nova Acta Eruditorum
NNZ	Niedersächsische Neue Zeitungen von gelehrten Sachen
NZvGS	Neue Zeitungen von gelehrten Sachen
THORSCHMID I–IV	Urban Gottlob Thorschmid, Versuch einer vollständigen Engelländischen Freydenker-Bibliothek, in welcher alle Schriften der berühmtesten Freydenker nach ihrem Inhalt und Absicht, nebst Schutzschriften für die Christliche Religion aufgestellet werden, Theil 1–2, Halle 1765–1766, Theil 3–4, Cassel 1766–1767
UN	Unschuldige Nachrichten
ZEDLER	Johann Heinrich Zedler (Hg), Großes vollständiges Universal-Lexicon aller Wissenschaften und Künste, 64 Bde., Leipzig und Halle 1732–1754

Alle weiteren Abkürzungen nach SIEGFRIED M. SCHWERTNER, Theologische Realenzyklopädie. Abkürzungsverzeichnis, Berlin/New York 1994[2].

Abbildungsnachweis

Einleitung

Der Marburger Dogmenhistoriker Wilhelm Münscher hat 1798 auf die Veränderungen der protestantischen Theologie in dem gerade auslaufenden Jahrhundert
zurückgeblickt und deren Besonderheit bedacht.[1] Das hervorstechende Merkmal
hat er in der beschleunigten Veränderungsdynamik gesehen, die die gesamte protestantische Theologie ergriffen habe und die den qualitativen Unterschied der jüngsten Entwicklung zu allen vorigen ausmache.[2] Aus den Faktoren, die in der deutschen protestantischen Theologie seit der Reformation wirksam geworden sind,
konnte sich Münscher die besondere Entwicklung seiner Zeit allein nicht erklären.
Hierfür hat er ausländische Einflüsse herangezogen, auf denen die deutsche Theologie aufbaute.[3] In der gedanklichen Amalgamierung der verschiedenen Faktoren
entsteht nach Münscher die explosive Konstellation, die mit der Einführung einer
weitreichenden Pressefreiheit und Freiheit der Meinungsäußerung unter Friedrich
II. die protestantische Dogmatik in ihre neue Gestalt gießt.[4] Als erstgenannter und
wichtigster Größe hat Münscher „dem von England aus verbreiteten Deismus einen Einfluß auf die deutsche Dogmatik" zugesprochen.[5]

Münschers Interpretation der theologischen Entwicklung des 18. Jahrhunderts
ist in ihren Grundlinien von der protestantischen Theologiegeschichtsschreibung
und Neuzeittheorie bis weit in das 20. Jahrhundert aufgenommen worden.[6] Mit

---

[1] WILHELM MÜNSCHER, Versuch einer historischen Entwicklung der Ursachen und Veranlassungen, durch welche die Dogmatik in dem protestantischen Theile von Deutschland seit der letztern Hälfte des gegenwärtigen Jahrhunderts eine neue Gestalt erhalten hat, in: CARL FRIEDRICH
STÄUDLIN (Hg.), Beiträge zur Philosophie und Geschichte der Religion und Sittenlehre überhaupt und der verschiedenen Glaubensarten und Kirchen insbesondere. Vierter Band, Lübeck
1798, 1–50.

[2] Ebd., 4f.: „Zwar hat die Dogmatik beständige Veränderungen und auch manche schnelle Abwechslungen erfahren; allein eine Umwandlung von einem solchen Umfang und dabey mit solcher Schnelligkeit bewirkt, ohne daß sie doch eine förmliche Trennung in abgesonderte Partheyen nach sich gezogen hätte, ist einzig in ihrer Art".

[3] Ebd., 38: „Indeß würde alles dieses nicht so schnell und so auffallend erfolgt seyn, wenn die
Deutschen nicht ausländische Vorarbeiten benutzt hätten, und durch sie unvermerkt weiter geführt worden wären, als sie anfangs selbst dachten". Vgl. die gesamte Skizze von Melanchthon an:
ebd., 8–37.

[4] Ebd., 44–50.

[5] Ebd., 38f.

[6] Ludwig Gieseler hat sie in sein Lehrbuch der Kirchengeschichte integriert und damit ihre
Breitenwirksamkeit ermöglicht: JOH. CARL LUDW. GIESELER, Kirchengeschichte des achtzehnten
Jahrhunderts. Von 1648–1814. Aus dem Nachlass hg. v. E.R. Redepenning, Bonn 1857 (= Lehrbuch der Kirchengeschichte, 4. Band), 223f. Eine Geschichte der materialen Neuzeitdeutungen

dem prägnanten Begriff der „Umformungskrise"[7] wird gängig der Prozess bezeichnet, der – im 18. Jahrhundert ansetzend – eine Gestalt der protestantischen
Theologie hervorbringt, die sich zu ihren Vorläufern in qualitativer Diskontinuität
verhält. Für Deutschland gilt die Entstehung der sogenannten ‚Aufklärungstheolo-
gie' ab ungefähr 1740 als erstes Anzeichen dieser Entwicklung. Dabei ist es durchaus üblich, im Einfluss des englischen Deismus einen nachhaltigen Impuls für die
aufgeklärte Umformung der Theologie zu sehen. Fast 200 Jahre nach Münscher hat
Wolfhart Pannenberg diese Ansicht feststellend wiederholt: „Die Entwicklung der
deutschen evangelischen Theologie des 18. Jahrhunderts ist weitgehend als Verarbeitung der vom englischen Deismus ausgehenden, wenn auch nur zögernd angenommenen Anregungen zu verstehen".[8]

Der konstatierten theologiegeschichtlichen Tatsache des Einflusses des englischen Deismus steht indes keine entsprechende Beschäftigung mit ihr zur Seite. Die
Inkongruenz von interpretativer Inanspruchnahme des 18. Jahrhunderts mitsamt
dessen theologischer Bewertung einerseits und der theologiegeschichtlichen Erforschung dieser Periode andererseits ist in der protestantischen Theologie bekannt.[9]
Diese lapidare Beobachtung zeigt schlaglichtartig ein zentrales Problem theologischer Aufklärungsforschung an, das sich in der Frage nach dem Einfluss des englischen Deismus exemplarisch verdichtet: die theologische Historiographie ist in ihrer Konstruktion der Veränderungsprozesse des 18. Jahrhunderts von Interpreta-
menten und Auslegungen geprägt, deren historische Erschließungskraft traditionell
für selbstverständlich genommen wird, die aber einer Überprüfung und Ausarbei-

der protestantischen Theologie gibt es nicht. Für die Entstehung der im 20. Jahrhundert heftig
umkämpften ‚Neuprotestantismus'-Konzepte dürfte hier weitere Klärung zu erhoffen sein. Zu
diesen Konzepten vgl. CHRISTIAN ALBRECHT, Historische Kulturwissenschaft neuzeitlicher Christentumspraxis. Klassische Protestantismustheorien in ihrer Bedeutung für das Selbstverständnis
der Praktischen Theologie, Tübingen 2000 (BHTh 114).

[7] HIRSCH I, 11, passim.

[8] WOLFHART PANNENBERG, Problemgeschichte der neueren evangelischen Theologie in
Deutschland. Von Schleiermacher bis zu Barth und Tillich, Göttingen 1997 (UTB 1979), 35.

[9] Kurt Nowak hat nun die Grundzüge der theologischen Erforschung der Aufklärungszeit
nach 1945 vorgestellt: KURT NOWAK, Vernünftiges Christentum? Über die Erforschung der Aufklärung in der evangelischen Theologie seit 1945, Leipzig 1999 (ThLZ.F 2). Neben Nowaks for-
schungsgeschichtlichem Zugang scheint als weiterer hemmender Faktor auch ein theologiepoliti-
scher Grund in Anschlag zu bringen zu sein. Da die ‚Aufklärung' traditionell mit westeuropäi-
schen Einflüssen verbunden ist, hat sie sich nicht zu einer Tradition qualifiziert, an die die deutsche
evangelische Theologie im Nachkriegsdeutschland mit ihren Orientierungssorgen unmittelbar
anknüpfen konnte (siehe die Bemerkungen von KLAUS SCHOLDER, Grundzüge der theologischen
Aufklärung in Deutschland, in: Geist und Geschichte der Reformation, FS Hanns Rückert, Berlin 1966 [AKG 38], 460–486, bes. 461, und dazu die treffenden Beobachtungen von WALTER
SPARN, Vernünftiges Christentum. Über die geschichtliche Aufgabe der theologischen Aufklärung
im 18. Jahrhundert in Deutschland, in: RUDOLF VIERHAUS [Hg.], Wissenschaften im Zeitalter der
Aufklärung, Göttingen 1985, 18–57, 19f.; zur theologiepolitischen Orientierung im Nachkriegsdeutschland vgl. HARTMUT RUDDIES, Protestantische Identität und die Einheit Europas. Bemerkungen zur Europadebatte im deutschen Protestantismus nach 1945 und 1989, in: WOLFGANG
GREIVE/DIETRICH KORSCH [Hrsg.], Ist Europa nur ein Wirtschaftsraum? Fragen zur geistigen und
kulturellen Dimension Europas aus protestantischer Sicht, LoPr 10 [1995], 27–44, bes. 33–36).

tung allererst noch harren.[10] Angesichts der Komplexität der theologischen Situation des 18. Jahrhunderts empfiehlt sich für solche Bearbeitungen ein enger heuristischer Fokus. So auch in der vorliegenden Studie, deren Fragestellung nun im Zusammenhang mit den vorhandenen forschungsgeschichtlichen Anstößen zu präzisieren ist.

1. Die Fragestellung im Kontext forschungsgeschichtlicher Impulse

Die vorliegende Arbeit untersucht die Rezeption englisch-deistischer Literatur in Deutschland auf der Grundlage von Nachrichten und Rezensionen in deutschen gelehrten und theologischen Zeitschriften zwischen 1696 und 1750, um darauf aufbauend die Deutung dieser Literatur in den entstehenden Kompendien der 1750er und 1760er Jahre nachzuzeichnen.

Damit ist wesentlich der Quellenbestand in den Blick genommen, den August Tholuck 1839 für seine Überlegungen zur Rezeption des englischen Deismus in Deutschland herangezogen hat. Tholuck hat auf Urban Gottlob Thorschmids *Versuch einer vollständigen Engelländischen Freydencker-Bibliothek* (1765–67) zurückgegriffen und das hier zu findende Material zu einem aufgefächerten Bild einer eingehenden Deismusrezeption geformt, bei dem die Zeitschriften unter anderen Einflussfaktoren zu stehen kommen: „Schon seit dem Anfange des 18ten Jahrhunderts wurden die englischen Deisten theils durch deutsche Uebersetzungen (wiewohl dies spärlich), theils durch das Mittel französischer Übersetzungen, theils durch die Widerlegungsschriften, theils durch ausführliche Auszüge in den Deutschen Zeitschriften, … vielfach in Deutschland bekannt".[11] Tholuck selbst hat später die Zuspitzung dieses formalen Bildes auf die Zeitschriften als *ausschlaggebende* Transmissionsinstanz gefördert.[12] Bereits Wilhelm Gaß ist auf Tholuck aufbauend dieser Tendenz gefolgt, die dann bis in das 20. Jahrhundert Schule gemacht hat.[13] Tho-

---

[10] Eine notwendige Differenzierung überlieferter Deutemuster haben jüngst ins Auge gefasst: Konrad Hammann, Universitätsgottesdienst und Aufklärungspredigt. Die Göttinger Universitätskirche im 18. Jahrhundert und ihr Ort in der Geschichte des Universitätsgottesdienstes im deutschen Protestantismus, Tübingen 2000 (BHTh 116), 15–23; Hans-Martin Kirn, Deutsche Spätaufklärung und Pietismus. Ihr Verhältnis im Rahmen kirchlich-bürgerlicher Reform bei Johann Ludwig Ewald (1748–1822), Göttingen 1998 (AGP 34), 11–22.

[11] August Tholuck, Abriß einer Geschichte der Umwälzung, welche seit 1750 auf dem Gebiete der Theologie in Deutschland statt gefunden, in: ders., Vermischte Schriften größtentheils apologetischen Inhalts. Zweiter Theil, Hamburg 1839, 1–147, 24. Thorschmid wird genannt ebd., 25.

[12] August Tholuck, Das kirchliche Leben des siebzehnten Jahrhunderts. Zweite Abtheilung. Die zweite Hälfte des siebzehnten Jahrhunderts, Berlin 1862 (= Vorgeschichte des Rationalismus. Zweiter und letzter Theil: Das kirchliche Leben des siebzehnten Jahrhunderts bis in die Anfänge der Aufklärung), 20.

[13] Wilhelm Gass, Geschichte der Protestantischen Dogmatik in ihrem Zusammenhange mit der Theologie überhaupt. Vierter Band: Die Aufklärung und der Rationalismus. Die Dogmatik der philosophischen Schulen. Schleiermacher und seine Zeit, Berlin 1867, 11. Vgl. auch E.L.Th.

lucks Ausführungen haben dabei noch eine andere Konsequenz gehabt: Als besonders eingängig erwies sich in dieser Interpretationslinie die Betonung der spezifischen Vermittlungsleistung Siegmund Jacob Baumgartens, besonders in seinen Zeitschriften *Nachrichten von einer Hallischen Bibliothek* und *Nachrichten von merkwürdigen Büchern* (1748–1757), die Tholuck angemerkt hatte.[14] Am Ende dieser Linie scheint Baumgarten in seinen Zeitschriften fast im Alleingang den englischen Deismus verbreitet zu haben.[15]

Die Perspektive Tholucks hat Leopold Zscharnack 1908 in seiner Einleitung zu *John Toland's Christianity not mysterious (Christentum ohne Geheimnis)* aufgenommen und bestätigt.[16] Wie Tholuck fast 70 Jahre vor ihm hat Zscharnack Thorschmids *Freydenker-Bibliothek* zum Anlass genommen, aus dem dort versammelten Material eine umfassende deutsche Rezeption – in diesem Fall John Tolands – zu erheben.[17] Ebenfalls wie Tholuck hat Zscharnack sein Quellenmaterial nicht kritisch geprüft, sondern strikt einer ideengeschichtlichen Perspektive untergeordnet. Aus der Anzahl der Veröffentlichungen, die Thorschmid zu Toland gesammelt hatte, schließt Zscharnack: „Es hat hier eine rege Auseinandersetzung mit Tolands Ideen und seiner theologischen Kritik stattgefunden".[18] Wie diese allerdings näher zu charakterisieren ist, hat Zscharnack nicht weiter verfolgt.[19]

Auf einen erheblich differenzierteren Zugang zu den Fragen nach dem englischen Deismus und seiner deutschen Rezeption hat seit den 1960er Jahren der Bochumer Philosoph Günter Gawlick insistiert. In verschiedenen Abhandlungen sowie Einleitungen zu Neudrucken englisch-deistischer Bücher hat Gawlick immer wieder methodische und inhaltliche Probleme reflektiert und lohnende Hinweise gegeben.[20] Mit dem 1987 erschienenen Buch *Hume in der deutschen Aufklärung. Um-*

HENKE, Neuere Kirchengeschichte. Nachgelassene Vorlesungen für den Druck bearbeitet und herausgegeben von W. Gass. Band II. Geschichte der getrennten Kirchen bis zur Mitte des XVIII. Jahrhunderts, Halle 1878, 489; LEOPOLD ZSCHARNACK, Lessing und Semler. Ein Beitrag zur Entstehungsgeschichte des Rationalismus und der kritischen Theologie, Giessen 1905, 30f.; HERMANN HETTNER, Geschichte der deutschen Literatur des achtzehnten Jahrhunderts. 2. Buch: Das Zeitalter Friedrichs des Großen, Braunschweig 1925⁷ (= Literaturgeschichte des achtzehnten Jahrhunderts. In drei Teilen. Dritter Teil), 29f.

[14] THOLUCK, Abriß, 24 Anm. 26. So bereits MÜNSCHER, Versuch, 42.

[15] PANNENBERG, Problemgeschichte, 35.

[16] LEOPOLD ZSCHARNACK, Einleitung, in: ders. (Hg.), John Toland's Christianity not mysterious (Christentum ohne Geheimnis) 1696, Giessen 1908 (SGNP.Q 3), 1–53.

[17] Ebd., 51–53.

[18] Ebd., 52.

[19] Das gesamte Problem des methodischen Ansatzes von Zscharnack wird in den resümierenden Überlegungen seiner Einleitung zu *John Lock's Reasonableness of Christianity (Vernünftigkeit des biblischen Christentums)* deutlich: LEOPOLD ZSCHARNACK, Einleitung, in: ders. (Hg.), John Lock's Reasonableness of Christianity (Vernünftigkeit des biblischen Christentums) 1695, Gießen 1914 (SGNP.Q 4), VII-LXVI, LXVI: „Je weniger man bei ihnen [scil. Lessing und Kant, CV] und anderen an direkte Beeinflussung durch die Lektüre Lockes denken will, desto klarer erscheint Lokkes rationaler Supranaturalismus bzw. supranaturaler Rationalismus samt der dazugehörigen Offenbarungstheorie auch in Deutschland als ein der gesamten Zeit mitgegebenes Ferment".

[20] Vgl. nur die Einleitungen: GÜNTER GAWLICK, Einleitung, in: ANTHONY COLLINS, A Dis-

risse einer Rezeptionsgeschichte, das er zusammen mit Lothar Kreimendahl verfasst hat, sind Maßstäbe gesetzt und Perspektiven geöffnet worden.[21] Die kenntnisgesättigte Behandlung der Rezeptionsdokumente, die hier in einem beeindruckend umfänglichen Maß vorgestellt werden, gibt Einblick in eine weit gefächerte, lebendige intellektuelle Auseinandersetzung. Dabei machen die Ausführungen von Gawlick und Kreimendahl auf verschiedene Problemebenen aufmerksam. So wird einmal deutlich, dass mit der Rezeption der Schriften Humes nicht schlagartig die Größe ‚Hume' und seine Philosophie in Deutschland bekannt werden, sondern die jeweilige Meinungsbildung selektiv durch die Wahrnehmung bestimmter Schriften Humes angestoßen wird. Zum anderen bezeugt sich die Lebendigkeit der Diskussion gerade darin, dass Gawlick und Kreimendahl die ganz unterschiedlichen intellektuellen Niveaus in der Behandlung der Philosophie Humes festhalten. Als fruchtbar zeigt sich in ihrer Behandlung die methodische Integration von buch- und sozialgeschichtlichen Anstößen, die in der Historiographie schon länger diskutiert worden sind: Angesichts der Sprachbarriere, die in Deutschland in Bezug auf das Englische im 18. Jahrhundert vorherrschte, tritt die institutionelle Abhängigkeit der Rezeption von literarischen Transmissionsinstanzen deutlich vor Augen.[22] Und mit der besonderen Beachtung von Rezensionen in deutschen Zeitschriften des 18. Jahrhunderts haben Gawlick und Kreimendahl den Blick weg von den „großen Gestalten" auf „die Autoren aus den nachfolgenden Gliedern" gelenkt, „die nicht

---

course of Free-Thinking. Faksimile-Neudruck der Erstausgabe London 1713 mit deutschem Paralleltext, hrsg. und eingeleitet v. Günter Gawlick, mit einem Geleitwort v. J. Ebbinghaus, Stuttgart-Bad Cannstatt 1965, (17)–(42); ders., Einleitung, in: Matthew Tindal, Christianity as old as the Creation, ND der Ausgabe London 1730, hrsg. u. eingel. v. Günter Gawlick, Stuttgart-Bad Cannstatt 1967, 5*–49*. Ferner: ders., Der Deismus als Grundzug der Religionsphilosophie der Aufklärung, in: Hermann Samuel Reimarus (1694–1768): ein „bekannter Unbekannter" der Aufklärung in Deutschland, Göttingen 1973 (Veröffentlichung der Joachim Jungius-Gesellschaft der Wissenschaften 18), 15–43; ders., Christian Wolff und der Deismus, in: Werner Schneiders (Hg.), Christian Wolff 1679–1754. Interpretationen zu seiner Philosophie und deren Wirkung, Hamburg 1983 (Studien zum achtzehnten Jahrhundert 4), 139–147; ders., Über einige Charakteristika der britischen Philosophie des 18. Jahrhundert, StLeib XV/1 (1983), 30–41; ders., Die ersten deutschen Reaktionen auf A. Collins' ‚Discourse of Free-Thinking' von 1713, Aufklärung 1/1 (1986), 9–25; ders., „Von der Duldung der Deisten". Zu einem Thema der Lessing-Zeit, in: Eva J. Engel/Claus Ritterhoff (Hrsg.), Neues zur Lessing-Forschung. FS Ingrid Strohmeyer-Kohrs, Tübingen 1998, 153–167. Die Anstöße, die Gawlick der Philosophie(-geschichte) gegeben hat, sind in der ihm gewidmeten Festschrift abzulesen: Lothar Kreimendahl (Hg.), Aufklärung und Skepsis. Studien zur Philosophie und Geistesgeschichte des 17. und 18. Jahrhunderts, Stuttgart-Bad Cannstatt 1995 (Quaestiones 8).

[21] Günter Gawlick/Lothar Kreimendahl, Hume in der deutschen Aufklärung. Umrisse einer Rezeptionsgeschichte, Stuttgart-Bad Cannstatt 1987 (FMDA Abt.II: 4). Vgl. methodisch ähnlich verfahrend und auf englische Autoren bezogen: Wolfgang Breidert, Die Rezeption Berkleys in Deutschland im 18. Jahrhundert, RIPh 39 (1985), 223–241; Bernhard Fabian, The Reception of Bernard Mandeville in Eighteenth-Century Germany (1976), in: ders., Selecta Anglicana. Buchgeschichtliche Studien zur Aufnahme der englischen Literatur in Deutschland im achtzehnten Jahrhundert, Wiesbaden 1994 (Schriften und Zeugnisse zur Buchgeschichte 6), 154–176.

[22] Ebd., 11f.14f. Vgl. dazu vor allem: Bernhard Fabian, The English book in eighteenth-century Germany, London 1992 (The Panizzi Lectures 7); ders., Selecta Anglicana.

selten an Universitäten oder an herausgehobener Stelle in der kirchlichen Hierarchie tätig waren, und somit die soziologisch relevante Trägerschicht der deutschen Aufklärung darstellen".[23]

Forschungspraktisch ist damit eine wichtige Ergänzung zu klassischen geistesgeschichtlichen Entwürfen umgesetzt. In der Theologiegeschichtsschreibung etwa hat Emanuel Hirsch in seiner monumentalen *Geschichte der neuern evangelischen Theologie* (5 Bde., 1949–54) die „Vermittler, Weiterträger, Kleinmeister" zwar als „unentbehrlich", letztlich aber gedankenloses „Meeresrauschen" angesehen.[24] In seiner Perspektive zeichnet Hirsch ein scharf konturiertes Bild dramatischer Veränderungsprozesse, dessen Bedeutung unbestritten ist. Allerdings gewinnt Hirsch seine Überdeutlichkeit methodisch rein ideengeschichtlich, wie Norbert Schindler dies treffend charakterisierte, nämlich durch eine „vorgängige Gleichsetzung der Aussagegehalte mit ihrem jeweiligen Wirkungspotential, die den oppositionellen Tönen per se transformierende Kraft zuspricht".[25] Die Rekonstruktion der Aufnahme von kognitiven Gehalten bei Gestalten der zweiten oder dritten Reihe sowie die Beachtung der materialen bzw. medialen Ausbreitung solcher Gehalte bringt dagegen das Interesse an der Wahrnehmung und Sedimentierung des vorgebrachten Anspruchniveaus zum Ausdruck. In dieser Perspektive geht es um einen „konkreteren Begriff von den realen gesellschaftlichen Durchsetzungsmodi innovatorischer Intentionen".[26]

Zu diesem Zweck ist dem Wahrnehmungshorizont der zeitgenössischen Rezipienten besondere Beachtung zu schenken, denn die englisch-deistische Literatur bricht nicht als genuine Größe in die deutsche Geisteswelt ein, sondern wächst ihr allmählich zu. Haben Gawlick und Kreimendahl die treffende oder nicht so treffende Darstellung Humes in den Quellen rekonstruiert und deren philosophisches Niveau beurteilt, so steht also hier die Wahrnehmung englisch-deistischer Literatur in den Zeitschriften und die dadurch angestoßene allmähliche Formierung eines Be-

---

[23] Ebd., 11. Vgl. zu diesem ganzen Themenkomplex: FRANKLIN KOPITZSCH, Einleitung: Die Sozialgeschichte der deutschen Aufklärung als Forschungsaufgabe, in: ders. (Hg.), Aufklärung, Absolutismus und Bürgertum in Deutschland, München 1976 (nymphenburger texte zur wissenschaft 24), 11–169, bes. 73–75 zu den Zeitschriften. Für die Philosophie- und Theologiegeschichtsschreibung: HANS ERICH BÖDEKER, Von der „Magd der Theologie" zur „Leitwissenschaft". Vorüberlegungen zu einer Geschichte der Philosophie des 18. Jahrhunderts, Das achtzehnte Jahrhundert 14/1 (1990), 19–57; FRIEDRICH WILHELM GRAF, Protestantische Theologie und die Formierung der bürgerlichen Gesellschaft, in: ders. (Hg.), Profile des neuzeitlichen Protestantismus, Bd. 1: Aufklärung, Idealismus, Vormärz, Gütersloh 1990 (GTS 1430), 11–54. In theoretischer Perspektive erhellend: ROGER CHARTIER, Intellektuelle Geschichte und Geschichte der Mentalitäten, in: ULRICH RAULFF (Hg.), Mentalitäten-Geschichte. Zur historischen Rekonstruktion geistiger Prozesse, Berlin 1987 (WAT 152), 69–96.
[24] HIRSCH I, XII.
[25] NORBERT SCHINDLER, Einführung des Herausgebers, in: ERNST MANHEIM, Aufklärung und öffentliche Meinung. Studien zur Soziologie der Öffentlichkeit im 18. Jahrhundert. Hg. und eingeleitet von Norbert Schindler, Stuttgart-Bad Cannstatt 1979 (Kultur und Gesellschaft 4), 9–17, 14.
[26] Ebd., 15.

wusstseins vom ‚englischen Deismus‘ im Vordergrund. Gawlicks und Kreimendahls Lamento über das oftmals ungenügende philosophische Niveau der Rezipienten erklärt sich zumindest teilweise aus der Vernachlässigung eines solchen Aspekts. Die Frage nach der weltanschaulichen Gebundenheit deutscher Gelehrter des 18. Jahrhunderts ist von ihnen weitgehend ausgeblendet worden. Will man den Einfluss einer bestimmten Gedankenströmung auf einen denkerischen Habitus erfassen, scheint die Wahrnehmung des Fremden im Horizont des eigenen Denkstils allerdings entscheidend. Für den hier verfolgten Zusammenhang hat Hans-Martin Barth in seinem Buch *Atheismus und Orthodoxie* (1971) wichtige Einsichten bereitgestellt, indem er die verschiedenen Vorstellungsbereiche, mit denen Theologen des 17. Jahrhunderts neuen theologischen Gedanken und religiösen Lebensäußerungen begegneten, umfassend dargetan hat.[27]

Man könnte noch weit mehr Forschungsimpulse benennen. Besonders die Medienkultur des 18. Jahrhunderts hat in letzter Zeit viel Aufmerksamkeit auf sich gezogen. Man fragt, wie die verschiedenen Institutionen der damaligen ‚historia literaria‘ ineinander greifen und funktionieren. Das Wechselspiel von Zeitschriften und Kompendien für die Wissensvermittlung und -konstitution erschließt kommunikations- und bildungsgeschichtlich weiterführende Aspekte.[28] Mit Gewinn hat die Philosophiegeschichtsschreibung solche Ansätze in ihre ‚archäologischen Diskursanalysen‘ aufgenommen.[29] Vielleicht helfen diese Diskussionen mit, eine alte Fragestellung und die dazu gehörigen Dokumente, die bereits Tholuck vor Augen hatte, präziser zu begreifen.

Wie die englisch-deistische Literatur in die überkommenen, dogmatisch befestigten und institutionell abgesicherten, vor allem aber bewährten Ordnungsraster der gelehrten deutschen Zeitgenossen aufgenommen wird – besonders in die der evangelischen Theologen –, welche Veränderungen sie hervorruft und wie aus die-

---

[27] Hans-Martin Barth, Atheismus und Orthodoxie. Analysen und Modelle christlicher Apologetik im 17. Jahrhundert, Göttingen 1971 (FSÖTh 26). Vgl. dazu die treffenden Bemerkungen von Winfried Schröder, Ursprünge des Atheismus. Untersuchungen zur Metaphysik- und Religionskritik des 17. und 18. Jahrhunderts, Stuttgart-Bad-Cannstatt 1998 (Quaestiones 11), 17 Anm. 6.

[28] Martin Gierl, Pietismus und Aufklärung. Theologische Polemik und die Kommunikationsreform der Wissenschaften am Ende des 17. Jahrhunderts, Göttingen 1997 (VMPIG 129), 528–542. Gierls Arbeit bietet eine Vielfalt von kommunikationsgeschichtlichen Details, die immer im Rahmen der aktuellen Forschung dargestellt sind. Zur ‚historia literaria‘ vgl. noch: Herbert Jaumann, Was ist ein Polyhistor? Gehversuche auf einem verlassenen Terrain, StLeib XXII (1990), 76–89; Helmut Zedelmaier, ‚Historia literaria‘. Über den epistemologischen Ort des gelehrten Wissens in der ersten Hälfte des 18. Jahrhunderts, Das achtzehnte Jahrhundert 22 (1998), 11–21. Vgl. aber auch die wissenssoziologischen Überlegungen von Ludwik Fleck, Entstehung und Entwicklung einer wissenschaftliche Tatsache. Einführung in die Lehre vom Denkstil und Denkkollektiv, Basel 1935.

[29] Lucien Braun, Geschichte der Philosophiegeschichte. Aus dem Französischen übersetzt von Franz Wimmer. Bearbeitet und mit einem Nachwort versehen von Ulrich Johannes Schneider, Darmstadt 1990; Ulrich Johannes Schneider, Die Vergangenheit des Geistes. Eine Archäologie der Philosophiegeschichte, Frankfurt 1990.

sem Prozess sich eine Vorstellung eines ‚englischen Deismus' formiert: diesem Fragekomplex geht die vorliegende Studie nach. Ohne Einschränkungen und Selektion des Stoffes geht das freilich nicht, wozu noch einige Bemerkungen nötig sind.

2. Der ‚englische Deismus' und die Methode der Untersuchung

Der ‚Deismus'[30] ist, nach einer Formulierung Günter Gawlicks, der ‚Grundzug der Religionsphilosophie der Aufklärung'.[31] Wie die Aufklärung ist er zeitlich und national in unterschiedlichen Ausprägungen aufgetreten. In England hat der Deismus ab dem letzten Jahrzehnt des 17. Jahrhunderts, wie in keinem anderen europäischen Land, eine Vielzahl von Vertretern gefunden und eine länger anhaltende Bewegung gebildet, die bis in die Mitte des 18. Jahrhunderts anhielt. Als ‚Deisten' treten in England Autoren in Erscheinung, die, wie bereits Ernst Troeltsch bemerkte, „nur Literaten zweiten und dritten Ranges"[32] waren, weder etablierte Universitätslehrer noch Kirchenvertreter. Der ‚englische Deismus' ist eine religiös-theologische Ausdrucksgestalt des sich in England allmählich formierenden Bürgertums.[33]

Eine einheitliche Definition bzw. Konzeption des Phänomens ‚englischer Deismus' fiel schon am Anfang des 18. Jahrhunderts schwer. In der theologischen und philosophischen Historiographie wurden die Schwierigkeiten der Interpretationskategorie ‚englischer Deismus' seit Gotthart Victor Lechlers *Geschichte des englischen Deismus* (1841) immer wieder reflektiert.[34] Von der Vorstellung einer kompakt beschreibbaren philosophischen oder theologischen Lehre des ‚englischen Deismus' nimmt man gerade in der neueren Forschung Abstand. Peter Byrne hat nun festgehalten: „Die Deisten bildeten keine organisierte Lehrrichtung".[35] Die Zusammengehörigkeit der ‚englischen Deisten' versucht man nun über ein Arrangement von Hauptelementen ihrer gedanklichen Haltung oder durch wiederkehrende Motive ihrer Argumentationen zu erfassen. Aber auch hier sind ganz divergente Auffassungen zu finden, die gegenüber diesen Versuchen skeptisch werden lassen.[36] Die nä-

---

[30] Zur Begriffsgeschichte zusammenfassend: Christof Gestrich, „Deismus", in: TRE 8 (1981), 392–406, 392–394.

[31] Gawlick, Der Deismus als Grundzug. Dies ist eine Formulierung in vorsichtiger Relativierung der Formulierung Ernst Troeltschs, der den Deismus als „Religionsphilosophie der Aufklärung" bezeichnete: Ernst Troeltsch, Der Deismus (1898), in: ders., Aufsätze zur Geistesgeschichte und Religionssoziologie, Tübingen 1981² (= GS 4), 429–487, 429.

[32] Troeltsch, Der Deismus, 435. Vgl. Gawlick, Über einige Charakteristika.

[33] Gestrich, „Deismus", 396.

[34] Lechler, 453–460. Eine gute Übersicht und Kritik der unterschiedlichen Konzeptionen seit dem Anfang des 18. Jahrhunderts bietet Robert E. Sullivan, John Toland and the Deist controversy. A Study in Adaptations, Cambridge/Mass. 1982 (Harvard Historical Studies 51), 205–234.

[35] Peter Byrne, „Deismus, I. Religionsphilosophisch", in: RGG⁴ 2 (1999), Sp. 614–616, 615. Byrne hat sich ausführlich mit dem englischen Deismus beschäftigt: ders., Natural Religion and the Nature of Religion: the legacy of deism, London 1989.

[36] Man vergleiche die von Byrne vorgeschlagenen drei Merkmale (Byrne, „Deismus, I. Religionsphilosophisch", 615) mit den 15 Motiven, die Gestrich angibt (Gestrich, „Deismus", 394). Das Definitionsproblem wird auch in der jüngsten Arbeit deutlich: Isabel Rivers, Reason, Grace

here Erforschung der persönlichen Beziehungen der ‚deistischen‘ Autoren untereinander ist ein Desiderat.[37]

Üblicherweise wird der ‚englische Deismus‘ mit bestimmten theologiegeschichtlichen Problemfeldern in Zusammenhang gebracht. In problem- und ideengeschichtlicher Perspektive sind hier die Klassiker der Historiographie, Lechler Arbeit von 1841, Hirschs Theologiegeschichte[38] und Henning Graf Reventlows Arbeit zur Geschichte der Schriftauslegung, unüberholt.[39] Im Anschluss daran lässt
sich, vergröbernd, der ‚englische Deismus‘ wie folgt skizzieren:

Der ‚englische Deismus‘ formiert sich am Ende des 17. Jahrhunderts mit der Kritik an der kirchlich-institutionellen Überlieferung. Die Ansprüche der Konfes-
sionskirchen, je für sich die religiöse bzw. theologische Wahrheit zu vertreten, werden als exklusiv-ideologische Gebilde bekämpft. In diese Richtung argumentiert
exemplarisch John Toland (1670–1722) in seinem Buch *Christianity not mysterious*
(1696).[40] Er sucht den Mysterienbegriff erkenntnistheoretisch zu unterlaufen, um
daraus die Existenz von ‚Mysterien‘ im religiösen Kult und in der theologischen
Lehre als ‚Priesterbetrug‘ zu entlarven. In Akkommodation an die heidnisch-antike
Umwelt hätten auch im Christentum ‚geheimnisvolle‘ Riten und philosophische
‚Geheimlehren‘ Einzug gehalten, die von der priesterlichen Elite für ihre Herr-
schaftsinteressen aufrecht erhalten wurden. Die eigentliche, unmittelbare rationale
Evidenz des Christentums, einer Religion ohne Geheimnisse, habe man der breiten Masse vorenthalten. – In Dublin wurde Tolands Buch 1697 verbrannt. – Die
Aneignung des wahren, unmittelbaren rationalen Christentums soll durch einen öf-
fentlichen, von kirchlich-institutioneller Gängelungen freien rationalen Diskurs ermöglicht werden. Prinzipiell hat das Anthony Collins (1676–1729), ein Freund Tolands, in seinem *Discourse of Free-Thinking* (1713) auf den Punkt gebracht:[41] Für die
Vernunft gibt es keine Lebensbereiche, die von ihrer Urteilsbildung ausgeschlossen
wären. Nur so könnten widerstreitende Meinungen und Haltungen zum Wohl der
Gesamtgesellschaft aufgelöst werden. Autoritäre Deutungsmonopole, wie sie die
Kirchen beanspruchen, sind aufgrund der schon historisch aufweisbaren Verstellungen durch die Priester abzulehnen. Collins empfiehlt den Anschluss an die religiöse Freidenkertradition, für die er Zeugen von Sokrates über Salomo bis Thomas
Hobbes anzuführen weiß.

---

and Sentiment. A Study of the Language of Religion and Ethics in England, 1660–1780. Vol. II:
Shaftesbury to Hume, Cambridge 2000 (Cambridge Studies in eighteenth-century english Literature and Thought 37), 7–84, bes. 8–9 und dann 83.

[37] In Ansätzen Rivers, Reason, 13–14.

[38] Hirsch I, 292–359.

[39] Henning Graf Reventlow, Bibelautorität und Geist der Moderne. Die Bedeutung des Bibelverständnisses für die geistesgeschichtliche und politische Entwicklung in England von der Reformation bis zur Aufklärung, Göttingen 1980 (FKDG 30), bes. 470–671.

[40] Zusammenfassungen bei: Lechler, 180–210; Hirsch I, 295–306; Reventlow, Bibelautorität, 480–491.

[41] Vgl. Lechler, 217–230; Hirsch I, 306–315; Reventlow, a.a.O., 582–593.

Die ‚deistische' Überlieferungskritik erweitert sich auf die biblischen Schriften.[42] Schon John Toland wendet sich exegetischer Kritik zu.[43] Für spätere ‚deistische' Autoren wichtiger wurde allerdings die Bestreitung der Erfüllung alttestamentlicher Prophetie und Weissagung durch das Neue Testament, die Anthony Collins in *A Discourse of the Grounds and Reasons of the Christian Religion* (1724) und *The Scheme of literal Prophecy considered* (1726) vorlegte.[44] Das Neue Testament sei selbst als allegorisierende Auslegung des Alten zu verstehen. An Collins knüpft länglich und popularisierend Thomas Woolston (1670–1733) an.[45] In sechs *Discourses on the Miracles of our Saviour* (1727–1729) nimmt er sich der Wunderberichte der Evangelien an, um sie – in Aufnahme von Gedanken des Origenes – als bloß allegorische Erzählungen zu erweisen, die keinen historisch-literalen Sinn hätten. Vor allem seine Bestreitung der Historizität der Auferstehung Jesu hat viel Aufsehen verursacht.

Die positiv-konstruktive Grundanschauung, die im ‚englischen Deismus' vorherrscht, tritt in den kritischen Äußerungen – in der Bibelkritik weniger als in der Kirchenkritik – skizzenhaft hervor: die unmittelbare, deshalb nicht andemonstrierbare Evidenz von Religion und besonders die des ursprünglichen Christentums. Die moraltheologischen Implikationen dieses „religiösen Rationalismus" (Byrne) führt paradigmatisch Matthew Tindal (1657–1733) in seinem Buch *Christianity as old as the Creation: or, the Gospel a Republication of the Religion of Nature* (1730) aus.[46] Die christliche Offenbarung ist für ihn, wie der Untertitel schon andeutet, die Wiederbekanntmachung des natürlich-moralischen Sittengesetzes, das jedem Menschen schon durch die Vernunft zugänglich ist. In der Geschichte hätten Priesterbetrug und Sonderlehren die Moralität, die dem Menschen durch die Schöpfung von Gott gegeben wurde, verstellt, bis Jesus sie wieder allgemein verständlich ans Licht brachte. Die Überzeugungskraft von allen Offenbarungsansprüchen erweise sich in der Übereinstimmung der Offenbarungen mit dem Sittengesetz, der natürlichen Religion. Diese ist das normative Kriterium jeder positiven Religion. Alle zusätzlich behaupteten, eventuell sogar ‚offenbarten' Riten und Lehren sind rational nicht legitimierbar und für eine gelungene religiöse Lebensführung irrelevant. Tindal bezeichnet seine Position als die eines „christlichen Deisten".

Bereits Tindal führt verschiedene Argumente vorheriger Debatten zusammen. Nach Tindal sind es Thomas Chubb (1679–1747) und Thomas Morgan (1680–1743), die eigenständige Synthesen vornehmen. Chubb führt die Bibelkritik und das Anliegen der Moralreligion eng zusammen.[47] In seinem Buch *The true Gospel of Jesus Christ, asserted* (1738) will er die Geschichte Jesu von christologischen Vorstellungen befreien, um zum ursprünglichen sittlichen Handeln Jesu vorzustoßen.

---

[42] Dazu auch kurz und knapp: GESTRICH, „Deismus", 399f.

[43] Vgl. jetzt HENNING GRAF REVENTLOW, Epochen der Bibelauslegung. Bd. IV: Von der Aufklärung bis zum 20. Jahrhundert, München 2001, 71–78.

[44] Dazu LECHLER, 266–288; REVENTLOW, Bibelautorität, 596–607.

[45] Vgl. LECHLER, 289–312; HIRSCH I, 315–319; REVENTLOW, a.a.O., 607–613.

[46] Vgl. LECHLER, 324–342; HIRSCH I, 323–330; REVENTLOW, a.a.O., 616–631.

[47] Vgl. LECHLER, 343–358; HIRSCH I, 330–331; REVENTLOW, a.a.O., 631–648.

Morgan radikalisiert den Übergang zwischen Altem und Neuem Testament.[48] Seine Ausführungen in *The Moral Philosopher. In a Dialogue between Philaletes, a christian Deist, and Theophanes, a christian Jew* (1737) unterscheiden qualitativ zwischen der national beschränkten Religion des Judentums und der Menschheitsreligion Jesu. Das jesuanische, moralische Christentum sei aber nie voll entwickelt worden, da judenchristliche Traditionen defizitäre Religiosität in das historische Christentum eingebracht hätten und die Traditionen der „christlichen Deisten" behinderten.

In der Mitte des 18. Jahrhunderts ist die Zeit des ,englischen Deismus' vorbei; die Gründe sind undeutlich. Wurde der ,englische Deismus' argumentativ widerlegt, haben andere religiöse Bewegungen in England (v. a. der Methodismus) ihn verdrängt oder war seine literarische und argumentative Kraft einfach erschöpft?[49]

Die neuere Forschung hat dieses klassische Bild vom ,englischen Deismus' vor allem hinsichtlich des nur ansatzweise beobachteten religionspolitischen Anliegens der ,Deisten' kritisiert. Die demokratischen Tendenzen einzelner ,Deisten', die ihnen aus dem Milieu des radikalen Protestantismus vor 1688/89 zuwuchsen, werden nun schärfer gesehen.[50]

Die praktische Dimension der unterschiedlichen Argumentationsgänge bezieht sich, hier ganz einig mit der klassischen Forschung, auf die kirchengeschichtliche Situation, in der der ,englische Deismus' entsteht: Die Herausforderung der spannungsreichen und tendenziell krisenhaften Pluralität innerprotestantischer Konfessionen, zugespitzt durch die politisch motivierte antikatholische Opposition, bedurfte einer Antwort. So argumentieren die ,Deisten' für einen toleranten Ausgleich unterschiedlicher Wahrheitsansprüche, der sich durch die Vernunft erreichen lasse. Methodisch wird dies durch den Blick auf die außerchristliche Religionsgeschichte unterstützt. Troeltsch schon hat den ,Deismus' als „Philosophie der Religionsgeschichte" bezeichnet, was auch in letzter Zeit materialreich bestätigt wurde:[51] Die eine wahre Religion findet in den unterschiedlichen historischen Religionen ihre Ausprägungen, die nach rationalen Maßstäben in ein Verhältnis gebracht werden können. So auch die Konfessionen der christlichen englischen Gesellschaft des 18. Jahrhunderts: Die mögliche Integration unterschiedlicher Konfessionen findet in der natürlichen Religion, die mit dem ursprünglichen Christentum Jesu identisch ist, ihren Grund. Die natürliche Religion nivelliert konfessionelle Sonderstellungen. In Erweiterung des Ausdrucks von Byrne ist der ,englische Deismus' *bürgerlicher religiöser Rationalismus*. Korrigiert ist die klassische Forschung

---

[48] Vgl. LECHLER, 370–391; HIRSCH I, 331–337; REVENTLOW, a.a.O., 649–662.

[49] Vgl. GESTRICH, „Deismus", 401.

[50] JAMES R. JACOB, Henry Stubbe, radical Protestantism and the early Enlightenment, Cambridge 1983. Zusammenfassung und Weiterführung dieser Debatte bei: J.A.I. CHAMPION, The Pillars of Priestcraft shaken. The Church of England and its Enemies, 1660–1730, Cambridge 1992 (Cambridge Studies in Early Modern British History).

[51] TROELTSCH, Der Deismus, 433. Vgl. PETER HARRISON, „Religion" and the religions in the English Enlightenment, Cambridge 1990. Material bietet DAVID A. PAILIN, Attitudes to other Religions. Comparative religion in seventeenth- and eighteenth-century Britain, Manchester 1984.

darin, dass die positive Funktion von institutionell verankerter Religion für die Gesellschaft von den ‚deistischen' Autoren nicht in Frage gestellt wurde.[52]

Galt der ‚englische Deismus' bislang als Motor für die Entwicklung einer ‚rationalen Theologie' in der anglikanischen Kirche des 18. Jahrhunderts,[53] so ist auch diese geistesgeschichtliche Bewertung in Fluss geraten. Die Aufarbeitung der innertheologischen Debatten des 17. und 18. Jahrhunderts eröffnet neue Perspektiven. Die gegenseitige Befruchtung der unterschiedlichen konfessionell-protestantischen Theologien in England wird nun als bedeutende Schnittstelle für die Ausbildung ‚rationaler Theologie' sichtbar.[54]

Diese Skizze kann nicht darüber hinweg täuschen: Die Definition und die systematisch-theologische Position des ‚englischen Deismus', sein kirchlich-politisches Anliegen in England im späten 17. und in der ersten Hälfte des 18. Jahrhunderts, seine sozialgeschichtliche Herkunft und Trägerschicht sind Gegenstand kontroverser (theologie)geschichtlicher Forschung. Für eine Rekonstruktion der Rezeption des ‚englischen Deismus' in Deutschland nimmt die vorliegende Untersuchung von jeder inhaltlichen Definition Abstand. Sie verfährt methodisch einfacher, indem sie, wie in der Skizze auch schon angedeutet, von englisch-deistischer Literatur ausgeht und in der Auswahl der Autoren und Schriften klassischen historiographischen Üblichkeiten folgt.

Hier werden nur die Autoren und ihre Schriften berücksichtigt, die seit Gotthart Victor Lechler zur üblichen Kerngruppe der englischen Deisten gezählt werden. Lechler hatte sie im „Zeitraum der Blüthe des Deismus" seiner *Geschichte des englischen Deismus* (1841) als wichtigste Protagonisten behandelt: John Toland, Anthony Collins, Thomas Woolston und Matthew Tindal.[55] Natürlich ist die Anzahl von Autoren beliebig erweiterbar. Doch die Konzentration auf diese Autoren und deren Schriften geschieht, das sei noch einmal hervorgehoben, aus sachlichen Gründen. Erst damit ist ein hinreichend deutliches Kriterium gegeben, wirkungsgeschichtlich konturierte Aussagen treffen zu können.[56] Deshalb werden hier auch

---

[52] CHAMPION, The Pillars, bes. 223–236.

[53] So auch noch, wenn schon mit Blick auf andere Faktoren: DAVID A. PAILIN, Rational Religion in England from Herbert of Cherbury to William Pailey, in: SHERIDAN GILLEY/W.J. SHEILS (Hrsg.), A History of Religion in Britain. Practice and Belief from Pre-Roman Times to the Present, Oxford/Cambridge, Mass., 1994, 211–233.

[54] Vor allem: B.W. YOUNG, Religion and Enlightenment in Eighteenth-Century England. Theological Debate from Locke to Burke, Oxford 1998.

[55] LECHLER, 141–408. Die bereits genannten Thomas Chubb und Thomas Morgan sind aufgrund analytischer Redundanzen in die Darstellung nicht mehr aufgenommen worden. Lechler behandelt in dem hier genannten Abschnitt natürlich viel mehr Autoren. Da Lechler in seinem Buch die Entstehung einer englischen philosophischen Bildungsreligion beschreibt, nimmt er auch mit Locke, Shaftesbury und Bolingbroke Autoren auf, die für ihn nur höchst mittelbar zu den englischen Deisten zu zählen sind. Andere, wie etwa Annet, erscheinen bei ihm als bloße Epigonen.

[56] Zu den Problemen von ‚Wirkung' und notwendigen deutlichen Kriterien vgl. WINFRIED SCHRÖDER, Spinoza in der deutschen Frühaufklärung, Würzburg 1987 (Epistemata XXXIV), 9.11f.17f. Abgewiesen ist damit eine Haltung, die die ‚Sache' des englischen Deismus bestimmt

nur direkte Rezeptionszeugnisse einbezogen, d.h. literarische Anführungen von Namen und Schriften.

Aus dem breiten Spektrum der literarischen Rezeptionszeugnisse wird besondere Rücksicht auf die Dokumente genommen, die die Information über diese Literatur zum Ziel haben. Auf die literarischen Bereiche der Apologetik und der Auslegung der biblischen Bücher können nur Seitenblicke geworfen werden. Die Rekonstruktion von mittelbaren und indirekten Einflüssen, die die englisch-deistische Literatur hier hervorgerufen haben könnte, würde eine umfassende Darstellung der in diesen Bereichen wirksamen Argumentationsstandards mitsamt ihren materialen Ausgestaltungen voraussetzen. Davon sind wir noch weit entfernt. Die These einer ‚deistisierenden‘ Wirkung der englischen apologetischen Literatur, für die bislang nicht einmal Indizien vorliegen, wäre nur so überprüfbar. Die Beschränkung auf das Informationsmaterial hat pragmatisch das Ziel, in die Massen von Material erste Schneisen zu schlagen. Zugleich ist die Bedeutung dieser Dokumente nicht zu unterschätzen. Denn die Rezeptionslage ist bei den behandelten Autoren ungleich ungünstiger als etwa im Fall Humes. Eine substantielle Übersetzungstätigkeit hat es in ihren Fällen nicht gegeben, weshalb die Zeitschriften und Kompendien die fast einzigen Möglichkeiten geboten haben, von dieser Literatur überhaupt zu erfahren.[57] Andere Informationswege sind durchaus denkbar, wie etwa Sammlungen

---

und diese dann in den Quellen aufsucht. Ein solches Vorgehen steht vor dem Problem, eine bestimmte (und meist eigene) Interpretationskategorie als Maßstab für ‚Wirkungen‘ zu bestimmen. Darin verbirgt sich latent die Gefahr, an dem Wahrnehmungshorizont derjenigen, auf die die ‚Wirkung‘ allererst herauszufinden ist, beständig vorbeizugehen. Auch ist damit noch gar nicht klar, wie verschiedene Einflussfaktoren sauber voneinander getrennt werden können, wie etwa die ‚Wirkungen‘ des englischen im Unterschied zum französischen Deismus. Weiterhin verspielt sich eine solche Haltung, wie Schröder zu Recht festgehalten hat, weil so eine Vorentscheidung über Ausmaß und Reichweite der ‚Wirkung‘ definitorisch festgelegt ist (ebd., 18 Anm.). So erreichte Ergebnisse sind durchaus parallel zu denen zu setzen, die Ernst Troeltsch in der Theologie durch die dogmatische Methode erreicht sieht: „Der Theologe stellt sich an, als wüßte er nichts vom Christentum und als suchte er aus allgemein menschlichen Postulaten eine erlösende Offenbarungsveranstaltung. In diesem Zustande entdeckt er die historische ‚Tatsache‘ des Christentums und freut sich, in ihr all seine Postulate befriedigt zu sehen“, ERNST TROELTSCH, Historische und dogmatische Methode in der Theologie (1898), in: ders., Zur religiösen Lage, Religionsphilosophie und Ethik, Aalen 1962 (= GS 2), 729–753, 750.

[57] Das ist auch der Grund, warum eine zweite prominente These zur deutschen Deismusrezeption hier nicht verfolgt wird: In Aufnahme einer Äußerung Gotthart Victor Lechlers (LECHLER, 448) hat man eben Übersetzungen als Wirkfaktor angenommen. Schließt diese Überlegung die von Tholuck auch nicht aus, beide Ansichten werden zusammen vertreten etwa bei FRIEDRICH LOOFS (Grundlinien der Kirchengeschichte. In der Form von Dispositionen für seine Vorlesung, Halle 1910², 278) und HIRSCH (II, 371.437), so war bereits Tholuck dieser Form der Einflussnahme gegenüber skeptisch (s.o.). Das leuchtet auch ein, sieht man nicht jedwede Übersetzung aus dem Englischen, die sich mit den Themen der Religion und Theologie befasst, als ‚deistisch‘ an, wie das hier der Fall ist. Trotzdem hat man die deutsche Übersetzung von Matthew Tindals *Christianity as old as the Creation* (1730) durch Johann Lorenz Schmidt im Jahr 1741, *Beweis, daß das Christenthum so alt als die Welt sey*, zum Wendepunkt der Aufnahme englisch-deistischer Literatur stilisiert (KARL ANER, Die Theologie der Lessingzeit, Halle 1929 [= ND Hildesheim 1964], 27; REVENTLOW, Bibelautorität, 673). Schmidts Buch ist nicht die „erste“ (Aner), sondern die weithin

englisch-deistischer Literatur in Privat- und Universitätsbibliotheken,[58] erfordern aber auch andere Studien.

3. *Quellen und Gang der Untersuchung*

Der Untersuchung liegen Ergebnisse aus über 30 Zeitschriften zugrunde. Die Kategorien der ‚gelehrten‘ und ‚theologischen‘ Zeitschrift, so schwierig sie sind, beziehen sich auf die Klassifizierung von Joachim Kirchner.[59] Einzelprobleme der Zeitschriftenwissenschaft sind hier nicht zu diskutieren.[60] Die Rezipientengruppe der Zeitschriften bilden bekanntlich vornehmlich die Gelehrten und akademisch Gebildeten. Geographisch tritt fast automatisch eine Begrenzung auf den nord-mitteldeutschen Raum ein. Merkliche Informationsüberschüsse, im Sinn einer schnelleren Kenntnis oder einer vermehrten, sind in dem gesamten Raum nicht zu verzeichnen, auch nicht z.B. von Hamburg gegenüber Leipzig (oder vice versa). Einige Zeitschriften aus dem west- und süddeutschen Raum sind auch einbezogen worden. Dass damit nur protestantische, meist lutherische Rezipienten in den Blick geraten, tut dem hier verfolgten Erkenntnisziel keinen Schaden. Die Zeitschriften-

---

vereinzelte Übersetzung eines Protagonisten des englischen Deismus im 18. Jahrhundert (zu nennen wäre noch Bernard Mandeville, der bekanntlich allerdings nicht zu der zentralen Gruppe des historiographisch erfassten englischen Deismus gehört, vgl. BERNHARD FABIAN, The Reception of Bernard Mandeville. Die Übersetzung der religionsphilosophischen Schriften von John Locke von 1733 geschieht übrigens im Bewusstsein, Locke als Bestreiter des Deismus vorzustellen [vgl. I., Anm. 42] – und Locke ist ohnehin kaum als Deist anzusehen). Von den hier behandelten Autoren erschien zum Beispiel John Tolands *Christianity not mysterious* (1696) in deutscher Übersetzung das erste Mal im Jahr 1908 und Anthony Collins' *Discourse of Free-Thinking* (1713) 1965: ZSCHARNACK (Hg.), John Toland's Christianity not mysterious; ANTHONY COLLINS, A Discourse of Free-Thinking. Faksimile-Neudruck der Erstausgabe London 1713 mit deutschem Paralleltext, hrsg. und eingeleitet v. Günter Gawlick, mit einem Geleitwort v. J. Ebbinghaus, Stuttgart-Bad Cannstatt 1965. Thomas Woolstons Bücher gibt es in keiner deutschen Übersetzung, ebenso wenig wie die späteren Schriften von Anthony Collins. Auch eine breite Übersetzungtätigkeit ins Französische ist nicht belegbar. Hier bildet Anthony Collins' *Discourse of Free-Thinking* in der frühen Ausgabe von 1714, in Haag erschienen, eines der seltenen Beispiele (vgl. I., 3.2.2.). Für John Toland ist das bibliographische Material aufgearbeitet: GIANCARLO CARABELLI, Tolandiana. Materiali bibliografici per lo studia dell' opera e della fortuna di John Toland (1670–1722), Florenz 1975 (Pubbl. Centro Studi Pens. Ser. 2; 3). Inwieweit englisch-deistische Literatur clandestin verbreitet war, ist eine eigene Frage. In den Zeitschriften finden sich Andeutungen über eine solche Verbreitung ausgesprochen selten (vgl. II., Anm. 97).

[58] Paul Wernle hat über diese Möglichkeiten der Verbreitung englischer Literatur in seiner beeindruckenden Darstellung der Aufklärung in der Schweiz nachgedacht: PAUL WERNLE, Der schweizerische Protestantismus im XVIII. Jahrhundert, 3 Bde., Tübingen 1923–25, Bd. 2: Die Aufklärungsbewegung in der Schweiz, 156–164.

[59] JOACHIM KIRCHNER (Hg.), Bibliographie der Zeitschriften des deutschen Sprachgebietes bis 1900: in vier Bänden, Bd. 1: Die Zeitschriften des deutschen Sprachgebietes von den Anfängen bis 1830, Stuttgart 1969.

[60] Vgl. dazu JÜRGEN WILKE, Literarische Zeitschriften des 18. Jahrhunderts (1688–1789), 2 Bde., Stuttgart 1978 (Sammlung Metzler 174), bes. Bd. 1, 111–134.

nachrichten beinhalten oftmals Hinweise auf weitere Schriften und Diskussionszusammenhänge. Auf diese wird, soweit es sich lohnt, auch eingegangen. Insgesamt ist in der Auswertung versucht worden, der Gefahr einer bibliographischen Auflistung zu entgehen und aus den zeitgenössischen Reaktionen nur die weiterführenden herauszufiltern.

Die Rekonstruktion der Zeitschriftenüberlieferung endet mit dem Einsetzen einer neuen Art und Weise der Beschäftigung mit der englisch-deistischen Literatur um 1750. Neben einigen eher unbekannten Auseinandersetzungen mit ihr sind es vor allem die entstehenden Kompendien sowie die Vermittlungstätigkeit Siegmund Jacob Baumgartens, deren Rekonstruktion die Untersuchung beschließen. Die wissenschaftsgeschichtliche Bedeutung dieser literarischen Tätigkeiten hat bereits Lechler bemerkt, sie haben die Repertorien über den englischen Deismus hervorgebracht.[61]

Das geht einher mit dem rapiden Nachlassen von Nachrichten über die englisch-deistische Literatur in den Zeitschriften Ende der 1740er Jahre. Ab den 1770er Jahren ist eine substantielle Beschäftigung mit der englisch-deistischen Literatur nicht mehr zu verzeichnen, weshalb hiermit auch die Untersuchung beschlossen wird. Den Auftakt bildet das Jahr des Erscheinens des Buches des englischen Deismus, das schon Lechler an dessen eigentlichen Anfang setzte: John Tolands *Christianity not mysterious* in London 1696.

Der Zeitraum von 1696 bis ungefähr 1770 ist in drei Phasen der deutschen Deismusrezeption unterteilt: Die *ersten Wahrnehmungen* englisch-deistischer Literatur (I.) umfassen die deutschen Reaktionen auf die Schriften von John Toland und Anthony Collins bis Ende der 1720er Jahre. Mit den Schriften von Thomas Woolston und mit Matthew Tindals *Christianity as old as the Creation* (London 1730) werden in den 1730er und 1740er Jahren *erste Annäherungen* an das Phänomen ‚englischer Deismus‘ folgen (II.). Die summierenden *Aufarbeitungen* der englisch-deistischen Literatur der 1750er und 1760er Jahren bilden den Abschluss (III.). Zusammenfassend werden dann die Grundlinien der Rezeption des *englischen Deismus in Deutschland zwischen Aneignung und Wirkung* noch einmal zu erheben sein (IV.).

---

[61] LECHLER, 4.

I. Erste Wahrnehmungen: Die Schriften von John Toland und Anthony Collins

Die deutsche Frühaufklärung hat in unterschiedlichen Formen die englische deistische Literatur wahrgenommen und auf sie reagiert. Mit Hörensagen, differenzierender Lektüre, schlichter Positionierung und Notiznahme beginnt in den ersten Jahrzehnten des 18. Jahrhunderts die gedankliche Auseinandersetzung. In diesen ersten Schritten des Bekanntwerdens der neuen religionsphilosophischen Literatur zeichnet sich ein Bild ab, das sich von dem in der Historiographie des englischen Deismus entworfenen spezifisch unterscheidet; eben ein ‚deutsches' Bild. Die folgende Übersicht über die Spuren, die diese Literatur in deutschen Zeitschriften hinterließ, hat die Schriften der ersten beiden klassischen Protagonisten des englischen Deismus zum Thema.

1. John Toland, Christianity not mysterious (1696)

John Tolands Buch *Christianity not mysterious*, zuerst 1696 anonym in London erschienen und am 11. September 1697 in Dublin auf Beschluss des irischen Parlaments verbrannt, ist in die klassische Historiographie des englischen Deismus als dessen eigentlicher Anfang eingegangen. Das Erscheinen von Tolands Buch empfand Leslie Stephen als „signal gun", weil es bis dato weithin diffuse Vorstellungen eines ganzen intellektuellen Milieus kanalisiert und präzise artikuliert habe.[1] Und nach Henning Graf Reventlow beinhaltet *Christianity not mysterious* gar die „weltanschaulichen Voraussetzungen und grundsätzlichen Urteile", die in der Folgezeit als „feststehende Maßstäbe" deistischer Urteilsbildung zugrunde lägen.[2]

Auch die erste kontinentale Rezension des Buches in der Rotterdamer Zeitschrift *Histoire des Ouvrages des Savans*, im März 1697, hat von dem darin vorgestellten Verfahren geurteilt, es werde vielleicht die „Theologiens rigides" alarmieren.[3]

---

[1] Leslie Stephen, History of English Thought in the Eighteenth Century, 2 Bde., London 1876, Bd. 1, 105.

[2] Henning Graf Reventlow, Bibelautorität und Geist der Moderne. Die Bedeutung des Bibelverständnisses für die geistesgeschichtliche und politische Entwicklung in England von der Reformation bis zur Aufklärung, Göttingen 1980 (FKDG 30), 491.

[3] Histoire des Ouvrages des Savans (1697), 310–321, 312: „Une profession si ouverte d'independance & de liberté, qui promet bien des choses aux esprit curieux, allarmera peut-être en même temps les Theologiens rigides".

Wie diese Rezension blieb auch *Christianity not mysterious* in Deutschland allerdings weitgehend unbekannt.[4] Mehr vom Hörensagen als durch Lektüre hat man Tolands Buch wahrgenommen und sich ein Urteil gebildet.

1.1. Vier lateinische Titelübersetzungen und ihre Hintergründe

In den Jahren von 1697 bis 1721 sind es fragmentarische Hinweise, die das Wissen um Tolands Schrift widerspiegeln. Mit allein vier verschiedenen lateinischen Titelübersetzungen zeichnet sich ein diffuses Bild der Kenntnisnahme ab; eine lateinische Ausgabe von *Christianity not mysterious* gibt es nicht.[5] In der Annahme gewisser Abhängigkeiten der Überlieferung der einzelnen Titelübersetzungen voneinander lassen sich einige Hintergründe klären.

a) Die Wahrnehmung von *Christianity not mysterious* wird eröffnet durch eine lateinische Rezension der Widerlegungsschrift von John Norris, *An Account of Reason and Faith*, in den *Acta Eruditorum* im Jahr 1697. Die Mitteilung von Tolands Namen zu Anfang der Rezension geht auf den Rezensenten zurück; Norris teilt ihn in seinem Buch nicht mit. Weitergehende Informationen scheint der Rezensent allerdings nicht zu besitzen. So bleibt er für die inhaltliche Charakterisierung von *Christianity not mysterious* auf die äußerst knappe Auskunft von Norris angewiesen: Dessen Anliegen resultiere aus einem Buch, das „noch nicht lange in England erschienen ist, mit dem Titel *Christianismi nihil mysterii habentis*; als dessen Autor, in der bald darauf erschienenen zweiten Auflage, John Toland sich bekannt hat, wie wir erfahren haben. Dieses Buch, sagt er [scil. Norris], greift die Mysterien unserer heiligsten Religion auf so freche, vermessene und unehrerbietige Weise an, dass er gleich zu Anfang den Beschluss gefasst habe, die Lehre, die es enthält, mit der gebotenen Mühe zu untersuchen und zu zerstören".[6] In den darauf folgenden Ausführungen wird über Toland nichts Substantielles mehr mitgeteilt. Und es sind die Ausführungen von Norris weggelassen, in denen sich Norris gegen den Mysterien-

---

[4] Der erste Verweis auf die Rotterdamer Rezension erfolgt erst 1741 bei LILIENTHAL, 274.

[5] GIANCARLO CARABELLI, Tolandiana. Materiali bibliografici per lo studia dell' opera e della fortuna di John Toland (1670–1722), Florenz 1975 (Pubbl. Centro Studi Pens. Ser. 2; 3), 21ff.

[6] AE (1697), 442–449, 442: „Non dissimulat Rev. hujus opusculi Autor, occasionem sibi primam dedisse, ut istud scriptionis argumentum deligeret, librum non ita pridem in Anglia, titulo *Christianismi nihil mysterii habentis*, evulgatum; cujus Autorem, in mox repetita editione ejus, Joannem Tolandum sese professum esse novimus. Librum istum tam procaci audacia atque irreverentia sanctissimae religionis nostrae mysteria impugnare ait, ut constituam (sic!) initio habuerit, data opera eam, quam continet, doctrinam examinare atque evertere". Vgl. JOHN NORRIS, An Account of Reason and Faith: In Relation to the Mysteries of Christianity, London 1697, Preface, unpag.: „The Occassion of this undertaking was a Certain late Book call'd *Christianity not Mysterious*, one of the most Bold, daring and irreverent pieces of Defiance to the Mysteries of the Christian Religion". Ich lasse auch im folgenden die lateinischen Titelangaben unübersetzt. Zu Norris vgl. DNB XLI, 132–134.

begriff Tolands, der den Begriff aus dem Gebrauch der Heiligen Schrift selbst erheben will, stellt.[7]

Ein zweites Mal wird auf Toland angespielt im Kontext der in den *Acta* recht gut dokumentierten Streitigkeiten um John Lockes *The Reasonableness of Christianity* (1695), die offensichtlich auch den Anlass zur eben erwähnten Rezension darstellen.[8] In diese Debatte hatte auch Eduard Stillingfleet, der Bischof von Worcester, eingegriffen, allerdings erst nach dem Erscheinen von Tolands *Christianity not mysterious* (1696); hier sah er nämlich die für die christliche Religion fatalen Ergebnisse der Lockeschen Erkenntnistheorie deutlich zutage treten.[9] Die darauf folgende Distanzierung Lockes von Toland blieb bei Stillingfleet nicht ohne Folgen. Hier fällt in den *Acta* 1699 die Bemerkung zu *Christianity not mysterious*, ohne allerdings Tolands Namen zu nennen: Es sei nicht nötig, die Ausführungen mitzuteilen „mit denen der Ehrenwerte Bischof erklärt, dass er, als er die Prüfung der Lockeschen Prinzipien auf sich nahm, keineswegs die Absicht hatte, jenen [scil. Locke] gemeinsam mit dem Autor von *Christianismi nihil mysterii habentis* als Schuldigen ebenderselben Fehler und Anschuldigungen vorzuführen". Der Bischof gebe auch freundlichst den Missbrauch dieser Prinzipien zu, und entschuldige sich dafür, „dass er der Meinung war, dass Lehren ausgebreitet werden müssten, auf denen dieser [scil. Autor] seine ruinöse Sache aufgebaut habe".[10]

Da beide Rezensionen von A.H. Laeven Gottfried Olearius zugewiesen wurden,[11] legt sich die Vermutung nahe, die lateinische Titelangabe auf den individuellen Gebrauch von Olearius zurückzuführen. Auf jeden Fall hat sie nicht terminologisch gewirkt, auch nicht in den *Acta* selbst. Sie begegnet noch einmal im Jahr 1709 in einer Rezension von John Edwards' *The Doctrin of Faith and Justification*: „Mit schrecklichem Gram … nennt er [scil. Edwards] das Buch von John Toland *de Christianismo nihil mysterii habente*, das schon vorher von John Norris widerlegt worden

---

[7] Ebd., 449: „Ommittimus … item quae de voce mysterii contra Tolandum, qui eam nunquam de doctrina revelata & rationi imperscrutabili, sed de quacunque re deinceps manifestanda in S. Litteris ursupari docuerat, affert".

[8] AE (1696), 463–469. 469–474; (1698), 341–342; (1699), 12–19. 19–20. Vgl. Maurice Cranston, John Locke. A Biography, London u.a. 1957, 389–396.

[9] Vgl. Cranston, John Locke, 412ff.; Richard H. Popkin, The Philosophy of Bishop Stillingfleet, JHP XI (1971), 303–319.

[10] AE (1699), 12–19, 14f.: „Non opus esse putamus, ut tum alia quae istis succedunt, ad rem quae agitur primario spectantia, tum ea imprimis repetamus, quibus neutiquam eum sibi fuisse animum, cum Lockii principia examinanda susciperet, Rev. Episcopus declarat, ut eorundem cum Autore *Christianismi nihil mysterii habentis* errorum & criminum reum illum perageret; quem illius principiis abusum esse humanissime agnoscit, veniam tamen sibi dandam esse existimans, quod doctrinas expendandas esse duxerit, quibus ruinosam molem suam superstruxerat iste".

[11] A.H. Laeven, De „Acta Eruditorum" onder Redactie van Otto Mencke. De Geschiedenis van een internationaal Geleerdeperiodek tussen 1682 en 1707, Amsterdam&Maarsen 1986 (Studien des Inst. f. intell. Beziehungen zw. den westeurop. Ländern im 17. Jh. 13), Bijlage 1a: Lijst van Recensies en Recensenten 1682–1706, 306. So auch die handschriftlich annotierte Ausgabe der *Acta Eruditorum* der SUB Göttingen. Zu G. Olearius vgl. Michael Ranfft, Leben und Schriften aller chur-sächsischen Gottesgelehrten, Leipzig 1742, Bd. 2, 842–877.

ist, wie wir in den Acta A. 1697 p. 442 mitgeteilt haben, weil er die göttliche Offenbarung als Motiv des Assensus verneint".[12] Ausreichender Grund zu der Vermutung, auch diese Rezension Olearius zuzuweisen, ergibt sich daraus freilich nicht.

b) Der zweite Informationsstrang ist mit dem Namen Valentin Ernst Loescher[13] verbunden. In dem von ihm ins Leben gerufenen Organ *Unschuldige Nachrichten* wird Toland 1702 das erste Mal erwähnt und in gerade den Kontext gestellt, der in den *Acta* 1697 bzw. 1699 angedeutet wurde: „Engelland hat unter andern tieffsinnigen Köpffen ietzo drey Johanun (sic!)/ die es in abstracten speculationen sehr weit gebracht haben / aber auch alle drey gar gefährliche hypotheses hegen / nemlich Jo. Locke, Jo. Toland, und Jo. Norris".[14] Die Einführung in deren inhaltliches Programm erschöpft sich in dem, was aus den *Acta* über die erwähnten Bücher herausgezogen werden kann. Dazu gesellt sich eine für die *Unschuldigen Nachrichten* typische Wertung: „Sie haben sich sämmtlich bemühet / Glauben und Vernunft zu vereinigen / aber in eben dieser Materie haben sie gestrauchelt / und uns dannenhero ein Denckmahl gelaßen / wie behutsam damit umbzugehen".[15] Dieser Artikel ist mit „Gefährliche neue Principia des berühmten Norris" überschrieben, die dann auch nach dieser Einleitung vorgestellt werden. Die geplanten Vorstellungen von Locke und Toland folgen beide erst 1709, mit Tolands *Adeisidaemon* und der französischen Übersetzung von Lockes *Reasonableness*.[16]

Ins Jahr 1709 fällt ebenfalls eine knappe Erwähnung von *Christianity not mysterious* in einer Rezension zu dem schon erwähnten Buch von John Edwards: „Sonst verwirfft der Auctor Tolandi *Christianismus sine mysterio*".[17] Diese Titelübersetzung gebraucht auch Loescher in seinen *Praenotiones Theologicae* (zuerst 1709). Ganz gegen die ansonsten peniblen Angaben der Titel mit Erscheinungsort, -jahr und gegebenenfalls Seitenzahl wird Tolands Buch hier als wunderleugnendes, in der Nachfolge Spinozas einfach als „Io Tolandus, in libro Anglicano de *Christianismo sine mysteriis*" angeführt.[18] Da Loescher auch John Norris' Buch einfach als „consideratio

---

[12] AE (1709), 353–355, 353f.: „Atro … carbone notat *Joannis Tolandi* de Christianismo nihil mysterii habente libellum, impugnatum jam ante a Joanne Norris, uti retulimus in Actis A. 1697 p. 442, quod revelationem divinam assensus motivum esse neget" (Hervorheb. im Orig., Herv. in der Übersetzung von mir, CV).

[13] Zu ihm vgl. JÖRG BAUR, V.E. Löscher – Zeitgenosse im Widerspruch, in: Valentin Ernst Löscher. Zeitgenosse im Widerspruch, Texte aus der VELKD 90 (1990), 7–17.

[14] UN (1702), 137–139, 137.

[15] Ebd., 138.

[16] UN (1709), 214–216 (zu Toland). 768–772 (zu Locke).

[17] UN (1709), 530–531, 531 (Herv. v. mir, CV). Im nächsten Jahrgang der Zeitschrift wird dieses Buch noch einmal rezensiert. Dabei ist eine inhaltliche Angleichung an die *Acta* nicht zu übersehen. Hier heißt es Toland betreffend: „Sonst hat er Tolandi Satz / der die Offenbarung vor kein motivum fidei halten wolle … wohl widerlegt", UN (1710), 296–297, 297. Warum es zu dieser zweiten Rezension kam, ist nicht ersichtlich.

[18] V.E. LOESCHER, Praenotiones Theologicae contra Naturalistarum & Fanaticorum omne genus, Atheos, Deistas, Indifferentistas, Anti-Scripturarios, &c. Crassos aeque ac subtiles, nec non suspectos Doctores, custodiendae, Wittenberg 1713², 264.

ratio & fidei", d.i. die aus den *Acta* stammende Übersetzung, angibt,[19] dürfte wohl die Rezension von Norris' Buch in den *Acta* 1697 als Quelle von Loeschers Wissen anzunehmen sein.[20]

c) Unabhängig von dem bisher Beschriebenen kommt der dritte Informationsstrang, der auch den englischen Titel umfasst, zu stehen. Er wird initiiert in den *Acta Eruditorum* (1700) in der Einleitung zu der Besprechung des anonym erschienenen Buchs *The Life of John Milton.* Das Bekanntwerden der Verfasserschaft Tolands, „eines Iren", hat, so gibt der Rezensent zu, Bedenken hinsichtlich der Glaubwürdigkeit dieser Biographie ausgelöst und die Frage aufgeworfen, ob überhaupt diese Rezension in die *Acta* aufgenommen werden solle. Denn von John Toland „glaubt man gewöhnlich, dass er den Sozinianern nicht weniger als den Monarchomachen anhängt, und es uns keineswegs verborgen blieb, dass dessen Dissertation, *Christianity not mysterious*, d.i. *Christianismus mysterii expers*, auf Befehl des irischen Parlaments verbrannt worden ist".[21]

Könnte man den Sozinianismusvorwurf noch aus dem bisher in den *Acta* Kursierendem herleiten, ist dies bei den Hinweisen auf Tolands Herkunft, seine politische Gesinnung und die Zensurstrafe nicht möglich. Vielmehr scheint es sich um Informationen aus erster Hand zu handeln, die auch ziemlich exakt auf die Diskussionslage und die Tätigkeiten Tolands um 1699 passen. Sollte der Rezensent Johann Burckhardt Mencke sein, der Sohn des Herausgebers der *Acta*, Otto Mencke, und später selbst ihr Herausgeber, so ist dies aufgrund ausgedehnter Korrespondenz nach England nachvollziehbar.[22]

Ein direkter Verweis auf diese *Acta*-Rezension findet sich in einer langen Toland betreffenden Anmerkung in den *Observationes Miscellaneae* im Jahr 1713. Zwar ist „*de Christianismo mysteriis experte*" hier „in *Engelland* auf Befehl des Parlaments verbrannt worden",[23] doch die fehlende Differenzierung zwischen Irland und England

---

[19] Ebd., 181.

[20] An anderer Stelle gesellt er Toland zu Locke und kennzeichnet sie beide als „recentiores Hobbesianae Theologiae", ebd., 262. Der Hintergrund dieser Äußerung ist unklar. Der Zusammenhang zwischen Locke und Hobbes wird in der Rezension Lockes 1709 klargestellt, UN (1709), 768–772, 768: „Dieselbe [scil. die christliche Lehre] soll nun / seiner [scil. Lockes] und des Hobbesii Meynung nach / (dem er auch sonst in vielen Stücken folgt) in dem einigen Glaubens=Articul, daß Jesus der Messias sey / bestehen; und ist wohl sein Absehen / die Lehre von der Heil. Dreyeinigkeit / von der Erb=Sünde / Genugthuung Christi und Rechtfertigung auszumustern".

[21] AE (1700), 371–379, 371: „Cum auctorem hujus libri esse *Johannem Tolant*, Hibernum, cognovissemus, quem Socinianis non minus, quam Monarchomachis addictum vulgo putant, & cujus dissertationem, *Christianity not mysterious*, i.e. *Christianismus mysterii expers*, Parlamenti Hibernici jussu crematam fuisse minime nos latet, fatemur equidem aliquamdiu deliberatum nobis fuisse, utrum Vitae huic fides in omnibus habenda sit, ejusque recensio inferenda Actis nostris".

[22] Zugewiesen nach Laeven, De „Acta Eruditorum", 309. Dieser Bd. fehlt in der SUB Göttingen. Zur Korrespondenz Otto Menckes nach England vgl. Laeven, a.a.O., 136ff.

[23] Observationes Miscellaneae (1713), 290–308, 295 Anm.: „Auch hat Tolandus eine Schrifft ediret *de Christianismo mysteriis experte*, welche aber in Engelland auf Befehl des Parlaments ver-

dürfte nicht überzubewerten sein. Schon zwei Jahre zuvor ist sie in einer Disputation von Johann Friedrich Mayer, *Cultum Dei rationalem ex Rom. XII.I, succinte descriptum*, aufgetaucht; jedenfalls in der Mitteilung der *Gelehrten Fama*.[24]

Zu beachten ist hier der Kontext, in dem Mayer auf *Christianity not mysterious* zu sprechen kommt: Die christliche Religion könne, nach Mayer, in gewissem Sinn vernünftig genannt werden und sei sogar der gesunden Vernunft, die in ihren Schranken bleibe, anempfohlen. „Daher darf man die Vernunft weder mit den Fanatikern gering achten, noch mit den Rationalisten der Offenbarung vorziehen, was die Sozinianer und Reformierten machen."[25] In der angeführten Vergleichsliteratur steht dann auch wörtlich: „*Johannes Tolandus* in pestilentissimo libro: de *Christianismo mysterii experte*; welches in Engeland auff Befehl des Parlaments verbrand wurde".[26] Ob der plötzliche Wechsel ins Deutsche eine Ergänzung des Herausgebers der Zeitschrift kennzeichnet, ist aufgrund der Unzugänglichkeit der Disputation nicht zu entscheiden.

In einem ähnlichen Kontext wie in der Disputation Mayers wird Tolands Buch im *Neuen Büchersaal* 1715 erwähnt: So richtig es sei, dass in der Offenbarung oder Bibel nichts enthalten ist, was den „Grund=Regeln der gesunden Vernunfft zuwiderläufft", so dürfe man auch nicht Vernunft und Offenbarung vermengen. „Dies geschieht / wenn man die Geheimnisse / welche uns die Bibel offenbahret / aus der Vernunft erklähren und dar thun will / an welchem Stein sich Joh. Toland in seinem bekandten Buch *Religio Christiana Mysteriorum expers* gestossen".[27] Obwohl der Parlamentsbeschluss weggelassen ist, ist die Abweichung der Titelübersetzung so gering, dass dieser Hinweis, wie auch der folgende, noch diesem Strang zuzuordnen ist. Mit „*Religio Christiana mysterii expers*" bezeichnet Johann Christoph Dorn in seiner *Bibliotheca Theologica Critica* aus dem Jahr 1721 Tolands Traktat, „in dem er [scil. Toland] alle göttlichen Geheimnisse des Herrn in der Religion, und der heilsamen Lehre völlig ignorieren will. Daher sagen wir, wenn wir Toland den Unverschämtesten der Atheisten nennen, was Sache ist".[28]

---

brannt worden. … *Socinianis non minus quam Monarchomachis addictus est*. Siehe Act. Er. 1700. p. 372" (Hervorh. in der Übersetzung v. mir, CV).

[24] Die Gelehrte Fama (1711), 475. Die Disputation selbst war mir nicht verfügbar. THORSCHMID III, 229–230, berichtet auch von ihr, übersetzt aber nur den hier genannten Artikel. Zu Mayer vgl. JÖCHER 3, Sp. 321–328.

[25] Ebd.: „Post brevem explicationem autor monet, Religionem Christianam certo respectu rationalem vocari posse, quin rationi sanae, suis se continui finibus, non tantum non contrariatur, sed etiam ab ea commendatur. Hinc ratio quidem cum Fanaticis non est vilipendenda, neque tamen revelationi cum Rationalistis anteponenda, quod faciunt Sociniani & Reformati".

[26] Ebd. (unübersetzt).

[27] Neuer Büchersaal (1715), 495–507, 499 Anm. (Herv. v. mir, CV).

[28] JOH. CHRISTOPH DORN, Bibliotheca Theologica Critica, Frankfurt und Leipzig 1721, 521: „His additur ejus tractatus, cui titulus: *Religio Christiana mysterii expers*, quo omnia arcana Diviniora Dominica in religione, disciplinaque salutari penitens ignorari voluit. Quare si Tolandum impudentissimum atheorum esse dixerimus, dixerimus quod res est". Vgl. THORSCHMID III, 136f. (mit einer anderen Übersetzung). Zu Dorn JÖCHER/ADELUNG 2, Sp. 745.

Chronologisch beendet Dorns Hinweis den hier in Blick genommenen Zeitraum. Mit der Aufnahme in die theologische historia literaria deutet sich der Übergang in andere Mitteilungsformen an.[29]

d) Eine in der periodischen Literatur singuläre Übersetzung des Titels von Tolands Schrift[30] findet sich bei Christian Wolff, die er in seiner Rezension von *Some familiar Lettres between Mr. Locke and several of his Friends* benutzte.[31] In einem aus mehreren Briefen von William Molyneux[32] an Locke zusammengestellten Teil über Toland heißt es, nachdem die öffentliche Verfolgung Tolands durch den Klerus erwähnt wurde: „… und sein Buch *de religione mysteriis carente* wurde auf Befehl des Parlaments den Flammen übergeben".[33] Da zu dem Zeitpunkt dieser Rezension (1711) auch in den *Acta Eruditorum*, in denen sie erschien, bereits mehrere Titelübersetzungen kursierten, stellt sich die Frage, wie es zu dieser kam. Es ist anzunehmen, dass sie auf die Titelübersetzung von *Christianity not mysterious* zurückgeht, die der berühmteste Briefpartner Wolffs, Gottfried Wilhelm Leibniz einmal gebraucht hatte.[34]

Leibniz hatte sich mit Tolands Buch bereits 1701 in seinen *Annotatiunculae subitaneae ad librum de Christianismo mysteriis carente* auseinandergesetzt und es als ein „liber saepe auditus … nondum visus" bezeichnet.[35] Die Hintergründe dieser Bemerkung hat Leopold Zscharnack umfänglich dargelegt:[36] Gehört hat Leibniz von Tolands Buch, als er durch Vermittlung Thomas Burnets von der Debatte zwischen John

---

[29] Vgl. Exkurs: J.G. Walch und Christianity not mysterious.

[30] Der Vollständigkeit halber sind noch die zwei Disputation von Johann Jacob Lungershausen, Mysteria christianismi contra Angli cujusdam anonymi Christianity not mysterious, i.e. christianismum non mysticum defensa, Jena 1713/14 zu nennen, die allerdings in den Zeitschriften nicht erwähnt werden. Insgesamt scheinen sie eher unbekannt bzw. schwer erreichbar gewesen zu sein, vgl. Thorschmid III, 210–212, mit einer Inhaltsangabe, der allerdings den Titel mit „Mysteria Christianismi contra *Tolandum* defensa" angibt.

[31] AE (1711), 474–480. Zugewiesen nach Carl Günther Ludovici, Ausführlicher Entwurff einer vollständigen Historie der Wolffischen Philosophie, Anderer Theil, Leipzig 1737 (= ND Hildesheim/New York 1977), 204, Nr. 144; vgl. die Ausgabe der SUB Göttingen.

[32] Vgl. zu ihm Cranston, John Locke, 359.

[33] AE (1711), 474–480, 479: „… & liber ejus de religione mysteriis carente jussu Parliamenti flammis traderetur …" (Herv. in der Übersetzung v. mir, CV).

[34] Die Durchsicht des Briefwechsels von Leibniz und Wolff ergab dazu nichts. Die Edition des Briefwechsels ist aber auch gekürzt und stellt vor allem auf die mathematischen Diskussionen zwischen beiden ab (G.W. Leibniz, Briefwechsel zwischen Leibniz und Wolff. Aus den Hsn. der Königl. Bibliothek zu Hannover hrsg. v. C.I. Gerhardt, Halle 1860 [= ND Hildesheim 1963]). Zu dem keineswegs unproblematisch zu rekonstruierenden Verhältnis und den Beziehungen zwischen Leibniz und Wolff vgl. Charles A. Corr, Christian Wolff and Leibniz, JHI 36 (1975), 241–262.

[35] G.W. Leibniz, Annotatiunculae subitaneae ad Librum de Christianismo Mysteriis carente: conscriptae 8. Augusti 1701, in: Leopold Zscharnack (Hg.), John Toland's Christianity not mysterious (Christentum ohne Geheimnis) 1696, Giessen 1908 (SGNP.Q 3), Anhang: 141–148, 141.

[36] L. Zscharnack, Einleitung, in: ders. (Hg.), John Toland's Christianity, 1–53, bes. 33–50. Eine umfassende Analyse der *Annotatiunculae* bietet Margit Muff, Leibnizens Kritik der Religionsphilosophie von John Toland, Diss.phil. Zürich 1940.

Locke und Stillingfleet Kenntnis nahm.[37] Zu Gesicht bekam Leibniz *Christianity not mysterious*, als ihm Toland im Kontext einer politischen Reise nach Deutschland 1701 ein Exemplar dedizierte. Die *Annotatiunculae* sind in Hinblick auf ein durch die preußische Königin Sophie Charlotte veranlasstes persönliches Zusammentreffen mit Toland verfasst, zu dem es bei einem zweiten Besuch Tolands in Berlin im Sommer 1702 auch kam.[38] Unter dem Aspekt der Publizität betrachtet, blieben die Auseinandersetzung von Leibniz mit Toland sowie auch die Ergebnisse der persönlichen Gespräche erst einmal folgenlos.[39]

Leibniz hat Toland in seinem zu seinen Lebzeiten gedruckten Werk einmal erwähnt. Die Einleitung zur *Theodizee*, der *Discours sur la conformité de la foy avec la raison*, beinhaltet auch den Satz: „Der englische Verfasser einer scharfsinnigen, aber getadelten Schrift (d'un livre ingenieux, mais dessaprouvé) mit dem Titel *Christianity not mysterious* hat diese Unterscheidung [scil. zwischen Über- und Widervernünftigem, CV] zu bestreiten versucht, allein es scheint mir, daß er ihr keinen Schaden zugefügt hat".[40] Stimmt dies zwar mit der Hauptthese der *Annotatiunculae* überein,[41] so steht die Knappheit der Auskunft den übrigen Hinweisen in nichts nach.

1.2. Meinungsbildung

In der Diversität des Bildes dieser Überlieferung zeichnet sich eine Tendenz im Urteil über *Christianity not mysterious* ab. Sie ist wesentlich durch die ersten Reaktionen geprägt. Der Kontext, der Toland zu Locke und Norris gesellt, stellt dabei den Referenzrahmen zur inhaltlichen Ausdeutung von *Christianity not mysterious* bereit. Die Präsenz von Tolands Schrift in diesem Kontext hat umgekehrt für die Bewertung von John Norris oder John Locke allerdings keine ausschlaggebende Bedeutung gehabt.[42]

---

[37] Vgl. G. W. LEIBNIZ, Remarques sur le sentiment de M. de Worcester et de M. Locke, in: Lettres et Opuscules inédits de Leibniz, hg. v. A. Foucher de Careil, Paris 1854, 1–26; ZSCHARNACK, Einleitung, 35–40, mit weiteren Quellen.

[38] Die einzelnen Quellen und eine Chronologie des Zusammentreffens von Leibniz und Toland jetzt bei MICHEL FICHANT, Leibniz et Toland: Philosophie pour Princesses?, Revue de synthèse 116 (1995), 421–439.

[39] Siehe JOACHIM MEHLHAUSEN, „Freidenker", in: TRE 11 (1983), 489–493, 490. Vgl. unten Anm. 48.

[40] G. W. LEIBNIZ, Philosophische Schriften 2/1, hrsg. u. übers. v. H. Hering, Darmstadt 1985, 160.161.

[41] LEIBNIZ, Annotatiunculae, 141.

[42] Das Interesse an John Norris geht vollständig zurück, weitere Reflexe auf ihn sind mir unbekannt. Eine frühe (Neu-)Bewertung von den Streitigkeiten um John Lockes *Reasonableness*: Acta Philosophorum (1716), 972–1031, 1015f. Hier auch die erste deutsche Titelübersetzung („Christenthum ohne Geheimniß"). Weiterhin die Vorrede in: [JOHN LOCKE], Johann Locks gründlicher Beweiß, daß die Christliche Religion, so wie sie in der Heil. Schrift vorgestellet wird / höchst billig / vernünftig / und Raisonable sey. Allen Irr=Geistern zu deutlicher und genugsamer Überzeigung / übersetzt herausgegeben / von D. Joh. Christoph Meinigen, Braunschweig 1733, Vorrede (unpag.). Vgl. FoSa (1734), 827–828.

Thematisch verbleibt der Referenzrahmen mit der Vereinbarkeit von Vernunft und Offenbarung (oder Glauben) reichlich abstrakt. Nun ist mit der allgemeinen Charakterisierung der Schrift Tolands, ein ‚Christentum ohne Geheimnisse‘ zu propagieren und die Vernunft der Offenbarung vorzuziehen, tatsächlich etwas beschrieben, was man ‚Sozinianismus‘ nennen konnte. Insoweit geht diese Wahrnehmung mit der von englischen Antagonisten, wie Jonathan Edward, konform.[43] Doch ist die Verwendung dieses Begriffs im hiesigen Zusammenhang unspezifisch. Die Unspezifizität hat Mayer in seiner Disputation deutlich genug gemacht. Gleichbedeutend mit ‚Rationalismus‘ konnte man den Begriff auch konfessionell einsetzen. Der Sozinianismusbegriff hat hier die bekannte Funktion, jedwede vermeinte Heterodoxie zu bezeichnen, der man ein bloß intellektualistisches und damit letztlich naives Vernunftverständnis vorwerfen konnte.[44] Wenn Dorn am Ende des hier überblickten Zeitraums Toland aufgrund von *Christianity not mysterious* des Atheismus inkriminiert, hat er diese Tendenz auch nur auf einen anderen (zeitgeistgemäßen) Begriff gebracht.

„Religio Christiana mysteriorum expers" konnte übrigens auch ohne jeden Bezug auf Toland, als Terminus für die Position der Rationalisten bzw. näherhin der englischen rationalistischen Theologie verwendet werden, wie bei Buddeus in der Disputation *De usu mysteriorum fidei in praxi vitae Christianae* (1713).[45]

Die Kennzeichnung von *Christianity not mysterious* als intellektualistisches ‚Missverständnis‘ urteilt nach dem Buchtitel. Eine argumentative Auseinandersetzung zeigen die angeführten Stellen nicht. Der Inhalt war für die Rezipienten mit dem Titel identisch; *Christianity not mysterious* war offensichtlich ein ungelesenes Buch.

Das generelle Urteil von Leibniz über Tolands Buch steht der ‚öffentlichen‘ Einschätzung konträr gegenüber. Er hatte es gelesen. In den *Annotatiunculae* hat Leibniz den *praktischen* Impetus hervorgehoben. Trotz tiefgreifender Differenzen und fundamentaler Kritik hat er das Ziel Tolands darin erblickt, „die Menschen von der theoretischen Theologie zur praktischen, von den Diskussionen um die Person Christi zur eifrigen Nachfolge seines Lebens zurückzurufen".[46] Hierin sah er sich

---

[43] Vgl. die Rezension des gegen die Mysterienkritik gerichteten Werks Edwards, *A Preservative against Socianism*, UN (1704), 728–729.

[44] Vgl. Karl Aner, Die Theologie der Lessingszeit, Halle 1929 (= ND Hildesheim 1964), 32–34.51; Z. Ogonowski, „Sozinianismus", in: HWP 9 (1995), Sp. 1257–1263, bes. 1258f.

[45] J.F. Buddeus, De usu mysteriorum fidei in praxi vitae Christianae, Jena 1713, 8ff. Der Terminus ebd., 9. Genannt werden Locke (Reasonableness) und Arthur Bury (The naked Gospel), als Quelle des Wissens dient Pierre Jurieu, La Religion du latitudinaire (Rotterdam 1696), ebd., 8. Vgl. Die Gelehrte Fama (1713), 8–10. Die hier beschriebenen „Latitudinarier" wiederum qualifizierten sich eigenartiger Weise, selbst in den kritischen Augen Valentin Ernst Loeschers, nicht zum „Sozinianismus" sondern allenfalls „Indifferentismus". Vgl. V.E. Loescher, Anti-Latitudinarius sive statera articolorum fidei errorum sonticorum et elenchi necessarii, Wittemberg&Leipzig 1724, Vorrede (unpag.): „Cum Anglos Latitudinariis a laxo doctrinae & conscientiae circa religionis curam versantis statu appellentur, quos nostris Indifferentistas nominant …".

[46] Leibniz, Annotatiunculae, 141: „… ego mihi libenter persuadeo scopum autoris … fuisse, ut homines a theologia theoretica ad practicam, a disputationibus circa personam Christi ad studium imitandae eius vitae revocaveret …". Übersetzung nach Muff, Leibnizens Kritik, 87.

sogar mit Toland einig, da jede wahre christliche Theologie eine praktische Wissenschaft sei, „und daß das vornehmliche Ziel Christi gewesen ist, mehr dem Willen Heiligkeit einzuflößen, als dem Verstande Kenntnisse geheimnisvoller Wahrheiten beizubringen".[47] Solche Übereinstimmung blieb lange unbekannt.[48] Wohl auch deshalb hat diese Meinung sich nicht durchgesetzt.

Es bleibt allerdings zu beachten, dass die meisten der behandelten Reflexe nach 1709 zu finden sind. Diese haben bereits eine andere, ausführlichere publizistische Auseinandersetzung mit Toland vor Augen. Dafür waren die negativen Schlagzeilen *Christianity not mysterious* betreffend aber nicht ausschlaggebend.

Exkurs: J. G. Walch und Christianity not mysterious

Johann Christoph Dorn hatte *Christianity not mysterious* in die gelehrte Bibliothek aufgenommen. Damit beginnt eine neue Phase der Aufnahme von Tolands Schrift. In den Zeitschriften ist sie nicht mehr zu finden,[49] und ihre Kenntnis wird in Bücherkatalogen, Kompendien und Lexika aufbewahrt. Auch qualitativ tritt in dieser Phase Neues hinzu. Mit Erscheinen von Johann Lorenz Mosheims Lebensbeschreibung Tolands (1722), die eine längere Zusammenfassung von *Christianity not mysterious* enthält,[50] vereinheitlichte sich der Überlieferungsprozess dahinge-

---

[47] LEIBNIZ, Annotatiunculae, 141: „Equidem theologiam vere Christianam esse practicam constat et primarium Christi scopum fuisse potius inspirare voluntati sanctitatem, quam intellectui immittere notiones veritatum arcanarum". Übers. MUFF, Leibnizens Kritik, 87.

[48] Zuerst sind die Annotatiunculae veröffentlicht in: [JOHN TOLAND], Collection of several pieces of Mr. John Toland, 2 Bde., London 1726, Bd. 2, Appendix, 60–76. In Deutschland in dem hier relevanten Zeitraum genannt in AE (1729), 356–368, 368, abgedruckt in FoSa (1738), 290–307, übersetzt bei THORSCHMID III, 152–174.

[49] Neben den beiden Viten Tolands – FoSa (1722), 647–679; NZvGS (1722), 290–296 –, die beide auf Mosheim zurückgreifen, inhaltlich zu *Christianity not mysterious* aber nichts sagen, gibt es m. W. nur noch einen Hinweis auf diese Schrift in: Freywillige Heb=Opfer (o. J., 41.Beytrag), 20ff. Anm. Dies ist eine Anmerkung in der seit dem 39. Beytrag in dieser Zeitschrift erscheinenden Populärdogmatik von Friedrich Wagner, die dann auch als Buch erschien: FRIEDRICH WAGNER, Allgemeine Betrachtungen über die geoffenbarten Geheimnisse der Christlichen Religion überhaupt, Hamburg 1737. Dieselbe Anmerkung ebd., 129ff.

[50] J. L. MOSHEIM, De vita, fatis et scriptis Joannis Tolandi commentatio, in: ders., Vindiciae Antiquae Christianorum Disciplinae, adversus celberrimi viri Jo. Tolandi, Hiberni, Nazarenum. Editio secunda, priori longe auctior. Accedit de vita, fatis et scriptis Joannis Tolandi Commentatio. Praefationem, qua Atheismi calumnia a S. Scriptura depellitur. praemisit Jo. Franciscus Buddeus, Hamburg 1722, 30–52 (§§ 8–10). Die nähere Auseinandersetzung mit Mosheims Schrift muss hier ausbleiben; sie ist vor allem für die intellektuelle Biographie des jungen Mosheim interessant (dazu HELMUT ZEDELMAIER, *Cogitationes de studio litterario*: Johann Lorenz Mosheims Kritik der *Historia litteraria*, in: MARTIN MULSOW u. a. [Hrsg.], Johann Lorenz Mosheim [1693–1755]. Theologie im Spannungsfeld von Philosophie, Philologie und Geschichte, Wiesbaden 1997 [Wolfenbütteler Forschungen 77], 17–43). Bekanntlich hat Mosheim die Bücher Toland betreffend über den Leidener Philologen Sigebert Haverkamp bezogen (RALPH HÄFNER/MARTIN MULSOW, Mosheims Bibliothek, in: M. MULSOW u. a. [Hrsg.], a. a. O., 373–399, 392). Leider sind in den Briefen an Haverkamp (Bibliotheek der Rijsuniversiteit Leiden, Sign. BPL 751), die noch in die Entstehungszeit von Mosheims Buch fallen, die Bücherlisten nicht mehr enthalten – sie scheinen beigelegt gewesen zu sein.

hend, dass man nun einen Referenztext zur Verfügung hatte, auf den man hinweisen konnte. Wie dies vonstatten gehen konnte, soll hier an einem Beispiel kurz skizziert werden.

Johann Georg Walch, einflussreicher philosophischer Lexikograph und theologischer Kompendienverfasser der deutschen Frühaufklärung,[51] hat in diesem Sinn mehrmals von Tolands Buch berichtet. In seinem *Philosophischen Lexicon*[52] findet es sich im Artikel 'Freyheit zu gedencken' gleich nach einem kurzen Hinweis auf John Lockes Religionsschrift und den dazugehörigen Streitigkeiten, für die Walch auf die *Acta Eruditorum* verweist: „*Johann Tolandi* Buch: christiana disciplina expers, so zuerst zu Londen 1696. ans Licht kam, ist bekannt gnug, welches aus drey Sektionen bestehet, in der ersten er aus der Philosophie zeigen will, was die Vernunfft sey; in der andern lehret er, daß nichts in der christlichen Religion der Vernunfft entgegen sey, und in der dritten, daß darinnen keine Geheimnisse, oder etwas, was über den Begriff der Vernunfft sey, enthalten, von welchem Werck Mosheim in comm. de vita, fatis & scriptis Jo. Tolandi, die seinen vindiciis antiquae christianorum disciplinae fürgesetzt, §8. sqq. genauere Nachricht giebt" (1015).

Terminologisch verdankt sich diese Titelübersetzung Mosheim,[53] woran sich allerdings auch der Einfluss der vorgängigen Zeitschrifteninformationen bemerkbar macht. Inhaltlich ist diese Charakterisierung allerdings sehr formal. Sie geht nicht über die Sektionsüberschriften von Tolands Buch hinaus. Walch hat sie in die zweite Auflage seines *Philosophischen Lexicons* unverändert übernommen und sie auch in seine *Historische und Theologische Einleitung in die Religions-Streitigkeiten außer der Evangelisch-Lutherischen Kirche*[54] gesetzt. In der *Einleitung* verwendet er aber den englischen Titel.

In der *Einleitung* setzt Walch die Buchbeschreibung in seine Darstellung der Auseinandersetzung mit den 'Naturalisten' (§ XLIII). Nun ist von John Locke unmittelbar vor ihr nicht die Rede, sondern Walch erwähnt gleich vor ihr Spinozas *Tractatus* (198f.). Er ergänzt auch, dass Toland „verschiedene öffentlich widersprochen haben" und stellt die Nähe zu den Sozinianern heraus („Wie sehr hierinnen die Socinianer anstoßen, ist bekannt", 199). Kurzum: Walch hat Tolands Buch einem bekannten heterodoxen Phänomen zugeordnet und durch den insinuierten Zusammenhang der Tolandschen Schrift mit Spinoza und den Sozinianern die polemische Perspektive verstärkt.

---

[51] Der beste Lexikonartikel über Walch noch immer W. MÖLLER, „Walch, Johann Georg", in: RE² 16 (1885), 608–610. Vgl. DAGMAR VON WILLE, Johann Georg Walch und sein *Philosophisches Lexicon*, Das achtzehnte Jahrhundert 22/1 (1998), 31–39.

[52] J.G. WALCH, Philosophisches Lexicon, Leipzig 1726. Die folgenden Seitenzahlen aus diesem Buch.

[53] MOSHEIM, De vita, fatis et scriptis, 32: „*de Christiana disciplina mysterii experta*".

[54] J.G. WALCH, Historische und Theologische Einleitung in die Religions-Streitigkeiten außer der Evangelisch-Lutherischen Kirche, 5 Bde., Jena 1733–36 (ND Stuttgart-Bad Cannstatt 1985), Bd. V.1, 199. Vgl. J.G. WALCH, Philosophisches Lexicon, Leipzig 1740², Sp. 1022.

Offensichtlich war diese Beschreibung von *Christianity not mysterious* so eingängig, dass der Königsberger Theologe und Vater von Herders Lehrer, Michael Lilienthal, sie unausgewiesen und fast wortwörtlich in seine *Theologische Bibliothec* von 1741 übernommen hat. Lilienthal schließt sie aber anders: „Diesen Naturalistischen Sätzen haben nun viele widersprochen".[55]

Mosheims Beschreibung scheint keine durchgreifende, neubewertende Wirkung hervorgerufen zu haben. Vielleicht wurde sie aber auch, wie *Christianity not mysterious*, nur selektiv wahrgenommen.[56] Und für Lilienthal zeigt sich: Ein rares Buch zu besitzen, bedeutet noch lange nicht, es auch zu lesen.

2. John Toland, Adeisidaemon (1709)

John Toland hat sein Buch *Adeisidaemon, sive Titus Livius a superstitione vindicatus. Annexae sunt Origines Judaicae* in Haag 1709 herausgebracht. Es hat 1709 und 1712 zwei ebenfalls in Holland erschienene Gegenschriften provoziert.

Auf der Leipziger Buchmesse wurde Tolands Buch zwar nicht offiziell gehandelt, im Jahr seines Erscheinens ist es aber gleich in drei voneinander unabhängigen Rezensionen in den Zeitschriften vorgestellt worden.[57] Auch die Gegenschriften von Jacob Fay und Elias Benoist haben mit drei bzw. vier Rezensionen erhebliches Interesse auf sich gezogen.[58]

Neben dem Erscheinungsort scheint es vor allem der Umstand gewesen zu sein, dass Toland sein Buch in Latein publizierte, der seine Aufnahme in Deutschland erleichterte. Mit seinem *Adeisidaemon* sei Toland in Deutschland bekannt geworden, meinte Michael Lilienthal schon 1741.[59]

---

[55] Lilienthal, 275.

[56] Mosheims Schrift konnte auch nur additiv, als bloßer Hinweis verwendet werden. Dabei zeigt sich die Latenz der Zeitschriftenüberlieferung. Siehe: [J. F. Buddeus], Historische und Theologische Einleitung in die vornehmsten Religions-Streitigkeiten, aus Johann Francisci Buddei Collegio herausgegeben, von Joh. Georg Walchen, Jena 1728, 689: „In unsern Zeiten ist unter den Atheisten *Joh. Toland* bekannt worden ... Er suchte auf einmal die christliche Religion umzuwerffen und schrieb zu dem Ende sein Buch christianismus mysterii expers, darinnen er alles, was diese Religion in sich hält, nach der Vernunfft abmessen will und indem er den Naturalisten offenbahr das Wort geredet, die Absichten seines verderbten und bösen Gemüths gar sehr verrieth".

[57] AE (1709), 248–253; Ausführlicher Bericht von neuen Büchern (1709), 583–588; UN (1709), 214–216. Die Chronologie ist allerdings nicht ganz klar: AE erscheint im Juni. UN findet sich in der fünften Ordnung von insgesamt 15 im Jahr 1709. Ausführlicher Bericht steht im sechsten Stück; die Stücke fünf bis acht erscheinen nach dem Titelblatt 1709, die Kopfzeile gibt im fünften und sechsten Stück aber 1708 an, auch ist das Buch hier auf 1708 datiert. *Adeisidaemon* erschien wahrscheinlich schon gegen Ende 1708, gedrucktes Erscheinungsjahr ist aber 1709 (vgl. Toland a Leibniz, 6. 10. 1708, in: [John Toland], John Toland e G. W. Leibniz: Otto Lettere, a cura di Giancarlo Carabelli, RCSF 29 [1974], 412–431, 416f.). Wahrscheinlich erschienen UN und Ausführlicher Bericht ungefähr gleichzeitig, aber vor AE.

[58] Rezensionen zu Jacob Fay: AE (1710), 476–481; Neue Bibliothec (1719), 45–48; UN (1709), 733–735. Zu Elias Benoist: Aufrichtige und Unpartheyische Gedancken (1715), 74–77; DAE (1713/14), 607–644.959–996; Neue Bibliothec (1713), 375–407; UN (1712), 982–983.

[59] Lilienthal, 281: „Es ist dieses eine von den Schrifften, welche Toland in lateinischer Spra-

Der *Adeisidaemon* wurde gelesen. In der Lektüre traf man auf ein Interpretations-problem. In den Rezensionen war dieses Problem angelegt, in der Auseinanderset-zung mit den Gegenschriften brach es auf.

2.1. Die Rezensionen des Adeisidaemon

Die umfänglichste und sachlichste Rezension gibt Wilhelm Wilcke in den *Acta Eruditorum*.[60] In einem Ineinander von Zusammenfassung und Exzerpt referiert er den Inhalt der beiden Schriften (*Adeisidaemon* und *Origines Judaicae*), die in diesem Buch zu finden sind.

Tolands *Adeisidaemon* wird nach seinen zwei Hauptthesen gegliedert vorgestellt: So wolle Toland *erstens* in einer Livius-Interpretation diesen vom Vorwurf des Aberglaubens befreien. Livius habe als Historiker nicht nur nicht an der Römischen Religion partizipiert, sondern sie selbst als Aberglaube abgetan. Dazu führt Wilcke Beispiele aus Tolands Buch an und hebt die interpretativen Leitbegriffe Tolands hervor. Tolands Livius habe die Römische Religion als „simulationem et commen-tum" bezeichnet und die Götter als „mera figmenta" angesehen.[61] Die Römische Religion sei nach ihm „zur Hilfe des Magistrats und zum Nutzen der Priesterschaft ersonnen".[62]

Das *zweite* Thema des *Adeisidaemon* folgt, wie Wilcke richtig wiedergibt, aus die-ser Perspektive. Denn Toland kritisierte Gerhard Vossius, da er Livius einen Aber-gläubigen nannte, ihn dafür aber auch gelobt hatte, weil der Aberglaube dem Athe-ismus vorzuziehen sei.[63] „Hier habe Vossius schlechtestens philosophiert, sagt er [scil. Toland], weil zwischen Aberglaube und Atheismus eine Mitte liegt, und weil der Aberglaube selbst einer Gesellschaft viel schädlicher ist als der, wie nur immer zu verabscheuende, Atheismus".[64] Wilcke hebt hier die von Toland ausdrücklich eingestandene Aufnahme der These Pierre Bayles vom ‚tugendhaften Atheismus' hervor.[65] Toland hatte die These vor allem hinsichtlich des äußeren Moralverhal-

---

che geschrieben, und damit sich auch ausser seinem Vaterlande, in Deutschland bekannt gemacht hat".

[60] AE (1709), 248–253. Zugewiesen nach der Ausgabe der SUB Göttingen. Zu Wilhelm Wilcke (1683–1745) vgl. JÖCHER 4, Sp. 1957–1958.

[61] Ebd., 249. Vgl. JOHN TOLAND, Adeisidaemon, sive Titus Livius a superstitione vindicatus. Annexae sunt Origines Judaicae, Haag 1709, 7.

[62] Ebd.: „… totam religionem patriam pro pulcherrimo politicorum commento, in magistratu-um subsidium & sacerdotum emolumentum excogitato". Wörtlich so bei TOLAND, Adeisidae-mon, 6f.

[63] Dieses findet sich erst in der zweiten Auflage von GERHARD JOH. VOSSIUS, De Historicis lati-nis libri III, Lugduni Betavorum 1651², 93.

[64] Ebd., 250: „Pessime hic, ait, philosophatum esse Vossium, cum superstitionem inter & athe-ismum quoddam intersit medium, cumque superstitio ipso atheismo, utcunque abominando, rei-publicae multum sit funestior".

[65] Ebd., 250f.: „Hic auctor eruditissimus non veretur, Clarissmi *Baelii* positionem generalem su-am facere & tueri …". Vgl TOLAND, Adeisidaemon, 78. Zur These Bayles vgl. MARTIN POTT, Auf-

tens des Atheisten bzw. des Abergläubigen dargestellt, wie an dem Referat Wilckes auch deutlich wird:[66] Hier der auf seinen eigenen Vorteil bedachte Atheist, der aus Eigennutz nicht in die bestehenden gesellschaftlichen und religiösen Konventionen eingreift und nur wenige gefährdet; dort der durch den Aberglaube eifernde Mensch, der alles, was seiner Überzeugung entgegensteht, als widergöttlich brandmarkt, verfolgt und vernichtet – daher auch viele bedroht.[67] Was aber die von Toland beschriebene Mitte zwischen Aberglaube und Atheismus sein soll, teilt Wilcke nicht mit.

Kürzer geht Wilcke auf die *Origines Judaicae* ein. Das Referat ist wie die Abhandlung Tolands selbst weniger systematisch gegliedert und gibt den Inhalt knapp wieder: In dieser Abhandlung kritisiere Toland, dass die heidnischen Zeugnisse, die vor allem von Pierre Daniel Huet in seiner *Demonstratio Evangelica* angeführt werden,[68] einen schlechten Grund zu einem daraus geführten Beweis der Wahrheit der christlichen Religion legten. So mache Huet in seiner positiven Bezugnahme auf Diodor Siculus Mose zum ersten Gesetzgeber der Ägypter, worauf Toland antworte, dass Diodor hier an Mneve und nicht Moses gedacht habe. Ebensolches geschehe auch in Huets Bezug auf Strabon (Geographia Lib. XVI).[69] In der von Huet zitierten Stelle werde Mose zum „Patron Spinozas und seiner Anhänger" gemacht, der lehre, „dass es keinen von der Materie und dem Gefüge der Welt unterschiedenen Gott gebe, und die Natur selbst, oder die Gesamtheit der Dinge, der einzige und höchste Gott sei".[70] Ebenfalls im Widerspruch zum Autor des Pentateuchs stehe Strabon, wenn er das jüdische Land als ein „steinernes, unfruchtbares und von den besten Sachen verlassenes" beschreibe, und die Juden eigentlich für Ägypter hielte.[71] Überein kämen sie aber darin, dass sie Moses zum Urheber eines einfachen Kultus machten, der aus der Feier des Sabbats und der Befolgung des Naturrechts, in zehn Gebote gefasst, bestehe. Die späteren Zeremonialgesetze seien als Abwendung von der ursprünglichen Intention Moses zu verstehen, wofür Toland auf Ez. 20, 24f. ver-

---

klärung und Aberglaube. Die deutsche Frühaufklärung im Spiegel ihrer Aberglaubenskritik, Tübingen 1992 (Studien zur deutschen Literatur 119), 157–164.

[66] Dies ist zwar ein Hauptmerkmal an der These von Pierre Bayle, aber – worauf Pott aufmerksam macht – ihre Oberfläche, die den eigentlichen Sprengstoff, die Begründung einer autonomen, nicht auf Religion angewiesenen Ethik, verbirgt (POTT, Aufklärung, 163).

[67] AE (1709), 248–253, 251. Ausführlicher natürlich bei TOLAND, Adeisidaemon, 68–79.

[68] Zu Huet und seinem apologetischen Beweisziel mit weiterer Literatur kurz BBKL II, Sp. 1126–1127.

[69] Vgl. PETRUS DANIEL HUET, Demonstratio Evangelica, ad Serenissimum Delphinum, Paris 1624, 53.

[70] AE (1709), 248–253, 252: „Etenim Strabonem loco citato constituere Mosem patronum Spinosae, ejusque affeclarum, cum velit, illum docuisse, nullum dari Numen a materia & compage hujus mundi distinctum ipsamque naturam, sive rerum universitatem, unicum & supremum esse Deum". Vgl. TOLAND, Origines Judaicae, 117.

[71] Ebd.: „Deinde Strabonem vehemter repugnare auctori Pentateuchi, partim dum regionem Jusaicam hic repraesentet saxosam, sterilem, & ab optimis rebus vacuam, partim quoque, dum Judaeos pro genuinis habeat Aegyptiis".

weise. Doch alles dies wolle Toland in einer eigenen Schrift ‚De republica Mosaica‘ untersuchen.[72]

Sachlich tragen die beiden anderen Rezensionen nichts hinzu. Terminologisch ergänzt der *Ausführliche Bericht von allerhand neuen Büchern*, dass die in den *Origines Judaicae* kritisierten Schriftsteller nach Toland „durchgehends von dem Heydnischen *mundo pantheistico* handeln“.[73] Wertend bezieht sich allein die Rezension in den *Unschuldigen Nachrichten* auf Tolands Abhandlungen. Der Rezensent sieht hier Argumente am Werk, die „auch der wahren Religion zum Praejudiz können angeführet werden“.[74] Damit hat er einen Vorbehalt formuliert, der implizit auch von den anderen Rezensionen geteilt wird: Offen bleibt nämlich in allen Rezensionen die in den *Acta* angeschnittene Frage, was denn nach Toland in der Mitte zwischen Aberglaube und Atheismus liegt. Toland selbst hatte diese Frage ausdrücklich beantwortet: „Der *Atheismus* also und der *Aberglaube* sind wie die Scylla und Charybis der Seelen. Aber wie diese Extreme zu meiden sind, so ist der in der Mitte gelegenen *Religion* zu folgen“.[75] Warum scheint man das Toland als seine eigene Meinung nicht zugetraut zu haben?

Mit der Aufnahme der These Pierre Bayles, die Toland bereits auf dem Titelblatt offen ankündigte, hatte er im deutschen Raum eine aufgeladene Diskussionslage berührt. Wie Martin Pott ausführlich dargelegt hat, hegte man Bayle gegenüber die Befürchtung, dass hier im Gewand seriöser Philosophie der Gesellschaftsfähigkeit des Atheismus das Wort geredet werden sollte.[76] Durch die Auslassung in den Rezensionen legt sich nahe anzunehmen, dass sich diese Befürchtung auch auf Toland erstreckte. Wie dann allerdings die Ausführungen Tolands, die Rettung von Livius und die Kritik an Strabon, zu verstehen waren, wurde in der Folgezeit zum Problem.

2.2. Die Lektüre der Gegenschriften

2.2.1. Jacob Fay, Defensio Religionis (1709)

Der Utrechter Prediger Jacob Fay hat in der gegen Toland gerichteten Schrift *Defensio Religionis, nec non Mosis & Gentis Judaicae*[77] dessen Hinweis auf die zwischen Aberglaube und Atheismus liegende Religion nicht verschwiegen. Er hat diesen

---

[72] Ebd., 253.

[73] Ausführlicher Bericht von allerhand neuen Büchern (1709), 583–588, 588 (Herv. v. mir, CV).

[74] UN (1709), 214–216, 215. Vgl. ebd., 216 (zu den Origines Judaicae).

[75] TOLAND, Adeisidaemon, 79: „ATHEISMUS ergo & SUPERSTITIO sunt veluti animorum Scylla & Charybis. Sed extremae sunt vitanda, quàm sequanda RELIGIO est in medio sita“.

[76] Vgl. dazu vor allem POTT, Aufklärung und Aberglaube, 164–171. Allgemeiner: G. SAUDER, Bayle-Rezeption in der deutschen Aufklärung, DVjs 57 (1975), Sonderheft „18. Jahrhundert“, 83*–104*. Zu Tolands Verhältnis zu Bayle vgl. LEO PIERRE COURTINES, Bayle's Relations with England and the English, New York 1938, 148ff.

[77] J. FAY, Defensio Religionis, nec non Mosis & Gentis Judaicae, contra duas Dissertationes Joh. Tolandi, quarum una inscribitur Adeisidaemon, altera verò Antiquitates Judaicae, Ultrejcti 1709.

Hinweis als pure Verstellung bezeichnet. Fay erblickte darin die „Mysterien und Täuschungen der Atheisten", worin sich wieder einmal zeige, „mit wieviel List und Tücke die Menschen dieses Geschlechts gewohnt sind, die Religion anzugreifen".[78]

Das polemische Resultat, das aus dieser Überzeugung von Tolands Verstellung entspringt, dokumentiert die Rezension der Schrift Fays in den *Unschuldigen Nachrichten*: Fay „zeigt", wie Toland „Religion und Aberglaube / ingleichen wahre Wunder und falsche muthwillig untereinander mische / Livium mit Fleiß zu einem Atheo mache / unter dem Schein ihn zu entschuldigen und zu loben".[79] Weiterhin führe er „in einer richtigen Demonstration aus / daß es Christen gebe / daß ein Gott sey / daß die Seele unsterblich / und der Atheismus der Religion (sic!) schädlich / ja schädlicher als der Aberglaube sey".[80] Tolands Livius-Interpretation versteht der Rezensent mit Fay als Subversion. Dieselbe literarische Technik sieht man dann auch in Tolands *Origines Judaicae* am Werk. Was Toland in eine Kritik an Diodor und Strabon gekleidet habe, sei eigentlich seine Meinung. So „zeigt" Fay auch hier, „mit was vor Ungrunde er [scil. Toland] Mosen zu einem Pantheisten oder Spinosisten mache / und vorgebe / daß Mosen ein Egyptischer Nomarcha gewesen; ingleichen / wie unbillig er Strabonis Zeugniß der Heil. Schrifft vorziehe / und aus jenem zum praejudiz dieser erweisen wolle / daß Palaestina ein unfruchtbar Land / und die Jüden ein uhrsprünglich Egyptisch Volck gewesen wären".[81]

In der Adaption der polemischen Perspektive ist das Verhältnis der Widerlegungsschrift zu Tolands Buch unproblematisch. Denn die Frage, inwieweit die Widerlegung Tolands Ausführungen trifft, wird erst gar nicht gestellt. Auch der polemische Ton der Schrift Fays wird einfach übernommen. Tolands Buch ist daher für den Rezensenten durch Fay „widerlegt" und Toland zum „bekannten Religions-Spötter(s)" avanciert.[82]

Einer anderen Lektüre unterzieht die thomasianische *Neue Bibliothec* Fays Schrift. Hier wird die in der polemischen Perspektive versteckte Unterstellungshermeneutik nicht einfach adaptiert, sondern die Widerlegung kritisch auf Tolands Schrift zurückbezogen. Die Frage, die die polemische Adaption gerade ausgespart hat, ist

---

[78] Ebd., 26: „Sed haec, quae tam emphaticè dici & tam distertè ab ipso distingui videntur, intelligenda sunt tantùm nomine tenus. Haec sunt mysteria & fraudes Atheorum: primò enim superiùs innui, quanta cum cautela & calliditate Religionem impugnare hujus generis homines solent …".

[79] UN (1709), 733–735, 733.

[80] Ebd., 733f. Letzteres war gar nicht die Frage und Fay behandelt sie auch nicht. Der Rezensent scheint sich verschrieben zu haben. Die Umfänglichkeit der Kritik, wie die Frage nach der Unsterblichkeit der Seele, erklärt sich daraus, dass Fay Tolands *Letters to Serena* (London 1704) miteinbezieht. Dessen Inhalt war in Deutschland – wie das von *Christianity not mysterious* – weitgehend und lange unbekannt. In AE (1709), 476–481, 479 werden sie m.W. das erste Mal erwähnt; V.E. Loescher bringt in: Theologische Annales (1715), 191, in der Besprechung zu *A Letter to Eusebia* eine kurze Inhaltsmitteilung – die sich dieser Gegenschrift verdankt. Die Unbekanntheit dieser Schrift Tolands macht ungewollt Mosheim in seinem Rekonstruktionsversuch des Inhalts deutlich, MOSHEIM, De vita, fatis et scriptis, 140–148.

[81] Ebd., 734.

[82] Ebd., 733.

für diese Lesart konstitutiv. Fays Widerlegung wird also mit Tolands Schrift verglichen und die einzelnen Aussagen in dieser Hinsicht geprüft und differenziert.

In diesem Fall schlägt die Einschätzung der Fayschen Schrift in das Gegenteil der Bewertung der *Unschuldigen Nachrichten* um. Der Haupteinwand ist einfach: „Mr. Tolands Buch liegt aller Welt vor Augen / und niemand hat noch bißher so gefährliche Principia darin können entdecken; wann man passagen aus ihrer natürlichen connexion heraus nehmen will / so kan man den Apostel Paulum selbst zum Atheisten machen“.[83] Zwar ist der Rezensent gerade mit den *Origines Judaicae* auch nicht ganz zufrieden. Doch der Faysche Einwand wird im Sinne der im Haupteinwand formulierten methodischen Überprüfbarkeit abgelehnt: „allein gegen den Huetium hat Mr. Toland in dem loco Diodori und Strabonis recht. ein (sic!) jeder kan mit leichter Mühe die Bücher Mosis mit diesen Autoribus conferiren / und die Sache erkennen“.[84]

Ausführlicher widerspricht der Rezensent Fays ‚Widerlegung‘ des *Adeisidaemon*. Hier wird die Unterstellungshermeneutik direkt attackiert: „Mr. Fay gestehet ja / der Herr Toland streite gegen die Atheisten / er sage die wahre Religion werde von zwey Feinden der Atheisterey und der superstitio geplaget u.sw. Was vor ein Geist hat ihm dann die heimlichen und verborgenen Meynungen desselben offenbahret?“[85]

Fays „Sophistereyen“ will der Rezensent an nur einem Beispiel aufzeigen. Dafür wählt er die Frage, ob der Aberglaube oder der Atheismus einer Republik schädlicher sei: „Mr. Fay sagt / die Laster welche man von der superstition herführe / stammeten nicht so wol von derselben als dem Atheismo her / dann die Leute wären erstlich von Atheisten zu der superstition verführet / zum andern muste man auch diejenigen superstitiosos, welche dergleichen Laster begiengen / vor würkliche Atheisten halten / weil sie gegen die wahrhaffte Religion und Göttliche Gebothe handelten, allein der gute Mann hätte sich zu Gemüht führen sollen / daß Mr. Toland speculativische Atheisten … und keine practicos supponire“.[86]

Mit dieser Klarstellung macht der Rezensent seine schulphilosophische Verbundenheit und ein bestimmtes Interesse an Tolands *Adeisidaemon* sichtbar. Christian Thomasius hatte die These Pierre Bayles in der Form, ob ein nach rein äußerlichen Gesichtspunkten moralisch lebender Mensch ohne Gottesglaube (in der thomasianischen Begrifflichkeit: ein speculativischer Atheist) einer Gesellschaft schade, als *hypothetische* Frage diskutiert.[87] Tolands Hinweis auf die zwischen Atheismus und Aberglaube liegende Religion (was Bayle gerade ausgespart hatte) konnte den hypothetischen Charakter der Frage unterstreichen. Thomasius selbst hat sich aber nie auf Toland bezogen.[88] Zumindest zeigt diese Rezension, dass die von Bayle aufge-

---

[83] Neue Bibliothec (1709), 45–48, 47.

[84] Ebd., 48.

[85] Ebd., 47.

[86] Ebd., 48.

[87] Vgl. POTT, Aufklärung und Aberglaube, 153–157.

[88] So erscheint Toland auch nicht in CHRISTIAN THOMASIUS, Cautelae circa praecognita Juri-

worfene und von Toland aufgenommene Frage noch nicht abschließend beantwortet war. In der differenzierenden Lektüre wird dieses Problem festgehalten.

Christian Wolff rezensiert Fays Buch in den *Acta Eruditorum*.[89] Er liest das Buch weder in Adaption der polemischen Perspektive noch differenzierend, sondern als eigene und isolierte Position. Gelungen erscheint sie ihm auch nicht.[90] Für die Frage nach einer Auseinandersetzung mit Toland trägt seine Rezension nichts aus.

2.2.2. Elias Benoist, Melange des Remarques (1712)

Die Art und Weise der verschiedenen Lektüren wiederholt sich in den Rezensionen der zweiten Widerlegungsschrift von Elias Benoist, *Melange des Remarques critiques, historiques, philosophiques, theologiques sur les deux dissertations de M. Toland*.[91] Die unspezifischste, positionelle Lesart bietet diesmal überraschenderweise Nicolaus Hieronymus Gundling in der *Neuen Bibliothec*. Er findet Benoists Schrift zwar zu lang, wenn auch gelehrt, und kritisiert dessen ‚Fideismus‘. Doch inwieweit Benoist Toland trifft, fragt er nicht. Die (wiederholte) Polemik gegen Toland zeigt allerdings bei Gundling Wirkung: „Ich meines theils muß gestehen / daß es fast das Ansehen gewinne / Herr Tolland habe mit seinen beyden Dissertationibus keine gute Intention gehabt".[92] Gundlings spätere Erwähnungen von Tolands *Adeisidaemon* lassen sogar vermuten, er hat dieses Buch nur über Benoist gekannt.[93] Und wieder sind es die *Unschuldigen Nachrichten*, die bloß die Ergebnisse Benoists (hier im wesentlichen identisch mit denen Fays) mitteilen; wobei der Rezensent einigermaßen irritiert zur Kenntnis nimmt, dass nach Fay Benoist sich „diese Mühe auch" mache.[94]

Die differenzierteste Rezension steht in den *Deutschen Acta Eruditorum*. Auf knapp 76 Seiten wird in zwei getrennt nacheinander erscheinenden Teilen Benoists

---

sprudentiae in usum Auditorii, Halle 1710. Dazu Pott, Aufklärung und Aberglaube, bes. 157. Ob dies daran gelegen hat, dass Toland unter dem Verdacht des Spinozisten stand? Thomasius hat in seiner Ablehnung der Spinozisten sein eigenes Gedankengut teilweise hinter sich gelassen, vgl. G. Gawlick, Thomasius und die Denkfreiheit, in: W. Schneiders (Hg.), Christian Thomasius 1655–1728, Hamburg 1989 (Studien zum 18. Jahrhundert 11), 256–273, 262.

[89] AE (1710), 476–481. Zugewiesen: Ludovici, Ausführlicher Entwurff, 201, Nr. 123; Ausgabe der SUB Göttingen.

[90] Ebd., 480: „Pace Viri clarissimi quadam annotavimus, non quod ab Antagonistae ipsius partibus stamen, sed quia periculosum judicamus argumentis partim non satis firmis, partim non adaequatis religionem contra Atheos & Naturalistas defendere".

[91] Elias Benoist, Melange des Remarques critiques, historiques, philosophiques, theologiques sur les deux dissertations de M. Toland, Delft 1712.

[92] Neue Bibliothec (1713), 375–407, 406. Zugewiesen nach [Christian Friedrich Hempel], Nicolai Hieronymus Gundlings umständliches Leben und Schriften, nebst einigen Zusätzen und Verbesserungen seiner, bißher, edirten Historie der Gelahrtheit und deren doppeltes Registern, Franckfurth und Leipzig 1735, 7188ff.

[93] N.H. Gundling, Philosophischer Discourse Anderer Theil oder Academische Vorlesungen über seine viam ad veritatem logicam, Franckfurth und Leipzig 1740, 296–305.

[94] UN (1712), 982–983, 983.

ebenfalls zweiteilige Schrift besprochen, im ersten Benoists Einspruch gegen den *Adeisidaemon*,[95] im zweiten der gegen die *Origines Judaicae*.[96] An diesem zweiten Teil hat der Rezensent wenig auszusetzen, der „besser geschrieben ist, als der erste, weil es mehr des Herrn Verfassers Werck zu seyn scheinet, mit historischen Gründen als mit Vernunft-Schlüssen zu streiten".[97]

Dies macht schon ein äußerlicher Blick auf den Anmerkungsapparat deutlich. Während im Haupttext Benoists Schrift zusammengefasst wird, merkt der Rezensent (meist) in Fußnoten seine Kritik, Berichtigungen und Ergänzungen an. Von diesen gibt es im ersten Teil der Besprechung erheblich mehr. Sie machen deutlich, was dem Rezensenten an Benoists Schrift, wie auch an Tolands interessant erschien. Neben einer differenzierten Kritik an Benoists Hauptthese gegen Tolands Livius-Interpretation, in deren Folge der Rezensent die These Tolands teilweise übernimmt,[98] tritt ein Punkt markant hervor. Denn auch hier zentriert sich die Kritik auf den Versuch Benoists, Tolands (und damit Bayles) These vom gesellschaftsfähigen Atheismus zu widerlegen:

Der Rezensent stellt den Einspruch Benoists in vier aufeinander aufbauenden Thesen vor. *Erstens* seien nach Benoist Aberglaube und Atheismus zwei einander entgegengesetzte Dinge. Sie könnten nicht miteinander verglichen werden, da „die Atheisterey das Göttliche Wesen, eine Vorsehung, Tugenden, Laster, Strafen, Belohnungen, Gebote und Verbote läugnete, der Aberglaube hingegen bejahte". Die einzig angemessene Frage wäre *zweitens*, „welche von beyden mehr Wahrheit habe?". Aus der kompletten Falschheit der Atheisterey schließe Benoist *drittens*, dass „gar nicht zu fragen sey, ob sie der Republick nützen könne". Es sei ersichtlich, wie sie „lauter Unglück über eine Gesellschaft bringen müsse, wie denn unfehlbar GOtt eine solche, die Atheisten unter sich dulde, mit Strafen heimsuche".[99] *Letztlich* habe der Aberglaube „Gründe, die er zwar mißbrauche, die aber in sich wahr wären, daraus er [Benoist] aber ausdrücklich keinen anderen Schluß macht, als daß der vorgegebene Nutzen des Aberglaubens falsch sey".[100]

---

[95] DAE (1713, 19.Theil), 607–644.

[96] DAE (1714, 23. Theil), 959–996.

[97] Ebd., 996.

[98] DAE (1713), 607–644, 624 Anm.: „Man muß zuförderst mercken, daß Toland diese gantze Materie [scil. diverse Livius-Stellen, CV] abhandle, um daraus Livii Meynung von der Religion zu zeigen. Wenn nur hier die Frage wäre, ob Livius überhaupt von der Religion was geglaubt? würde Herr Benoist die Falschheit der Tolandischen Schlüsse mit Grunde erwiesen haben. Weil es aber darauf ankömmt, was dieser Geschichts-Schreiber von der Religion seiner Landsleute gehalten? so kann man aus angeführten Stellen wohl schliessen, daß er davon eine schlechte Meynung gehabt, indem er darinne erkennet und bekennet, daß die vorgegebenen Göttlichen Zeichen, deren man sich, wie wohl in acht zu nehmen ist, nicht schlechterdings das Volck in Furcht zu jagen bedient, sondern damit auch die wichtigsten Angelegenheiten der Republick so oder so gehandhabt, und um ihren Willen Gebet und Opffer angestellt, erdichtet, und zwar offt arglistig erdichtet gewesen".

[99] Ebd., 632.

[100] Ebd., 632f.

Angesichts dieser Thesenreihe meint der Rezensent, dass Benoist „hier auf zwey Octav-Seiten soviel falsche Schlüsse angebracht, als deren sonst man in einem gantzen Buche zu befinden seyn". Tatsächlich stellt sich die gesamte Thesenreihe anders dar, wenn man der ersten These widerspricht. Das tut der Rezensent deutlich: Aberglaube und Atheismus seien vergleichbar. Sie kämen darin überein, „daß sie mit einerlei Sache, nemlich mit GOtt und der Religion umgehen, daß beyde ihrer vor sich habenden Materie zu viel thun, und … daß beyde in der Republick nicht viel nütze sind". Auch die Betrachtung der Phänomene unter der Wahrheitsfrage findet nicht seine Zustimmung. Der Aberglaube sei nicht hinsichtlich seiner Bejahung der Wahrheit der Religion zu betrachten, sondern „so fern er zuviel bejahet". Zudem sei es auch gar nicht die Frage, „daß die Atheisterey nichts nütze … Denn man streitet, welches von beyden mehr schädlich sey, worauf er sich gar nicht einläst, und von dem Schaden des Aberglaubens kein Wort erwehnet, von dem aber, den die Atheisterey bringen soll, nur was ungewisses beybringet".[101]

Wie bereits bei der differenzierenden Lektüre der Fayschen Widerlegungsschrift drängt der Rezensent auf Klarheit der Problemstellung des Verhältnisses von Atheismus und Aberglaube, weshalb er Benoist Punkt für Punkt widerspricht. Deshalb ist die am Ende des ersten Teils der Besprechung zu findende Äußerung des Rezensenten überraschend: „Denn überhaupt halten wir von dem Streit, ob die Atheisterey dem Aberglauben vorzuziehen sey, nichts, weil der Geist GOttes in einem Laster so wenig sein Werck hat, als in dem andern".[102]

Diese Bemerkung hat bei Christian Gottfried Hoffmann Unzufriedenheit ausgelöst. Der Herausgeber der *Aufrichtigen und Unpartheyischen Gedancken über die Journale* und Thomasius-Schüler hat gleich nach dem Erscheinen des ersten Teils der Besprechung diese selbst in seiner Zeitung besprochen. Er warf dem Rezensenten der *Deutschen Acta* vor, sich mit der am Ende geäußerten Meinung um die eigentliche Frage zu drücken: „Doch es ist hier die Frage / welches von den beyden Lastern einer Republique am schädlichsten sey? und halte ich dieselbe nicht vor gäntzlich unnütze / ob ich gleich nicht läugne / daß ein jedes Laster vor GOtt so schädlich ist / als das andre. Es kann doch einem Staate durch ein Laster mehr Schaden geschehen / als durch das andere".[103]

Hoffmanns Einwurf hat der Rezensent in den *Deutschen Acta* im zweiten Teil der Besprechung aufgenommen und beantwortet. So gibt er Hoffmann zu, „daß die Frage von dem Schaden dieser Laster in einer Republik zu entscheiden sey". In dem darauf folgenden „Bekänntniß" meint der Rezensent: „daß wir den Aberglauben, in sich und nach seinen Lehr-Sätzen betrachtet, allerdings vor schädlicher halten, inmassen der Geist der Verfolgung … hauptsächlich daher rührt, weil der alle

---

[101] Ebd., 633 Anm.
[102] Ebd., 644.
[103] Aufrichtige und Unpartheyische Gedancken (1715), 74–77, 77.

unsre Pflichten zu weit ausdehnende Aberglaube GOtt damit einen Dienst zu thun vermeint, wenn er andre, die ihm im Glauben irrig zu seyn scheinen, verfolgt".[104]

Freilich drückt sich auch hier der Rezensent um die Auskunft, wie es mit dem Atheismus steht. Ob man aus der Übereinstimmung mit der einen Hälfte der von Toland vorgetragenen These auch auf die mit der zweiten schließen kann, muss hier offen bleiben. Auf jeden Fall legt der Umstand, dass der Rezensent der *Deutschen Acta* erst auf Nachfrage antwortete, die Vermutung nahe, er habe mit seiner ersten Äußerung die Identifizierung mit einem der „heutigen Ketzern"[105], wie er Toland am Anfang seiner Rezension vorstellte, vermeiden wollen.

2.3. Lektüre und Meinungsbild

Die differenzierende Lektüre der Gegenschriften konzentriert sich auf Tolands *Adeisidaemon*, und besonders auf die in Anschluss an Bayle geäußerte These. Hier wird sein Buch als Beitrag zu einer länger schwelenden Diskussion aufgenommen und Toland als Epigone Bayles positioniert, einmal sogar als der „erste der Baylens Meynung noch weiter poussiren wollte".[106] In diesem Sinn ist Tolands Buch später auch lexikalisch erfasst worden.[107]

Die Betrachtung der differenzierenden Lektüre zeigt auch, dass die Metakritik der Toland-Kritiker genutzt wurde, um Thesen Tolands (und auch Bayles) zu verteidigen und teilweise sogar zu übernehmen. Der explizite Anschluss an Toland bleibt aber die Ausnahme – wenn man die Rezension der Fayschen Widerlegung in der *Neuen Bibliothec* überhaupt als Anschluss werten will. Die Übereinstimmungen im Interesse der Fragestellung und manchmal in der Sache erscheinen nicht repräsentativ für eine allgemeine Meinung. Trotzdem markieren sie in der Frage nach der Gesellschaftsfähigkeit des Atheismus bzw. des Aberglaubens, dass diese Frage noch einer Beantwortung harrte – zumindest um 1715.[108]

Die differenzierende Lektüre der Gegenschriften ist nur eine Form der Auseinandersetzung. In den übrigen Rezensionen zeichnet sich ein anderes Stimmungsbild ab.[109] Hierfür war die bloße Adaption der Polemik richtungsweisend. Auch die

---

[104] DAE (1714, 23. Theil), 959–996, 960 Anm.

[105] DAE (1713, 19. Theil), 607–644, 607.

[106] JOHANN GEORG PERTSCHEN, Das Recht der Beicht-Stühle … Nebst einem Vorbericht von der Juristen Studio in der Theologie, Halle 1721, 19 Anm. (a).

[107] WALCH, Philosophisches Lexicon, Leipzig 1726, Sp. 140.

[108] J.G. Walch hat später diese Frage noch einmal differenziert, indem er zuerst auf die Pflichtbefolgung von Regenten und Untertanen zur äußeren Ruhe in einer Republik hinweist (Philosophisches Lexicon, Leipzig 1726, s.v. Atheisterey, Sp. 140f.). Walch hat hier sicherlich auch die Ereignisse um Christian Wolff des Winters 1723 im Auge, die der hypothetisch diskutierten Fragestellung ein politisches Votum entgegensetzten.

[109] Ohne Effekt blieb die wohl von Huet selbst verfasste Kritik an Toland in: L'ABBÉ DE TILLADET, Dissertations sur diverses Matières de Religion et de Philosophie, 2 Bde., a la Haye 1714, Bd. 1, 369–386, mit dem Titel: Lettre de Mr. Morin, de l'Académie des Inscriptions, a Monsieur Huet, touchant le Livre de Mr. Tolandus, intitulé, Adeisidaemon & Origenes (sic!) Judaicae. Sie

positionelle Lektüre mag ihren Teil dazu beigetragen haben: So zeigt doch Gundlings Beitrag, dass von der Existenz einer Gegenschrift auf die schlechte Intention
ihres Anlasses geschlossen werden konnte. Diese Meinungsbildung unterliegt demselben Effekt, der bereits die über *Christianity not mysterious* bestimmte. In Hinblick
auf die ganze Auseinandersetzung mit Tolands *Adeisidaemon*, Schrift und Gegenschriften, gerinnt die Stimmungslage zur Meinung, indem Tolands Schrift in den
Horizont ,heterodoxer' Stimmen eingegliedert wird. Gerade in ihrer Mediokrität
ist hierfür eine lange Anmerkung in den *Observationes Miscellaneae* beispielhaft. Im
Rahmen einer Darstellung „Von unterschiedenen Straffen des Ehebruchs bey einigen alten und neuen Völckern" wird vom Rezensenten der „verkehrte Tolandus"
erwähnt:

„Er beliebet des Spinozae, Kuffehri, Stoschii, Wachteri und andere falsche Sätze, und lehret ausdrücklich, GOTT sey nichts von der Welt unterschiedenes. Moses habe diese Meynung geheget … Ferner verthädigt er des Baelii falsche Thesis, der *Atheismus* sey einer *Republic* nicht so schädlich als der Aberglaube. Uber dieses schmähet er das H. Predigt-Amt,
giebt vor, alle Geistlichen wären nur auf Betrug und Geitz abgerichtet. … Das gelobte
Land soll ein steinigtes, unfruchtbares und elendes Land gewesen seyn. Das Ceremonial-
Gesetze habe Moses aus eigenem Gutdüncken eingeführt, worüber GOtt Ez. XX, 25 soll
geeiffert haben. Die alten Väter hätten nebst etlichen neuern Scribenten die loca der
heydnischen Scribenten verfälschet &c. Solche und andere Irrthümer hat er vorgetragen
in seinen Dissertationibus, deren die erste *de Tito Livio a Superstitione vindicato*, die andre *de
originibus Judaicis* handelt, und 1709. ans Licht gekommen. Wider diesen schrieb alsbald *Ja-
cobus Fagus*, und sodann *Elias Benoist* ein berühmter Prediger aus Utrecht, dessen *Miscellanea contra Tolandum* fast in allen Journalen recensiret, und also gantz bekannt geworden
sind".[110]

Im Unterschied zur differenzierenden Lektüre bewahrt dieses Meinungsbild die
thematische Breite von Tolands *Adeisidaemon*. Hier erscheint Tolands Schrift nicht
als Beitrag zu einer Diskussion in einem bestimmten Fall, sondern als Infragestel-
lung eines gesamten Überlieferungsbestandes. Dabei wird nicht einmal die immerhin in deutschen Zeitschriften vorhandene Strittigkeit der Widerlegungen von Fay
und Benoist erwähnt. Hierin erweist sich die negative Einschätzung, die durch die
Polemik mit hervorgebracht wurde, als eine in sich abgeschlossene Größe, die in
den diskursiven Zusammenhang mit dem in der differenzierenden Lektüre offenge-
haltenen Problem, in dem es nicht zuletzt um die Verfasstheit der Gesellschaft selber
ging, nicht eingetreten ist.

---

wurde einmal rezensiert: Neuer Büchersaal (1714), 453–491, 467–469. Vgl. Thorschmid IV,
128–131.
[110] Observationes Miscellaneae (1713), 290–308, 295f. Anm.

Exkurs: J. F. Buddeus und Adeisidaemon & Origines Judaicae

Freilich wurde auf Tolands Überlegungen, die er gerade in den *Origines Judaicae* vorgelegt hatte, auch eingegangen. Das blieb Disputationen[111] und Büchern vorbehalten. Die Verästelungen dieser gelehrten Diskussion sind hier nicht weiter zu verfolgen. Die begriffsgeschichtliche Bedeutung von Tolands Schrift mit der Einführung des Begriffs der ‚Pantheisten‘, die er mit den ‚Spinozisten‘ gleichsetzt, ist genauso bekannt, wie die Abstraktbildung von Fay, der ‚Pantheismus‘.[112] Exemplarisch können aber die Stellen, an denen Johann Franz Buddeus in seiner *Historia ecclesiastica veteris Testamenti* (zuerst Halle 1715) auf Toland einging, einen Eindruck von der Diskussion geben.[113]

Die für Buddeus’ dogmatische Theologie wichtigste Auseinandersetzung mit Toland betraf die Bedeutung des Jahwenamens.[114] Der von Toland vorgestellte ‚Moses Strabonicus‘ hatte den Gottesnamen als „notwendiges Sein" verstanden und als identisch zum Seinsbegriff der griechischen Welt gesetzt.[115] Damit war aber nicht gesagt, dass dieses ‚Sein‘ personale Attribute in sich enthalte oder von der Welt zu unterscheiden sei. An anderer Stelle wurde dieses Verständnis sogar ausgeschlossen.[116] In dem Verständnis des Jahwenamens als Ausdruck personaler Gottheit hatte hingegen Buddeus die Überlegenheit der jüdisch-christlichen Überlieferung gegenüber anderen Religionen und der Philosophie gesehen. Neben der Bestimmung als „ens necessarium, seu quod sua natura, non ab alio est" bezeichnet für Buddeus das Wort „JHWH" auch Freiheit, Intellekt und Weisheit, sowie Unterschiedenheit von der Welt.[117] In der Interpretation des Jahwenamens bei Toland sah Buddeus nur einen „Deckmantel des Unglaubens". Dieser, „von allen, die jemals

---

[111] Vgl. z.B. Die Gelehrte Fama (1711), 85–86.

[112] Vgl. nur WINFRIED SCHRÖDER, „Pantheismus", in: HWP 7 (1989), Sp. 59–63.

[113] Zum Kontext von Buddeus: A. F. STOLZENBURG, Die Theologie des Jo. Franc. Buddeus und des Chr. Matth. Pfaff. Ein Beitrag zur Geschichte der Aufklärung in Deutschland, Berlin 1926 (NSGTK 22), 89–113. Eine Darstellung dieser Debatte um die ‚Historia Sacra‘ in Deutschland existiert nicht. Zum Umfang der Debatte LUDWIG DIESTEL, Geschichte des Alten Testaments in der christlichen Kirche, Jena 1869, 482–519 (§§ 49–50), bes. 504.508.510f. zu Toland. Weiterhin: PAOLO ROSSI, The dark abyss of time. The history of the earth & the history of nations from Hooke to Vico, Chicago/London 1984, 123ff.; JAN ASSMANN, Moses der Ägypter. Entzifferung einer Gedächtnisspur, München/Wien 1998, bes. 133–138 zu Toland.

[114] Vgl. zur Bedeutung der Onomatologie bei Buddeus FRIEDERIKE NÜSSEL, Bund und Versöhnung. Zur Begründung der Dogmatik bei Johann Franz Buddeus, Göttingen 1996 (FSÖTh 77), 284ff.

[115] TOLAND, Origines Judaicae, 156f.: „Hinc sibi volunt sacrosanctum et ineffabile nomen JE-HOVA astipulari, cùm necessariam solummodo existentiam, vel illud (quicquid sit) quod per se existit, emphaticè significet; eodem planè sensu quo το Ὄν Graecorum Mundum incorruptibilem, aeternum, & interminabilem, plerumque denotat".

[116] Vgl. ebd., 117.155.

[117] J. F. BUDDEUS, Historia ecclesiastica veteris Testamenti, Halle 1726³, 405f.: „Vox *JHWH* enim equidem ens necessarium, seu quod sua natura, non ab alio est, denotat, sed tale simul ens, quod & liberrimum est, & intellectu ac sapientia praeditum, adeoque ab hoc universo seiunctum ac seperatum".

die Welt gefasst hat, der Unverschämteste", habe sich nicht gefürchtet „Moses in
die Menge der Pantheisten, die man sonst Spinozisten nennt, zu rechnen".[118]

Neben einem kurzen Hinweis, dass Toland Moses Ansehen schädige, indem er
ihn als politischen Führer beschreibe,[119] werden auch die exegetischen Thesen des
‚Tolandus Strabonicus' genannt. Sowohl in der Frage, ob das gelobte Land steinig
und leer gewesen sei, als auch in der des Ursprungs der Israeliten wird Toland angeführt.[120] Die Antwort fällt stereotyp aus: Toland wolle den Glauben an die mosai-
schen Erzählungen erschüttern, er schenke Strabon mehr Glauben als dem Autor
des Pentateuchs.[121]

Obwohl Toland so auch einen Platz in der ‚Historia' bzw. ‚Geographia sacra' erhalten hat, ist Diskussionsbedarf mit ihm nicht spürbar. Bezeichnenderweise hat der
Buddeus-Schüler Johann Jacob Rambach in seinen *Institutiones Hermeneuticae Sacrae*
Toland in den Teil mit dem sprechenden Titel: „Cavendum denique, ne in eismodi
rebus amplectamur hypotheses, in verbi divini honorem integritatemque iniurias"
aufgenommen.[122]

In seinem populären Werk, *Lehr-Sätze von der Atheisterey und dem Aberglauben,* hat
Buddeus eine Metapher von Toland übernommen.[123] Neben dem von Buddeus
bemühten Bild, dass Aberglaube und Atheismus zwei gegeneinanderstehende Klip-
pen sind, an denen ein Unvorsichtiger „leicht an einer von beyden Schiffbruch leiden" kann,[124] kommt „nicht unrecht" Tolands Metapher der Scylla und Charybis
zu stehen: „Wenn er dieses von Grund des Hertzens / und nicht nur Unverständigen die Augen zu verblenden / gesaget hätte".[125] Buddeus erblickt nur Worthülsen
in Tolands ‚Atheismus', der eigentlichen „Beschaffenheit der Religion des Tolandi,
die er blicken lässet / … welche ob sie gleich durch listige Vorstellung fast gantz un-
kentbar ist / dennoch von dem Jac. Fay entdecket worden".[126] Die anschließend

---

[118] Ebd., 405: „Sed prius hinc discendam, paucis attingenda est stoliditas hominis, omnium,
quos umquam orbis tulit, impudentissimum, Ioan. Tolandi, qui, ut Mosen in pantheistarum, quos
ceteroquin Spinozistas vocant, numerum referre non veretur; ita iter alia impietatis praesidium in
ipso nomine sanctissimo *JHWH* quaerit". Diese Frage steht bei Buddeus auch im Vordergrund in
seiner: Praefatio, qua a atheismi calumnia a Scriptura Sacra paucis depellitur, in: Mosheim, Vindiciae, unpag. Auch diskutiert diese Frage Salomo Deyling, An auctor Pentateuchi, Moses, fuerit
Pantheista?, in: ders., Observationum Sacrarum, 3 Teile, Leipzig 1720–26², 2. Teil (1722), 1–10.

[119] Ebd., 428 unter Verweis auf den *Adeisidaemon.*

[120] Ebd., 398ff. (gelobtes Land). 436 (Ursprung der Israeliten). Buddeus vertritt übrigens die
Auffassung, dass der zeitgenössische Zustand Palästinas nicht der historische ist.

[121] Vgl. nur ebd., 398: „Aliter tamen vium Io. Tolandum, petulanti calamo in sanctissima quae-
que insurgenti, Mosaicaeque narrationis fidem ea, qua potest, ratione labefactare aduitenti. Stra-
boni itaque hic potius fidem haberi vult, quam auctori pentateuchi".

[122] Joh. Jac. Rambach, Institutiones Hermeneuticae Sacrae, variis observationibus copiosissimisque exemplis biblicis illustratae. Cum praefatione Jo. Franciscii Buddei, Jena 1725, 526ff. Ähnlich bei Joh. Gottlob Carpzov, Introductio ad libros historicos Bibliorum veteris Testamenti, 3
Teile, Leipzig 1721², 3.Teil, 469ff.

[123] Pott, Aufklärung und Aberglaube, 172–174.

[124] J.F. Buddeus, Lehr-Sätze von der Atheisterey und dem Aberglauben, Jena 1717, 590.

[125] Ebd. 590f.

[126] Ebd., 594f.

von Buddeus angeführte Stelle aus Fays Widerlegung ist hier bereits erwähnt worden (s. o. 2.2.1.). Bereits die erste Auseinandersetzung von Buddeus mit Toland war durch die von Fay repräsentierte polemische Perspektive gebrochen.[127]

3. Anthony Collins, A Discourse of Free-Thinking (1713)

Schon während der Diskussionen um Tolands *Adeisidaemon* kam es zu den ersten Reaktionen auf den anonym erschienenen *Discourse of Free-Thinking, Occasioned by the Rise and Growth of a Sect call'd Free-Thinkers* (zuerst London 1713). Das Buch war publizistisch erfolgreich.[128] Doch die vom ihm ausgelösten Reaktionen waren eher eine Verständigung über das Buch als eine Diskussion mit seinem Inhalt. Ein Interpretationsproblem hatte man nicht, mit ihm ist man anders umgegangen. Es wurde in einem bekannten Positionsspektrum positioniert.

3.1. Die Verwechslung des Autors

Nicht allein die zeitliche Nähe rückt dieses Buch in den unmittelbaren Zusammenhang zu Tolands *Adeisidaemon*: Man hielt Toland für den Autor. Diese Annahme wurde in der ersten Rezension des *Discourse* in den *Acta Eruditorum* 1714[129] geäußert und hielt sich hartnäckig; noch 1725 hielt Reimmann es für nötig, Anthony Collins als den Autor auszuweisen, indem er auf ein mit einem Autograph versehenes Exemplar der Schrift verwies, in dem Collins sich selbst als Autor bezeichnete.[130] In dieser ganzen Verwirrung war Christoph Matthäus Pfaff durch einen Aufenthalt in Haag der am besten Informierte.[131]

---

[127] J.F. Buddeus, Programma de Origine Gentis Ebraeae contra Ioan. Tolandum (1710), in: ders., Syntagmate Dissertationum Theologicarum Academicarum, Jena 1715, 714–738, bes. 716ff.

[128] Günter Gawlick hat die wichtigsten Momente an der Aufnahme dieser Schrift in Deutschland bereits herausgestellt: Günter Gawlick, Die ersten deutschen Reaktionen auf A. Collins' „Discourse of Free-Thinking" von 1713, Aufklärung 1/1 (1986), 9–25. Die folgende Ausführung versteht sich als (materiale) Ergänzung der Überlegungen Gawlicks, denen sie vielfach verpflichtet ist. Weiterhin zur Rezeption: ders., Einleitung, in: Anthony Collins, A Discourse of Free-Thinking. Faksimile-Neudruck der Erstausgabe London 1713 mit deutschem Paralleltext, hrsg. u. eingeleitet v. G. Gawlick, mit einem Geleitwort v. Julius Ebbinghaus, Stuttgart-Bad-Cannstatt 1965, (17)-(42); James O'Higgins, Anthony Collins. The man and his works, The Hague 1970 (AIHI 35), 203ff.

[129] AE (1714), 229–241, 229.

[130] Reimmann, Historia universalis Atheismi, 459: „Et Vir quidam non cottidiani commatis certo mihi asseveravit se oculis ursupasse exemplar quoddam Sophiae Electrici Hannoveranae ex Anglia transmissum, cui Collinus nomen subscripserit, & hunc foetum expositium pro suo agnoverit".

[131] C.M. Pfaff, Dissertationes de Praejudiciis Theologicis (1715), in: ders., Primitiae Tubingenses, Tübingen 1728, 5 Anm. (g). Zu diesem Hintergrund siehe ders., Entwurff einer Theologiae Anti-Deisticae. Zum Behuf Academischer Vorlesungen, Giessen 1757, Vorbericht (unpag.):

Toland den *Discourse* zuzuschreiben, lag allerdings nahe. Der Begriff des ‚Freidenkers' wurde ihm bereits 1711 in den *Acta Eruditorum* beigelegt. Christian Wolff
hatte diesen Begriff in einer Rezension aus einem Brief von Molyneux an Locke
mit „homo … libere philosophans" latinisiert.[132] Mit dieser Übersetzung war zwei-
felsohne eine spinozistische Konnotation gegeben und man hat gelegentlich gedankliche Berührungen des *Discourse* zu Spinozas *Tractatus Theologico-Politicus* notiert.[133] Über den Begriff des ‚Freidenkers' hinaus sind auch inhaltliche Kongruen-
zen zu Tolands *Origines Judaicae* entdeckt worden, was die Annahme seiner Auto-
renschaft bekräftigen konnte.[134]

Die Fehlinformation über den Autor gab dem Buch keinen Vertrauensvorschuss.
So war man sich sicher, eine weitere „ärgerliche Schrifft des bekannten Jo. Tolands"
vor sich zu haben.[135] Und selbst wenn man die Möglichkeit in Betracht zog, dass

---

„Als ich A. 1715. im Haag war, und daselbst wider den Collins schrieb, der kurz vorher eine wo-
chentliche Zusammenkunfft der Deisten bey dem Buchführer Johnson veranstaltet hatte, so be-
suchte ich dieselben dann und wann, um doch zu erfahren, was denn eigentlich die unglaubigen
Geister, die sich mit ihrem Witz so breit machen, für grosse Dinge wider das Christenthum auf-
bringen können." Vgl. GAWLICK, Einleitung, a.a.O., (36) Anm. 24. Diese gesamte Diskussion ist
ausführlich dargestellt bei THORSCHMID I, 50–65.

[132] AE (1711), 474–480, 479: „*Tolandus* ipsi videtur homo candidus, ingeniosus & libere philo-
sophans". Vgl. MOLYNEUX an LOCKE (6. April 1697), in: [JOHN LOCKE], Familiar lettres between
Mr. John Locke, and several of his friends, London 1742⁴, 150: „… I take him to be a candid Free-
Thinker, and a good Scholar". Mit direktem Verweis auf die AE-Stelle Observationes Miscella-
neae (1713), 290–308, 296 Anm. Zur begriffsgeschichtlichen Bedeutung dieser Briefstelle siehe
MEHLHAUSEN, „Freidenker", 489.

[133] Siehe PFAFF, Dissertationes de Praejudiciis Theologicis, 88 Anm.: „Addere poterat [scil.
Collins, CV] & Benedictum Spinosam, qui Tractatum Theologico-Politicum de libertate philosophandi Hamburgi A. MDCLXXX. edidit, & libertatem hanc maxime Cap. XX. adstruere cona-
tur". Vgl. GAWLICK, Die ersten deutschen Reaktionen, 11. Doch bleibt das ein Phänomen am
Rande. Keine Rezension stellt diesen Bezug her – der Name Spinozas fällt nicht einmal. Auch in
den von Gawlick behandelten Disputationen ist ein solcher Zusammenhang sonst nicht zu sehen.
Bei H. MUHLIUS (De libertate academica, in: ders., Dissertationes Historico-Theologicae, Kiel
1715, 209–272, 249) fällt zwar der Name Spinozas, doch ist diese Rede vor Muhlius' Kenntnisnahme vom *Discourse* geschrieben. Selbst die bekannteste und erfolgreichste englische Gegenschrift stellt diesen Bezug nur ganz unspezifisch her, RICHARD BENTLEY, Remarks upon a late Discourse of Free-Thinking: in a letter to F.H., D.D. by Phileleutherus Lipsiensis (ed. 1743), in: ders.,
Works, 3 vols., London 1838, vol. 3, 287–472, 386: „They *free* by way of distinction? that have the
most slavish systems, mere matter, eternal sequel of causes; chained fatalists, fettered Spinosists".
Eine direkte Abhängigkeit Collins' von Spinoza konstruiert in den 1760ern THORSCHMID I, 65–
73. Inwieweit dies sachlich gerechtfertigt ist, kann hier nicht behandelt werden, hier geht es um
das unmittelbare Rezeptionsphänomen. Gegen Thorschmid hat bereits Einspruch erhoben GE-
ORG BOHRMANN, Spinozas Stellung zur Religion. Eine Untersuchung auf der Grundlage des theologisch-politischen Traktats, Gießen 1914 (SGNP 9), Anhang: Spinoza in England (1670–1750),
59–81, 63f. Anm. Vgl. aber ROSALIE L. COLIE, Spinoza and the early english Deists, JHI 20 (1959),
23–46, 40–46. Sehr zurückhaltend über den Einfluß Spinozas auf Collins die umfangreiche Arbeit
von O'HIGGINS, Anthony Collins, 106f. Zum Problem der Bezugnahme auf Spinoza bzw. spino-
zanische Gedankenelemente in der deutschen Frühaufklärung WINFRIED SCHRÖDER, Spinoza in
der deutschen Frühaufklärung, Würzburg 1987 (Epistemata 34), 10–18.

[134] DAE (1714, 28.Theil), 279–307, 306.

[135] UN (1714), 464–468, 464.

Toland gar nicht der Autor war, änderte dies die Grundeinstellung nicht: „so ist es leicht zu erachten, was ungefehr darinne stehen könne, nachdem jener [scil. Toland] wegen seines Glaubens bekannt ist, dieser [scil. Collins] aber, wie man uns zugleich gemeldet, nicht besser seyn soll".[136]

Die anhaltende Verwirrung übernahm auch eine Funktion. Zwar war man von dem tatsächlichen Freundschaftsverhältnis nicht informiert, doch reichte die Namensverwechslung aus, ein Abhängigkeitsverhältnis zu konstruieren und Collins damit zu kategorisieren: „Ich geselle dem Tolando dem Antonium Collins ebenfalls ein Engelländer / und wo nicht gar sein Discipul, doch gewiß seinen Freund und Nachfolger zu".[137] Letztlich bleibt diese Form der Verkettung einer Einsicht in innere, systematische Zusammenhänge der Schriften Tolands und Collins' fern. In der ‚Geschichte der Atheisterey' werden beide, einem üblichen Gliederungsprinzip folgend, geographisch zusammengesehen, als aufeinander folgende Phänomene des Unglaubens in England. Diese ‚Geschichte' entwickelt aber schon eine Retrospektive, die die umfangreiche publizistische Aktivität, welche der *Discourse* in Deutschland auslöste, bereits im Rücken hat.

3.2. Der äußere Verlauf der Aufnahme

3.2.1. Rezensionen und Bemerkungen

Als am 10. November 1714 das erste Mal an einer deutschen Universität gegen den *Discourse of Free-Thinking* disputiert wurde und es dann „Schlag auf Schlag" ging,[138] war der wesentliche Teil der in diesen Kontext gehörenden Besprechungen bereits veröffentlicht: Im Mai 1714 hat Johann Christian Biel in den *Acta Eruditorum* den *Discourse* ausführlich und dem Stil der *Acta* entsprechend sachlich rezensiert.[139] Die *Unschuldigen Nachrichten* haben direkt auf diese Rezension reagiert und sie gescholten: „GOtt wehre doch der unsinnigen Vernunfft, die auch unter unsern Lands-Leuten leider viel Beyfall gefunden hat".[140] Zur Charakterisierung verwendet der Rezensent ein im Folgenden erfolgreiches Wortspiel: „Sein [Collins'] Absehen aber ist nicht libertatem, sondern licentiam, nicht eine Freyheit zu dencken, sondern eine Frechheit alle ärgerlichen Meynungen auszubreiten".[141] Dieses ist auch in Buddeus' Disputation gegen Collins und in Walchs Philosophielexikon zu finden.[142] Wiederum auf diese Besprechung antwortete Gundling[143] in der *Neuen*

---

[136] DAE (1714, 28.Theil), 279–307, 279f.

[137] BUDDEUS, Lehr-Sätze, 175f. Vgl. REIMMANN, Historia universalis Atheismi, 458ff.

[138] GAWLICK, Die ersten deutschen Reaktionen, 12.

[139] AE (1714), 229–241. Zugewiesen nach der Ausgabe der SUB Göttingen. Zu Biel siehe JÖCHER/ADELUNG 1, Sp. 1841–1843.

[140] UN (1714), 464–468, 466. Ebd.: „Confessionem fidei oraculis", Zitat aus AE (1714), 229–241, 231: „Confessioni Fidei Ocularis (*Eye-Sight Faith*)".

[141] Ebd., 465.

[142] J.F. BUDDEUS, Commentatio Theologica de Libertate Cogitandi (23. Juni 1715), in: ders.,

Bibliothec, indem er zum sachlichen Stil der *Acta* zurückkehrte. Süffisant hat er am Schluss der Besprechung dem Leser den *Discourse* mit 1. Thess. 5, 21 empfohlen.[144] In der folgenden Zeit wird der *Discourse* im *Neuen Büchersaal*[145] und in den *Deutschen Acta Eruditorum*[146] besprochen. Letztere ist die mit 28 Seiten ausführlichste Besprechung und die erste, die Toland nicht unbedingt für den Verfasser hält.

Letztlich werden 1714 noch zwei Schriften aus England rezensiert, die auf Collins' Buch reagierten. Zuerst die Besprechung im Juni von Samuel Pycrofts *A brief Enquiry into Free-Thinking in Matters of Religion* in den *Acta Eruditorum*[147], welche dann zusammengefasst und gekürzt in den *Unschuldigen Nachrichten* zu finden ist.[148] Darauf im Juli der erste Teil der Rezension von Richard Bentleys *Remarks upon a late Discourse of Free-Thinking*, ebenfalls in den *Acta*.[149]

Im Januar 1715 wird die Rezension Bentleys in den *Acta* komplettiert, es folgt erst im November die der Schrift von C.M. Pfaff, *Dissertatio de praejudicatis opinionibus in religione dijudicanda fugendis*, die auch in den *Unschuldigen Nachrichten* besprochen wird.[150] Und während im *Freywilligen Hebopfer* ‚Alethophilus' ein „Kurtzes Send-Schreiben, Von der falschen Glaubens-Freyheit in Religions-Sachen" auf-

---

Miscellanea sacra, 3 Teile, Jena 1721, 2. Teil, 322–337, 322: „Quas inter quae subsistit, ea demum vera libertas censenda: cum licentia aut petulantia, aud quidquis potius, quam libertas sit, quae constitutos sibi transgreditur limites". (Ist Buddeus vielleicht sogar der Urheber und also der Rezensent?) WALCH, Philosophisches Lexicon, Leipzig 1726, Sp. 1019.

[143] Gundling nennt sich selbst als Verfasser in: N.H. GUNDLING, Philosophische Discourse Anderer Theil oder Academische Vorlesungen über seine viam ad veritatem logicam, Frankfurt und Leipzig 1740, 416.

[144] Neue Bibliothec (1714), 323–339, 339. Der Bezug auf UN durch dasselbe Zitat, wie UN auf AE, ebd., 326. GAWLICK, Die ersten deutschen Reaktionen, 21 Anm. bezieht diese Besprechung deshalb auf die AE zurück. Die Pointe wird aber erst durch den Bezug auf UN deutlich. Zudem scheint dieser Bezug von Gundling bereits in der nur in UN und Neuen Bibliothec zu findenden Titelangabe (dazu auch unten) *Discours sur la liberté de penser librement* hergestellt zu sein. Vgl. unten Anm. 166.

[145] Neuer Büchersaal (1714), 423–435.

[146] DAE (1714, 28.Theil), 279–307.

[147] AE (1714), 289–293. Hier (289) auch eine spinozistische Konnotation in der Titelübersetzung: „Brevis disquisitio de libertate philosophandi".

[148] UN (1714), 706–707. Nach O'HIGGINS (Anthony Collins, 204) ist Pycrofts Buch gar keine Gegenschrift; die Rezensionen können diese These nicht erhärten oder widerlegen. Das Buch war mir nicht verfügbar.

[149] AE (1714), 312–320. Die mit den Disputationen einsetzende Diskussion (dazu GAWLICK, Die ersten deutschen Reaktionen) geht in diesem Umfang auf die Zeitschriften nicht ein. Die in den *Acta Eruditorum* besprochenen Bücher gehören aber zu ihrem festen Repertoire, so bei CORNELIUS DIETRICH KOCH, Disquisitio Philosophica de sententia media in dissertationem nuperam de libertate cogitandi, Helmstedt 1714, 11. Der Autor und Respondent war Arnold Christian Beuthner. Er verweist zudem auf das *Journal Literaire*, um auf die Umstrittenheit der Widerlegung Bentleys aufmerksam zu machen, ebd., 11f. Vgl. auch GOTTLIEB SAMUEL TREUER, Dissertatio moralis qua limites libertatis cogitandi occasione scripti eadem materia a Tolando edidit, Helmstedt 1714, 1f.; MUHLIUS, De libertate academica, Vorrede vom 1. Febr. 1715, 211–214, 213f. Auf diese Beiträge wird in den Zeitschriften nicht verwiesen.

[150] AE (1715), 5–12; AE (1715), 485–489, 488f.; UN (1715), 823–826, 824–826.

setzt,[151] blickt Christian Gottfried Hoffmann in den *Aufrichtigen und Unpartheyischen Gedanken über die Journale* bereits auf die verschiedenen Rezensionen des *Discourse* zurück. Das Programm, „dererselben Relation mit dem Tractat selbst [zu] confrontiren",[152] löst Hoffman aber nicht ein. Er schließt sich nur der Empfehlung der *Neuen Bibliothec* an.[153]

Mit dem ‚Rückblick' Hoffmanns war es aber nicht getan. Noch öfter kam man auf Collins' Schrift zurück:[154] In kurzen Exzerpten aus dem *Journal Literaire* bzw. der *Bibliotheque Angloise* kommt die *Neue Zeitung von Gelehrten Sachen* wie auch die *Neue Bibliothec* 1717 bzw. 1718 noch einmal auf Bentleys Widerlegungsschrift zu sprechen.[155] Jean Pierre de Crousaz' Widerlegung Collins', *Examen du Traité de la liberté de penser* (Amsterdam 1718), wird im Jahr seines Erscheinens kurz von den *Unschuldigen Nachrichten* vorgestellt, wobei für den Rezensenten Crousaz „selbst Spuhren eines, ob wol nicht so groben, Indifferentismi ... blicken lasse".[156] In der dritten Probe der „zufällige[n] Gedancken" von „M.J.C.K."[157] in der *Fortgesetzten Sammlung* von 1724 kommt auch Collins *Discourse* vor, den V.E. Loescher im selben Jahr rezensiert hatte, was er 1745 ebendort noch einmal wiederholte.[158] Und mit den Zeitschriften ist die Auseinandersetzung mit Collins' Buch nicht erschöpft.[159]

---

[151] Freywillige Hebopfer (1715, 9. Beytrag), 788–804.

[152] Aufrichtige und Unpartheyische Gedancken über die Journale (1715), 783–808, 785.

[153] Ebd., 808.

[154] Der unmittelbare Eindruck scheint andere Nachrichten über Collins an den Rand gedrängt zu haben, so etwa seine Verfasserschaft der Schrift *Priestcraft in Perfection* – AE (1715), 5–12; NZvGS (1716), 372 – und sein Buch *A Philosophical Enquiry concerning human liberty* (London 1717²) – AE (1717), 447–448.448.448–450. Aber auch die Debatte um PFAFFS Dissertation, die in den Niederlanden angegriffen wurde – NZvGS (1716), 533; vgl. FoSa (1743), 208–209.

[155] NZvGS (1717), 621; NZvGS (1718), 734; Neue Bibliothec (1718), 214–218. Vgl. weiterhin die nochmalige Besprechung von Pfaffs Dissertation anlässlich der Ausgabe der *Primitiae Tubingenses* in den Nova Literaria (1718), 130–132, sowie zu Pfaffs Disputation *de Evangeliis sub Anastasio Imperatore non corruptis* in Gelehrte Fama (1718), 146–148, zu Collins bes. 147.

[156] UN (1718), 827–828. Vgl. die Notiz UN (1718), 540.

[157] Dieses Kürzel ließ sich nicht aufschlüsseln.

[158] FoSa (1724), 899–918 (Gedancken); FoSa (1724), 858–864; FoSa (1745), 539–542. Die beiden letzten zugewiesen nach THORSCHMID I, 54.240. Thorschmid hat nach eigener Angabe (ebd.) das von Loescher selbst annotierte Exemplar benutzt. 1745 erschien die auf Grundlage der französischen Übersetzung erstellte deutsche Ausgabe von Bentleys *Remarks*; La Friponnerie Laique des Pretendus Esprit-Forts d'Angelterre: ou Remarques de Phileleuthe de Leipsick sur le Discours de la Liberté de Penser. Traduites de l'Anglois sur la sèptieme Edition, par Mr. N.N., Amsterdam 1738; Richard Bentleys ... Anmerckungen über das Buch Freyheit zu dencken, ... begleitet von Friedrich Eberhard Rambach ... Halle 1745. Vgl. GAWLICK, Einleitung, (41) Anm. 58. Diese Übersetzung kommt nicht unmittelbar in dem hier verhandelten Zusammenhang zu stehen.

[159] THORSCHMID I, 198–587 nennt 37 deutsche Autoren (in 49 Schriften), die sich mit Collins beschäftigten. Vgl. dazu, wie THORSCHMID zu dieser Anzahl kommt, III., 4.2.2.2.

3.2.2. Äußere Merkmale

In dieser publizistischen Aktivität treten ein paar der der Auseinandersetzung mit dem *Discourse* noch äußerlichen Merkmale hervor: Die *Deutschen Acta Eruditorum* markieren einen begriffsgeschichtlichen Einschnitt. Hier wird das einzige Mal auf den Untertitel des *Discourse* reflektiert. Übersetzt hat der Rezensent: „Secte, die aus solchen Freydenckenden bestehet".[160] Ob sich damit eine wirkliche Gesellschaft verbindet, so gibt der Rezensent zu, „wissen wir nicht". Der Begriff ‚Freydencken-de' wird zusammen mit einer Charakterisierung des Buches näher definiert: Das Buch „ist mit einem Worte eine Rechtfertigung für diejenigen, die nicht nur von allen Dingen frey, sondern auch von der Religion allzufrey und unheilig dencken; welche Leute man seit einigen Jahren in Engelland Free-Thinker, im Frantzösi-schen Esprits Forts geheissen, welche wir aber die Freydenckenden nennen wollen".[161] Synonym hierzu wird am Schluss der Rezension das Wort „Libertiner" gebraucht.[162]

Dieser früheste Beleg für die deutsche Lehnübersetzung ‚Freidenker' zeigt damit jene Überlagerung von Begriffen (Esprit-Fort, Libertin) an, wie sie für die französische Begriffsgeschichte typisch ist.[163] Dies ist auch nicht verwunderlich, da der Rezensent offensichtlich auf die Begriffsbestimmung zurückgreift, die im Haager *Journal Literaire* 1713 zu finden ist.[164]

Weiterhin ist in den direkten Bezugnahmen auf den *Discourse* nur einmal die englische Ausgabe des Buches verwendet worden und zwar von Biel in den *Acta Eruditorum*.[165] Ansonsten wird die französische in Haag schon 1714 erschienene Ausgabe benutzt.[166] Wie bereits bei Tolands *Adeisidaemon* hat offensichtlich der holländische

---

[160] DAE (1714, 28.Theil), 279–307, 279.

[161] Ebd., 280.

[162] Ebd., 307.

[163] Bislang galt als frühester Beleg für das deutsche Wort ‚Freidenker' die Äußerung von Leibniz bezüglich Richard Bentleys Widerlegung von Collins, die das erste Mal in den NZvGS 1716 abgedruckt ist: „Anstatt, daß man Herrn Bentleys Arbeit gegen den Freydencker anzapffen will, solte man ihn doch wohlverdientes Lob anmahnen mit der Widerlegung fortzufahren", Herrn Gottfried Wilhelm Leibnitzens Gedancken über einige Stellen in denen gelehrten Zeitungen des Jahres 1715 aus seinem Munde aufgezeichnet, in: NZvGS (1716), 545–552, 551. Zur Begriffsgeschichte siehe G. GAWLICK, „Freidenker", in: HWP 2 (1972), Sp. 1062–1063; REINER WILD, Freidenker in Deutschland, Zeitschrift für historische Forschung 6 (1979), 253–285, 254ff.; MEHLHAUSEN, „Freidenker". Vor allem aber PETER F. GANZ, Der Einfluss des Englischen auf den deutschen Wortschatz 1640–1815, Berlin 1957, 76–78. Möglich wäre, dass die etwas hölzerne partizipiale Wendung (‚Freidenckenden') dabei auf die erste latinisierte Fassung des Begriffs in Deutschland (‚homo libere philosophans', s.o.) anspielt.

[164] Journal Literaire (1713), 473–475, 473: „On s'est avisé depuis peu d'années d'apeller (sic!) en Angleterre *Free thinkers*, c'est-à-dire, *des Gens qui pensent librement*, ceux que vous appellez en François des *Esprits forts*".

[165] AE (1714), 229–241. Biel ist nach JÖCHER/ADELUNG 1, Sp. 1842, im November 1713 aus England zurückgekehrt. Hat er von dort das Exemplar mitgebracht? – Welche englische Ausgabe Biel benutzt, ist nicht ersichtlich. Zu den Ausgaben (A-E) GAWLICK, Einleitung, (29)f.

[166] Ausgabe E (1714). UN (1714), 464–468 und Neue Bibliothec (1714), 323–339 geben aller-

Erscheinungsort und der Wegfall der Sprachbarriere die Aufnahme der Schrift begünstigt.

Letztlich zeigt sich, dass man in Deutschland von der Flut der Gegenschriften, die der *Discourse* in England hervorrief – allein 1713 erschienen 14 Gegenschriften[167] –, verschont blieb. Nun hatte man sicherlich mit den Rezensionen von Bentleys Buch die effektivste, weil gelehrteste Widerlegung vorgestellt.[168] Doch man ist ihrem Charakter, Anmerkungen zu Collins' Buch zu geben, in den Rezensionen gefolgt, so dass der Zusammenhang von Schrift und Widerlegung oft nicht ersichtlich wird.[169] Die gelehrte (philologische) Kritik an Collins' *Discourse* ist in Deutschland auch nicht zentral.[170] Die Auseinandersetzung wird durch Stellungnahmen zu Collins' Hauptthese bzw. dem sich darin formulierenden normativen Anspruch geprägt, die philologisch-historische Durchführung bzw. Bestätigung der These Collins' ist für die deutschen Rezipienten weitgehend uninteressant.

3.3. Stellungnahmen

Anthony Collins' Traktat wurde in Deutschland als Beitrag zu der Debatte um die Vorurteilskritik bzw. -theorie aufgenommen.[171] Die Reaktionen kreisten dabei vornehmlich um die formale Definition des Begriffs ‚Freidenken', die Collins seinem *Discourse* zugrunde gelegt hat: „*By Free-Thinking* then I mean, *The Use of the Understanding, in endeavouring to find out the Meaning of any Proposition whatsoever, in*

---

dings einen eigenartigen Titel an: Discours sur la liberté de penser *librement*. V.E. Loescher verwendet die Ausgabe von 1717. Zu den Umständen der Übersetzung THORSCHMID I, 126–155, und GAWLICK, Einleitung, (30)f.

[167] UTE HORSTMANN, Die Geschichte der Gedankenfreiheit in England. Am Beispiel von Anthony Collins: A Discourse of Free-Thinking, Königstein (Ts.) 1980 (MPF 197), 188–207.

[168] Siehe O'HIGGINS, Anthony Collins, 80ff.

[169] So etwa bei Neue Bibliothec (1718), 214–218, 217 in direkter Übersetzung von Bibliotheque Angloise (1717, Tom.I, Part.II), 413–446, 439f., wobei der deutsche Rezensent auch das Urteil des niederländischen mitteilt: „3tens wundert sich der Herr Bentley, daß da bey den meisten Pfarr-Diensten gar schlechte / bey den wenigsten aber eine gute Besoldung wäre, dennoch so viele Leuthe ihre Kinder die Theologie studiren ließen; Er glaubt aber / daß wann man alle durchgehends gleich gute Besoldung bekäme / so würde es nicht so viel gelehrte Geistlichen geben / als heut zu Tage gefunden werden. Ich weiß aber nicht / ob die Anmerckung wohl gegründet ist. Es kann ja einer ein Domherr / Dechant / Bischoff werden / der keine große Wissenschafft besitzet".

[170] Hier hat sich die Mutmaßung Gundlings bewahrheitet: „Nun wäre zu wünschen / daß er [scil. Collins] durch die Passagen von Salomon und Joseph sich nicht verdächtigt gemachet / als wann er mit seiner Freydenckerey sich nach einem verhaßten Lager wenden wolte", Neue Bibliothec (1714), 323–339, 339. Siehe BUDDEUS, Lehr-Sätze, 10 (zu Salomo). Buddeus kritisiert Collins' Freidenkerkatalog weiter ebd., 81 (zu Plutarch).85f. (zu Varro).88f. (zu Cicero). Diese Kritik nimmt auf J.G. CARPZOV, Introductio ad libros Canonicos Bibliorum Veteris Testamenti omnes, praecognita critica et historica ac autoritatis vindicias exponens. Editio quarta, Leipzig 1757, 2. Teil, 228f. und 3.Teil, 57f.

[171] Diese Debatte ist dargestellt bei WERNER SCHNEIDERS, Aufklärung und Vorurteilskritik. Studien zur Geschichte der Vorurteilstheorie, Stuttgart-Bad Cannstatt 1983 (FMDA: Abt.2, Monographien; Bd. 2).

considering the nature of the Evidence for or against it, and in judging of it according to the see-ming Force or Weakness of the Evidence".[172]

Die Antworten darauf waren, wie Günter Gawlick anhand der Dissertationen gezeigt hat, durch zwei Stereotype bestimmt: Einerseits hat man dem Anspruch auf freies Denken bzw. einem prinzipiellen Recht des Menschen auf freies Denken zu-gestimmt, andererseits hat man aber immer Beschränkungen bzw. Grenzen dieses Denkens eingefordert.[173] Diese Forderung wurde unterschiedlich vorgestellt. In den Rezensionen lassen sich philosophische und theologische Antworttypen un-terscheiden.

3.3.1. Philosophische Antworten

Eine *praktische* Beschränkung der Denkfreiheit steht hinter der positiven Reak-tion N.H. Gundlings auf Collins' Traktat in der *Neuen Bibliothec*. Hier hatte Gund-ling ja nicht nur eine Übereinstimmung mit Collins im Anspruch auf freies Denken signalisiert, sondern auch das formale Prinzip des Freidenkens mit der biblischen Wendung „Omnia probate, quod bonum est tenete" auf Collins' Buch selbst ange-wandt.[174] Die Beschränkung dieses Prinzips hat er an anderer Stelle später deutlich gemacht: „Ich aber glaube: was nicht wider GOtt, die Religion, und den Staat läu-fet, das könne man wohl frey proponiren lassen".[175]

Über eine solche Form der Beschränkung geht C.G. Hoffmann hinaus, auch wenn er dem prinzipiellen Urteil Gundlings zustimmt. „Die Freyheit zu ge-dencken kan uns niemand mit Recht verbieten, es sey in was vor Materien es wolle. Allein wer seinen Gedancken nachgehen will, derselbe muß auch die rechten Wege erwehlen, durch welche er seine Pensées leiten will; und diejenigen Mittel gebrau-chen, welche zu der Meditation erfordert werden".[176] Die Nichtbeachtung der Mittel ist für Hoffmann kein Moment, das durch die Freiheit des Denkens selbst le-gitimiert würde. Es ist der einzelne Mensch, der sich dem Gebrauch der rechten Mittel entzieht. „So schädlich die Praejudicia Autoritatis sind, so schädlich ist auch die Freyheit zu gedencken, wenn man sie nicht recht zu regieren weiß".[177] Wie die-se Regierungsmittel aussehen sollen, zeigt das Titelkupfer der *Aufrichtigen und Un-partheyischen Gedancken* in dem Stück, in dem auch die Besprechung von Collins' Buch zu finden ist (siehe Abb. 1): Es ist die durch Erfahrung, Rechtschaffenheit und Klugheit gelenkte und so mit der Erde verbundene ‚Libertas cogitandi', die die

---

[172] COLLINS, A Discourse of Free-Thinking, 5.
[173] GAWLICK, Die ersten deutschen Reaktionen, 13, passim. Diese Stereotypen sind auch in der englischen Diskussion zu finden: HORSTMANN, Die Geschichte der Gedankenfreiheit, 188.
[174] Neue Bibliothec (1714), 323–339, 339. Vgl. oben Anm. 144.
[175] N.H. GUNDLING, Philosophische Discourse Erster Theil oder academische Vorlesungen über seine viam ad veritatem logicam, Franckfurth und Leipzig 1739, 216. Siehe zu Gundling und Collins: GAWLICK, Die ersten deutschen Reaktionen, 20–23.
[176] Aufrichtige und Unpartheyische Gedancken über die Journale (1715), 783–808, 784f.
[177] Ebd., 785.

Abb. 1

Wahrheit schaut und den Aberglauben gefangen nimmt. Das freie Denken wird hier *methodisch-tugendhaft* reglementiert.

Hat man aber das in der Definition der Denkfreiheit zu findende „any Proposition whatsoever" ins Auge gefasst, werden die Stellungnahmen zu Collins schärfer. Denn die grundsätzliche Prüfung aller propositionalen Gehalte impliziert die Anwendung dieser Freiheit auch in Sachen der Religion und des Glaubens. Der Rezensent in den *Deutschen Acta Eruditorum* sieht dies so von Collins eingeführt und die Freiheit zu denken damit in einen *prinzipiellen Selbstwiderspruch* sich verstrickend. Diese These kann der Rezensent aber nur dadurch aufrecht erhalten, indem er den Freidenkern eine zusätzliche Intention bzw. Motivation beim Gebrauch dieser Freiheit unterschiebt: So sicher die Freiheit zu denken „zwar an sich niemandem zu verwehren ist, da ein jeglicher seines Glaubens leben soll, und wenig verdienen würde, wenn er blind hin, sonder eigne Untersuchung und Überzeugung des Geistes glaubte, was die Kirche glaubte: dadurch aber zur Thorheit wird, wenn die sogenannten Freydenckenden, zu ihrer vorgegebenen Untersuchung der Religions-Materien, einen hartnäckigen Vorsatz mitbringen, nicht zu glauben, was sonst davon gesagt worden".[178] Aufgrund dieser Annahme einer grundsätzlich traditionskritischen Intention dieses Denkens kann der Rezensent von einer Versklavung der Vernunft reden: „wodurch ihre Gedancken so wenig in der Freyheit erhalten werden, daß sie vielmehr ihre Vernunfft in die Sclaverey ihrer dämischen Begierden verstricken, und gleichsam den Anfang aller ihrer Arbeit mit dem unerträglichen sit pro ratione voluntas machen".[179] Die (unterstellte) Unterordnung der Vernunft unter die zudem hartnäckige Intention des Willens hat dabei eine scharfe Pointe: Sie kennzeichnet den Anspruch auf Denkfreiheit in Glaubenssachen selbst als Vorurteil.[180]

Werner Schneiders hat diesen Umschlag in der Vorurteilstheorie der Aufklärung deutlich gemacht: „Als Glaubenskritik schlägt ... die Vorurteilskritik selber in Vorurteil um".[181] Der Ausbildung der Tradition einer Kritik der Vorurteilskritik (als Kritik des ‚praejudicium praejudicii'), wie sie sich hier in den *Deutschen Acta* andeutet, unterliegt letzlich aber wiederum eine Begründung praktischer Art: „die eigene religiöse Überzeugung und die Angst vor schrankenloser Kritik und undifferenzierter Destruktion der Tradition".[182] Auf diesem Hintergrund sind die theologischen Reaktionen auf Collins *Discourse* in den Zeitschriften zu sehen.

---

[178] DAE (1714, 28.Theil), 279–307, 280.
[179] Ebd., 280f.
[180] Zu diesem voluntativen Charakter der Vorurteilstheorie der Aufklärung: SCHNEIDERS, Aufklärung, 86f. Sowie ebd., 94–115 zur Entwicklung der wegweisenden Theorie Thomasius'.
[181] SCHNEIDERS, Aufklärung, 194.
[182] Ebd., 195.

3.3.2. Theologische Antworten

In den theologischen Reaktionen steht die Polemik im Vordergrund, die die Erstreckung des freien Denkens auf das Gebiet der Religion und des Glaubens ablehnt; das theologische Äquivalent zur praktischen Begrenzung der Denkfreiheit. Typisch hierfür sind die Rezensionen in den *Unschuldigen Nachrichten* bzw. die V.E. Loeschers in der *Fortgesetzten Sammlung*.

In die Polemik mischen sich aber auch Versuche, die Begrenzung der Denkfreiheit religiös-theologisch zu legitimieren. Das zeigt sich bei „M.J.C.K.", der in der Polemik gegen den „verkehrte[n] Collins in seinem schädlichen Buche" biblische Bildlichkeit bemüht: „Es ist aber die Libertas sentiendi die grosse Diana der heutigen Welt-Epheser. Sie ist die geschmückte Hure, so viele unvorsichtige an sich locket, ob schon ihr Hertz Netze und Stricke, und ihre Hände bitterer / denn der Tod sind Eccl. VII, 27".[183] Die in solchem Rahmen zu findenden Überlegungen zur Begrenzung der Denkfreiheit haben ihre Basis in einer Unterscheidung des Vermögens des Willens. Insoweit sich die Freiheit nämlich auf den *freien* Willen bezieht, der ohne göttliche Inspiration Dinge erkennen und erfassen kann, ist sie statthaft. Ihr Gebiet ist die Philosophie: „Niemand wird heut bey Tage von einem Liebhaber der Weißheit fodern, daß er dem Aristoteli, oder dem Platoni huldige, da ja die philosophia eclectica die beste ist". Allerdings ist der Wille in seiner Möglichkeit zum Guten defizient und ohne Beistand nicht in der Lage, „zur Erkentniß der hohen Göttlichen Bekentniße, noch zur Bekehrung eines armen Sünders, oder Ausübung der rechten Christlichen Tugenden" etwas beizutragen.[184] In diesen Glaubenssachen, die zugleich die Seligkeit des Menschen betreffen, findet diese Freiheit des Denkens keinen Platz. Hier ist jeder Mensch aufgefordert, „sich an das geoffenbarte Wort zu halten, und nach dieser Regul seine Meinung einzurichten, alle Vernunfft aber gefangen zu nehmen unter den Gehorsam des Glaubens, und Sachen der Seelen ewiges Heyl angehend, muß man dencken, wie der H.Geist vorgeschrieben". Die Antwort auf Nichtbefolgung hat der Autor auch parat. Ein solcher Mensch mache sich „teilhafftig der Sünden, und der Straffe der heutigen Indifferentisten"[185] – Grenzverletzung wird geahndet (werden).

Mit dem Rekurs auf das ‚geoffenbarte Wort', also der ‚Heiligen Schrift', ist die Größe in den Blick gerückt, die immer wieder gegen die Denkfreiheit in Glaubenssachen ins Feld geführt wird. ‚Alethophilus' hat dabei den Gegensatz erheblich zugespitzt, indem er die Unangemessenheit dieser Freiheit direkt aus der Faktizität der Offenbarung ableitete: „Dann da uns GOtt für nöthig erkennt / seinen Willen zu unserer Seligkeit zu offenbahren / und uns in seinem Worte zu zeigen / *wie* / *und was wir gläuben sollen*: so kans uns ja nicht gleich seyn / ob wir unserm Gutdüncken / oder solcher Offenbahrung folgen wollen … Da es hinge-

---

[183] FoSa (1724), 899–918, 912f.
[184] Ebd., 913.
[185] Ebd., 914.

gen solcher Offenbahrung nicht bedurfft hätte / wo dergleichen Freyheit in Glaubens-Sachen sich fünde".[186]

Die systematische Unausgeführtheit der hier vorgestellten Antworttypen liegt wohl in der literarischen Gattung der Rezensionen begründet. Man hatte einfach nicht mehr Raum. Ihre systematische Ungenügsamkeit hat Günter Gawlick an den ausführlicheren Disputationen notiert.[187]

3.4. Positionierung

In den Reaktionen wird deutlich, dass Collins für deutsche und speziell für die deutschen theologischen Verhältnisse nicht hat „plausibel machen können, wie das freie Denken und der Offenbarungsglaube zusammengingen". Gawlick hat dafür schulphilosophische und theologische Prämissen verantwortlich gemacht.[188] Die Zeitschriftenreaktionen unterstreichen dies.

Verglichen mit der Meinungsbildung, die Tolands *Adeisidaemon* betraf, fällt in den Reaktionen auf den *Discourse* die Absenz eines Interpretationsproblems auf. Dieses hatte ja gerade beim *Adeisidaemon* Diskussionsraum geschaffen. Das legt die Vermutung nahe, dass Collins' *Discourse* nicht als Beitrag zu einer offenen Frage aufgenommen wurde, sondern im Rahmen einer laufenden Diskussion einfach positioniert wurde. Das sich in der Positionierung manifestierende Urteil ist dann allerdings mit dem über Tolands *Adeisidaemon* identisch. Ob hierfür der dem *Discourse* vorauseilende Ruf verantwortlich gemacht werden kann?

In der praktischen Beschränkung, der methodisch-tugendhaften Reglementierung, der Konstruktion eines Selbstwiderpruchs des Freidenkens, der theologischen Polemik oder in Appellation an Offenbarung ‚Heiliger Schrift' drückt sich die von allen geteilte Überzeugung aus, dass ‚Vernunft' und ‚Offenbarung' zwei Bereiche markieren, die in einem *unproblematischen* Verhältnis zueinander begriffen werden. Die Aneignungsbedingungen von ‚Offenbarung' durch die Vernunft des einzelnen Menschen stehen hier nicht in Spannung zu einer vorgegebenen ‚objektiven' theologischen Wahrheit. Letztlich kann nur eine solche Überzeugung die praktische Beschränkung der Denkfreiheit legitimieren.[189] Auf diesem Hintergrund erscheint der Vorwurf des ‚Atheismus' aus der Problematisierung eines an sich unproblematischen Umstandes zu resultieren. Indem Collins die subjektiven Aneignungsbedingungen gegen die vorgegebene Größe der ‚Offenbarung' kritisch

---

[186] Freywillige Heb-Opfer (1715, 9. Beytrag), 788–804, 791f.

[187] GAWLICK, Die ersten deutschen Reaktionen, 14 u.ö.

[188] Ebd., 11.

[189] Freilich kann man auch die Angst vor staatlicher Repression dafür in Betracht ziehen. Doch scheint es sich vor allem um einen ideellen Widerstand gehandelt zu haben. So kann Hoffmann in einer Vorrede „Von der satyrischen Schreib-Art und derselben Mißbrauche" schreiben: „Die Gelehrten leben in einer Republik, da sie keine Obrigkeit und auch keine Gesetze, als nebst der Religion ihre Vernunfft haben" (Aufrichtige und Unpartheyische Gedancken über die Journale [1716, 19.Stück], Vorrede, 440).

in Anschlag bringt, hat er für die deutschen Zeitgenossen die Grenze überschritten, die die harmonische Stabilität von Vernunft und Offenbarung garantierte. Der Vorwurf des ‚Atheismus' hat dabei nicht eine systematische Schwäche dieser harmonischen Zuordnung zugedeckt, weil man diese ganz einfach nicht empfand.[190]

4. Die späteren Schriften von John Toland und Anthony Collins

Keine der späteren Schriften von John Toland und Anthony Collins hat einen Grad an Publizität erreicht, der mit Tolands *Adeisidaemon* und Collins' *Discourse* vergleichbar wäre. Freilich blieben sie nicht unbekannt; man hat von ihnen und von Gegenschriften Notiz genommen. Eine Diskussion oder eine umfänglichere Auseinandersetzung lassen sich anhand der im Folgenden betrachteten Nachrichten bzw. Rezensionen allerdings nicht erkennen.

4.1. Notizen

Den Anfang machte John Tolands *Nazarenus* (London 1718).[191] Die These von einem ursprünglichen und mit dem Heidenchristentum harmonischen Judenchristentum sowie dessen Einfluss auf den Islam fand man absurd; die von einem alten Barnabasevangelium, das bei den Türken aufbewahrt worden sei (und von dem Toland ein Manuskript zu haben behauptete), hingegen historisch leicht widerlegbar. Zwar hat man Toland attestiert, dass es ihm „weder am ingenio noch am Willen, neue Sachen zu finden, fehlt".[192] Doch auch die vielbeachtete Widerlegung des jungen Johann Lorenz Mosheim hat nicht zu einer differenzierteren Sicht der Schrift Tolands geführt.[193] In der exegetischen Diskussion wird der *Nazarenus* gelegentlich genannt.[194]

---

[190] Anschaulich bei J.G. WALCH, „Freyheit zu gedencken", in: ders., Philosophisches Lexicon, Leipzig 1726, Sp. 1004–1029, bes. 1004ff. (zu theoretischen Grundlage) und 1019ff. (zu Collins). Wie bereits oben (Exkurs: J.G. Walch und Christianity not mysterious) notiert, setzt Walch auch Tolands *Christianity* und Lockes *Reasonableness* in diesen Artikel. Allerdings: Ein systematischer, innerer Zusammenhang der drei Schriften wird nicht erörtert, alle drei machen sich nur (Lockes dabei am wenigsten) desselben Vergehens schuldig.

[191] AE Suppl. (1721, Tom. VII), 286–294; (1724, Tom. VIII), 107–115; Bibliotheca Historico-Philologico-Theologica (1718), 934; (1720), 354–356; Neue Bibliothec (1720, 86. Stück), 570–575; NZvGS (1718), 523; (1719), 162–164. 164–165; (1720), 455; (1722), 845; UN (1719), 366–367.

[192] NZvGS (1720), 455. Direkt aus den AE Suppl. (1721, Tom. VII), 286–294, 286. AE Suppl. wurde 1721 als Band gebunden; die einzelnen Stücke erschienen vorher.

[193] Zuerst: J.L. MOSHEIM, Vindiciae Antiquae Christianorum Disciplinae, adversus celeberrimi viri Jo. Tolandi, Hiberni, Nazarenum, Kiel 1720. Zweite Auflage erweitert mit der Lebensbeschreibung Tolands Kiel 1722 (Vgl. Exkurs: J.G. Walch und Christianity not mysterious). Dazu siehe REVENTLOW, Johann Lorenz Mosheims Auseinandersetzung. Rezensionen von Mosheims Schrift, die auch ihre Wirkung über die deutschen Grenzen hinaus aufzeigen: AE (1722), 492–295; Bibliotheca Historico-Philologico-Theologica (1720), 894–908; (1721), 734–735; FoSa (1723), 742–744; NZvGS (1722), 414–415.870–871; (1724), 319.506–510.

Von den vier Abhandlungen, die Toland als *Tetradymus* (London 1720) herausgegeben hat, ist vor allem der ersten, „Hodegus", Aufmerksamkeit geschenkt worden:[195] Die Wolken- und Feuersäule beim Auszug der Israeliten aus Ägypten (Ex
13, 21 f.) sei eigentlich, dem Brauch morgenländischer Völker beim Karawanenzug
entsprechend, ein großer Feuertopf gewesen, von dem man am Tag den Rauch, in
der Nacht eben das Feuer gesehen hätte. Die passende Reaktion hierzu findet sich
in der *Fortgesetzten Sammlung*: „Der bekannte Toland treibet auch hier seinen Spott
über die Religion".[196]

Als Ausdruck groben Unglaubens empfand man das *Pantheisticon* (London 1720),
auch wenn man sich anfangs über den Autor (‚sicher ein Schüler Tolands') unklar
war.[197] Besonders dem Rezensenten in der *Fortgesetzten Sammlung* ist das Unwohl-
sein anzumerken. Allein der Gedanke an eine womöglich irgendwo existierende
Gesellschaft, die Thales und Demokrit als ihre Heiligen bezeichnet und eine eigene
Liturgie besitzt, löst dramatische Assoziationen aus: „Hier findet man ein deutliches
Zeichen von der heran nahenden letzten grossen Versuchung, so über die gantze
Welt kommen soll, und starck hervorrücket. … GOtt schelte diesen schwartzen
Teufel".[198]

Den Inhalt der nachgelassenen Schriften Tolands letztlich hat man nurmehr gelehrt aufgezählt.[199]

Der Informationswert, der den Notizen zu Anthony Collins' späteren Schriften
entnommen werden kann, ist noch einmal erheblich reduziert. So wird von *A Discourse of the Grounds and Reasons of the Christian Religion* (London 1724) bemerkt, das
Buch „hat viel Redens gemacht".[200] Neben einer Aufzählung von wenigen Gegenschriften, die die englischen Verhältnisse nicht annähernd wiedergeben, ist die inhaltliche Auskunft mager: In dem Buch werden „nicht allein die Lehren des Christenthums insgesammt, sondern auch die Beweisthümer des Alten Testaments, womit man die im Neuen Testament enthaltene Lehre vom Meßia bestärcket, abson-

---

[194] J.G. CARPZOV, Apparatus historico-criticus Antiquitatum Sacri Codicis et Gentis Hebraeae
uberrimis annotationibus in Thomae Goodwini Mosen et Aaronem subministravit Ioh. Gottlob
Carpzov, Franckfurt und Leipzig 1748, 164. Textausschnitte in Englisch aus dem Nazarenus bei
J.A. FABRICIUS, Codex Apocryphus Novi Testamenti, pars tertia, Hamburg 1743[2] (zuerst 1719),
387–394 – im Rahmen von „De Evangelio Mohammedanis probato, & illo quod fertur sub nomine S. Barnabae Apostoli" (ebd., 365–394).
[195] Bibliotheca Historico-Philologico-Theologica (1721), 377; (1723), 368–369; FoSa (1720),
1048; NZvGS (1721), 566–568; (1722), 353–354.455–456; (1725), 602–606.
[196] FoSa (1720), 1048. Vgl. weiterhin SALOMO DEYLING, Exercitatio VII.: De Angelo Domini,
Israelitarum per vastas Arabiae solitudines ductore ad Exod. XIV, 19 (1722), in: ders., Observationem Sacrarum et Miscellanearum, Pars IV., Leipzig 1747, 734–761, 748 ff.
[197] Bibliotheca Historico-Philologico-Theologica (1721), 173–174.1090; DAE (1721,
75.Theil), 196–221; FoSa (1720), 284. Vgl. J.F. REIMMANN, Historia universalis Atheismi, 461 f.
[198] FoSa (1720), 284.
[199] AE (1729), 308–320.356–368; ATB (1727, 27.Theil), 1123–1127; NZvGS (1727), 25–
26.482–486; (1729), 679.
[200] NZvGS (1724), 736.

derlich vor ungegründet ausgegeben".[201] Man hat seine Argumentation nicht vorgestellt, aber das Ergebnis als Schluss aus falschen Prämissen gekennzeichnet; „sed ridicula & Deistarum contemtu digna est".[202] *The Scheme of literal Prophecy considered* (London 1726) ist dann als materialer Bestätigungsversuch der falschen These angesehen worden.[203]

4.2. Der Weg der Kenntnisnahme

Alle Notizen, die die späteren Schriften von John Toland und Anthony Collins betreffen, haben denselben Weg in die deutschen Zeitschriften genommen. Die verschiedenen Stationen lassen sich idealtypisch an John Tolands *Nazarenus* aufzeigen:

(1.) Die Kenntnisnahme beginnt mit der Anzeige des Titels. Diese kann entweder nur in der Titelangabe bestehen, wie in den *Neuen Zeitungen von Gelehrten Sachen*, oder eine kurze Vorstellung des Autoren beinhalten, wie in der Bremer *Bibliotheca Historico-Philologico-Theologica*: „LONDINO ex Anglia scribitur *Tolandum*, Adaesidaemone (sic!) suo, aliisque scriptis fundamenta fidei salutaris arietantibus famosum, pestilens aliud eodem consilio edidisse, cui titulum fecit: *Nazarenus, sive Christianismus Judaicus ethnicus & Muhammedicus* &c.".[204]

(2.) Darauf folgt eine Rezension der Schrift und, wenn möglich, die einer Gegenschrift, die explizit aus einem niederländischen Journal extrahiert wird. In diesem Fall in den *Neuen Zeitungen* und später noch einmal in der *Neuen Bibliothec*, die auf die *Bibliotheque Angloise* zurückgreifen.[205]

(3.) Von dieser Mitteilung sind dann Nachrichten abhängig, die (die Herkunft nicht mitteilend) diese Rezensionsextrakte noch einmal zusammenfassen bzw. nur die ausführlichen Titel vorstellen. Hier in den *Unschuldigen Nachrichten* und der Bremer *Bibliotheca*.[206]

---

[201] NZvGS (1725), 642–643, 642f. Eine Übersicht der englischen Debatte bei LECHLER, Geschichte, 275–288.

[202] AE Suppl. (1729, Tom. IX), 445–449, 446. Zu *Grounds & Reasons* siehe: ATB (1725, 13.Theil), 92; FoSa (1724), 660; (1725), 606; NZvGS (1724), 698–700.736; (1725), 214–220.642–643.668–672.853–854.

[203] AE (1730), 534–544; AE Suppl. (1729, Tom. IX), 445–449; FoSa (1729), 1315; NZvGS (1728), 178–180; (1729), 51–52.98. Der Kontext beider Schriften von Collins, die Debatte mit Whiston, war freilich bekannt. Die exegetische Diskussion mit Whiston in Deutschland ist hier nicht weiter zu verfolgen. Es ist m.W. auch nur eine Nennung von Collins in ihr bekannt: J.G. CARPZOV, Critica Sacra Veteris Testamenti, parte I. circa textum originalem, II. circa versiones, III. circa pseudo-criticam Guil. Whistoni, solicita, Leipzig 1728, 783. Zu der englischen Debatte zwischen Whiston und Collins in systematischer Hinsicht: PETER STEMMER, Weissagung und Kritik. Eine Studie zur Hermeneutik bei Hermann Samuel Reimarus, Göttingen 1983 (Veröffentlichungen der Joachim Jungius-Gesellschaft der Wissenschaften Hamburg 48), 12ff.

[204] Biblitoheca Historico-Philologico-Theologica (1718), 934; NZvGS (1718), 523.

[205] NZvGS (1719), 162–164.164–165; Neue Bibliothec (1720, 87. Stück), 570–575. Beide beziehen sich auf Bibliotheque Angloise (1718, Tom. IV, Part. II).

[206] UN (1719), 366–367; Bibliotheca Historico-Philologico-Theologica (1720), 354–356.

(4.) Die eigenständige Rezension des Buches, gefolgt von der der Gegenschrift. Die Supplementbände der *Acta Eruditorum* haben Tolands *Nazarenus* und Thomas Mangeys *Remarks upon Nazarenus* aufgenommen.[207]

Beim *Nazarenus* tritt nun der Fall ein, dass auch eine deutsche Gegenschrift sehr schnell erscheint, die dann auch direkt rezensiert wird, und dass die Besprechungen aus den Supplementa selbst noch einmal angezeigt werden.[208] Bei anderen Schriften treten andere Fälle ein.[209]

5. *Kenntnisnahme, Interesse, Widerstand*

Der zuletzt beschriebene Weg macht noch einmal auf die materiale Komponente aufmerksam, die der deutschen *Kenntnisnahme* der englischen deistischen Literatur zugrunde lag. In der Rezeption der Schriften von John Toland und Anthony Collins kommt den Niederlanden die ausschlaggebende Vermittlerrolle zu. Es sind ja nicht allein die Notizen über Holland nach Deutschland gelangt, sondern auch Tolands *Adeisidaemon* und Collins' *Discourse*, deren Ausgaben beide in Haag erschienen. Und die Reaktionen auf *Christianity not mysterious* zeigen den Fall, der eintrat, wenn dieser Weg nicht begangen wurde.[210]

Der lateinische *Adeisidaemon* und der französische *Discourse* waren zudem in den Sprachen der deutschen lesenden Welt, also denjenigen der Gebildeten, verfasst. So konnten sie eine umfänglichere publizistische Aktivität auslösen, da die Sprachbarriere wegfiel. Nur für eine der Zeitschriften, die *Acta Eruditorum*, scheinen Sprachbarrieren eine marginale Rolle gespielt zu haben.

Die materiale Komponente erklärt hinreichend nur die negative Seite des Rezeptionsprozesses. Sie beschreibt die Kontingenz, der die deutsche Auseinanderset-

---

[207] AE Suppl. (1721, Tom. VII), 286–294; (1724, Tom. VIII), 107–115.

[208] Zu Mosheims Gegenschrift und die Rezensionen s.o. Die Anzeigen von AE Suppl. in: NZvGS (1720), 455; (1722), 845.

[209] Eine besondere Schwierigkeit soll aber nicht verschwiegen werden: das *Pantheisticon*. Hier erscheint FoSa (1720), 284, ohne Kenntlichmachung seiner Quelle schon sehr früh; die Bibliotheque Angloise erwähnt und rezensiert das Buch (1720), 550, und (1720), 286–322. Letzterer Artikel ist vollständig übersetzt und abgedruckt in DAE (1722, 75.Theil), 196–221. Die frühe Nennung in FoSa erstaunt nun einerseits, da der Rezensent in DAE ausdrücklich die Probleme der Beschaffung dieses Buches benennt: „Da wir uns lange vergeblich bemühet, dieses Buch hiesigen Orts zu finden, unsern Lesern einen hinlänglichen Auszug daraus zu geben, so hat uns endlich geschienen, daß es besser sey, von einem Manne dessen Geschicklichkeit bekant ist, etwas zu entlehnen [scil. die Rezension, CV], als endlich einmal von Sachen zu reden, welche niemand mehr unbekant sind" (DAE, a.a.O., 196). Explizit bezieht sich letzte Bemerkung auf die Existenz atheistische Bücher. ‚Hiesigen Orts' ist Leipzig, wie auch für FoSa. Unwahrscheinlich ist also, dass FoSa das Buch besessen hat – das wäre ja wohl bekannt. Andererseits ist FoSa inhaltlich so unspezifisch gehalten, dass man durchaus annehmen kann, der Rezensent hatte das *Pantheisticon* nicht auf dem Tisch.

[210] Es bleibt daran zu erinnern, dass Mosheim (Exkurs: J.G. Walch und Christianity not mysterious) sein Exemplar wahrscheinlich auch aus den Niederlanden bezog.

zung mit dem englischen Deismus in den Anfängen unterlag. Oft hat man Bücher einfach nicht gekannt. Ob man unter anderen publizistischen oder sprachlichen Bedingungen z.B. *Christianity not mysterious* mehr Aufmerksamkeit geschenkt hätte, bleibt bloße Spekulation.

Doch das *Interesse*, das dem *Adeisidaemon* und dem *Discourse* entgegengebracht wurde, versteht sich nicht durch die materialen Voraussetzungen allein. Diese haben hier allenfalls begünstigend gewirkt. Es ist durchaus kein Zufall, dass es gerade diese beiden Schriften waren, die ausführlicher wahrgenommen wurden. Die Aberglaubenskritik und Vorurteilstheorie sind am Anfang des 18. Jahrhunderts zwei eng miteinander verwobene Diskussionen, die die gelehrte Welt in Deutschland umfassend beschäftigten. Die Bedeutung dieser Diskussionen ist kaum zu überschätzen: Mit ihnen hat sich in Deutschland die ,Aufklärung' konstituiert.[211] Doch weder der *Adeisidaemon* noch der *Discourse* haben für diese Diskussionen eine initiierende Wirkung gehabt. Beide Werke erscheinen in den jeweiligen Zusammenhängen als Überschussphänomene, die die Grenzen zur Radikalität bezeichnen.

Die anderen Schriften, denen man in Deuschland weniger Aufmerksamkeit schenkte und die man nur am Rande notierte, haben gar keine weiterführende Resonanz gefunden. Über die ausbleibenden Reaktionen kann man nur Vermutungen anstellen. Mit Blick auf den *Adeisidaemon* und den *Discourse* legt sich allerdings ex negativo nahe, dass man an der Diskussion mit dem Islam, mit naturalistischer Wundererklärung oder etwa an der Kritik der Weissagungsbeweise Alten Testaments bis um 1730 eben kein Interesse hatte. Vielleicht hat die Diskussionslage in Deutschland, die diese Themen betreffen, auch einfach nicht mehr hergegeben.

Zu einem wesentlichen Teil wird man aber die ausbleibenden Reaktionen auf die späteren Schriften von Toland und Collins und die ebenso ausbleibenden ausführlichen Beschäftigungen mit ihnen auf den *Widerstand* zurückzuführen haben, der sich im epidemisch gebrauchten ,Atheismus'-Vorwurf ausdrückte. Walter Sparn hat darauf hingewiesen, dass Jakob Friedrich Reimmann an prominenter Stelle Tolands *Nazarenus* nicht erwähnte, obwohl es systematisch nahegelegen hätte und Reimmann zumindest über Mosheim vom *Nazarenus* wusste. Der Atheismusverdacht ist von Sparn als Hindernis in Betracht gezogen worden.[212]

---

[211] Norbert Hinske, Die tragenden Grundideen der deutschen Aufklärung. Versuch einer Typologie, in: Karlfried Gründer/Nathan Rotenstreich, Aufklärung und Haskala in jüdischer und nichtjüdischer Sicht, Heidelberg 1990 (WSA 14), 67–100, 80–83. Weiterhin: Pott, Aufklärung und Aberglaube, 1–3; Schneiders, Aufklärung und Vorurteilskritik, 13–15.
[212] Walter Sparn, „Omnis nostra fides pendet ab Historia". Erste Beobachtungen zum theologischen Profil des Hildesheimer Superintendenten Jakob Friedrich Reimmann, in: Martin Mulsow/Helmut Zedelmaier (Hrsg.), Skepsis, Providen, Polyhistorie. Jakob Friedrich Reimmann (1668–1743), Tübingen 1998 (Hallesche Beiträge zur europäischen Aufklärung 7), 76–94, 90 Anm. 44.

Der schon lange gebräuchliche und fest institutionalisierte Atheismusvorwurf[213] hat, wo er in der ausführlichen Auseinandersetzung mit Toland und Collins gebraucht wird, einen nachvollziehbaren Sinn. Als Schutz eines Überlieferungszusammenhangs oder einer zugrunde liegenden Überzeugung gibt er einer Evidenz Ausdruck, die sowohl als weltanschauliche beschrieben als auch die Lektüre von Texten bestimmend verstanden werden kann. Der Atheismusvorwurf organisiert in dieser Hinsicht den Umgang mit Wissen über doktrinale Abweichung. Hierzu stellt seine begriffliche Unschärfe (Naturalismus, Indifferentismus, Deismus, Sozinianismus oder eben Atheismus) kein Hindernis dar, sondern garantiert vielmehr seine Anwendbarkeit.

Nach der Seite seiner Funktion betrachtet, wirkt der Atheismusvorwurf bekanntlich rein negativ. Er ist ein asymmetrischer Gegenbegriff.[214] Er suggeriert Gruppenzugehörigkeit in Form von ‚Secten'-Bewusstsein. Mit dem Hinweis auf ‚Atheismus' weist man die Inkriminierten und ihre literarischen Produkte aus der eigenen Gesellschaft in die Gruppe Andersdenkender aus. Für die Wahrnehmung hat diese Ausgrenzung Folgen, die Lektüre ‚atheistischer' Schriften wird entsprechend organisiert. Die Lektüre steht unter dem Vorbehalt, von vornherein die Konsequenzlosigkeit der bestrittenen Position aufzuzeigen. Ein probates Mittel hierfür ist der Hinweis auf eine Widerlegungsschrift und ihre Mitteilung, sowie die Adaption der Polemik. Der Vorwurf des ‚Atheismus' erscheint so legitimiert und die inkriminierte Position ist als nicht ernst zu nehmen bereits abgetan. Eine direkte und offene Konfrontation eigener Überzeugungen mit ‚atheistischen' wird vermieden. Dass aus diesem Gestus heraus dicke Bücher über den ‚Atheismus' entstehen, tut dieser Logik keinen Abbruch. Gerade weil man sich auf ihn nicht wirklich einlässt, kann man länglich ausführen, worin er irrt. Man bestätigt seine eigene Position. Die Erzählungen über ‚Atheisten' geschehen aus der Perspektive nurmehr relativer Zeitzeugenschaft.

Der Wille zum Widerstand, wie er sich im Atheismusvorwurf ausdrückt, bestreitet damit einen Schattenkampf.[215] So bündig die Größe des ‚Atheismus' erscheint, so abstrakt bleibt sie. Doch da man in der allgemeinen Kategorie des ‚Atheismus' mit all seinen Unterbegriffen Heterodoxie überhaupt bekämpft, wird gleichwohl die Existenz eines weltanschaulichen Gegners auf Dauer gesichert. Jede neu auftretende doktrinale Abweichung kann in die Allgemeinheit des ‚Atheismus' integriert werden. Dadurch gewinnt der ‚Atheismus' seinen fiktionalen Realitätsgehalt – er nimmt immer weiter zu. Natürlich ist das dem eigentlichen Ziel des Kampfes ab-

---

[213] Hans-Martin Barth, Atheismus und Orthodoxie. Analysen und Modelle christlicher Apologetik im 17. Jahrhundert, Göttingen 1971 (FSÖTh 36), bes. 19–35.

[214] Vgl. zur Struktur dieser Begriffe Reinhart Koselleck, Zur historisch-politischen Semantik asymmetrischer Gegenbegriffe (1975), in: ders., Vergangene Zukunft. Zur Semantik geschichtlicher Zeiten, Frankfurt 1992² (stw 757), 211–259.

[215] Winfried Schröder, Ursprünge des Atheismus. Untersuchungen zur Metaphysik- und Religionskritik des 17. und 18. Jahrhunderts, Stuttgart-Bad-Cannstatt 1998 (Quaestiones 11), 17 Anm. 6.

träglich, der ja das Ende des Atheismus sein soll. Deshalb ist der Kampf gegen ihn latent enttäuschend, woraus die weltanschauliche Gereiztheit resultiert, mit der man auf ihn reagiert.

Der Denkstil, der von einem solchen Widerstandswillen geprägt ist, lebt mit stereotypen Beschreibungen. Ein wirkliches, begriffenes Gegenüber kennt er nicht. So sind in dem hier behandelten Zeitraum John Toland und Anthony Collins alles mögliche: Sozinianer, Atheisten und auch Deisten. Sie sind auch ‚Engelländer‘. Nur ‚englische Deisten‘ sind sie nicht. Der Begriff kommt nicht vor. Um 1730 ist man von einem Phänomen ‚englischer Deismus‘ noch weit entfernt. Deshalb weiß man auch nicht, dass John Toland und Anthony Collins seine ersten Protagonisten waren.

II. Erste Annäherungen: Thomas Woolston und Matthew Tindal

Bisher ist die englisch-deistische Literatur im Bewusstsein der deutschen Zeitgenossen ein gänzlich unprofiliertes Phänomen, bloß eine weitere Äußerung des ohnehin vielgestaltigen ‚Atheismus‘. Diese grundsätzliche Einschätzung wird aber so nicht erhalten bleiben. Nicht in einem plötzlichen Umbruch, sondern in einem allmählichen Prozess wird die heterodoxe Literaturproduktion in England aus dem Wahrnehmungshorizont des ‚Atheismus‘ heraustreten.

Um 1730 erweist sich die englisch-deistische Literatur dem deutschen Zeitgenossen als zunehmend widerständig. Mit der Wahrnehmung von Thomas Woolstons Wunderkritik und Matthew Tindals *Christianity as old as the Creation* in Deutschland tritt die gedankliche Auseinandersetzung in eine neue Phase. In den Stellungnahmen, die ihre Schriften in den Zeitschriften hervorrufen, zeichnet sich das Bewusstsein ab, dass die englische religionsphilosophische Literatur von dem über ein Jahrhundert bekannten und bekämpften ‚Atheismus‘ zu unterscheiden sei. Wie das aber auszudrücken ist, stellt das zentrale Problem dar. In der Anwendung der überkommenen Praktiken und unter Beibehaltung alter Intentionen und Interessen entstehen Formen der Annäherung an das Phänomen des ‚englischen Deismus‘.[1]

1. Die Wunderkritik von Thomas Woolston

Thomas Woolston hat in mehreren Schriften ab 1725 die Wunderberichte der Evangelien einer kritischen Prüfung unterzogen. Dabei hat er deren wörtliche Bedeutung geleugnet und sie im übertragenen, mystischen Sinn erklären wollen. Diese Wunderkritik hat viel Aufregung verursacht. In England erklärt der Londoner Bischof Edmund Gibson nun die Unterdrückung des Unglaubens zur nationalen Angelegenheit.[2] Woolston wird verfolgt, bestraft und inhaftiert.[3]

---

[1] Vgl. Lucien Braun, Geschichte der Philosophiegeschichte. Aus dem Französischen übersetzt von Franz Wimmer. Bearbeitet und mit einem Nachwort versehen von Ulrich Johannes Schneider, Darmstadt 1990, 128.

[2] Edmund Gibson, The Bishop of London's Pastoral Letter to the people of his Diocese; particularly to those of the two great cities of *London* and *Westminster*. Occasion'd by some late Writings in favour of Infidelity. The sixth Edition, London 1730, 2: „which makes the checking and surpressing them here as much as possible, to be truly a *National* concern". Diese Schrift ist bereits im Jahr des ersten Erscheinens (1729) ins Deutsche übersetzt worden, vgl. FoSa (1731), 593–594, mit der Titelangabe: Des Bischoffs von Londen Pastoral-Schreiben an seine Dioeces, Hannover 1729. Der Druck war mir nicht zugänglich.

Die englischen Verhältnisse faszinieren und befremden zugleich. Auch in Deutschland beteiligt man sich am Kesseltreiben gegen Woolston – im Rahmen der verfügbaren Möglichkeiten. Die Auseinandersetzung mit Woolston entbehrt hier durchgehend einer inhaltlichen Dimension. Die Aufregung scheint die Lektüre überflüssig gemacht zu haben.

1.1. Information und Gerücht

Von Anfang an ist mit dem Namen Thomas Woolstons die Kenntnis der gegen ihn in Kraft gesetzten Repressalien verbunden. Demgegenüber sind Woolstons konkrete Publikationen erst einmal weniger bedeutsam. Entsprechend fasst gegen Ende des Jahres 1728 die *Fortgesetzte Sammlung*, Nachfolgeorgan der *Unschuldigen Nachrichten*, zwei andere in deutschen Zeitschriften zu findende Nachrichten zusammen: „Am 3.Juni ist *Thomas Woolston*, zu Londen in Verhafft genommen, jedoch bald wieder auf Caution loß gelassen worden, wegen der gottlosen Redens-Arten, in seinem Buch von den Wunder-Wercken unsers HErrn und Heylandes JEsu Christi. Auch sind noch einige andere Personen eingezogen worden, weil sie dieses Buch unter die Leute gebracht und verkauffet haben".[4] Die inhaltliche Ergänzung dieser Nachricht wird noch im selben Jahr nachgereicht. In einer knappen Rezension von *A third Discourse on the Miracles of our Saviour* (London 1728) wird Woolstons Position kurz und bereits in ablehnender Perspektive vorgestellt: „Er bemühet sich, Christi Wunderwercke allegorisch und verblümt zu erklären, dazu ihm nicht nur Origenes, sondern auch andere Patres, deren Worte er auf seine Vorurtheile ziehet, dienen müssen".[5] Die Kritik ist mit Woolstons Rekurs auf die Väter gegeben, der Rekurs selbst wird als Verstellung Woolstons in Betracht gezogen. Denn die „gesunden Allegorien der Väter legen allemal den Wort-Verstand zum Grunde, werden aber, auch so, öffters gemißbrauchet. Man glaubet, er habe damit seinen Unglauben und Religions-Spötterey wollen bemänteln".[6] Die *Fortgesetzte Sammlung* steht mit diesem Urteil nicht allein. Die *Auserlesene Theologische Bibliothec* ist ihr mit einer inhaltlich ebenso knappen Rezension desselben Diskurses vorange-

---

[3] Zur Position Woolstons nach wie vor LECHLER, 294–312. Zu seinem Leben jetzt WILLIAM H. TRAPNELL, Thomas Woolston, Madman and Deist?, Bristol 1994. Zu den Zensurstrafen siehe ebd., 50ff.

[4] FoSa (1728), 984–985. Das ist eine Zusammenstellung aus NZvGS (1728), 493: „Herr *Thomas Woolston* ist auf Befehl des Vicomte Townshend einem Staats-Diener übergeben worden, weil er sich in seinem Buch von den Wundern unsers Heylandes verschiedener gottloser Redensarten bedienet hat. Ein gleiches ist auch andern Persohnen, welche dieses Buch verkaufft haben, wiederfahren", und Museum Historico-Philologico-Theologicum (1728, Vol. I, P. II), 373 Anm. (a): „Autorem hunc propter hoc scriptum [scil. A third Discourse on the Miracles of our Saviour] jussu illustriss. TOWNSENDII custodiae fuisse traditum, deinde tamen Cautione, ut ajunt, dimissum in relationibus rerum novarum publicis nuntiatum est".

[5] FoSa (1728), 1183–1184, 1184.

[6] Ebd.

gangen.[7] In keiner der beiden Rezensionen wird darauf reflektiert, dass es sich um den *dritten* Diskurs handelt und dieser damit zwei Vorläufer hat. Und die *Auserlesene Theologische Bibliothec* eröffnet ihre Rezension stark übertreibend: „Daß ist das Buch, davon man in öffentlichen *Zeitungen* vieles geschrieben".[8] Vielleicht hat der Rezensent sein Exemplar für identisch mit *A Discourse on the Miracles of our Saviour* (London & Westminster 1727) gehalten, der auch 1728 in den *Neuen Zeitungen von gelehrten Sachen* angezeigt worden war.[9]

Insgesamt war man 1728 über den Umfang der literarischen Tätigkeiten Woolstons und über die von ihm in Gang gebrachte Debatte noch schlecht informiert. Doch scheint die Mutmaßung der *Auserlesenen Theologischen Bibliothek* über die Popularität *der* Schrift Woolstons die Nachrichten von der Zensur kongenial zu ergänzen: Unterdrückung geht mit Popularität einher.

Im nächsten Jahr sammelt die *Fortgesetzte Sammlung* wieder Nachrichten aus anderen deutschen Zeitschriften. Mehrere Schriften Woolstons treten in den Gesichtskreis. Die ablehnende Haltung hat sich verstärkt: „Thomas Woolston, hat ausser dem ärgerlichen Buch, dessen wir 1728. p. 1183 erwehnet, noch drey andere heraus gegeben, darinnen er gleichfalls den Heiland verspottet, die Evangelische Religion verhöhnet, die H. Schrifft auf das frevelichste verlachet, und unter dem leichtfertigen Schein, als vertheidige er die Christliche Religion, das Evangelium zu lauter Fabeln und Mährlein machet; Uber dieß Herrn Gibson, jetzigen Bischoff zu Londen, als einen Verfolger ausschreiet, welcher Verfolgungs-Geist nur in Atheistischen Geistlichen wohne: (darum daß er ihn schon wegen einer Schrifft the Moderator &c. angeklaget, daß er öffentlich die Religion angreiffe.)".[10] Dies alles verdankt sich dem neunten Supplementband der *Acta Eruditorum*, der im selben Jahr erschienen war. Zu Anfang der hier zu findenden Besprechung von *A Discourse on the Miracles of our Saviour* hat der Rezensent beschrieben, wie Woolston in die Debatte um Anthony Collins' Weissagungskritik mit dem *Moderator* (London 1725) eingegriffen hatte, indem er Collins „in numerum infidelium", die ihn bekämpfenden Theologen hingegen „in numerum apostatarum" zählte.[11] Bereits in diesem Buch habe Woolston behauptet, dass die von Jesus vollbrachten Wunder weder zum Beweis seiner göttlichen Autorität noch dafür, dass er der Messias sei, etwas erbrächten. Ebenso habe er gemeint, die Wunder Jesu, wie sie die Evangelisten berichten, seien „narrationes propheticas & parabolicas". Edmund Gibson habe darin Unglauben erblickt, worauf Woolston mit seinem *Discourse* antworte, um die Rich-

---

[7] ATB (1728, 35. Theil), 977–979. Diese Rezension nur leicht umformuliert dann in NZvGS (1729), 615–616. Ob FoSa von ATB abhängig ist, ist unwahrscheinlich. In ATB wird z.B. Origenes nicht erwähnt.

[8] Ebd., 977.

[9] NZvGS (1728), 964–965. Diese Besprechung, die sich der *Bibliotheque Angloise* verdankt, teilt nur die Meinung des niederländischen Rezensenten mit, ohne auch nur ein Wort zu Woolstons Position selbst zu verlieren. Siehe Bibliotheque Angloise (1728, Tom. XV. Part. II), 519–536.

[10] FoSa (1729), 1041–1042, 1041. Diese gesamte Mitteilung ist noch einmal abgedruckt in: Relationes von gelehrten Neuigkeiten (1730, III. Stück), 71–72.

[11] AE Suppl. (1729, Tom. IX), 449–455, 449.

tigkeit seiner Position aufzuweisen und sich von dem Vorwurf des Unglaubens zu befreien.[12]

Der Rezensent hat damit eine verlässliche Zusammenfassung des Vorwortes und der ersten Seiten von Woolstons *Discourse* gegeben.[13] In der Darstellung des Inhaltes des *Discourse* richtet er sein Augenmerk dann vor allem auf die Kirchenväter, die Woolston anführt. In der Auflistung ihrer Namen wird die Problematisierung der Wunder durch Woolston ebenso wenig deutlich wie seine Vorgehensweise. Für den Rezensenten ist die Auflistung der Väter deshalb wichtig, um daran anzuschließen: „Es ist zweifellos klar, dass der Autor die Autorität der Väter für seine Sache missbraucht".[14] Die Ausführung der Kritik verbleibt ganz in dem Rahmen, der bereits ein Jahr vorher dargetan wurde: Die Väter setzten den literalen Sinn voraus und hätten ihn nicht in Zweifel gezogen.

Inhaltlich hat sich 1729 wenig geändert. Die Position gegen Woolston scheint sich vielmehr gefestigt zu haben. Anders hingegen die Atmosphäre. So bleibt der Rezensent der *Acta Eruditorum* nicht bei der Repetition stehen, sondern ergänzt den vorgegebenen Rahmen maßgeblich in seiner letzten Mitteilung: „Sonst haben wir kürzlich gehört, dass der Senat der englischen Regierung durch die Verkehrtheit des Buches aufgeschreckt wurde und es zum Feuer verurteilte, der ungläubige Autor aber ist, um der gerechten Strafe zu entgehen, zu der Versammlung der Juden verrucht übergelaufen".[15] Die *Fortgesetzte Sammlung* hat sich diese Nachricht nicht entgehen lassen. Sie teilt sie allerdings ohne die drastische Strafandrohung mit.[16] Dafür weiß sie von der Ausbreitung von Woolstons Schriften zu berichten: „Diese gottlosen Schrifften haben die Juden in grosser Menge abgekaufft, und solche ihren Glaubens-Genossen in Neu-Engelland, und in andere Americanische Colonien gesendet; Als solches die Londenische zu Fortpflanzung des Evangelii errichtete Gesellschaft erfahren, hat selbige verordnet, eine beträchtige Anzahl Exemplarien von des Londenischen Bischoffs Brieff, in welchem Woolstons Irrthümer wiederlegt sind, nach selbigen Orten abzuschicken, um solcher Gestalt allen schlimmen Eindruck, welchen die Woolstonischen Schrifften in schwachen Gemüthern würcken können, zu begegnen".[17] Die Mitteilungen von der amerikanisch-jüdischen Rezeption von Woolstons Schriften wie auch dessen Konversion zum Juden-

---

[12] Ebd., 450.

[13] Thomas Woolston, A Discourse on the miracles of our Saviour, in view of the present controversy between Infidels and Apostates. Fourth Edition, London 1728, Preface (unpag.).

[14] AE Suppl. (1729, Tom. IX), 449–455, 454: „Facile apparet, Autorem autoritate Patrum in rem suam abuti".

[15] Ebd., 455: „Ceterum nuper accepimus, Regni Anglicani Senatum, libri perversitate motum, eum igni damnasse, Autorem vero impium, ut poena meritam subfugeret, ad Judaeorum coetum nefarie transivisse".

[16] FoSa (1729), 1041–1042, 1042: „Woolston soll nunmehro zu den Juden übergetreten seyn".

[17] Ebd., 1041f. Gemeint ist wohl die ‚Society for the Propagation of the Gospel in Foreign Parts', die 1701 gegründet wurde; dazu vgl. kurz G.G.H. Baker, „Anglikanische Kirche II. Mission der anglikanischen Kirche", in: RGG³ 1 (1957), Sp. 382–384, 382.

tum sind echte Gerüchte: ihre Hintergründe sind obskur, ihre diffamierende Absicht ist offensichtlich. Sie hinterlassen literarische Spuren:
Eine Affinität der Juden zu Woolstons Position, wie auch umgekehrt, wurde noch einmal erwähnt.[18] Woolstons ‚Konversion' hat mehr Aufmerksamkeit erregt. Christian Gottlieb Jöcher hat sie sogar zu untermauern versucht.[19] Ihr Realitätsgehalt wurde aber bereits 1732 in der *Auserlesenen Theologischen Bibliothek* angezweifelt: „Eins, bin ich begierig, gewiß zu erfahren: ob es nehmlich wahr sey, daß Woolston würklich die Christliche Religion verlassen, und ein Jude worden? Herr Prof. Jöcher führets aus den Unschuldigen Nachrichten an; ich möchte aber gerne gewissen Grund von einem so merckwürdigen Umstande haben".[20] Erst 1740 wird die Konversion Woolstons verneint. Heinrich Christian Lemker hat sich mit ihr beschäftigt. Ihm zufolge ist die Nachricht ungegründet und ein bloßes Gerücht. Doch: „Das Gerücht an sich selber scheinet wol daher entstanden zu seyn, daß die Juden *Woolstons* Schriften aufgekaufet und Haufenweise nach Neu-Engeland geschikket".[21] Dafür bringt Lemker als Beleg die *Fortgesetzte Sammlung.*[22] Es ist dabei fraglich, ob für die amerikanisch-jüdische Rezeption mehr beizubringen ist. Die erste englische Vita Woolstons, durchaus im polemischen Sinn verfasst, kennt auf jeden Fall keines der deutschen Gerüchte, ebenso wenig Woolstons jüngster Bio-

---

[18] Sammlung auserlesener Materien zum Bau des Reiches Gottes (1739, 2. Suppl., X. Sammlung), 162, meint, Woolston werde von den Juden gelesen. Hierfür wird auf eine Quelle verwiesen: JOHANN HEINRICH CALLENBERG, Vierzehnte Fortsetzung seines Berichts von einem Versuch das arme jüdische Volck zur Erkänntniß der christlichen Wahrheit anzuleiten, Halle 1736, 61: „ein *Englischer* Lehrer sprach: er glaube, der fall Babels und die darauf folgende judenbekehrung sey vor der thür. Da nun diese bald geschehen solle; so müsse ja (jetzo) einige zubereitungen vorangehen. … Die hiesigen juden mögen wol meistens Deisten seyn, nachdem sie so oft in ihrer hofnung betrogen worden. Ich erinnerte bey dem letzteren: bey (*einigen*) gelehrten, welche mit den deisten von der *englischen* Nation umgehen, möge man es wol so finden: allein bey ungelehrten habe ich noch eine grosse anhänglichkeit an den rabbinen bemerckt. Er, der lehrer, erwehnte ferner dies: der bekante *Woolston* habe mit den rabbinen conferirt, und so wohl aus ihren discursen, als aus ihren büchern, giftige pfeile gesamlet, welche er hernach wider das christenthum abgeschossen habe".

[19] [CHRISTIAN GOTTLIEB JÖCHER], Thomae Woolstoni de miraculis Christi paralogismos, praeside Christ. Gottl. Ioechero, publice examinabit Henr. Adolph. Hohmannus (18. Oktober 1730), Leipzig 1730, XXXVI. Jöcher zieht neben FoSa ein Zitat von William Tilly heran (Tillys Schrift war mir nicht verfügbar, bei Jöcher ist das Zitat gesperrt): „I have purposely added the next discourse, having lately been inform'd, that the unhappy Person, whom i have dealt a little severly with in the former papers, first fell off from his Christian Faith, and the seriousness of his profession, to relieve and support his indigence, and that from the hands of the enemies of all true religion; as thinking it not a bad exchange, to part with his soul for money, and so barter blasphemy for broad: and this to chiefly amongst the Jews, it seems, a very impolitick people certainly, thus to encourage and assist the highest affronts to Christianity with in its own dominions".

[20] ATB (1732, 64.Theil), 342–251, 345.

[21] HEINRICH CHRISTIAN LEMKER, Historische Nachricht von Thomas Woolstons Schiksal, Schriften und Streitigkeiten, aus seinen eignen Schriften und andern beglaubten Nachrichten aufgesetzt und mit einem Vorberichte von den neuesten paradoxen Schriften der Engelländer, Leipzig 1740, 443f.444 (Zitat).

[22] Ebd., 89.

graph.[23] Was Michael Lilienthal 1741 ohne Kenntnis Lemkers kurz zur Konversion Woolstons notierte, mag auch für das Rezeptionsgerücht gelten, das Lilienthal offensichtlich unbekannt war: „Daß übrigens Woolston ein Jude geworden, wie man spargiret hat, ist falsch".[24]

Die Entstehung der Gerüchte ist sicher durch die Verbindung von Woolstons Namen mit der Verfolgung motiviert, wenn nicht mitverursacht.[25] Sie bringen ein irrationales Verhältnis zum Ausdruck, das man in Deutschland zu Woolston hatte. Irgendetwas hat an Woolston zutiefst befremdet. Diese Einstellung ist, wenn die Gerüchte (zumindest teilweise) erst ein Jahrzehnt später ihrem Charakter nach deutlich erkannt werden, auch kein äußerliches Phänomen. In den folgenden Jahren formuliert sich diese Einstellung zu einer Vorstellung aus, die sich in zwei literarischen Praktiken äußert: man erstellt bibliographische Sammlungen und man übersetzt englische Apologeten.

1.2. Bibliographische Sammlung

1.2.1. Notiz und Verweis

Man hat Woolston nicht einfach zur Kenntnis genommen und dann ad acta gelegt. Das Befremden, das man ihm gegenüber verspürt, motiviert dazu, mehr von ihm wissen zu wollen. In den Jahren von 1729 bis 1733 wird in deutschen Zeitschriften in einer großen Zahl von Notizen von englischen Widerlegungsschriften gegen Woolston berichtet. Inhaltlich weiterführend wird keine besprochen. Auf diese Art gelangen insgesamt gut ein Dutzend Titel und Kurzcharakterisierungen zur Kenntnis der deutschen gelehrten Welt.[26] Man erfährt in diesem Zusammenhang auch, dass Woolston insgesamt sechs Diskurse geschrieben hat. Mehr als ihr Programm wird nicht bekannt.[27] Ebenso werden die Verteidigungsschriften von Woolston nur knapp erwähnt.[28]

---

[23] The Life of Mr. *Woolston*, with an impartial Account of his writings, London 1733. TRAP-NELL, Thomas Woolston. Anspielungen auf die Juden, wie: Woolston sei „worse than a Jew", finden sich dabei offensichtlich auch in England, ebd., 145. Cf. hier Anm. 18.

[24] LILIENTHAL, 306.

[25] Vielleicht wurde das auch bestätigt durch die erneute Bestrafung Woolstons, von der man 1730 erfährt: FoSa (1729), 1316; NNZ (1730, 5. Stück), 39; NZvGS (1730), 34.

[26] FoSa (1729), 1316; NNZ (1729, 69. Stück), 572–573. (1729, 92. Stück), 763–764; NZvGS (1729), 916; NNZ (1730, 50. Stück), 397. (1730, 84. Stück), 669–670; NZvGS (1730), 218–219. 528. 874–875. 895; Relationes von gelehrten Neuigkeiten (1730, II. Stück), 58. (1730, III. Stück), 71–72. (1730, VII. Stück) 348. 351. 374–375; FoSa (1731), 786–787; Niedersächsische Nachrichten (1731, 14. Stück), 117; ATB (1732, 66. Theil), 613–614; NAE (1732), 94–96; NZvGS (1733), 60–62.

[27] Bereits in: AE Suppl. (1729, Tom. IX), 449–455, 454.

[28] NZvGS (1730), 899–900; Relationes von gelehrten Neuigkeiten (1730, VII. Stück), 355–356; Niedersächsische Nachrichten (1731, 9. Stück), 78.

In dem Prozess der Kenntnisnahme ist man sich in Deutschland eines Defizits bewusst. Man weiß von der umfangreichen literarischen Produktivität, die Woolston in England ausgelöst hat. Man bemerkt allerdings auch, dass die eigenen Formen der Mitteilung mit dieser Produktivität nicht Schritt halten. Exemplarisch zeigen das die frühen Kommentare der in Hamburg erscheinenden *Niedersächsischen Neuen Zeitungen von gelehrten Sachen.* Sie meinen in einer der ersten Mitteilungen einer Widerlegungsschrift (1729) in Deutschland gleich: „Wenn allhier Streitigkeiten unter den Gelehrten entstehen, so kommen in kurtzen so viele Tractate, die sie gegen einander schreiben, heraus, daß man davon grosse Volumina kan zusammen binden lassen. Eben so geht es in der Sache des Dr. Thomas Woolston". So seien „eine Menge der Widerlegungen von dieser Meynung bereits heraus", es „erscheinen dennoch Tag zu Tag mehrere".[29] Ein ähnlicher, nur kurze Zeit später veröffentlichter Kommentar klingt fast schon enerviert; die „Widerlegungen der fünf Discourse oder Dissertationen des Herrn Woolston nehmen kein Ende".[30] Natürlich folgen auf solche Kommentare Titelmitteilungen und evtl. kurze Charakterisierungen. Sie haben aber gerade angesichts solcher Kommentare selbst fragmentarischen Charakter. Sie vermitteln eben nur ein annäherndes Bild der Sache.

Das unbefriedigende Defizit gilt es auszugleichen. Erfreut berichtet man von Büchern, die das zu leisten in Anspruch nehmen. Erste Abhilfe verspricht ein Buch, dessen Erscheinen dieselbe Zeitschrift 1730 meldet: „Herr Th. Stackhouse … hat nunmehro auch ein Werck in Englischer Sprache ans Licht gestellt, das er *die Beschreibung des wahrhafftigen Zustands der Streitigkeiten zwischen Herrn Woolston und seinen Gegnern,* betitelt". Die Mitteilung dieser Schrift von Thomas Stackhouse umfasst eigenartigerweise nicht den englischen Titel. Den hat der Rezensent aber irgendwoher gekannt, da die inhaltliche Charakterisierung ausschließlich im Untertitel des englischen Buchs besteht. Der Autor gebe darin einen „gar genauen Abriß desjenigen, was sowohl Herr Woolston in seinen sechs Discoursen wider den sensum literalem der Wunder Christi eigentlich darzuthun gesucht, und wie weit er mit seinen Beweisen gekommen, als auch was seine Gegner und zwar jeder ins besondre um sein Systema zu widerlegen vorgebracht hat".[31] Den Wert des Buches weiß der Rezensent abschließend vom Hörensagen einzuschätzen. Man sage von dem Buch, „daß diejenigen, so eine völlige Känntniß von dieser Controvers haben wollen, bloß dieses Werck lesen dürfen, indem sie also alle entbehren können". Das begründet ein besonderes Interesse an seiner Verbreitung. Irgendwoher informiert weiß der Rezensent: „Man ist daher auf dessen Uebersetzung ins Frantzösische schon bedacht".[32]

---

[29] NNZ (1729, 69. Stück), 572–573, 572.

[30] NNZ (1729, 92. Stück), 763–764, 763.

[31] Vgl. Thomas Stackhouse, A fair state of the controversy between Mr. Woolston and his adversaries: containing the substance of what he asserts in his six discourses against the literal sense of our blessed Saviour's miracles; and what Bishop Gibson, Bishop Chandler … &c. have advanced against him, London 1730 (die Schrift war mir nicht verfügbar, Titel nach BLC 310, 436).

[32] NNZ (1730, 84. Stück), 669–670. Hiervon abhängig: NZvGS (1730), 874–875.

Die Hoffnung auf eine Vollständigkeit versprechende Schrift, die sich in dieser Mitteilung niederschlägt, thematisiert zugleich die Aneignungsbedingungen für eine ganze Debatte. Die ausführliche Lektüre ganzer Schriften wird zugunsten der ihrer Zusammenfassungen aufgegeben. Dieser pragmatischen Einstellung tritt für den deutschen Betrachter noch die sprachliche Erleichterung bei. Man ist auf eine verstehbare Ausgabe angewiesen. Das Buch von Thomas Stackhouse ist aber nicht in der erhofften Ausgabe erschienen.

Ab 1732 hat man eine andere Schrift zur Verfügung. Der in England lebende französische Prediger Abraham le Moine hat seine *Dissertation Historique sur les Ecrits de Mr. Woolston, sa Condamnation, & les Ecrits publiées contre lui* der französischen Übersetzung von Thomas Sherlocks *Trial of the Witnesses of the Resurrection of Jesus Christ* (zuerst London 1729), die 1732 in Den Haag erschien, als Vorrede beigegeben.[33] Le Moines Schrift ist wohlwollend aufgenommen worden. Die *Neuen Zeitungen von Gelehrten Sachen* haben sie als „eben nicht das geringste Stück" des gesamten Buches angesehen. Gerade die „Auswärtigen werden die Historie einer Streitigkeit, welche viel Aufsehens macht, aber noch nicht völlig bekannt ist, mit Vergnügen lesen".[34] Noch positiver fällt das Urteil der *Fortgesetzten Sammlung* aus. Die gesamte Rezension der Übersetzung wird ausschließlich einer knappen Zusammenfassung der vorgesetzten *Dissertation* gewidmet: „In der Vorrede beschreibt er [scil. le Moine] die gantze Woolstonische Controversie".[35]

Die Dissertation von le Moine wird in den deutschen Zeitschriften sogar in einem Fall verwendet. Die *Auserlesene Theologische Bibliothec* nutzt sie in einer Anmerkung zum Buchtitel „A Vindication of the Miracles of Jesus Christ" als Verweis: „Ist der andere Theil einer Schrift gegen Woolston, so Herr Smalbruck, nunmehriger Bischof von Lichtfield (sic!), und Coventry, herausgegeben. S. A. le Moine, in der Vorrede zu dem Frantzösisch übersetzten Tractat des berühmten Sherlocks: Les Temoins de la Resurrection de J. C. pag. LXX.sq.".[36] Dieser Gebrauch der Schrift von le Moine als Nachschlagewerk ist in deutschen Zeitschriften singulär. Doch der Schritt von der Notiz zum Verweis deutet − noch deutlicher als das erteilte Lob − den Willen zum eingehenden Wissen an. 1733 endlich erscheint eine Darstellung der ‚Woolstonischen Controversie' in deutscher Sprache.

---

[33] THOMAS SHERLOCK, Les Temoins de la Resurrection de Jesus Christ examinez et jugéz par les Regles des Barreau; pour sevir de Résponse aux objections du Sr. Woolston, et de quelques autres Auteurs; traduit de l'Anglois sur la 6me Edition: on y a joint une Dissertation Historique sur les Ecrits de Mr. Woolston, sa Condamnation, et les Ecrits publiées contre lui: par A. le Moine, A la Haye 1732, III-C. Zu Abraham Le Moine (oder Lemoine) DNB XXXIII, 27.

[34] NZvGS (1733), 129–130.

[35] FoSa (1732), 664–666, 665.

[36] ATB (1732, 66.Theil), 613–614.

1.2.2. Historia Litium Thomae Woolstoni (1733)

Die *Historia Litium Thomae Woolstoni etc. das ist, Eine Historische Erzehlung der Controvers mit dem bekannten Thomas Woolston. Worinnen alle pro und Contra dabey gewechselten Schrifften nach der Ordnung an geführet werden* (Leipzig 1733) ist eine kuriose Publikation. Sie ist eine deutsche Übersetzung eines englischen Artikels aus der in London erscheinenden Zeitschrift *The Present State of the Republick of Lettres*.[37] Dieser Artikel ist nun selbst eine englische Übersetzung des historischen Teils einer lateinischen Disputation, die am 18. Oktober 1730 in Leipzig gehalten wurde. Den Vorsitz der Disputation *Thomae Woolstoni de miraculis paralogismos* hatte Christian Gottlieb Jöcher, Respondent war Heinrich Adolph Hohmann.[38]

Der unbekannte deutsche Übersetzer hat die Schrift der Familie des im selben Jahr verstorbenen Leipziger Kaufmanns Peter Hohmann zugeeignet. In der Zuschrift werden neben dem persönlichen Anlass zur Übersetzung des englischen Artikels[39] weitergehende Gründe angegeben: Es seien ja „so viele unter uns den fernern Verlauff der *Controvers* … zu wissen begierig". Ebenso will der Übersetzer nach eigener Aussage einer negativen Einschätzung der englischen Verhältnisse wehren. Man meine manchmal, dass in England „dergleichen Schwindel-Geister zu viel Freyheit" hätten. Doch auch hier würden die „Wächter auf den Mauern Jerusalems" ihre Pflicht erfüllen.[40] Diese Einschätzung geht ganz mit der Tendenz der Zeitschriften konform: eine Kontroverse kennen zu lernen bedeutet vor allem, den hervorgerufenen Widerstand zu dokumentieren. Einen Zweifel, ob dieser auch gelungen ist, gibt es nicht.

Die Kongruenz der *Historia Litium* zu der Auseinandersetzung in den Zeitschriften setzt sich inhaltlich fort. Als „eine treuliche, wenn auch summarische Nachricht" von der Disputation kündigen sich Kürzungen an.[41] Sie betreffen dabei wesentlich die in der Disputation von Hohmann (bzw. Jöcher) gegebenen Inhaltsangaben der aufgezählten Bücher.[42] Inhaltlich etwas ausführlicher werden nur die Entstehung der Kontroverse und die gewechselten Polemiken behandelt. Aber auch

---

[37] The Present State of the Republick of Lettres (1731), 245–263.

[38] [Jöcher], Thomae Woolstoni de miraculis, VII–XXV (historischer Teil).

[39] Sie will das „rühmliche Urtheil der klugen Engeländer" über den offensichtlich auch gerade verstorbenen Sohn der Familie Heinrich Adolph, also den Respondenten der Leipziger Disputation, „auch in Teutscher Sprache gemein zumachen" (Zuschrift, unpag.). Tatsächlich ist das Urteil in der englischen Zeitschrift, die Hohmann für den Autor hielt, durchweg positiv: Es sei „dem *Herrn Hohmann* sein gebührendes Lob zu ertheilen, als welcher in diesem Stück [scil. der Kontroverse mit Woolston] besser unterrichtet zu seyn scheinet, als viele, unter welchen Woolston zu dieser Zeit noch lebet" (3). Ob Hohmann die Disputation selbst erstellt hat, ist freilich – der Praxis des Disputationswesens entsprechend – fraglich. Nach der sehr kurzen Notiz in ADB XII, 695 befand sich die Familie Hohmann übrigens damals in rasantem gesellschaftlichen Aufstieg.

[40] Historia Litium, Zuschrift, unpag.

[41] Ebd., 3.

[42] Vgl. nur ebd., 17.19, mit [Jöcher], Thomae Woolstoni de miraculis Christ paralogismos, XV.XVII.

das verbleibt qualitativ ganz im Rahmen des bereits durch die Zeitschriften Bekannten.[43]

Die *Historia Litium* ist eine umfassende bibliographische Sammlung von Schriften und Gegenschriften, von denen jeweils die englischen Titel zusammen mit ihren deutschen Titelübersetzungen angegeben werden. Eine Ordnung des Materials lässt sich – entgegen der Ankündigung im Titel – allerdings nicht erkennen. Doch sie ist mehr als eine bloße Auswertung der Disputation von Hohmann/Jöcher.[44] Denn sie ergänzt die hier zu findende Bibliographie um noch einmal 31 Gegenschriften, deren Hohmann „keine Erwehnung gethan hat".[45] Die Ergänzungen sind den englischen Verhältnissen geschuldet, in denen man natürlicherweise über den Stand der Diskussion mit Woolston besser informiert war. Dabei wird auch in diesem Zusammenhang das Ideal einer vollständigen Sammlung aufrecht erhalten. Erreicht ist es aber ebenfalls nicht, weshalb der englische Artikel in deutscher Übersetzung mit einem Verweis schließt: „Noch weitläuffiger u. ordentlicher aber kan man dieses Verzeichniß in the Monthly Chronicle from the year 1727 to the year 1731. das ist: In dem Monatlichen *Chronico*, vom dem Jahr 1727, an, biß aufs Jahr 1731 antreffen".[46]

Die *Historia Litium* ist ausgesprochen schlicht, schlichter sogar als die Dissertation Abraham le Moines.[47] Darin ist sie ein ‚deutsches' Produkt. Doch sie etabliert deutlicher als die Zeitschriftennotizen die einzelnen Elemente, in denen sich das Wissenwollen von Woolston ausdrückt: jene Kuriosität an der Debattenlage, die als ‚Kontroverse' thematisiert wird, die Form der Kenntnisnahme als ‚historia' und letztlich die Evaneszenz des Beschriebenen.

---

[43] Den Ursprung sehen Hohmann/Jöcher mit dem Erscheinen von Anthony Collins' *A Discourse of the Grounds and Reasons of the Christian Religion* (London 1724) gegeben. Denn in diesem Buch habe Collins sowohl die Weissagungen Alten Testaments als einzigen Beweis für die Messianität Christi behauptet, aber auch, dass eben dieselben Weissagungen nur dem mystischen Sinn nach zu verstehen seien. „Wiewohl er hernach auf keines von beyden die geringste Absicht mehr hatte" (3f.). Diesen „Fußstapffen" folge Woolston, „indem er des Collins Schrifften sehr grosses Lob beyleget, als die, seiner Meynung nach, nicht könten beantwortet werden; und nimmet auf sich, den buchstäblichen Verstand der Wunder-Wercken zu verwerffen" (7). Bereits in seinem *Moderator* sei dies von Woolston vorgelegt worden, seine sechs Diskurse buchstabierten die These „mit einer unerhörten Frechheit" (11) an den biblischen Wunderberichten aus. Die in den einzelnen Diskursen verhandelten Wunderberichte werden genannt (12–14). Die Polemiken sind die von Hohmann/Jöcher mitgeteilten Zitate ins Deutsche übersetzt, die in der Disputation in Englisch belassen wurden. Während sich die Polemiken der Apologeten auf das gottlose und frevelhafte Vorgehen Woolstons richten, legen Woolstons Zitate das Gewicht auf den gegen ihn waltenden Verfolgungsgeist. In diesem Zusammenhang wird immerhin auch mitgeteilt, Woolston habe nach eigener Aussage mit seiner Auslegung zur „Bekräfftigung des Lehr-Satzes, daß Christus der Messias sey", beitragen wollen (25).

[44] Diese Auswertung hat schon vorgenommen: ATB (1731, 53.Theil), 464–466, 465f.

[45] Historia Litium, 29, 29–38 (Bibliographie).

[46] Ebd., 38. Fälschlich paginiert mit 83.

[47] Abraham le Moines Schrift besteht wesentlich aus länglichen Exzerpten sowohl aus Woolstons Diskursen als auch einigen Gegenschriften. Eine Darstellung der ‚Woolstonischen Kontroverse', die diese Exzerptensammlung zugrunde legt, ist mir in Deutschland unbekannt.

1.2.3. Kontroverse, Historia, Evaneszenz

Die Thematisierung einer ‚Kontroverse' ebenso wie die Aneignungsform der ‚historia' sind bekanntlich nicht neu. Der Begriff der ‚Kontroverse' gehört seit dem 16. Jahrhundert zum festen Bestand polemischer Theologie.[48] Und ‚historia' ist Bezeichnung für die gängige Wissenschaftspraxis der Zeit, die dem Gelehrten „in Form einer Heuristik die Vielfalt vorliegender gelehrter Literatur erschließen helfen" soll.[49] Auch die literarische Praxis der bibliographischen Sammlung ist schon längst etabliert, gerade hinsichtlich atheistisch-ungläubiger Autoren. Trotzdem mutet die massierte Anwendung des Altbekannten auf Woolston bzw. die von ihm ausgelöste Debatte eigentümlich an.

In der durch ‚Kontroverse' und ‚historia' geprägten literarischen Praxis formuliert sich eine vage Vorstellung von Individualität. Woolston, so scheint es, ist kein weiterer Protagonist des altbekannten Atheismus, sondern etwas anderes. Mit Woolston artikuliert sich eine eigenständige Stimme unter den Ungläubigen. So hat es jedenfalls Johann Georg Walch gesehen. ‚Kontroverse' und ‚historia' bzw. ‚historische Nachricht' bezeichnen bei ihm Momente, die im methodisch-reflektierten Umgang mit einer eigenen und eigenständigen Entität, einer ‚Secte', zu beachten sind. In seiner Einleitung zu der *Historischen und Theologischen Einleitung in die Religions-Streitigkeiten außer der Evangelisch-Lutherischen Kirche* werden diese Begriffe im direkten Zusammenhang entfaltet: „Vornehmlich gehöret eine historische Nachricht derjenigen Secte dahin, mit der man sich einzulassen willens ist, damit man daher ein Licht nicht nur in die Umstände der irrenden Personen; sondern auch der Controversien selbst bekomme, wie nicht weniger die Einsicht in ein gantz Systema".[50] Die ‚Secten' können bei Walch sowohl dogmatisch-sozial fixierte Gruppierungen als auch Einzelpersonen bezeichnen.[51] Und tatsächlich hat Walch

---

[48] Der Begriff ‚Kontroverse' taucht in Buchtiteln im Zusammenhang der römisch-katholischen Polemik gegen die evangelische Theologie auf, am wichtigsten ist hier Robert Bellarmin, Disputationes de controversiis christianae fidei adversus hujus temporis haereticos (zuerst Rom 1581, dann viele Auflagen). Der Begriff wird von evangelischer Seite natürlich übernommen. Zu weiteren Titeln siehe P. Tschackert, „Polemik", in: RE³ 15 (1904), 508–513, bes. 510f. Zum Nutzen der polemischen Theologie exemplarisch David Hollaz, Examen Theologicum Acroamaticum universam Theologiam thetico-polemico complectens, commodo candidatorum theologiae destinatum, Stargadiae Pomeranorum 1707 (ND Darmstadt 1971), 2 Bde., Bd. 1, 36 (Prol.I, Q.29): „Studium Controversiarum Theologicarum maximè necessarium est Studiosis adspirantibus ad sublimiora Ecclesiae officia". Zur Bedeutung der Polemik im Rahmen des Theologenausbildung im 17. und 18. Jahrhundert Rudolf Mau, Programme und Praxis des Theologiestudiums im 17. und 18. Jahrhundert, ThV XI (1979), 71–91.

[49] Helmut Zedelmaier, ‚Historia literaria'. Über den epistomologischen Ort des gelehrten Wissens in der ersten Hälfte des 18.Jahrhunderts, Das achtzehnte Jahrhundert 22 (1998), 11–21, 16. Hier auch ausführliche Literaturangaben zur Erforschung der ‚historia literaria' und aktueller Diskussionen.

[50] J.G. Walch, Historische und Theologische Einleitung in die Religions-Streitigkeiten außer der Evangelisch-Lutherischen Kirche, 5 Bde., Jena 1733–1736 (ND Stuttgart-Bad Cannstatt 1985), Bd. 1, 39 (§ V).

[51] Ebd., 40.

Woolston zwei eigene Paragraphen in seiner *Einleitung* gewidmet.[52] John Toland zum Beispiel wurde diese Ehre in derselben Schrift nicht zuteil.[53]

Die vollständige Erfassung der Debatte bleibt von den Zeitschriften über die *Historia Litium* bis zu Walch der angewandten literarischen Praxis entzogen. Damit wird deutlich, dass sich in der hier verfolgten Praxis mehr eine Ahnung von Individualität niederschlägt als eine wirkliche Beschreibung. Woolstons Eigenart drückt man daher negativ aus. Er wird nicht im Zusammenhang mit anderen bekannten Gruppierungen oder Personen kategorisiert. Noch fehlen positive Artikulationsmöglichkeiten für ein solches Phänomen. Damit ist aber ein weiteres, für den deutschen Zeitgenossen brennenderes und praktisches Problem verbunden: Wie soll man sich diesem Phänomen widersetzen?

1.3. Übersetzungen englischer Apologeten

1.3.1. Übersetzungen und Vorworte

Das Befremden, das man Woolston gegenüber verspürt, führt in Deutschland zu einer weiteren Anwendung einer bekannten literarischen Praxis: Man übersetzt englische Apologeten. Von 1732 bis 1734 erschienen in Deutschland fünf Übersetzungen englischer Werke über Wunder. Bis auf eine Ausnahme stehen sie in direktem Zusammenhang mit der 'Woolstonischen Kontroverse'. Die Kenntnisnahme von Woolston hat offensichtlich einen Markt geschaffen. Kein anderer Vertreter des englischen Deismus hat in Deutschland eine solche Reaktion provoziert. In Anzahl und kurzer Erscheinungsfolge bleibt diese Übersetzungstätigkeit einzigartig.

Verlegerische Bedenken, wie sie noch drei Jahre zuvor anlässlich einer Übersetzung zum gleichen Thema geäußert worden waren, teilt man nicht mehr: *Samuel Chandlers Englische Schrift von der Beschaffenheit und Nutzbarkeit der Wunderwercke ins deutsche (sic!) übersetzt, mit unterschiedenen Anmerkungen erläutert, und mit einer Vorrede, von dem Mißbrauch der christlichen Lehren und Wunderwercke zu politischen Staats-Streichen, versehen von M. Christoph Wolle*, 1729 erschienen,[54] war eine gekürzte Aus-

---

[52] Ebd., Bd. III.2, 1020–1035 (§§ LX–LXI). Walchs Darstellung ist eine Kompilation verschiedener Zeitschriftennachrichten. 1023–1027 behandelt den Inhalt der sechs Diskurse Woolstons und teilt neben dem behandelten Wunder manchmal noch den beigelegten allegorisch-mystischen Sinn mit. Eine Darstellung von Woolstons Argumentation ist auch hier nicht zu finden. In der Darstellung der Widerlegungen (§ LXI, 1027–1035) benutzt Walch neben Hohmann/Jöcher auch die Historia Litium (1032f.). Dass Walch damit eine andere von ihm aufgestellte methodische Bedingung, die Lektüre der „Haupt- und Grund-Bücher", nicht erfüllt, ist unerheblich, siehe ebd., Bd. 1, 39 und 41: „so lieset man ihre eigenen Schriften und trauet anderer Nachricht nicht blindlings".

[53] Siehe Exkurs: J.G. Walch und Christianity not mysterious.

[54] [SAMUEL CHANDLER], Samuel Chandlers Englische Schrift von der Beschaffenheit und Nutzbarkeit der Wunderwercke ins deutsche (sic!) übersetzt, mit unterschiedenen Anmerkungen erläutert, und mit einer Vorrede, von dem Mißbrauch der christlichen Lehren und Wunderwercke zu politischen Staats-Streichen, versehen von M. Christoph Wolle, Leipzig 1729. Es ist die Über-

gabe einer ursprünglich gegen Anthony Collins gerichteten Schrift. Der gegen Collins gerichtete Traktat wurde allerdings nicht mitübersetzt. Christoph Wolle hat in seiner Vorrede den Grund angegeben: „Diesen übersetzen zu lassen hat sich der Verleger nicht entschliessen wollen, weil die Streit-Schriften schlechten Abgang finden, und weil auch das Buch, welches widerlegt wird, in Deutschland unbekant ist".[55] Wirklich bekannt waren die Schriften Woolstons, gegen die man nun Streitschriften übersetzte, allerdings auch nicht.

Die Übersetzungstätigkeit ist mit begleitenden Reflexionen zu dieser Tätigkeit verbunden. In den Vorworten nimmt man unterschiedlich zu ihr Stellung. Die Haltung zu den englischen Apologeten ist keinesfalls einhellig positiv. Besonders deutlich tritt dies in dem Vorwort von Johann Lorenz Mosheim zu Humphry Dittons *Die Wahrheit der Christlichen Religion, aus der Auferstehung JEsu Christi auf eine demonstrativische Art in drey Theilen bewiesen* (Braunschweig und Hildesheim 1732) zutage.[56] Diese Übersetzung ist gleichzeitig die einzige, die ursprünglich gar nichts mit Woolston zu tun hat.[57]

Gleich zu Beginn seiner Vorrede entschuldigt sich Mosheim dafür, die eigentlich geplante Vorrede nicht geschrieben zu haben. Das Buch sei schneller als geplant erschienen: „Die Welt verlieret nichts bey dieser Veränderung".[58] Mosheim nutzt die Vorrede daher zu einer Kritik an Dittons Schrift. Das abschließende Urteil, das das ausdrückliche Lob des Übersetzers beinhaltet, klingt zurückhaltend und eher distanziert. Eigentlich ist es aber beschwichtigend: „Es ist lange, daß dasselbe allenthalben gelobet, und als eine Arbeit gerühmet worden, an der kein Feind der Religion sich wagen können oder wollen. Man hat es in der Sprache, in der es geschrieben, mehr denn einmahl, nachgedruckt. Man hat es in andere Sprachen übersetzet.

---

setzung des ersten allgemeinen Teils von: SAMUEL CHANDLER, Vindication of the Christian religion in two parts. I. A discourse of the nature and the use of miracles, II. An Answer to a late book entituled a Discourse of the grounds and reasons of the Christian religion, London 1725.

[55] Ebd., Vorrede, § 12 (unpag.).

[56] [HUMPHRY DITTON], Die Wahrheit der Christlichen Religion, aus der Auferstehung JEsu Christi auf eine demonstrativische Art in drey Theilen bewiesen, durch Humfredium Ditton. Nebst einem Anhange darinn die wichtigsten Stücke der natürlichen Religion abgehandelt werden. Anfangs in Englischer Sprache herausgegeben, nun aber auf vielfältiges Verlangen in die deutsche übersetzt, mit Anmerckungen, Registern, dem Leben des Verfassers und einer Vorrede Sr. Hochw. des Herrn Abt Mosheims vermehret durch Gabriel Wilhelm Goetten, Braunschweig und Hildesheim 1732, Vorrede (unpag.).

[57] Dittons Buch erschien bereits 1712 (HUMPHRY DITTON, A discourse concerning the resurrestion of J.C., London 1712). Das im Untertitel der deutschen Übersetzung angegebene ‚vielfältige Verlangen' wird in den NZvGS (1731), 775–777, 776 ausgedrückt: „Viele Gelehrte unter uns Deutschen z.E. der Abt Mosheim, Herr Bilderbeck in seiner Übersetzung des Abbadie, Herr u. Prof. Stolle in Jena, haben gewünscht, dasselbe in ihrer Sprache zu sehen". Direkter Anlass zur deutschen Übersetzung war wohl auch das Erscheinen einer französischen Übersetzung im Jahr 1728, die auch bei der deutschen Übersetzung als Hilfe gebraucht wurde. Näheres bei WILHELM GRAEBER/GENEVIÈVE ROCHE, Englische Literatur des 17. und 18. Jahrhunderts in französischer Übersetzung und deutscher Weiterübersetzung. Eine kommentierte Bibliographie, Tübingen 1988, 49.

[58] DITTON, Vorrede, unpag. (fol. 2r).

Man hat lange gewünschet, daß man es in unserer Deutschen Sprache lesen könnte. Was kann mehr von mir zu seinem Lobe gesagt werden? Der einige Nahme seines Verfassers kann ihm statt einer Lobschrifft dienen".[59] Zuvor hatte Mosheim scharf das gesamte Verfahren einer Demonstration der Notwendigkeit der Offenbarung gegen die Leute, „die man *Deisten* heisset", als weder „nützlich" noch „höchstnöthig" zurückgewiesen.[60] Seine Kritik spitzt sich in einem Punkt zu: Das Ziel, durch eine Demonstration die gedankliche Notwendigkeit einer göttlichen Offenbarung aufzuzeigen, könne deren Wirklichkeit nicht garantieren.[61] Mosheim schlägt deshalb den umgekehrten Weg vor: Man zeige eine wirkliche Offenbarung auf, so sei sie auch notwendig gewesen.[62] Und an Dittons Buch übt Mosheim an noch drei Punkten speziellere Kritik, die nach einem Geschmacksurteil klingt: Erstens sei die ‚Mathematische Lehrart' Dittons „trocken", zweitens seine Schreibart die eines „Tichters" und letzlich sei das ganze Buch zu „weitläuffig".[63] Mosheim, zur selben Zeit mit der Übersetzung von Ralph Cudworths *True Intellectual System of the Universe* ins Lateinische beschäftigt und dauernd kränkelnd,[64] hat Dittons Buch offensichtlich kaum Nutzen abgewinnen können.

Eine ganz andere Sicht äußert Valentin Ernst Loescher in dem von ihm mit einem Vorwort versehenen Buch *Vertheidigung der Wunder-Wercke des Herrn Jesu wider Woolston, in IV Theile abgefasset, seiner Nothwendigkeit wegen aus dem Englischen übersetzt von M. George Paul Strobel* (Dresden und Leipzig 1732).[65] Loescher bettet die Übersetzung in eine Beschreibung der englischen Verhältnisse ein. So scheint ihm „allein seit 6 Jahren her, ... ein rechtes Complot in Engelland gemacht zu seyn, GOttes Wort völlig und von allen Seiten anzugreiffen, und gleichsam gantze Bataillonen dagegen aufzuführen".[66] Loescher sieht in Collins' Angriff auf die Weissagungsbeweise des Alten Testaments und dann mit Woolstons Wunderkritik Epiphä-

---

[59] Ebd., unpag. (fol. 4r).

[60] Ebd., unpag. (fol. 2r).

[61] Ebd., unpag. (fol. 2v): „Es folgt nicht, daß die Sachen allezeit da sind, die man für nöthig erkennet".

[62] Ebd., unpag. (fol. 3r): „Ist eine Offenbahrung da, so hat sie da seyn müssen".

[63] Ebd., unpag. (fol. 4rff.). Johann Anselm Steiger, Johann Lorenz von Mosheims Predigten, in: Martin Mulsow u.a. (Hrsg.), Johann Lorenz Mosheim (1693–1755). Theologie im Spannungsfeld von Philosophie, Philologie und Geschichte, Wiesbaden 1997 (Wolfenbütteler Forschungen 77), 297–327, kommt auch auf das Vorwort zu sprechen (306.309f).

[64] Die Übersetzung von Cudworth erschien 1733. Nach Heussis Biographie war 1732 ein tragisches, von Unglücksfällen geprägtes Jahr für Mosheim: Karl Heussi, Johann Lorenz Mosheim. Ein Beitrag zur Kirchengeschichte des achtzehnten Jahrhundert, Tübingen 1906, 148ff.

[65] [Zachary Pearce], Vertheidigung der Wunder-Wercke des Herrn Jesu wider Woolston, in IV Theile abgefasset, seiner Nothwendigkeit wegen aus dem Englischen übersetzt von M. George Paul Strobel, nebst einer Vorrede Hr. Valent. Ernst Löscher. Dreßden und Leipzig 1732. Das ist die Übersetzung einer Schrift des englischen Geistlichen Zachary Pearce, die in London 1729 anonym erschienen war: [Zachary Pearce], The miracles of Jesus vindicated, London 1729. Zu Pearce vgl. Jöcher/Adelung 5, Sp. 1766–1767. Offensichtlich befand sich diese Schrift in Besitz des Kreises um Valentin Ernst Loescher, da sie bereits 1731 ebenfalls ohne Kenntnis des Verfassers in FoSa kurz rezensiert worden war: FoSa (1731), 786–787.

[66] Ebd., Vorrede, unpag. (X3v).

nomene einer allgemein um sich greifenden „Indifferentisterey", die er als göttliche Strafe an der englischen Nation ausdeutet und als Mahnmal den Deutschen vorstellt: „GOtt gebe, daß unser Volck sich an dem, was Gott in Engelland verhänget hat, spiegle, in göttlichen Dingen nicht grüble, und übermüthig raisonire, sondern mit GOtt-gefälliger Art den Grund der Wahrheit suche und erkenne".[67] Gerade deshalb lobt Loescher den Übersetzer des Buches, da „diese Medicin … uns auch nutzbar seyn [wird], und zum wenigsten zu mehrern Ernst und Vorsorge, in der Bewahrung dessen, was wir haben, erwecken".[68] Die Übersetzung erscheint als Präventivschlag gegen den von Loescher auch in Deutschland zunehmend empfundenen Unglauben, „denen unter uns sich vermehrenden Frey-Geistern".[69] Und der Übersetzer Strobel hat in seiner Zuschrift gleich weitere Übersetzungen englischer Apologeten angekündigt, um sie zu „Frey-Bürgern in der gelehrten Welt" zu machen.[70]

Die anderen Äußerungen in den Vorworten zu den Übersetzungen sind der Einschätzung Loeschers gefolgt und haben nicht zuletzt die eigene Tätigkeit in den großen Rahmen einer Verteidigung des Christentums gegen den anstürmenden Unglauben gestellt, wie Ferdinand Christian Stieff in seiner Übersetzung *Die Gewißheit der Christl. Religion, aus geschehenen Dingen behauptet, und durch die geistliche und weltliche Historie bewiesen. Aus dem grossen Huetius und andern, durch einen Englischen Geistlichen Johann Entick herausgezogen*[71], der anonyme Übersetzer des *Gerichtlichen Verhörs der Zeugen der Auferstehung Jesu, worinnen nicht nur des Woolstons Einwürffe, die er in seinen so genannten sechs Discursen anführt; sondern auch diejenigen, welche so wohl er, als andere, in andern Schrifften heraus gegeben, gantz unpartheyisch erwogen werden* (Leipzig 1733)[72] oder ‚Philanthropos' in seiner Vorrede zu *Philosophische Connexion*

---

[67] Ebd., unpag (XX4r).

[68] Ebd., unpag. (XX4v).

[69] Ebd., unpag. (XX4r).

[70] Ebd., Zuschrift, unpag.

[71] [John Entick], Die Gewißheit der Christl. Religion, aus geschehenen Dingen behauptet, und durch die geistliche und weltliche Historie bewiesen. Aus dem grossen Huetius und andern, durch einen Englischen Geistlichen Johann Entick herausgezogen; Aus dem Englischen aber ins Deutsche übersetzt von Ferdinand Christian Stieff. Nebst einer Vorrede von der Falschheit der Woolstonischen allegorischen Erklärung der Wunder unsers Heylandes, Und einem Vorwort des Übersetzers, Leipzig 1734. Der Bezug dieser Schrift zur Debatte um Woolston ist, entgegen der Ankündigung im Untertitel, marginal. In der von Entick selbst stammenden Vorrede wird auf Woolston ein einziges Mal angespielt, und das nur vage: Vorrede, unpag., Anm (k). Stieff gesteht in seinem kurzen Vorbericht zu, „daß von dieser Materie auch unterschiedene GOttes-Gelehrte unserer Deutschen Nation allbereits etwas geschrieben" und „es uns gleich nicht an *Verteidigern der Christlichen Religion*, und der Wahrheit derselben an unumstößlichen Beweiß-Gründen ermangelt". Doch sei „bey unserer ietiger Zeit, da die Welt und Glaubhafftigkeit sehr im Argen lieget … demjenigen Frevel, der alle alte Wahrheiten aufs neue in Zweifel ziehet, auch aufs neue, so wol mit alten, als auch neuen Widerlegungs-Gründen kräfftig zu begegnen" (Vorbericht, unpag.). Zu Entick und Stieff ist nicht mehr bekannt.

[72] [Thomas Sherlock], Gerichtliches Verhör der Zeugen der Auferstehung Jesu, worinnen nicht nur des Woolstons Einwürffe, die er in seinen so genannten sechs Discursen anführt; sondern auch diejenigen, welche so wohl er, als andere, in andern Schrifften heraus gegeben, gantz

oder Verknüpffung die sich zwischen der Lehre und den Wunder-Wercken JEsu Christi findet
(Leipzig 1732).[73] Doch die Differenz zwischen der Einschätzung Mosheims und
der Loeschers ist nicht überzubewerten. Mosheims Kritik ist keine an der Widerlegung überhaupt, sondern nimmt das spezielle Verfahren und die konkrete Ausführung aufs Korn. Der Unterschied liegt in der Perspektive: Loeschers Vorrede kol-
portiert ein geschichtstheologisch hoch aufgeladenes Englandbild. Seine Äußerungen gehen dabei in eine allgemeine kulturkritische Haltung über. Für Loeschers
Position selbst ist diese Vorrede informativ. 31 Jahr zuvor hatte Loescher noch Klage
über die Zustände in Holland gehalten und diese mit einer auf Deutschland bezo-
genen Kritik verbunden.[74] Durch seine Arbeit an den *Unschuldigen Nachrichten* und
der *Fortgesetzten Sammlung* über ausländische Zustände bestens informiert, hat er
nun den negativen Favoriten gewechselt. Kritische Äußerungen zu den Zuständen
in England sind allerdings nicht selten und auch zuvor geäußert worden. Ihre ge-
schichtstheologische Begründung allerdings ist neu. Das Befremden, das man
Woolston gegenüber empfand, hat zumindest aus orthodox-konservativer Sicht ein
ganzes Land befallen.[75]

Auffälligerweise fehlt in allen Vorworten die Vorstellung einer Rezeption Woolstons in Deutschland. Zwar wird teilweise die Beziehung zwischen dem in England
grassierenden Unglauben und den deutschen Verhältnissen explizit thematisiert
und die Übersetzungsarbeit vor diesem allgemeinen Hintergrund legitimiert. Warum man zu diesem Zweck aber auf Schriften aus dem Kontext der ‚Woolstonischen
Controversie‘ zurückgreift, bleibt unklar. Ebenso vage wie das bibliographische

---

unpartheyisch erwogen werden. Aus dem Englischen übersetzet, Leipzig, 1733. Anstatt einer Vorrede finden sich hier drei Zitate, die das Buch von Thomas Sherlock besonders loben: Eine kurze
Bemerkung aus der ATB, die auch der Hoffnung auf eine deutsche Übersetzung Ausdruck ver-
leiht, Jöchers positives Urteil aus seiner Disputation und zuletzt Woolston selbst, der diese Schrift
als eine der besten gegen ihn verfassten bezeichnet hatte: vgl. ATB (1732, 64. Stück), 342–351,
351; [JÖCHER], Thomas Woolstoni de miraculis Christi, 21; [THOMAS WOOLSTON], Mr. Woolston's
Defence of his Discourses on the Miracles of our Saviour, against the Bishops of St. David's and
London, and his other Adversaries. Part I. The second Edition, London 1729, 59. Erst in den Zitaten wird der Verfasser der Schrift als der ‚berühmte Sherlock‘ vorgestellt. Das hat bei späteren Auflagen Irritationen verursacht, s.u. Inwieweit diese Ausgabe von der französischen Übersetzung
(s.o. Anm. 33) abhängig ist, ist nicht bekannt.

[73] [ANONYM], Philosophische Connexion oder Verknüpffung die sich zwischen der Lehre und
den Wunder-Wercken JEsu Christi findet, in einem Sendschreiben. Aus dem Englischen übersetzt, Leipzig 1732. Der Übersetzer ist unbekannt.

[74] Altes und Neues aus dem Schatz der theologischen Wissenschaften (1701), Vorrede (3): „O
wie glückselig waren wir vor 20. Jahren da man von solcher schädlichen Licenz wenig / oder
nichts wuste / und mit Erstanung (sic!) anhörte / was vor Unheil das unangemessene Bücher-
Schreiben / durch viel Atheistisch- und Fanatische Schrifften in dem allzufreyen Holland anrich-
tete: wir höreten mit Grausen von einem Spinosa, Acosta, Beverland, Hobbes, Houtuyn, und ihren Schrifften reden. Nunmehr ist es (GOtt sey es geklagt!) so weit kommen / daß das Holländische Samaria gegen das Evangelisch-Deutsche Jerusalem fromm worden ist“.

[75] Der Wandel der Anschauung Loeschers ist hier nicht weiter zu verfolgen oder zu vertiefen.
Gleiches gilt für Äußerungen von Theologen über England, Holland etc. Eine Studie über die
Meinungen, die deutsche Theologen in der Aufklärungszeit über die europäischen Nachbarn
hegten, fehlt.

Sammeln erzeugt die Übersetzungsarbeit ein eigentümliches Phänomen, ohne dass dies reflektierend beschrieben würde. Was faktisch danach aussieht, als ob Woolston in Deutschland bekannt geworden wäre und eine Auseinandersetzung evoziert hätte, ist von den Zeitgenossen so gar nicht begriffen worden.

1.3.2. *Reaktionen*

Die Wirkung der deutschen Übersetzungen lässt sich schwer bemessen. Ferdinand Christian Stieffs Übersetzung etwa wurde in den Zeitschriften nur am Rande notiert.[76] Der deutschen Übersetzung von Thomas Sherlock, *Gerichtliches Verhör der Zeugen der Auferstehung Jesu*, sind bereits Besprechungen der französischen Ausgabe vorangegangen, weshalb die Übersetzung selbst auch nur notiert wird.[77] Sie hat allerdings mehrere Auflagen erlebt.[78] Zwei weiterführende Reaktionen auf die Übersetzungen sind zu verzeichnen.

Die erste verbindet sich mit der Übersetzung Dittons.[79] Wie bei der Übersetzung Sherlocks liegen bei Ditton bereits Besprechungen der französischen Ausgabe vor.[80] Die *Deutschen Acta Eruditorum* meinen deshalb am Anfang ihrer Rezension: „Da andere dessen Inhalt bereits erzehlet, als sie der Frantzösischen Ausgabe gedacht: so haben wir anitzo nicht nöthig, etwas davon beyzubringen, sondern wollen nur dasjenige bemercken, was man in der gegenwärtigen deutschen Übersetzung zu dessen Zierde und Vollkommenheit beygetragen".[81] Die Reaktion auf Ditton ist auch gar nicht inhaltlicher, sondern begriffsgeschichtlicher Art. Der Begriff der ‚englischen Deisten‘ kommt auf.

Ditton hat, dem englischen Sprachgebrauch folgend, seine Schrift gegen die ‚Deisten‘ verfasst. Bereits in der Besprechung der französischen Ausgabe haben die *Neuen Zeitungen von Gelehrten Sachen* gemeint, Ditton habe sein Buch gegen „die Deisten in Engelland" verfasst.[82] Zwar war der Begriff der ‚Deisten‘ in Deutschland zu dieser Zeit schon längst bekannt, trotzdem scheint Dittons Sprachgebrauch erklärungsbedürftig. Als in der Übersetzung von Dittons Schrift der Begriff das erste Mal begegnet, greift Mosheim kommentierend ein und definiert den Begriff: „Das ist sonderlich in England der Nahme der Naturalisten".[83] Trotz der unübersehbaren Vielfalt von Positionen kommen diese nach Mosheim dahingehend überein, „daß

---

[76] FoSa (1734), 523; NZvGS (1734), 223–234. Das gilt auch für die Schrift: Philosophische Connexion, FoSa (1733), 1093.

[77] NZvGS (1733), 384. Ausführlich ist die frz. Ausgabe besprochen in: AE Suppl. (1734, Tom. X), 503–512. Zu den anderen Notizen s.o. Anm. 33–35.

[78] Siehe unten 1.4. Von einer eigenartigen Ausgabe dieser Übersetzung mit umfassenden Berichtigungen, die nicht nachweisbar war: Hamburgische Berichte (1737, No.14), 110–111.

[79] Auch diese Schrift ist mehrfach aufgelegt worden, siehe: Hamburgische Berichte (1733, No.77), 639–640. (1742, No.68), 547–548.

[80] ATB (1729, 38.Theil), 114–136; NZvGS (1729), 5–7.

[81] DAE (1732, 167.Theil), 810–823, 810.

[82] NZvGS (1729), 5–7, 5.

[83] Ditton, Die Wahrheit, 10 Anm. (Mosheim).

sie bekennen, es sey ein GOTT".[84] Und Mosheim kann eine ganze Reihe von Engländern aufzählen, die zu dieser Klasse gehören, u.a. Toland, Collins, Herbert of Cherbury, Charles Blount, Matthew Tindal und an der „Ober-Stelle" Hobbes.[85] Die inhaltliche Füllung der Definition wird in der Besprechung der deutschen Übersetzung in der *Fortgesetzten Sammlung* allerdings nicht aufgenommen und es heißt nur: die „Engelländischen Deisten, welche wir Naturalisten nennen".[86] Ob inhaltlich gefüllt oder nur formalisiert, mit dieser Definition des Begriffs werden die ‚englischen Deisten' in den Bestand der altbekannten Heterodoxien eingemeindet; die Definition ist relativ auf den überkommen apologetischen Horizont bezogen. Wirklich neu ist daher erst einmal nur die Begriffsbildung ‚englische Deisten'.

Die andere Reaktion findet sich in der *Auserlesenen Theologischen Bibliothec*. Ihr Herausgeber, der Weimarer Hofprediger Johann Christoph Colerus, hat in der Besprechung der *Vertheidigung der Wunder-Wercke* eine bemerkenswerte Reflexion niedergelegt.[87] Unter dem Pseudonym ‚Alethophilus' hat Colerus den publizistischen Umgang mit den englischen Deisten durchdacht. Auch er entwickelt noch vor dem Erscheinen der *Historia Litium* die Vorstellung von apologetischen Sammelwerken, einmal als Sammlung der englischen und dann auch der deutschen Apologeten gegen Woolston.[88] Weitere Übersetzungen sind ihm ebenfalls willkommen, weshalb er unter gewissem Vorbehalt die Ankündigung des Übersetzers Strobel, auch andere englische Apologeten zu ‚Frey-Bürgern in der gelehrten Welt' zu machen, unterstützt.[89] Doch Colerus zieht auch die Veröffentlichung und Übersetzung von Woolstons Gedanken selber in Betracht. Die erste Äußerung des Gedankens, auch Gegner der Religion publizistisch zugängig zu machen, fügt gleich als Bedingung die Publikation einer Widerlegungsschrift hinzu: „Man solte *Woolstons* Buch nicht als ein Geheimnis halten. … Ja ich wolte rathen, daß mans auch in unsre Deutsche

---

[84] Ebd.

[85] Ebd., 11. Zur allmählichen Ausbildung einer englischen heterodoxen Tradition siehe hier 3. Ohne begriffsgeschichtliche Folgen ist bereits 1731 übersetzt worden: EDUARD STILLINGFLEET, Schreiben an einen Deisten, oder Schrifftverläugner, in welchem verschiedene wider die Wahrheit und das Ansehen der Heiligen Schrifft gemachte Einwürffe gründlich beantwortet werden. Ursprünglich in Englischer Sprache abgefaßt von D. Eduard Stillingfleet, Bischoff zu Worcester; nun aber aus dem Englischen Original ins Teutsche übersetzt, und seinen kleinen Geistreichen Schrifften angefüget. Leipzig 1731.

[86] FoSa (1733), 262–264, 262.

[87] ATB (1732, 64.Theil), 342–351. Zugewiesen nach LEMKER, Historische Nachricht, 443. Zu Colerus siehe JÖCHER 1, Sp. 2008–2009.

[88] Ebd., 444: „daß es eine durchaus nützliche Sammlung seyn solte, wenn man alle Schriften der Engelländer wider Woolston … zusammen in ein Deutsches Kleid brächte. Man könte hernach etwa ein Gleiches mit den Unsrigen versuchen. … Ich glaube, es solte dieses eine recht schöne Demonstratio Evangelica werden". Zu den deutschen Apologeten s.u. 1.4.

[89] Ebd., 343f.: „Ich verstehe zwar diesen Ausdruck nicht, und zweifle, ob ein englisches Buch durch eine Deutsche Ubersetzung zu einem solchen Frey-Bürger in der gelehrten Welt werden könte. Aber ich will gern diese Kleinigkeit den besten Verstand erwehlen".

Sprache übersetzte; aber mit einem Gegengifte, d.i. mit solchen gründlichen Widerlegungen, als die gegenwärtige ist".[90]

Beide Reaktionen sind im Kontext der sonstigen Auseinandersetzung mit Woolston typisch. Das Aufkommen des Begriffs des ‚englischen Deisten‘ und seine Definition wiederholt die durchgängig zu beobachtende Schwierigkeit, Differenzen der neuen heterodoxen Äußerung und ihren Zusammenhang zu Bekanntem auch begrifflich neu zu durchdringen und zu beschreiben. Und die Äußerung von Colerus ist gerade in ihrer Programmatik sprechend. Indem eine – inhaltlich gar nicht weiter ausgeführte – Eigenart Woolstons thematisch wird, wird der Umgang mit ihm neu bedacht. Die neue heterodoxe Position verlangt nach einem neuen publizistischen Umgang, der zugleich strategische Bedingungen in sich schließt. Realisiert wird dieser im Rahmen der deutschen Auseinandersetzung mit der ‚Woolstonischen Kontroverse‘ nicht.

1.4. Eigenart und Umgang

Die Vorstellung von einer Eigenart, wie sie sich hier in der ‚historischen Nachricht der Woolstonischen Kontroverse‘ formuliert, und der Umgang mit ihr, der hier in Form der Übersetzungen englischer Apologeten repräsentiert wird, sind direkt aufeinander bezogen. Leuchtet dieser Zusammenhang in formaler Hinsicht auch unmittelbar ein, so hat er in Bezug auf Woolston inhaltlich nahezu paradoxe Konsequenzen.

Die Charakterisierung der Eigenart Woolstons geschieht in Deutschland in dauerndem Rückgriff auf die stereotypen Deutemuster, die aus der alten Atheismusdebatte überkommen sind, und sollen doch Woolston gerade von diesem Hintergrund abheben. Deshalb gerät die Formulierung dieser Eigenart abstrakt und bloß negativ: Woolston gehört nicht zu dem Bestand bekannter Heterodoxie. Eine inhaltlich-systematische Beschreibung, was Woolston sagt, ist nicht nötig. Das Ungenügen an einem solchen Vorgehen ist allenthalben merklich. Die deutschen Zeitgenossen zeigen sich irritiert, wie die Entstehung von Gerüchten deutlich zeigt. Ähnlich eigentümlich fällt der publizistische Umgang mit Woolston aus. Obwohl man apologetische Literatur gegen Woolston bzw. über die Rettung der Wunder übersetzt, will man dadurch *den* Atheismus bekämpfen und *den* Angriffen auf die christliche Religion widerstehen. Als ein wirkliches Gegenüber ist die Position Woolstons damit gerade nicht in den Blick genommen. In dieser Hinsicht ist die publizistische Reaktion auf die Eigenart Woolstons formalistisch, die bloße Anwendung der literarischen Tätigkeit des Übersetzens.

In beidem, der Vorstellung einer Eigenart und in dem publizistischen Umgang, tritt ein Grundzug der überkommenen Atheismusdebatte deutlich hervor, eben deren abstrakter Formalismus, der ein wirkliches Gegenüber nicht kennt. Ebenso

---

[90] Ebd., 343.

wird deutlich, dass dieser Formalismus nun auch hinsichtlich seiner Ungenügsamkeit für das wirkliche Begreifen eines Gegenübers zutage tritt. Diese eigentümliche Situation gewinnt äußere Gestalt. Der zweiten Auflage von Thomas Sherlocks *Gerichtlichem Verhör* aus dem Jahr 1736 wird die Übersetzung der *Historia Litium* beigebunden.[91] Der Leser wird somit zugleich mit der Widerlegung in die Eigenart Woolstons und die Streitigkeiten eingeführt.

Die Uneindeutigkeit der Situation ist nicht auf die Zeitschriftenliteratur und die Übersetzungen beschränkt. Auch in den etwas ausführlicheren Auseinandersetzungen deutscher Apologeten mit Woolston wird dieser Uneindeutigkeit nichts entgegengesetzt. Die Widerlegungen sind positionell bestimmt: Was Woolston formulierte, war in der deutschen Debatte um die Schriftauslegung durch die darin wirksamen hermeneutischen Vorgaben undenkbar.[92]

---

[91] [THOMAS SHERLOCK], Hrn. Wilh. Sherlock's SS. Theol. D. und Decani zu St.Pauli etc. Gerichtliches Verhör der Zeugen der Auferstehung Jesu, worinnen nicht nur des Woolstons Einwürffe, die er in seinen so genannten sechs Discursen anführet; sondern auch diejenigen, welche so wohl er, als andere, in andern Schrifften heraus gegeben, gantz unpartheyisch erwogen werden. Aus dem Englischen übersetzet. Nebst des Herrn Uebersetzers Historia Litium Thomae Woolstoni. Andere Auflage, Leipzig 1736. Fälschlich ist es dem Vater Thomas Sherlocks zugewiesen worden. Erst in der dritten Auflage wird das berichtigt und auch im Titel deutlich gemacht, dass dieses Buch nur gegen den sechsten Diskurs gerichtet ist: [THOMAS SHERLOCK], Thomas Sherlocks Gerichtliches Verhör der Zeugen der Auferstehung JEsu, worinnen nicht nur des berüchtigten Woolstons Einwürffe, die er in seinem so genannten sechsten Discours angeführet; sondern auch diejenigen, welche so wol er als andere in Schrifften hervor gebracht, gantz unpartheyisch erwogen werden. Aus dem Englischen übersetzet. Nebst einer Vorrede von des Verfassers Leben, und historischer Nachricht von Thomas Woolstons Schicksal, Schrifften und Streitigkeiten versehen, von M. Johann Adam Schier. Dritte und vermehrte Auflage. Leipzig, verlegts Johann Georg Löwe, 1748. Die Bibliographie der Gegenschriften wird hier noch einmal ergänzt (197–221).

[92] Die Werke deutscher Apologeten, die mehr als eine Bibliographie bieten, sind v.a.: [CHRISTIAN MÜNDENIUS], Dissertatio theologica de Miraculis Christi salvatoris nostri contra Thomam Woolstonum, quam auspice Christo, praeside Christiano Mündenio, publice submittit Lud. Ioach. Danckwerts (7. Juli 1730), Helmstedt o.J.; [JÖCHER], Thomae Woolstoni de miraculis Christi; [J.G. WALCH], Dissertatio theologica de Praerogativa fidelium in operibus prae Christo ad locum Ioan. XIV, 12. praeside Joanne Georgio Walchio, subiicit Christian. Theophilus Struve (10. Juli 1732), Jena o.J., bes. §V, 38–40.
Vgl. die Dissertation von [MÜNDENIUS], de Miraculis Christi, der die ,analogia fidei' als Auslegungsprinzip gegen die allegorische Wundererklärung ins Feld führt, ebd., 20 (im Orig. gesperrt): „Historia evangelica … non ex allegoriis patrum est explicanda, sed … allegoriae secundum analogiam scripturae sacrae sunt exigenda". Mündenius verweist für die theoretische Grundlage auf J.J. Rambach (Exercitatio epistolica ad M. Gudium) und J.F. Buddeus (Delineatio commentationis de verit. Religionis evangelica), ebd. 9 Anm. Von letzterem zitiert er ebd. den Grundsatz: „miracula Christi allegorice an mystice interpretari, ut eorum veritas infringatur, est, in re seria impio, simul vero puerili ausu ludere". Etwas anders gelagert die Dissertation von [JÖCHER], Thomae Woolstoni de miraculis Christi, der den mystischen Sinn erheblich strikter dem literalem unterordnet, LII: „Voces *typus* et *allegoria* sunt relativae. Antitypus typum praesupponit, qui revera extitit. Si ergo spirituales Christi operationes ex mente WOOLSTONI antitypus sunt miraculorum; ista revera fuisse facta opportet. Allegoria praesupponit semper aliquid reale, quod dein improprie ad alia transferetur". Zu dieser ganzen Debattenlage siehe AXEL BÜHLER/LUIGI CTADALANI MADONNA, Von Thomasius bis Semler. Entwicklungslinien der Hermeneutik in Halle, in: dies. (Hrsg.), Hermeneutik der Aufklärung, Hamburg 1994 (Aufklärung 8,2), 49–70, bes. 60f.; LUTZ DANNEBERG,

Mit den Übersetzungen und deren sporadischen Besprechungen versiegt die Auseinandersetzung mit Woolston in den deutschen Zeitschriften. Trotzdem: Wenn am Ende dieser Auseinandersetzung der Begriff der ‚englischen Deisten' aufkommt und der Umgang mit solchen Texten bedacht wird, deutet sich eine Veränderung der Einstellung an. Man denkt zunehmend über das begegnende Phänomen nach. Dieser Reflexionsgewinn zeitigt Folgen, die in den deutschen Reaktionen auf Matthew Tindal sichtbar werden.

2. *Matthew Tindal, Christianity as old as the Creation (1730)*

Es dauert einige Zeit, bis man sich in Deutschland näher mit Matthew Tindals *Christianity as old as the Creation* befasst. In der Auseinandersetzung entwickelt man verschiedene Perspektiven. Für diese sind die Widerlegungsschriften gegen Tindal besonders interessant. Es entsteht allerdings eine problematische Situation, in der neue Wege der Abhilfe nötig erscheinen. Mit der Wahrnehmung von Tindal tritt die deutsche Auseinandersetzung mit den englischen Deisten in eine spannungsreiche Phase.

2.1. *Anfängliche Notiznahme*

Matthew Tindals *Christianity as old as the Creation: or, the Gospel a Republication of the Religion of Nature*, als erster von zwei Bänden angekündigt, erschien 1730 in London. Noch im Dezember desselben Jahres kam es in einer kurzen Notiz der *Neuen Zeitungen von Gelehrten Sachen* zur Kenntnis der deutschen gelehrten Welt. Tindal wird als Vertreter von „Principia deistica" vorgestellt.[93] Was das bedeuten soll, wird in dieser Zeitschrift allerdings nicht näher erläutert. Die Übersetzung des Untertitels von Tindals Buch bleibt zunächst die ausführlichste Charakterisierung der Position Tindals („Der Autor will darin beweisen, das Evangelium sey eine neue Verkündigung der natürlichen Religion."). Sie wird im Juli 1731 veröffentlicht.[94] Auch die anhaltenden Notizen von Widerlegungsschriften gegen Tindal geben keinen Einblick in die argumentative Lage der englischen Debatte.[95] Ein besonderes Interesse an Tindal lässt sich erst einmal nicht erkennen. Ähnlich zeigt sich die Situation in den in Hamburg erscheinenden *Niedersächsischen Nachrichten von*

Siegmund Jacob Baumgartens biblische Hermeneutik, in: Axel Bühler (Hg.), Unzeitgemäße Hermeneutik. Verstehen und Interpretation im Denken der Aufklärung, Frankfurt/Main 1994, 88–157.

[93] NZvGS (1730), 875.
[94] NZvGS (1731), 465.
[95] Über eine reine Mitteilung des Titels gehen hinaus: NZvGS (1731), 158–159.722; (1732), 237–238; (1733), 568.601; (1734), 618–624; (1735), 92–95.95.147.

Gelehrten neuen Sachen.[96] Als ein Rezensent der Zeitschrift 1731 „von geneigter Hand" in Besitz eines Exemplars von Tindals Schrift gelangt,[97] teilt er den vollständigen englischen Titel, eine lateinische Titelübersetzung[98] und die Kapitelüberschriften des Buches mit, die er ins Deutsche übersetzt. Der Verfasser, so schließt der Rezensent, sage aufs Ganze gesehen nichts Neues. Auch seine Meinung über die natürliche Religion sei keineswegs zu verwerfen. Besonders hebt der Rezensent die Gleichsetzung von Offenbarung und natürlicher Religion hervor. Diese hingegen empfindet er als ein „tollkühnes, als unbesonnenes Unternehmen".[99]

Die ersten Reaktionen in deutschen gelehrten Zeitschriften lassen kein eigenständiges Profil von Tindal oder Tindals Schrift erblicken. Im Unterschied zu Thomas Woolston wird Tindal zuerst ganz im Rahmen des Herkömmlichen wahrgenommen. Mit der 1734 einsetzenden Rezensiontätigkeit jedoch ändert sich die Lage. Ebenfalls im Unterschied zum Umgang mit Woolston wird nun die Eigenart und Bedeutung Tindals explizit *reflektiert*. Dabei zeigt man sich allerdings thematisch fixiert. Wie der Rezensent in den *Niedersächsischen Nachrichten* setzt man Tindal betreffend einen bestimmten Themenschwerpunkt: das Verhältnis von Vernunft und Offenbarung.

2.2. Berichterstattungen

2.2.1. Differenzierende Perspektive: Deutsche Acta Eruditorum

„Es ist dieses Buch ohnstreitig eines der feindseligsten wider die christliche Lehre, so iemahls herausgekommen, welche der Verfasser fast auf allen Blättern mit neuen und der Welt vorhin unbekannten Waffen, angreiffet".[100] Mit dieser merklichen Neueinschätzung der Qualität von *Christianity as old as the Creation* beschlie-

---

[96] Nach derselben Vorgabe wie bei NZvGS: Niedersächsische Nachrichten (1731, 10. Stück), 89–90. (11. Stück), 96. (24. Stück), 211. (53. Stück), 444; (1732, 65. Stück), 563–564. (86. Stück), 748–750. (93. Stück), 803–805; (1733, 10. Stück), 78. (16. Stück), 129–131. (41. Stück), 361–362.

[97] Niedersächsische Nachrichten (1731, 56. Stück), 469–472, 469. Der Rezensent spricht von einem Abdruck (ebd.: „Von dem berüchtigten Wercke des Tyndals, wovon bereits zweye Ausgaben, eine 4to. die andere 8vo. heraus sind, siehet man hieselbst einen uns von geneigter Hand communicirten Abdruck"). Ist damit der terminus technicus gemeint und also in Hamburg dieses Buch nachgedruckt worden? Ebenso meldet die Zeitschrift (1733, 101. Stück), 878: „Jetzo ist die dritte Edition der frantzösischen Uebersetzung in 8. heraus, mit dem Titel: Le christianisme aussi ancien que le monde, ou Traité dans lequel on montre que l'Evangile n'est autre chose qu'une nouvelle Publication de la Religion naturelle". Es scheint in Hamburg demnach eine solche Übersetzung gegeben zu haben. Doch sowohl Abdruck wie frantzösische Übersetzung lassen sich nicht nachweisen. Die Nachrichten sind zudem singulär; in keiner anderen Zeitschrift wird von solchen Ausgaben berichtet.

[98] Ebd.: „Christianismus creatione non antiquior, sive Evangelium, repetita manifestatio Religionis naturalis. Vol. I. London 1730. 4to.". Diese ist nicht identisch mit AE (1730), 252–261. Zur eher marginalen Bedeutung von AE s.u. 2.2.2.

[99] Ebd., 472.

[100] DAE (1734, 182.Theil), 77–105, 104f.

ßen die *Deutschen Acta Eruditorum* die 29seitige Besprechung des Tindalschen Werkes. Sie ist zugleich der Auftakt einer umfassenden Rezensionstätigkeit. Auf insgesamt rund 250 Seiten werden neben Tindals Buch acht Gegenschriften vorgestellt: fünf Essays gegen Tindal von Christopher Robinson, John Lelands und John Conybeares Gegenschriften, sowie die historisch orientierte Arbeit John Jacksons.[101] Die zeitliche Verzögerung der Rezensionstätigkeit wird gleich zu Beginn entschuldigt, da „die englischen Bücher uns insgemein spät zu Gesichte kommen"; Tindals Schrift hat man nach einer holländischen Ausgabe besprochen.[102] Ein zeitlicher Bruch durchzieht die Rezensionstätigkeit nach der Besprechung von Jacksons Arbeit. Bis dahin sind die Besprechungen schnell aufeinander erschienen, so dass fast jeder Teil der Zeitschrift von 1734 bis Anfang 1735 je eine Rezension einer Gegenschrift enthielt. Die drei letzten Essays von Robinson werden erst 1736 bzw. 1737 nachgereicht.

Die *Deutschen Acta* bieten eine Berichterstattung. Die Lektüre der Gegenschriften wird in eine Perspektive integriert und ist durch diese bestimmt. In den längeren Einleitungsteilen zu den einzelnen Rezensionen wird noch ganz ohne inhaltliche Bezugnahme diese Perspektive erstellt. Sie betrifft die Eigenart von Tindal und seiner Schrift und hat Schwierigkeiten für einen angemessenen Umgang mit den besprochenen Schriften zur Folge.

2.2.1.1. *Eigenart und Schwierigkeiten*

Die Eigenart Tindals wird in den *Deutschen Acta* abstrakt beschrieben. Sie besteht in der ‚Gefährlichkeit' und ‚Neuheit' seiner Angriffe auf die christliche Religion. Was ‚neu' und ‚gefährlich' ist, wird ohne Rekurs auf die Inhalte der Argumente Tindals etabliert. Deshalb ist die Rezension von Tindals Schrift für die Berichterstattung der *Deutschen Acta* auch nicht weiterführend. Für die Bestimmung der ‚Neuheit' von Tindals Position zieht man den Vergleich mit Hobbes und Spinoza heran. Während deren Irrtümer „auf einigen falschen und willkührlich angenom-

---

[101] Tindal: DAE (1734, 182.Theil), 77–105. Robinson: ebd. (1734, 183.Theil), 153–174; (1734, 184.Theil), 274–295; (1736, 205.Theil), 42–60; (1737, 209.Theil), 339–358; (1737, 212.Theil), 596–608. Leland: ebd. (1734, 185.Theil), 305–335; (1734, 187.Theil), 505–529. Conybeare: ebd. (1734, 188.Theil), 579–606. Jackson: ebd. (1735, 191.Theil), 787–807; (1735, 193.Theil), 50–71.

[102] DAE (1734, 182.Theil), 77–105, 77f. (Zitat).105. Zu den Ausgaben von *Christianity as old as the Creation*: G. GAWLICK, Einleitung, in: MATTHEW TINDAL, Christianity as old as the Creation, ND der Ausgabe London 1730, herausgegeben und eingeleitet von Günter Gawlick, Stuttgart-Bad Cannstatt 1967, 5*–49*, 35*.47* Anm 28. Zur holländischen Ausgabe sehr kurz: JOHN FEATHER, English books in the Netherlands in the eighteenth century: reprints or piracies?, in: C. BERKVENS-STEVELINCK u.a. (Hrsg.), Le magasin de l'univers. The Dutch republic as the centre of the European book trade, Leiden u.a. 1992 (Brill's studies in intellectual history 31), 143–154, 148 Anm.128 (Amsterdamer Ausgabe mit London als Druckortangabe). Missverständlich dann ebd., 150, die Angabe einer Londoner Ausgabe mit falscher Amsterdamer Druckortangabe. Ersteres scheint (nach DAE) richtig.

menen Begriffen, von denen der ersten Gründe der Welt-Weisheit" beruhten, berufe sich Tindal auf Vernunft, Erfahrung und Geschichte.[103] Daneben tritt Tindals „lebhaffte und die Leser anlockende Schreib-Art", die seinen Ausführungen besondere Suggestionskraft verleihe.[104]

Mit beiden Momenten ist zugleich die ‚Gefährlichkeit' Tindals gegeben. In den *Deutschen Acta* wird sie durch die Ausbreitung des Tindalschen Gedankenguts illustriert. So habe der falsche philosophische Habitus von Hobbes und Spinoza nur zu Ergebnissen geführt, „welche wenige einzusehen im Stande waren, noch wenigere aber sich damit den Kopff zu zerbrechen Lust hatten".[105] Aus der Anzahl der Gegenschriften gegen Tindal wird in den *Deutschen Acta* hingegen auf eine umfassende Rezeption Tindals geschlossen: „Wie gefährlich das ohnlängst ausgefertigte Buch des beruffenen Tyndal sey, ist allein daraus zur Genüge abzunehmen, daß die Gelehrten in Engelland, dem Schadenzu (sic!) steuern, so es entweder schon angerichtet, oder welcher noch daher zu befürchten ist, alle Kräffte zusammen setzen".[106] Der von Tindal angerichtete bzw. noch zu befürchtende Schaden erstreckt sich nach Maßgabe der *Deutschen Acta* gleich auf zwei Personengruppen: diejenigen, die unreflektiert Tindals Meinung übernehmen, und solche, die wirklich meinen, Tindal habe Recht. Gerade von den letzten gebe es dabei mehr als sich die, die „nicht vielen Umgang mit der grossen Welt haben", vorstellen könnten.[107] Angesichts einer solchen Lage zeigt man in den *Deutschen Acta* auch Unverständnis darüber, warum man in England Woolston obrigkeitlich verfolgte, Tindal dagegen nicht.[108]

Die abstrakte Beschreibung der ‚Gefährlichkeit' und ‚Neuheit' von Tindals Schrift setzt zwei Schwierigkeiten für den Umgang mit ihr frei. Eine *allgemeine Schwierigkeit* ist die Hinwendung zu Tindal überhaupt. Deshalb wird bereits der Besprechung von Tindals Buch unüblicherweise eine „Schutz-Rede"[109] vorangestellt. Der unbekannte Rezensent weist darauf hin, dass der Inhalt von Tindals Schrift

---

[103] DAE (1734, 183.Theil), 154f.

[104] DAE (1734, 187.Theil), 507. Der Stil Tindals wurde bereits in der Rezension seiner Schrift als subversiv gekennzeichnet, a.a.O. (1734, 182.Theil), 77–105, 79f.

[105] DAE (1734, 187.Theil), 505–529, 506.

[106] DAE (1734, 188.Theil), 579–606, 579.

[107] DAE (1734, 183.Theil), 153–174, 153f.: „So wohl die Menge derselben [scil. Widerlegungsschriften, CV], als die Bemühung derer die Wahrheit so tieff einsehenden englischen Gottes-Gelahrten, zeigen zur Gnüge, wie groß das Ubel sey, welches er [Tindal] angerichtet, und wieviel Gefahr noch zu befürchten stehe, indem sich andere Ungläubige, mit Tyndals Federn schmükken, und da ein ihnen selbst an einer guten Einsicht fehlt, diesen die schönste Farbe anzustreichen, sich angelegen seyn lassen. Derjenigen nicht zu erwenen, welche von der tyndalischen Seuche angesteckt, kranck liegen, und sich diese bey allen redlichen Gemüthern schimpffliche Kranckheit zu gestehen, schämen, deren Anzahl in der That grösser ist, als sich diejenigen, so nicht vielen Umgang mit der grossen Welt haben, einbilden können".

[108] DAE (1734, 185.Theil), 305–335, 305: „Wir müssen dabey gestehen, daß wir nicht Einsicht genug haben, abzunehmen, was die Ursache sey, warum der weltliche Arm mit solcher Strenge wider den Woolston und seine Wercke verfahren; aber doch vermuthlich nicht dahin zu vermögen gewest, den solchen Ernst weit besser verdienenden Tyndal, mit dergleichen Schärffe anzusehen".

[109] DAE (1734, 182.Theil), 77.

„schwachen Gemüthern vielleicht einigen Anstoß geben könte".[110] Nun weiß sich
der Rezensent mit „viel verständige[n] GOttes-Gelehrten" einig, dass die Geheim-
haltung einer Schrift mit gefährlichem Inhalt ihre Verbreitung keinesfalls verhindert. Vielmehr werde dadurch eine höhere Attraktivität der Schrift suggeriert und
bei bornierten Gemütern eine höhere Akzeptanzbereitschaft für den schädlichen
Inhalt geschaffen: „weil sie sich einbilden, darum mehr als andere zu wissen, weil sie
solche Schriften gelesen, deren nicht ein ieder habhafft werden, oder sie nachzule-
sen Gelegenheit finden kan". Genau aus diesem Grund sei erfahrungsgemäß auch
die gewaltsame Unterdrückung einer Schrift kontraproduktiv.[111] Die der Geheim-
haltung vorzuziehende öffentliche Bloßstellung wird nach Meinung des Rezensenten in den Darstellungen der Gegenschriften wirksam. Diese sind das eigentliche
Ziel der Rezensionstätigkeit der *Deutschen Acta*. Für den Leser der Zeitschrift ist zu
diesem Zweck ein Auszug aus Tindals Buch praktisch: Man würde ihm einen
„schlechten Dienst erweisen, wenn wir ihn nicht vorher wegen der Gedancken des
wegen seinen Unglaubens beruffnen Tyndals unterrichtet". Nebenbei gewinnt ein
solcher Auszug auch noch einen pragmatischen Sinn, „daß vielleicht künfftighin
denen Liebhabern der Geschichte und Gedancken der Gelehrten, viel daran gelegen seyn, des Tyndals Irrthümer genauer zu kennen".[112]

Eine *besondere Schwierigkeit* besteht angesichts der Eigenart Tindals, so die *Deutschen Acta*, für Widerlegungsschriften gegen ihn. Die Neuheit seiner Angriffe erforderten eine „neue(n) Art der Gegenwehr".[113] Ebenso sei ersichtlich, „daß nicht ein
ieder fähig sey, diesem arglistigen Feinde der Glaubens-Lehre zu begegnen; und wie
viel von dem erfordert werde, welcher seine Schrifften mit erwünschtem Fortgang
widerlegen will".[114]

Indem in den *Deutschen Acta* solche Schwierigkeiten thematisiert werden, werden implizit Ansprüche an die eigene Art der Darstellung offen gelegt. Soll der
Zweck der öffentlichen Bloßstellung Tindals gelingen, muss der ,Neuheit' und
,Gefährlichkeit' Rechnung getragen werden. Dann ist in den Besprechungen der
Gegenschriften auch zu zeigen, dass Tindals Einwürfe auch wirklich (also mit guten Gründen) widerlegt sind. Letztlich kann man nur so einer weiteren Ausbreitung
der ,Tyndalischen Seuche' wehren. Diese Anforderung an die eigene Darstellung
wird in den *Deutschen Acta* ernst genommen.

---

[110] Ebd.
[111] Ebd., 78: „wie solches insonderheit von Socini und seinen Anhänger Schrifften zur Gnüge
bekannt ist, nachdem man dieselben in Holland öffentlich durch des Henckers Hand verbrennen,
und deren Verkauff unter harter Straffe verbieten lassen".
[112] Ebd., 79.
[113] DAE (1734, 183.Theil), 153–174, 155.
[114] Ebd.

2.2.1.2. Lektüre der Gegenschriften

Im Haupttext der Besprechungen der Gegenschriften werden die entsprechenden Bücher gründlich und sachlich zusammengefasst. In zahlreichen Anmerkungen werden Argumente gegen Tindal geprüft und kritisiert. Die philosophisch-theologische Argumentation der Schriften Robinsons, Lelands und Conybeares steht dabei im Mittelpunkt des Interesses, zu der historischen Arbeit Jacksons fällt den *Deutschen Acta* wenig ein.[115]

Alle drei Autoren haben auf ähnliche Weise versucht, Tindals Hauptthese zu entkräften. Gegen dessen Behauptung der inhaltlichen Identität von natürlich-vernünftiger Moralität und Lehre der Offenbarung haben sie die Notwendigkeit einer Offenbarung aufzuzeigen gesucht, die das durch die Vernunft gegebene Sittengesetz übertrifft. Mit einem solchen Aufweis würde konsequent die von Tindal behauptete Heilssuffizienz der alleinigen Befolgung der natürlich-sittlichen Gebote fallen. Robinson, Leland und Conybeare haben die Heilsinsuffizienz der natürlich-sittlichen Religion dabei durch die Insuffizienz des Sittengesetzes (Naturgesetzes) begründen wollen. Genau an diesen Punkten haben die *Deutschen Acta* immer kommentierend eingegriffen. Und sie haben jedes Mal die Unzulänglichkeit der Argumente moniert.

Dies gilt zuerst für die *performative Insuffizienzthese*. Sie wird vor allem von Christopher Robinson in *An Essay upon the Usefulness of Revelation, notwithstanding the greatest Excellence of human Reason* (London 1733) vertreten. In der Vorrede zu seinem ersten Essay hat Robinson die Hinlänglichkeit der Vernunft zur Erkenntnis unserer Pflichten unumwunden konstatiert: „I think it is plain that human Reason must be sufficient to teach Men their Duty, in case it be sufficiently attended to and exercised by them".[116] An der Einschränkung der Performanz der Vernunft hat Robinson seinen Aufweis der „Necessity and Advantages of a Revelation" festgemacht.[117] Die Offenbarung wird bereits im Titel als „höchst nützlich" angesehen, wie die *Deutschen Acta* ,Usefulness' übersetzen.[118] Inwieweit damit überhaupt eine Opposition zu Tindal eingenommen ist, ist fraglich. Tindal hat die Frage, warum es zu einer Offenbarung kommt, kaum reflektiert. Er scheint eine Offenbarung auch als nützlich angesehen zu haben. Aber Tindal hat daraus nicht auf die Notwendigkeit einer „extraordinary Revelation" geschlossen, wie es Robinson tut.[119]

Robinson argumentiert dazu pädagogisch. Ein vernünftiges Wesen könne von der Betrachtung der Welt auf Gott als ihrem ewigen und vollkommenen Urheber

---

[115] Aufgrund der unterschiedlichen Anmerkungen ist durchaus anzunehmen, dass es sich um mehrere Rezensenten handelt. Diese sind unbekannt. Angesichts der thematischen Schwerpunktbildung und einem ziemlich homogenen Meinungsbild wird auch im Folgenden von ,den' DAE geredet.

[116] CHRISTOPHER ROBINSON, An Essay upon the Usefulness of Revelation, notwithstanding the greatest Excellence of human Reason, London 1733, 2f.

[117] Ebd., 19.

[118] DAE (1734, 183.Theil), 153–174, 153.

[119] ROBINSON, An Essay, 19f.

schließen und die Pflichten erkennen, die man ihm als diesem Urheber schuldet. Gilt dies nach Robinson für im Denken geübte Menschen, „so ist dieses doch nicht eine so leichte Sache für solche Leute, welche so beschaffen sind, wie wir die Menschen heut zu Tage in der That finden".[120] Bereits dieser erste Hinweis, eigentlich nicht mehr als eine Vorbereitung eines argumentum ad hominem, wird von den *Deutschen Acta* kritisiert. *Erstens* könne aus dem Hinweis auf die Ungeübten im Denken nicht umstandslos geschlossen werden, dass die göttliche Offenbarung leichter einzusehen sei als ein Vernunftschluss. Denn zur Einsicht in die Göttlichkeit einer Offenbarung gehört zugleich die in ihre Kriterien: „Ist es schwerer aus einer auch nur obigen [im Sinn von: oberflächlichen, CV] Betrachtung der Welt zu schliessen, daß ein Gott sey, und daraus ferner die Pflichten, so man theils diesem ewigen Wesen, theils seinem Nächsten schuldig ist, zu folgern? Oder ist es schwerer alle Gründe, darauf die Gewißheit einer göttl. Offenbahrung beruhet, einzusehen u. zu prüfen, die Meynungen der geoffenbahrten Wahrheiten zu erreichen u. s. w.?" Sollte aus dem Hinweis auf die Ungeübten im Denken *zweitens* geschlossen werden, die im Denken Ungeübten müssten sich deshalb an Gelehrte bzw. in der Wissenschaft Geübte halten, „so wird Tyndal seinen Gegnern eben diese Antwort ohnfehlbar zurück geben".[121] In der Tat hatte Tindal ein solches Argument bedacht und, wie die *Deutschen Acta* in dem Hinweis richtig wiedergeben, als bloße Behauptung zurückgewiesen.[122]

Robinson hat mit der Einführung der Differenz von Gebildeten und Ungebildeten allerdings nicht allein auf die leichtere Verstehbarkeit der Offenbarung abheben wollen. Er hat daran die These angeschlossen, dass die Menschen ihre Vernunftfähigkeiten nie richtig ausüben und das auch nie zuvor getan hätten. Bereits historisch habe das die Menschen in Irrtümer und Aberglauben geführt. Daraus folgert Robinson, dass „die wahre Glaubens-Lehre nicht ohne Beyhülfe einer besondern Offenbahrung entweder genugsam erkannt, oder unterhalten werden können".[123] Auch dieser These widersprechen die *Deutschen Acta* deutlich. In Aufnahme der von Robinson angeführten Beispiele von Mose und Christus machen die *Deutschen Acta* geltend, dass ebenso unstrittig die Juden wie auch die Christen in der Zeit nach der Offenbarung des Gesetzes Moses bzw. der Offenbarung Christi wieder in Irrtum und Aberglauben verfallen seien. So „dürffte man deshalben schliessen, daß die von Christo gepredigte Offenbahrung nicht vor sich selbst habe bestehen können, dafern sie nicht durch eine neue Offenbahrung wär unterbauet worden".[124] In Aufnahme der Meinung Tindals wird die Konsequenz der These Robinsons ausgeführt: „Nach des Hrn. Verfassers Folgerungen müste demnach die erste Offenbahrung, wieder durch eine neue Offenbahrung unterstützet werden, und also würde

---

[120] DAE (1734, 183.Theil), 153–174, 160f. Robinson, An Essay, 20f.
[121] Ebd., 161 Anm.
[122] Tindal, Christianity, 237f.
[123] DAE (1734, 183.Theil), 153–174, 164. Robinson, ebd., u.ö.
[124] Ebd., 164 Anm.

man zuletzt auf unendliche Offenbahrungen, da die letztern die vorhergehenden immer unterhalten müsten, hinaus kommen".[125]

Diese beiden Hauptargumente von Robinson tauchen variiert als Nebenargumente bei John Conybeare auf.[126] Auch er verwendet die Differenz von Gebildeten/Ungebildeten. Nur nutzt er sie dazu, Tindal zu unterstellen, ihm zufolge müssten alle Menschen Philosophen sein, um die natürliche Religion bzw. das gegebene Sittengesetz hinlänglich zu befolgen.[127] Damit zielt Conybeare wie Robinson darauf ab, die Schwierigkeit der Einsehbarkeit des Sittengesetzes hervorzuheben. Die *Deutschen Acta* kritisieren dieses Argument aus sittlich-praktischen Gründen. Unbenommen, dass ein Ungebildeter die Gründe für seine sittliche Handlung nicht aus der selben Quelle wie ein Gebildeter schöpfe. Doch folge daraus nicht, dass jener deshalb einen geringeren sittlichen Begriff für seine Handlung hat: „so setze man, ein Ungelehrter erkenne, daß man mit einem unvermögenden Schuldner, der durch unverschuldetes Unglück, in den betrübten Stand gesetzt worden, daß er seine Gläubiger nicht befriedigen kan, in Gedult zu stehen, gehalten sey; so findet er den Beweis davon, so gleich, in dem iedermann bekannten Lehr-Satze der Sitten-Lehre; was du nicht willst, das dir die Leute thun sollen, das thue ihnen auch nicht. Dieser Beweis ist nicht so deutlich, als wenn ein Gelehrter einsieht, wie diese Wahrheit mit einer aus verschiedenen Grundsätzen, genauen Beschreibungen, und künstlichen Lehr-Sätzen, bestehenden gantzen Verfassung der Sitten-Lehre zusammen hanget. Allein warum solte dieser Begrif eines Ungelehrten von seiner Schuldigkeit, nicht eben so deutlich als der Begrif eines Gelehrten von derselben seyn?"[128] Ähnlich verfahren die *Deutschen Acta* mit dem anderen Argument, das Conybeare mit Robinson teilt. Auch Conybeare hat darauf verwiesen, dass das Sittengesetz seit jeher nicht richtig befolgt bzw. immer wieder praktisch übertreten wird.[129] Demzufolge habe das natürliche Sittengesetz keine hinlängliche normative Verbindlichkeit. Die Anwendbarkeit dieses Arguments auf die geoffenbarte Lehre machen die *Deutschen Acta* deutlich: „Denn wo sind dieselben Stützen und Mauren, welche starck genug wären, die göttlichen geoffenbarten Gesetze, gegen den Mutwillen der Uebertreter zu versichern?"[130]

Auch die *quantitative Insuffizienzthese* verfällt der Kritik. Eine solche hat John Leland in seiner Schrift *An Answer to a Book intituled, Christianity as old as the Creation* (zuerst Dublin 1733)[131] vertreten. Für sein Gegenargument greift Leland auf die

---

[125] Ebd., 163 Anm. TINDAL, Christianity, 70. Das findet sich auch in der Besprechung Tindals: DAE (1734, 182.Theil), 77–105, 92f.

[126] Zu ihm siehe unten.

[127] JOHN CONYBEARE, A Defence of Reveal'd Religion against the Exceptions of a late Writer, in his Book, intituled, *Christianity as old as the Creation, &c.*, London 1732, 47ff.

[128] DAE (1734, 188.Theil), 578–606, 590 Anm.

[129] Vgl. CONYBEARE, A Defence, 89.

[130] DAE (1734, 188.Theil), 578–606, 593 Anm.

[131] Hier zitiert nach der zweiten Auflage: JOHN LELAND, An Answer to a Book intituled, Christianity as old as the Creation, in two Parts. Part I. In which that Author's Account of the Law of Nature is consider'd, and his Scheme is shewn to be inconsistent with Reason and with itself, and

Überlegung Tindals zurück, dass das Naturgesetz in unterschiedlichen Umständen unterschiedlich bemessen und angewandt werden muss. Leland folgert daraus gegen Tindal die prinzipielle Ungewissheit des Naturgesetzes, wie die *Deutschen Acta* richtig wiedergeben: „Wie er [Tindal] nun selbst an verschiedenen Stellen erwehnet, daß diese Umstände gar sehr unterschieden, und beständiger Veränderung unterworffen sind, daher sie grösten Theils nicht können vorhergesehen werden; so muß er auch einräumen, daß alle Pflichten der Menschen beständig veränderlich seyn, und man überhaupt keine sichern und gewissen Regeln in der Sitten-Lehre habe".[132] Die darin liegende Verzeichnung des Arguments merken die *Deutschen Acta* gleich kritisch an. So ist die Ausrichtung der Gesetze an den Umständen erst einmal unproblematisch: „Denn welcher Sitten-Lehrer oder Rechts-Verständiger hat iemahls geleugnet, daß die Gesetze, so wohl die bürgerlichen als natürlichen nach Befinden der Umstände von einem ieden, der seine Handlung nach solchen Gesetzen einrichten will, müssen angewendet werden?" Die von Leland konstruierte Inkonsistenz von dem Prinzipiencharakter des Gesetzes und dessen Umstandsbezug läuft ins Leere. „Allein folget im geringsten nicht, daß die Gesetze an sich selbst unbeständig und unsicher seyn".[133]

Auch dieses Argument findet sich als Nebenargument bei John Conybeare. Hier wird vom Umstandsbezug des Naturgesetzes auf seine quantitative Unabschließbarkeit gefolgert. Da das Naturgesetz niemals für jeden einzelnen Fall bekannt sei, sei es insuffizient. Die Schwäche dieser Annahme haben die *Deutschen Acta* am Beispiel der Mathematik deutlich gemacht: „Sind die ersten Grund-Regeln der Rechen-Kunst darum unvollständig, weil nimmermehr alle eintzelnen Fälle können erzehlet werden, da sich dieselben anwenden lassen?" Eben dasselbe machen die *Deutschen Acta* auch für das Naturgesetz geltend. Denn es ist im sittlich-praktischen Sinn genug, „daß ein ieder Mensch die natürliche Fähigkeit besitze, wenn die Umstände, in denen er stehet, entweder selbst dergleichen Verhältnisse an die Hand geben, oder auch andere ihm solche vorlegen, alsofort, was in gegenwärtigem Falle recht und billig sey, einzusehen".[134] Die Anwendbarkeit dieser These auf die Lehre der Offenbarung wird hier nicht explizit verhandelt. Sie ist nur allzu offensichtlich.

Sowohl die performative wie die quantitative Insuffizienzthese stellen Vernunft und Offenbarung nicht in prinzipielle Opposition. Robinson und Leland haben auch dafür plädiert, dass die Offenbarung und Vernunftgebrauch wechselseitig unterstützend begriffen werden sollten.[135] Darüber geht John Conybeare in seiner

---

of ill Consequence to the Interests of Virtue and the Good of Mankind. Part II. In which the Authority and Usefulness of the Revelation contain'd in the sacred Writings of the Old and New Testament, is asserted and vindicated, against the Objections and Misrepresentations of that Author. The second Edition corrected, 2 Bde., London 1740.

[132] DAE (1734, 185.Theil), 305–335, 314. LELAND, An Answer, Bd. 1, 10f.

[133] Ebd., 314f. Anm.

[134] DAE (1734, 188.Theil), 578–606, 597 Anm.

[135] Zu Robinson, s.o. JOHN LELAND, An Answer, Bd. 1, 16: „Thus the Law of Nature and Revelation rightly understood mutually assist and support each other".

Schrift *A Defence of Reveal'd Religion against the Exceptions of a late Writer, in his Book, intituled, Christianity as as old as the Creation, &c.* (London 1732) hinaus, die als die beste gegen Tindal in den *Deutschen Acta* gelobt wird.[136] Conybeare formuliert als Hauptargument eine *qualitative Insuffizienzthese.* Im ersten Kapitel seines Buches hat er auf die Begrenztheit des menschlichen Vernunftvermögens aufmerksam gemacht. Daraus folgert er dann: „Wie dergleichen Lehre [scil. der natürlichen Religion] unmöglich vollkommner seyn kan, als die Vernunfft selbst, und an dieser sich ohnstreitig viele Gebrechen finden; so ist es unmöglich, daß jene vollkommner als die Vernunfft, und demnach vollständig seyn könte". Die von Conybeare aus diesem Schluss hergeleitete Selbsteinschätzung teilen die *Deutschen Acta* dann auch richtig mit: „Der Herr Verfasser hält diesen allgemeinen Grund wider den Tyndal, vor so hinlänglich und wichtig, daß er rühmet, derselbe sey allein so starck genug, alles unrichtige Vorgeben desselben umzustossen".[137] Das hindert die *Deutschen Acta* aber nicht, eine Anmerkung hinzuzufügen. In Anlehnung an das bereits erwähnte quantitative Insuffizienzargument verweisen die *Deutschen Acta* darauf, dass die Unzulänglichkeit der Mittel nicht dem Zweck angerechnet werden kann, der durch sie erreicht werden soll. Damit bestreiten die *Deutschen Acta* den Rückschluss Conybeares von der Unvollkommenheit der Vernunft auf die des Sittengesetzes. Denn selbst unter den Bedingungen eines unvollkommenen Vernunftvermögens sind gewisse Wahrheiten vorhanden. „Was hat man aber darum an denen ohnstreitigen Wahrheiten; daß das Gantze grösser ist als iedes seiner Theile; daß in iedem Drey-Ecke alle drey Winkel zusammen genommen, nothwendig zwey rechten gleich sind u.s.w. auszusetzen?" Wird die Begrenztheit der Vernunft zudem durch die Begrenztheit der Sinneserkenntnis begründet, zeigt sich die desaströse Konsequenz: „Hernach vergißt der Herr Verfasser, daß er, wenn anders sein Beweis richtig ist, damit zuviel beweise. Man erlernet auch die Wahrheiten der Offenbarung vermittelst der Sinnen. Diese sind sehr unvollkommen. Allein wer wird die Unvollkommenheit der Sinnen, darum denen Wahrheiten des geoffenbarten Worts aufbürden wollen?"[138]

2.2.1.3. Ambivalenzen

In der Ablehnung der Insuffizienzthesen zeigen die *Deutschen Acta* Eigenständigkeit gegenüber den polemisch-dogmatischen Vorgaben der englischen Apologeten. Auch wenn sie sich dazu gelegentlich auf Argumente Tindals berufen, stimmen sie mit diesem in nur einem, mithin negativen Aspekt überein: der Ablehnung der Insuffizienz des Sittengesetzes. Eine positive Aufnahme der Thesen Tindals, wie die der Suffizienz der Befolgung der natürlich-vernünftigen Gebote zum Heil, findet

---

[136] DAE (1734, 188.Theil), 578–606, 580.
[137] Ebd., 585. Conybeare, A Defence, 73f.
[138] Ebd., 585f. Anm.

sich nicht. Doch was hat man dann in den *Deutschen Acta* wirklich gegen Tindal einzuwenden?

Zwei mögliche Gegenpositionen werden in den *Deutschen Acta* von vorneweg abgelehnt: Einmal die Auffassung von Robinson und Leland, die der Vernunft bereits weitgehende Kompetenzen konzediert. Während in der Besprechung von Lelands Buch diese Ansicht nur kurz kritisiert wird,[139] findet sich zu Beginn der Besprechung von Robinsons zweitem Essay eine umfassende Verfallsgeschichte des Verhältnisses von Vernunft und Offenbarung. In dieser bildet Robinsons ‚aufgeweichte' Position einen weiteren Schritt in der Marginalisierung der göttlichen Offenbarung.[140] Zum anderen schließt man auch eine vernunftskeptizistische Position aus, wie in einer Anmerkung zu Conybeares Buch deutlich gemacht wird.[141]

Es sind neben den polemisch-rhetorischen Invektiven nur wenige Andeutungen, die auf eine mögliche Position schließen lassen, die man in den *Deutschen Acta* gegen Tindal einnimmt. Den deutlichsten Hinweis findet man in einer Anmerkung zu Robinsons zweitem Essay. Der hier verhandelte Zweck der Predigt Jesu zieht die Kritik der *Deutschen Acta* auf sich, dass im Grunde nichts von dem, was Jesus predigte, nicht bereits durch die Vernunft und ihre richtige Anwendung vorläge. Es sei, so die *Deutschen Acta*, nicht nur von Theologen kaum einzuräumen, „daß man die Glaubens-Lehren aus den Sätzen der Vernunfft herleiten könne". Vor allem „siehet

---

[139] DAE (1734, 187.Theil), 505–529, 512f. Anm.

[140] DAE (1734, 184.Theil), 274–295, 275f.: „Vor einigen Zeiten hielten die Gottes-Gelehrten steif über diese Wahrheit, daß die Vernunfft schweigen müsse, wenn die Offenbarung rede: daß alle Weisheit dieser Welt, denen Wahrheiten des Glaubens bisweilen als eine Magd gute Dienste leiste; allein eben deswegen, diesen niemahls an die Seite gestellt werden dürfte. Weil sich aber einige unter denen Weltweisen einbildeten, daß ihr Stand solchergestalt gar zu sehr erniedriget werde; so hoffte man durch einen billigen Vergleich Friede zu machen: und auch einige unter denen Gottes-Gelehrten erboten sich, der Vernunfft einzuräumen, daß sie der Gottes-Gelahrtheit nicht so wohl als eine Magd diene, als vielmehr eine gute Freundin derselben sey, und ihr beständig hülfreiche Hand biete. Solchergestalt hatte sich die Vernunfft bereits eine Staffel höher, als sie vorhin gestanden, geschwungen; dabey sie aber, wie uns leider die Erfahrung zeigt, noch nicht beruhen will. So hoch ist dieselbe zwar noch nicht gekommen, als sie der ungläubige Tyndal erhöhen wollen, nach dessen Vorgeben die Vernunfft und der Glaube ohnmöglich neben einander bestehen können, und demnach dieser dem natürlichen Lichte des Verstandes weichen müsse. Allein wenn man der Vernunfft auch nur so viel einräumet, als ihr Herr Robinson in dieser Schrifft zuzugestehen scheinet, daß die Offenbarung nur denen unverständigen und nachläßigen, welche sich ihrer Vernunfft nicht recht zu gebrauchen wissen, oder dieselbe gebührend auszubessern Gelegenheit gehabt, als ein Hülffs-Mittel gegeben sey; die recht gebrauchte Vernunfft aber einem Menschen, in allen seinen Pflichten, vollkommen erwünschte Anleitung geben könne; so scheinet es, sie sey bereits so weit gekommen, daß sie in kurtzen einen Vorzug vor der Offenbarung verlangen werde".

[141] DAE (1734, 188.Theil), 578–606, 600f. Anm.: „Es stehet sehr zu besorgen, daß die, welche die Unvollkommenheit des Verstandes, und dessen grosse Verderbniß, aus dem Lichte der Vernunfft erweislich machen wollen, in die Irrthümer derjenigen Welt-Weisen verfallen, welche an allen Dingen zweiffeln wollen. Der berühmte Huetius hat sich eben auf diesen Wegen verirret. Zum wenigsten siehet man nicht, wie man dieser Art Leute antworten könne, wenn man einmahl jenes einräumet. Die Gottesgelehrten aber sind darinnen einig, daß von den beyden Irrthümern, entweder gar keinen GOtt gläuben, oder alles in der Welt vor ungewiß halten, einer so schädlich und gefährlich als der andre sey".

man im geringsten nicht, wie aus denen Sätzen der Vernunfft, die Lehre von Christo, so fern er zwischen GOtt und dem Menschen Mittler ist, von der vollkommenen Liebe GOttes und des Nächsten, von der ewigen Glückseligkeit nach diesem Leben, nebst viel andern mehr mögen hergeleitet werden. Dieses wird noch schwerer, wenn man mit denen Gottes-Gelehrten annimmt, daß der menschliche Verstand durch den Sünden-Fall in die allertieffste Verderbniß gerathen".[142] Mit dem Hinweis auf spezifisch theologische Topoi, die der Vernunft nicht per se verfügbar sind, und auf den status corruptionis des Menschen nimmt man offensichtlich das klassische antinaturalistische Argument in Anspruch.

Das antinaturalistische Argument steht seit dem letzten Drittel des 17. Jahrhunderts bereit, den Anspruch auf Suffizienz der natürlichen Gotteserkenntnis bzw. Religion zu bestreiten. Dazu bedient man sich der Unterscheidung von natürlicher und übernatürlicher Theologie, wie Wilhelm Bender deutlich gezeigt hat. „Die erste begründet die Sittlichkeit, das Recht und die irdische Glückseligkeit; die zweite vermittelt die Erkenntnisse, die zur Erlangung des ewigen Heils nothwendig sind".[143] Die von der natürlichen Theologie behandelte Sittlichkeit ist dabei wesentlich mit dem Naturgesetz bzw. Naturrecht identisch.[144] Diese Argumentationsweise bleibt bis weit in das 18. Jahrhundert stabil. Sie findet sich auch noch im zeitgenössischen Zedlerschen Lexikon.[145] Auch ihr Gebrauch gegen Tindal ist nicht überraschend, bereits 1733 wurde dieses Argument in der ersten deutschen Gegenschrift des Plöner Superintendenten Peter Hanssen angeführt.[146]

Auf diesem Hintergrund gewinnt die negative Übereinstimmung der *Deutschen Acta* mit Tindal Profil. Man braucht in Aufnahme des antinaturalistischen Arguments nämlich gar nicht die Insuffizienz des Sittengesetzes zu behaupten, um die Insuffizienz der natürlichen Religion darzutun. Das Naturgesetz kann und muss in Hinsicht auf das bürgerliche Leben integraler Bestandteil der natürlichen Religion bleiben. Letztere ist damit allein aufgrund ihrer soteriologischen Inkompetenz zum Scheitern verurteilt. Und diese Form der soteriologischen Inkompetenz bzw. Ignoranz hat Tindal, so steht für die *Deutschen Acta* zu vermuten, in der Ablehnung suprarationaler Sachverhalte wie Trinität und Inkarnation dokumentiert.[147] Die Aufnahme des antinaturalistischen Arguments vermeidet zudem die apologetischen Konsequenzen, die in den *Deutschen Acta* abgelehnt wurden. Sowohl die Kompromissposition von Robinson und Leland wie auch eine vernunftskeptische, fideistische Haltung kann man so ausschließen. Das Verhältnis von Vernunft und Offenba-

---

[142] DAE (1734, 184.Theil), 274–295, 290 Anm.

[143] Wilhelm Bender, Zur Geschichte der Emancipation der natürlichen Theologie, JPTH 9 (1883), 529–592, 552.

[144] Ebd.

[145] Siehe die Artikel „Natürliche Religion" und „Natürliche Theologie" in: Zedler 23 (1740), Sp. 1010–1025 und Sp. 1025–1031, bes. 1026f.

[146] Peter Hanssen, De differentia Religionem Naturalem inter ac Revelatam vera et reali meditatio adversus v. cl. Tindalium, Anglum, Ploenae 1733, 12–14 (Titel: sic!).

[147] DAE (1734, 182.Theil), 77–105, 103f. Tindal, Christianity, 206f.

rung ist stabilisiert, weil deren Bedeutung auf unterschiedliche Bereiche der Religion segmentiert ist.

Trotzdem befremdet die Aufnahme des klassischen Arguments in den *Deutschen Acta*. Denn hier wurde gerade die Neuheit der Angriffe Tindals hervorgehoben und eine neue Art der Gegenwehr gefordert. Vielleicht hat der schwache argumentative Boden der neuen Verteidigungsversuche, den die differenzierende Lektüre der Gegenschriften in den *Deutschen Acta* vor Augen stellt, zur Rückkehr auf Bewährtes bewogen. Dieser Rückgang ist auch praktisch. Tindals Position wird so handhabbar und umgänglich gemacht: Man kann sie widerlegen. Die Besonderheit Tindals wird faktisch eingeebnet und dem argumentativen Standard angeglichen, der im Zusammenhang der deutschen Auseinandersetzung mit dem englischen Deismus besonders bei Anthony Collins begegnete.[148] Dazu passt auch, dass bereits in der Rezension der Schrift Tindals die von ihm gewählte Selbstbezeichnung eines „christian Deist" nicht mitgeteilt wird. Diese Bezeichnung hatte Tindal in Anschluss an Samuel Clark aufgenommen.[149] Fast dankbar hingegen haben die *Deutschen Acta* den Teil referiert, in dem Tindal den Begriff ‚Freidenker' auf sich anwendet: „Ob man es wohl für eine Beschimpffung halte, wenn man nach dem bekannten englischen Worten einen als Frey-Dencker schelte; so schätze er sich solches vielmehr für eine besondere Ehre".[150]

Letztlich wird mit der Aufnahme des antinaturalistischen Arguments Tindals Position an einer entscheidenden Stelle verzeichnet. Denn es wird suggeriert, Tindal habe aus überschießendem Vernunftsanspruch die übernatürliche Komponente der Religion einfach negiert oder als theoretisch nicht einsehbar abgetan. Tindals Punkt scheint hingegen erheblich schärfer. In Übereinstimmung mit der Meinung, die ja auch die *Deutschen Acta* teilen, dass Moralität wesentlich zur Religion gehört, hat er die übernatürlichen Geheimnisse aus sittlich-praktischen Gründen abgelehnt. Denn für die Befolgung des Sittengesetzes bleibt die Annahme suprarationaler Geheimnisse ohne Konsequenz.[151] Meint das antinaturalistische Argument, die natürliche Religion sei metaphysisch inkompetent, so erklärt Tindal die geoffenbarte Lehre, sofern sie etwas anderes als vernünftige Moralität lehrt, für sittlich-praktisch indifferent.

Die Berichterstattung der *Deutschen Acta* ist zweideutig. Zeigt sich in der Kritik an den englischen Apologeten Eigenständigkeit gegenüber deren dogmatisch-polemischen Vorgaben, so bleibt die sich andeutende Kritik einem Horizont verhaftet, von dem Tindal in den *Deutschen Acta* eigentlich abgehoben wurde. In dieser Ambivalenz ist die Berichterstattung in doppelter Weise unbefriedigend: Einmal macht sie deutlich, dass Tindal in England offensichtlich nicht in hinreichender Weise wi-

---

[148] Siehe I., 3.4.

[149] TINDAL, Christianity, 363–369. Der Begriff ebd., 368. Bei Clark, den Tindal referiert, heißt es ‚True Deist'.

[150] DAE (1734, 182.Theil), 77–105, 101. TINDAL, Christianity, 179f.

[151] TINDAL, Christianity, 206f. DAE (1734, 182.Theil), 77–105, 103f. Siehe GAWLICK, Einleitung, in: TINDAL, Christianity, 20*f.

derlegt ist. Zum anderen hat sie selbst kein entsprechendes Argumentationspotenti-
al zu bieten, die der ,Neuheit' und ,Gefährlichkeit' Tindals wehren könnte.

2.2.2. *Positionelle und polemische Perspektive*

Gegenüber der differenzierenden Perspektive der *Deutschen Acta* fallen die übrigen Auseinandersetzungen mit Tindal in den deutschen Zeitschriften qualitativ
wie quantitativ ab. Man widmet sich *Christianity as old as the Creation* noch etwas
ausführlicher in den *Nova Acta Eruditorum* und in der *Auserlesenen Theologischen Bibliothec*. In beiden Fällen werden nur Gegenschriften rezensiert.

2.2.2.1. *Nova Acta Eruditorum*

Tindals Buch wurde bereits 1731 in den *Acta Eruditorum* besprochen.[152] Mehr als
bibliographische Hinweise auf diese Rezension gibt es allerdings nicht. Weitergehende, auf diese Besprechung aufbauende Überlegungen sind nicht zu finden. Erst
das Nachfolgeorgan der *Acta Eruditorum*, die *Nova Acta Eruditorum* (ab 1732) haben
Tindal noch einmal größeres Interesse entgegengebracht.

Die Darstellung der *Nova Acta* setzt im März 1735 mit der Besprechung von
Anthony Atkeys *The Main Argument of a late Book: Christianity as old as the Creation,
fairly stated and examined* (London 1733) ein.[153] Im September 1735 werden dann in
kurzen, direkt nacheinander gesetzten Besprechungen fünf weitere Schriften vorgestellt.[154] Die letzte ist der 1734 erschienenen Leipziger Dissertation von Christian
Kortholt, *De Matthaeo Tindalio*, gewidmet. Diese Dissertation ist für die Darstellung
der *Nova Acta* ausschlaggebend, denn Kortholt selbst ist der Rezensent in den *Nova
Acta*.[155] 1733 war er auf einer Reise nach Holland und England.[156] Offensichtlich
hat er von dort wenn nicht die Bücher so zumindest Kenntnis von ihnen mitgebracht.[157] In seiner Dissertation hat er einige Namen von Autoren, die Schriften gegen Tindal verfasst haben, nur genannt, deren Ausführungen wiederzugeben aber
versprochen.[158] In der Einladungsschrift zu seiner Disputation findet sich ein weite-

---

[152] AE (1731), 251–261.
[153] NAE (1735), 131–134.
[154] NAE (1735), 419–421.421–423.423–426.426–427.427–432.
[155] Zugewiesen nach der handschriftlich annotierten Ausgabe der SLUB Dresden. Ich danke
Frau Sigrid Stein, Ref. Auskunft der SLUB Dresden, die für mich die Rezensionszuweisungen
nachgesehen hat.
[156] Jöcher/Adelung 3, Sp. 755–756, 755.
[157] Christian Kortholt, Gründlicher Beweis der Wahrheit der Christlichen Religion, und
deren wichtigsten Lehren, welche in selbiger zum voraus gesetzet werden, Leipzig 1737, Vorrede,
unpag.: „Ich zähle nicht unbillig mit unter meine vorteilhaftesten Umstände, daß ich in England
erwünschte Gelegenheit gefunden, nicht nur viele der Christlichen Religion entgegengesetzte
Bücher bedächtlich durchzulesen, sondern auch die vortrefflichsten Abhandlungen daselbst kennen zu lernen, welche zur Vertheidigung derer göttlichen Lehre abgefasset worden".
[158] Christian Kortholt, De Matthaeo Tindalio disserit, Leipzig 1734, 21: „Alia autem mihi

rer Hinweis, warum Kortholt sich Tindals bzw. der Streitschriften annimmt. Der Leipziger Theologe Christian Friedrich Börner hat in dieser Einladungsschrift die Notwendigkeit der Kenntnisse der englischen Streitigkeiten mit ihrer zunehmenden Ausbreitung begründet: „daß die Prüfung der Streitigkeiten, welche in England über die Wahrheit der Christlichen Religion erregt worden wären, nicht blos die Engländer angiengen: denn das Uebel, welches sich durch die Schriften, die der Christlichen Religion entgegen gesetzt worden, ausbreitete, suchte sich nicht nur durch Engeland auszudehnen; sondern gienge gar übers Meer, und schliche sich sowohl in mehrere, als auch in unsere Länder ein".[159] Von dieser Überlegung ist in den *Nova Acta* allerdings nichts zu finden.

Kortholt hat in seiner Dissertation eine Lebensbeschreibung von Matthew Tindal gegeben. Für die Einschätzung von *Christianity as old as the Creation* wesentlich sind drei Vorstellungen, die Kortholt seiner Dissertation zugrunde legt. Er ordnet Tindals Schrift *zuerst* in die gesamte heterodoxe Literaturproduktion in England ein. Diese führt er dabei auf die seit Jakob II. erlassene und danach bestätigte Pressefreiheit zurück.[160] Als ersten, der die gegebenen Möglichkeiten nutzte, um die christliche Religion anzugreifen, nennt Kortholt John Toland. Auf ihn seien Anthony Collins, Thomas Woolston und schließlich Matthew Tindal gefolgt.[161] Tindal wird von Kortholt *zweitens* eine besondere Stellung innerhalb dieser Literaturproduktion beigemessen. Denn er versammle in einem Buch all das, was vor ihm Toland, Woolston und andere beigebracht hätten.[162] Darüber geht nach Kortholt Tindal *drittens* hinaus, indem er die gesamte Religion in der Befolgung des unver-

---

non deerit occasio de hoc argumento commentandi". Kortholt führt hier einige Autoren mehr an, als in den *Nova Acta* besprochen sind: J. Conybeare, E. Gibson, D. Waterland, T. Burnet, H. Lee, T. Bullock, S. Browne, A. Atkinson, Sanderhock, J. Foster (ebd.). Dafür fehlt hier Archibald Campbell, der rezensiert wird: NAE (1735), 421–423.

[159] Übers. U.G. THORSCHMID, in: JOHANN MARTIN CHLADENIUS, Das Blendwerk der natürlichen Religion Schrift- und vernunftmäßig entdeckt. Der Uebersetzer ist Urban Gottlob Thorschmid. Er hat auch die Vorrede und den Anhang verfertigt, Leipzig 1751, Vorrede, unpag. (fol. a6r–a6v). Das ist die Übersetzung von KORTHOLT, De Matthaeo Tindalio, 7: „CHRISTIANUS FRIDERICUS BOERNERUS haud ita pridem singulari dissertatione tuitus est, controversiarum, quae in Anglia de veritate religionis Christianae moventur, examen non ad solos Anglos pertinere, *malum enim, quod libris Christianae religioni oppositis disseminatur, non solum per Angliam manare, verum etiam transire mare, latiusque serpens plures, nostrasque etiam pervadere terras*". Zu Börner JÖCHER/ADELUNG 1, Sp. 1971–1977.

[160] Ebd., 4f. (§§ 2–3): „Tam late patet haec de rebus sacris scribendi libertas a IACOBO II. concessa, & a GUILIEMO III. eiusque in regno successoribus firmata; ut ipsius Christianae religionis veritatem scriptis impugnare impune & sine periculo liceat".

[161] Ebd., 5: „Ex iis IO. TOLANDUS primus est, de cuius vita, fatis & scriptis summe venerabilis Abbas IO. LAUR. MOSHEMIUS eruditissimum edidit commentarium. Praeter TOLANDUM, ANTONIUS COLLINUS, THOMAS WOOLSTONUS & MATTHAEUS TINDALIUS id egerunt sceleratissimo conatu, ut libris editis Christianae religionis veritatem vocarent in dubium. Diversis autem argumentis salutarem hanc doctrinam infirmare student".

[162] Ebd., 15: „Generatim autem annotabo; TINDALIUM omnia ea uno volumine collegisse, quae a TOLANDO, WOOLSTONO & aliis veritatis Christianae impugnatoribus ad evertendam religionem Christianam sunt excogitata".

änderlichen und vollkommenen Naturgesetzes aufgehen lasse.[163] Ob Kortholt Tindals Buch selbst gekannt hat, ist dabei nicht mit Sicherheit zu sagen.[164]

Diese drei Momente bilden den darstellerischen Rahmen der Besprechungen in den *Nova Acta*. Worin Tindal alle seine Vorgänger übertrifft, bildet den Auftakt der Rezension von Anthony Atkeys Schrift.[165] Kortholt gibt darauf das wieder, was Atkey an dieser Position auszusetzen hat. Atkey vertritt ein quantitatives Insuffizienzargument.[166] Was Atkey darüber hinaus zu sagen hat, wird von Kortholt nur erwähnt und nicht eigens zusammengefasst.[167] Damit spitzt Kortholt Atkeys Schrift positionell, ohne Hinweise auf Kritik, hinsichtlich der hervorgehobenen These Tindals darstellerisch zu. Dasselbe Verfahren wendet er dann auch auf Henry Stebbings *A Discourse concerning the Use and Advantages of the Gospel Revelation* (London 1733) an.[168] Wieder referiert Kortholt nur das, was Stebbing gegen die ‚Hauptthese' Tindals sagt (eine antinaturalistische Position) und notiert alles andere nur kurz. Diese Darstellungsidee hält Kortholt allerdings nicht durch. Die nächsten drei besprochenen Bücher bieten offensichtlich nicht genug Anknüpfungspunkte für eine solche thematische Zuspitzung. Sie werden, inhaltlich nicht weiterführend, kurz zusammengefasst. Die Besprechung seiner eigenen Dissertation eröffnet Kortholt dann mit dem Hinweis auf die Pressefreiheit und eine Tradition einer anhaltenden heterodoxen Literaturproduktion von John Toland über Collins und Woolston bis zu dem als Abschluss dargestellten Matthew Tindal und seinem *Christianity as old as the Creation*.[169] Damit werden die vorigen Besprechungen in einen historisch vorgegebenen Rahmen, der Tradition der Literaturproduktion, integriert und dieser

---

[163]　Ebd., 15f. Aufgrund der schweren Erreichbarkeit der Dissertation gebe ich die gesamte Passage wieder: „Quae autem impiis antecessorum suorum inventis addit, & quibus praecipue considit, eorum summa huc reddit. Lex, inquit, naturae est ordo rerum ac ipso summo Numine sapienter constitutus, ex quo oritur, ut altas actiones sequantur bona atque iucunda, alias mala atque ingrata. Quam qui cognoscit naturae legem, & secundum eius praecepta vivit, ille & summo Numine placet, & felicitatem suam promovet. Ea enim, quae & DEUS vult, & quae bona sunt, peragit. Iam vero omnes homines facultatibus animi a DEO sibi concessis tantum de lege naturae possunt intelligere, quantum ad summi Numinis gratiam consequendam requiritur. DEUS enim a nemine uno plura requirit, quam quidem, ad quae praestanda vires eius sufficiunt. Sufficit igitur ad homines DEO gratos reddendos, ut pro viribus legem naturae cognoscere studeant, & cognitam vita observent. Neque vero solum lex naturae est sufficiens medium ad gratiam DEI consequendam; est etiam unicum. Lex enim naturae ab ente perfectissimo lata perfectissima est. Quodsi perfectissima est, nulla additione potest melior evadere. Eadem ab ente immutabili proficiscitur. Nefas ergo est tueri, quod in ea aliquid possit mutari. Impium etiam profiteri praeter legis naturae cognitionem aliud quid a DEO esse revelatum, quod ad gratiam Eius hominibus conciliandam faciat".

[164]　Kortholt verweist NAE (1735) 131–134, 132 auf die Rezension von Tindals Buch in AE. Ansonsten gibt er die These Tindals fast wortwörtlich nach der inhaltlichen Zuspitzung aus seiner Dissertation wieder. Ist diese Zusammenfassung Atkey geschuldet? Das Buch von Atkey war mir nicht verfügbar.

[165]　NAE (1735) 131–134, 132f.

[166]　Ebd., 133f.

[167]　Ebd., 134.

[168]　NAE (1735), 419–421.

[169]　NAE (1735), 427–432, 427f.

wird zugleich ansatzweise erklärt, indem diese Tradition auf eine äußere Ursache, die Pressefreiheit, zurückgeführt wird.

Die von Kortholt vorgestellte Perspektive bleibt im Versuch stecken. Sie ist in den Ansätzen durchaus innovativ. So unterscheidet sich die hier vorgelegte Verknüpfung von Toland, Collins, Woolston und Tindal beträchtlich von einer durch die Gattung der Atheisten vorgegebene.[170] Kortholt deutet eine ideell-systematische Verknüpfung der unterschiedlichen Denker an. Indem er Tindal als Abschlussphänomen ansieht, ergibt sich ihm eine eigene Traditionslinie. Vor dieser Tradition profiliert er, worin Tindal darüber hinaus führt. Freilich ist mit dem summarischen Hinweis, Tindal versammle alles, was die anderen zuvor gesagt haben, die Traditionslinie selbst nicht als systematischer Zusammenhang einer Idee dargestellt. Und der Versuch, die Debatte um Tindal auf die ‚genuine' Tindalsche Idee zu reduzieren, bleibt ebenfalls im Ansatz stecken. Trotzdem zeigt die positionelle Perspektive Kortholts eine *historische* Dimension. Sowohl in der Erstellung eines inneren Zusammenhangs, der Reduktion auf eine Idee und nicht zuletzt durch deren Verbindung zu äußeren Umständen ordnet Kortholt das vorhandene Material in einer Weise, die über die gelehrte *historia* hinausweist. Sie profiliert zudem die englische heterodoxe Literaturproduktion als eine eigenständige Äußerung des ‚Atheismus'.

2.2.2.2. *Auserlesene Theologische Bibliothec*

Die Auseinandersetzung mit Tindals *Christianity as old as the Creation* ist in den explizit theologischen Zeitschriften insgesamt überraschend gering. Die *Fortgesetzte Sammlung* widmet dem Buch und seinem Autor kaum Aufmerksamkeit.[171] Die *Auserlesene Theologische Bibliothec* hat von 1734 bis 1736 immerhin drei Gegenschriften besprochen: John Conybeare, die von Patrick Delany verfasste, aber anonym erschienene Schrift *Revelation examin'd with Candour* (London 1733) und William Berrimans *The gradual Revelation of the Gospel* (London 1733).[172] Die *Auserlesene Theologische Bibliothec* macht für die spät einsetzende Rezensiontätigkeit das Ausbleiben des zweiten Bandes von *Christianity as old as the Creation* verantwortlich. Für die inhaltliche Charakterisierung des Buches greift man auf Conybeares Kurzzusammenfassung zurück.[173]

---

[170] Vgl. I., 3.1.

[171] FoSa (1734), 657–660 (zu Peter Hanssens Widerlegung – HANSSEN, De differentia, s.o. –, die unter ‚Nachrichten aus Plön' erwähnt wird); (1735), 108–109 (zu Kortholts Dissertation); (1735), 233–235 (zum ersten Essay von Christopher Robinson, bezeichnenderweise wird nicht einmal erwähnt, dass es sich um eine Schrift gegen Tindal handelt). Eine äußerst knappe und uninformative Rezension findet sich erst in den Supplementbänden, Theologische Annales (1737), 791–792.

[172] ATB (1734, 77. Theil), 517–541; (1735, 79. Theil), 758–772; (1736, 81. Theil), 933–965.

[173] ATB (1734, 77. Theil), 521 f. Siehe ebd., 521 Anm.: „Ich führe dieselben [scil. Sätze Conybeares] um so viel lieber an / da meine Beschreibung von dieser gantzen Streitigkeit noch immer wider meinen Willen dadurch aufgehalten wird / daß der versprochene andre Theil von Tindals

Die polemische Perspektive der Gegenschriften wird adaptiert. Das wird in der Besprechung der besonders gelobten Schrift von Conybeare (1734) deutlich. Auf Schwierigkeiten, wie sie im selben Jahr die *Deutschen Acta* anmerken sollten, fehlt jeder Hinweis.[174] Dem Leser wird in dieser Besprechung auch die Bedeutung Tindals vor Augen geführt. In direkter Übersetzung von Conybeare wird mitgeteilt: „Bisher hat man die Pfeile mehrentheils auf die Weissagungen gerichtet, oder auf die Wunder, oder auf die besondere Lehren, welche man als unmöglich ausgeschryen. Letztlich ist ein Mann aufgestanden, der die Sache weiter treiben wolte".[175] Dies wird vom Rezensenten in einer Anmerkung erläutert und den einzelnen Positionen werden Protagonisten zugeordnet: „Das erste that in England *Collins*, das andere *Woolston*, das dritte *Toland*, die Feinde der Drey-Einigkeit / und andere. Das letzte der *Tindal*. Gegen welchen unser Verfasser schreibt".[176] Diese Reihe kann allerdings durch viele andere Namen ergänzt werden. Dann eröffnet sich eine kulturkritische Perspektive auf die englischen Verhältnisse. Mit dieser eröffnet die *Auserlesene Theologische Bibliothec* die Rezension von Delanys Buch: „Engelland, das so vielen andern Reichen vorzuziehen, hat bey seinen grossen Glückseeligkeiten auch das Unglück, daß es viele Widersinnige und seltsame Köpffe hervor bringet. Was die Römer von einem über Meer gelegenen Reiche zu sagen gewohnt waren, daß muß man leyder an diesem schönen Lande gleichfalls sehen".[177] Die andauernden heterodoxen Stimmen aus England besitzen für den Rezensenten eine besondere Renitenz. Sie widersetzen sich dem Vergessen: „Kaum sind Hobbes, Burnet, Donne, Whistons, Dodwells, Tolands und vieler andern, theils besondere theils gefährliche Sätze, einiger Massen vergessen und untergepflüget; so findet sich schon ein kühner Collins, der der Weissagung aufs frevelhaffteste spottet, und ein verwegener Woolston, der die Wunderwercke mit so viel List und Thorheit angreiffet". Ähnlich der Stilisierung Tindals durch Kortholt erscheint dessen Auftreten in der Perspektive der *Auserlesenen Theologischen Bibliothec* als Abschluss eines sich steigernden Unglaubens in England. „Doch die Tollheit war bis dahin noch nicht zur vollen Reiffe gekommen. Es fehlte, um das Maaß des Unglaubens zu füllen, ein rasender Tindal, welcher nicht ein und andern Glaubens-Grund antastet, sondern den gantzen Grund der Religion, die sämtliche Offenbahrungen mit solcher Wuth anfällt, als man dergleichen vorher bey den geschwornen Feinden des Christenthums selbst nicht findet".[178] Der Rezensent reagiert auf diesen ins Grundsätzliche gewendeten

---

Buche noch nicht das Tages-Licht erblickt / vorher aber nicht wohl etwas vollständiges geliefert werden kan". Die deutsche Auseinandersetzung mit dem, was später als zweiter Band erschien, kann hier auf sich beruhen. Schon früh ist die Nutzlosigkeit dieser Schrift in Deutschland erkannt und publik gemacht worden. Siehe THORSCHMID II, 63–66. Zum sogenannten zweiten Band siehe DAVID BERMAN/STEPHEN LALOR, The Suppression of *Christianity as old as the Creation* Vol. II, Notes & Queries 31 (1984), 3–6.

[174] ATB (1734, 77.Theil), 517–541, 528.530 u.ö.
[175] Ebd., 520. CONYBEARE, A Defence, 4f.
[176] Ebd., 520 Anm.
[177] ATB (1735, 19.Theil), 758–772, 758.
[178] Ebd. 758f.

Unglauben mit martialischen Metaphern: „Tindal war kaum aufgestanden dem Zeuge GOttes Hohn zu sprechen; so stellet sich von seinen eigenen Lands-Leuten eine gantze Mannschafft, ja ein gantzes Heer der tapffersten und erfahrensten Streiter ihm entgegen. Sie greiffen ihn an mit dem Schwerdte des Geistes. Die würcklich Starcken übermannen den eingebildeten Riesen". Und Delany steht vorne an der Front: „Unter solchen tapffern Verthädigern des Christlichen Glaubens stehet der Verfasser des Buches, wovon wir hier eine Nachricht geben wollen, in der ersten Linie, und so gar an der äussersten Spitze".[179]

Inhaltlich tragen die zumeist langen Inhaltswiedergaben nichts aus. Die Gegenschriften von Delany und Berriman widmen sich vor allem dem gelehrten Detail. Den Zusammenhang zur Argumentation Tindals herzustellen ist hier schwer.[180] Im Fall der Schriften von Conybeare und Delany plädiert die *Auserlesene Theologische Bibliothec* für eine Übersetzung der Werke.[181] Bei letzterem konnte sich die *Auserlesene Theologische Bibliothec* auf die Ankündigung in den *Hamburgischen Berichten* stützen.[182] Und für Delanys Buch hat sich die Hoffnung der *Auserlesenen Theologischen Bibliothec* 1738 realisiert.[183] Warum man die Übersetzung der Werke erwartete, führt die *Auserlesene Theologische Bibliothec* nicht näher aus. Vielleicht hat man nach Unterstützung im Kampf gegen den Unglauben verlangt. Auf die Ausbreitung der Tindalschen Gedanken etwa in Form einer Seuche (*Deutsche Acta*) oder in drohendem Übersetzen über den Kanal (Börner) ist man hier nicht eingegangen.

Gegenüber den anderen Berichterstattungen erscheint die polemische Perspektive der *Auserlesenen Theologischen Bibliothec* qualitativ wenig aufschlussreich. Sie ist

---

[179] Ebd. 760.

[180] Besonders eindrücklich die Wiedergabe der ersten Abhandlung von Delany, ebd., 762f.: „Die erste Abhandlung hat die *verbothene Frucht* zum Vorwurffe. Eine Sache, die um so viel mehr verdienet in möglichste Gewisheit gesetzet zu werden, je mehr sie von den Feinden des Christlichen Glaubens angegriffen wird. Hr. Delany rettet in derselben aufs bündigste die Güte und Weisheit des Schöpffers gegen die Einwürffe der Ungläubigen. Man lieset nicht ohne sonderbahre Annehmlichkeit die Anmerckung, daß noch jetzo in verschiedenen Theilen der Welt Früchte angetroffen werden, welche das Geblüth des Menschen verderben, zu Fiebern entzünden, und so gar in Raserey bringen können. Ja es wird beygebracht, daß die Indianer wissen einen Satz zu zubereiten, welcher mache, daß diejenigen, so ihn trincken in einem Augenblicke alles vergessen, was sie vorher gewust, doch daß sie dabey völlige Kräffte und Gesundheit behielten. Wobey er die Frage aufstellet: ‚Ob nicht die Frucht, welche einen anjetzo lebenden in Raserey und Fieber stürzet, Adam in eine Unordnung und Verwirrung der Begierde bringen können? Ingleichen: ob nicht da, durch dieselbe die Kräffte des Gemüthes geschwächet, auch ansteckende Kranckheiten hervor gebracht, und die Beschaffenheit des Leibes dadurch geschwächet werden könne?'" Dabei wurde Delanys Denkstil als „bündige Art philosophisch, d.i. scharff zu beweisen" charakterisiert, ebd., 761.

[181] ATB (1734, 77.Theil), 517–541, 540f.; (1735, 79.Theil), 758–772, 771f.

[182] Ebd. Siehe Hamburgische Berichte (1734, Nr. LXVII), 559f.

[183] [Patrick Delany], Aufrichtige Untersuchung der Offenbahrung welche dem Menschlichen Geschlechte von der Schöpfung an gegeben, ehedem in englischer Sprache, unter dem Titul, Revelation examin'd with Candour heraus gegeben von D. Patrik Delany, nunmehro aber nach der andern englischen Ausgabe ins Teutsche übersetzet und mit den Zugaben der dritten Auflage vermehret auch mit einem Vorberichte, Anmerkungen, Zusätzen und Registern versehen von Heinrich Christian Lemker, Lüneburg 1738 (Zweiter Theil, Lemgo 1741).

ebenso unreflektiert wie ideenlos. Doch in ihr erhält sich noch einmal der umfassende Horizont, der die Auseinandersetzung mit den englischen Deisten bestimmt: die Ansicht eines renitenten und vergessenheitsresistenten Unglaubens, der sich – geographisch begünstigt – einmal mehr in England äußert. Indem die *Auserlesene Theologische Bibliothec* diese Ansicht explizit verhandelt, geht sie im Grunde über diesen Horizont hinaus. Sie verhält sich zu ihm bereits in einer bestimmten Weise. Insoweit hat man auch hier die bloß adaptive Lektüre bereits hinter sich gelassen.

2.2.3. Perspektiven und Meinung

Man ist sich in allen Berichterstattungen einig: Tindals *Christianity as old as the Creation* ist ein ungläubiges Buch, man muss sich ihm widersetzen. Diese Einigkeit in der Meinung ist perspektivisch gebrochen. Bestimmte thematische Überschneidungen in dem, wie man die Bedeutung von Tindals Buch beschreibt, lassen sich dennoch erkennen. Einmal ist das für die Ansätze einer Bildung einer Traditionslinie der englischen Deisten zu verzeichnen. Sie geht mit einem negativ konnotierten Englandbild einher. Ob nun die durch die Pressefreiheit in Gang gekommene Literaturproduktion oder als eine weitere Äußerung des Unglaubens, die Bedeutung des Tindalschen Buches (und nicht des Autors) wird in eine Gesamtsicht der englischen Verhältnisse integriert. Eine solche Möglichkeit der Betrachtung hat sich bereits bei Woolston abgezeichnet. Mit Tindal hat sie sich durchgesetzt. Zum anderen wird im Blick auf Tindals Schrift von der Verbreitung seiner Gedanken geredet. Als Seuche oder englische Exportware angesehen wird die Bedeutung von *Christianity as old as the Creation* so in eine Gesamtsicht der kulturell-ideellen Entwicklung gestellt.

In der perspektivischen Brechung, der thematischen Überschneidung und der abstrakten Einigkeit in der Meinung vermag die deutsche Auseinandersetzung mit Tindals Schrift Eindeutigkeit nicht herzustellen. Gerade dort, wo sich Eigenständigkeit gegenüber den apologetischen Vorgaben zeigt, ist die Lage argumentativ ambivalent. Und im Unterschied zu ähnlichen Konstellationen in früheren Jahren zeigt sich nun, dass mit dem Vorwurf des Unglaubens nicht gleich die klar entscheidende Meinung veröffentlicht ist. Eine solche Einschätzung verlangt dann nach einem noch einmal geänderten Umgang mit der deistischen Literatur. Einer zumindest hat die Lage so eingeschätzt. Deshalb hat er Tindals Buch übersetzt.

2.3. Beweis, daß das Christenthum so alt als die Welt sey (1741)

Tindals Buch erschien 1741 unter dem Titel *Beweis, daß das Christenthum so alt als die Welt sey, nebst Herrn Jacob Fosters Widerlegung desselben* in deutscher Übersetzung.[184] Bereits das Titelblatt macht auf taktische Überlegungen aufmerksam, die

---

[184] [Matthew Tindal], Beweis, daß das Christenthum so alt als die Welt sey, nebst Herrn Jacob

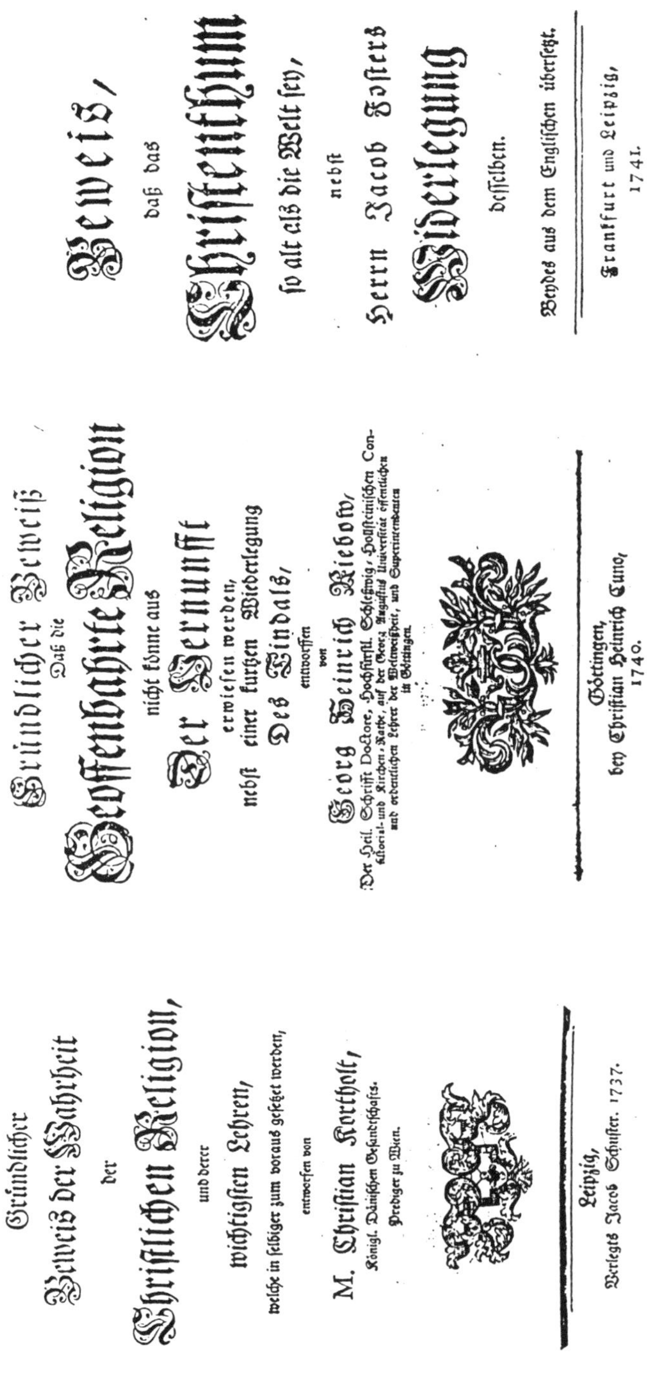

Beweis,

daß das

Chriſtenthum

ſo alt als die Welt ſey,

nebſt

Herrn Jacob Foſters

Widerlegung

deſſelben.

Beydes aus dem Engliſchen überſetzt.

Franckfurt und Leipzig,
1741.

Gründlicher Beweiß

Daß die

Geoffenbahrte Religion

nicht könne aus

Der Vernunfft

erwieſen werden,

nebſt einer kurtzen Wiederlegung

Des Tindals,

entworffen

von

Georg Heinrich Riebov,

Der Heil. Schrift Doctore, Hochfürſtl. Schleßwig-Holſteiniſchen Con-
ſiſtorial- und Kirchen-Rathe, auf der Georg Auguſtus Univerſität öffentlichen
und ordentlichen Lehrer der Gottesgahrheit, und Superintendenten
in Göttingen.

Göttingen,
bey Chriſtian Heinrich Cuno,
1740.

Gründlicher

Beweiß der Wahrheit

der

Chriſtlichen Religion,

und derer

wichtigſten Lehren,

welche in ſelbiger zum voraus geſetzet werden,

entworffen von

M. Chriſtian Kortholt,

Königl. Däniſchen Geſandtſchafts-
Prediger zu Wien.

Leipzig,
Verlegts Jacob Schuſter. 1737.

Abb. 2

das Erscheinen des Buches begleitet zu haben scheinen. Dass sowohl Tindals Name wie der des Druckers und Übersetzers weggelassen sind, sollte sicherlich das Buch vor Zensurmaßnahmen schützen bzw. deren Konsequenzen zu vermeiden helfen. Taktisch bemerkenswert ist aber vor allem die Titelübersetzung, die der Übersetzer Tindals *Christianity as old as the Creation* zukommen ließ. Denn sie lässt mit der Aufnahme des Terminus ‚Beweis‘ eher apologetische Werke gegen Freigeister assoziieren. Gerade in Blick auf die ein Jahr zuvor erschienene Schrift von Georg Heinrich Ribov mag man auch Ironie, wenn nicht Zynismus vermuten: *Gründlicher Beweiß, daß die Geoffenbahrte Religion nicht könne aus der Vernunft erwiesen werden, nebst einer Widerlegung des Tindals.*[185]

Fast ein Jahrzehnt blieb der Übersetzer des Buchs, Johann Lorenz Schmidt, unbekannt. Für ihn war die Anonymität aus biographischen Gründen geboten. Nachdem er mit seiner sogenannten *Wertheimer Bibel* 1735 beachtliches Aufsehen erregt hatte, war er nach erfolgter Bestrafung und Inhaftierung nach Hamburg-Altona geflohen. Dort hielt er sich unter dem Namen ‚Schroeter‘ versteckt und verdiente seinen Lebensunterhalt mit Übersetzungsarbeiten. Die Übersetzung von Tindals Schrift ist, wie die 1744 folgende Übersetzung von Spinozas *Ethik*, eine Nebenprodukt der Altonaer Zeit.[186] Doch sie setzt das Programm fort, das Schmidt mit der *Wertheimer Bibel* begonnen hatte.[187]

2.3.1. *Hintergründe und Begründung der Übersetzung*

Bereits im Kontext der *Wertheimer Bibel* hat Schmidt Tindal wahrgenommen und seine Eigentümlichkeit beschrieben. Sie besteht für Schmidt allerdings nicht in einer festen Charakterisierung der Person Tindals oder seines Denkens, sondern in der uneindeutigen und unentschiedenen Haltung, die man ihm gegenüber einnimmt: Tindals Eigenart fasst Schmidt als Rezeptionsphänomen.

In der Vorrede zur *Wertheimer Bibel* macht Schmidt geltend, dass eine vorschnelle Ablehnung philosophischer Argumentationen der theologischen Apologetik mehr schade als nutze: „Und in diesen Umständen stehen die Sachen in unseren Zeiten,

---

Fosters Widerlegung desselben. Beydes aus dem Englischen übersetzt, Frankfurt und Leipzig 1741.

[185] GEORG HEINRICH RIBOV, Gründlicher Beweiß, daß die Geoffenbahrte Religion nicht könne aus der Vernunft erwiesen werden, nebst einer Widerlegung des Tindals, Göttingen 1740.

[186] [BARUCH DE SPINOZA], B.v.S. Sittenlehre widerleget von dem berühmten Weltweisen unserer Zeit Herrn Christian Wolf. Aus dem Lateinischen übersetzt. Frankfurt und Leipzig 1744 (= CHRISTIAN WOLFF, GW 3/15, Hildesheim/New York 1981). Zur Altonaer Zeit: PAUL S. SPALDING, Seize the Book, Jail the Author. Johann Lorenz Schmidt and Censorship in Eighteenth-Century Germany, Indiana 1998, bes. 173ff.

[187] Dazu m.E. abschließend WINFRIED SCHRÖDER, Aporien des theologischen Liberalismus. Johann Lorenz Schmidts Plädoyer für „eine allgemeine Religions- und Gewissensfreyheit", in: LOTHAR KREIMENDAHL (Hg.), Aufklärung und Skepsis. Studien zur Philosophie und Geistesgeschichte des 17. und 18. Jahrhunderts, Stuttgart-Bad Cannstatt 1995 (Quaestiones 8), 221–237, 223–233.

wie man es aus den neuesten Streitigkeiten mit Woolston und Tyndal abnehmen
kan. Wenn man nun gründlich davon urteilen will: so kan man den Gegnern ihr
Recht keines weges gänzlich absprechen, wenn sie verlangen, daß man ihnen die
Verbindung dieser Wahrheiten [der Heiligen Schrift, CV] unter sich und andern
ausgemachten Sätzen zeigen soll, ehe sie solche für göttlich erkennen könten".[188]
Genau das wollte Schmidt mit seiner Übersetzung leisten. Schmidt wurde daraufhin selbst als ‚Deist' bezeichnet.

Christoph Matthäus Pfaff hat in seinen *Bedenken über das wertheimische Bibelwerk*
Schmidt mehrfach als einen ‚Deisten' denunziert.[189] Auch dessen Einschätzung der
Lage der Zeit teilt Pfaff nicht. Er entwirft ein ganz anderes Bild der Streitigkeiten
mit Woolston und Tindal: „Woolston und Tyndal zu widerlegen brauchte ja nicht
viel Mühe, indem der erste keiner Gründe sich bedienet, sondern nur die Wunderwercke Christi zu spotten sich unterfangen, der andere aber nur beweisen wollen,
daß die Grundsätze des Christenthums aus dem Lichte der Natur bekant wären,
und die Geheimnisse, Wunderwercke und Geschichte nur zur Blume dieneten, die
jene ausschmückete". Pfaff erinnert hier an Anthony Collins, den Schmidt nicht
erwähnt hatte, als den Einzigen, „welcher mit Gründen das Christenthum anzu-
fechten sich unterstanden, denen man aber auf der anderen Seite mit den gründ-
lichsten Schrifften entgegen gegangen".[190] So sieht Pfaff in Schmidts Darlegung
nur Falschheiten, womit er den Vorwurf der Ungelehrtheit verbindet. Der Verfasser der *Wertheimer Bibel* habe die in diesen Kontext gehörigen Schriften offensichtlich nicht gelesen.[191]

Schmidt hat auf diesen Vorwurf trocken reagiert. In Bezug auf die Streitigkeiten
mit Tindal meinte er nur: „Daß es aber gar wenig Mühe kosten solte, denselben
[Tindal] zu widerlegen, wie der Herr Kanzler meinet, kan ich aus den heraus gegebenen Schriften der Engländer nicht erkennen".[192] Als Beispiel verweist Schmidt
auf Conybeares Gegenschrift, welcher der „Scharfsinnigste" aller Bestreiter sei:
„Allein, wie viele Schwäche er dabey blicken lasse, und wie oft er sich selbst gegen

---

[188] [JOHANN LORENZ SCHMIDT], Die göttlichen Schriften vor den Zeiten des Messie Jesu. Der
erste Theil, worinnen die Gesetze der Jisraelen enthalten sind, nach einer freyen Übersetzung,
welche durch und durch mit Anmerkungen erläutert und bestätiget wird. Wertheim 1735, Vorrede, 5–48, 9f.

[189] Herrn Kanzler Pfaffens Bedenken über das wertheimische Bibelwerk, welches auf Begeh-
ren eines anderen Gottesgelehrten von demselben aufgesetzt worden, aus der Handschrift abgedruckt: nebst der Antwort des Verfassers von dem Bibelwerk auf dieses Bedenken, in: [J.L.
SCHMIDT], Sammlung derienigen Schriften welche bey Gelegenheit des wertheimischen Bibelwerks für oder gegen dasselbe zum Vorschein gekommen sind, mit Anmerkungen und neuen
Stücken aus Handschriften vermehrt heraus gegeben, Franckfurt und Leipzig 1738, 444–462, v.a.
447 („daß der Urheber im Grunde ein Deista seye") und 453 („wäre es viel besser, wann der Vor-
redner rund heraus bekennete, er wäre ein Deiste, und forderte von denen Gottesgelehrten den
Beweis von der Wahrheit des Christenthums"). Schmidts Einwendungen sind als Kommentar auf
der unteren Hälfte der Seiten von Pfaffs Bedenken abgedruckt.

[190] Ebd., 450.

[191] Ebd., 449.

[192] Ebd., 448.

die Grundwahrheiten vergangen hat, das kan man nur aus der recension in der deutschen actis eruditorum. 188. Theil, 579 S. u. f. erkennen".[193] Schmidt hat die Rezensionen der Gegenschriften in den *Deutschen Acta* gekannt und benutzt sie auch umfänglicher, um Pfaffs Hauptvorwurf und einzelne, hier nicht referierte Einwände zu entkräften.[194] Schmidt geht dabei nicht positiv auf Tindal ein. Er macht allerdings darauf aufmerksam, dass man Tindal am besten mit Argumenten begegne und nicht mit Denunziation.

Eine Verbesserung der unentschiedenen argumentativen Situation hat Schmidt durch seine Übersetzung Tindals mit angebundener Widerlegungsschrift herbeiführen wollen. Schmidt war sich dabei bewusst, dass die Veröffentlichung eines Textes, in dem die christliche Religion kritisiert wird, problematisch ist. Deshalb hat er im Vorbericht zur Übersetzung seine Tätigkeit in den Rahmen einer umfänglichen Theorie der Denk- und Redefreiheit gestellt.

Die hier entscheidende Pointe setzt er bereits gleich zu Anfang. In erheblicher Zuspitzung der Argumentation der *Deutschen Acta* erscheint die Unterdrückung heterodoxer Schriften als aktives Moment in der Hervorbringung des Unglaubens. Dafür nimmt Schmidt psychologische Motive in Anspruch: „Eben so kan es geschehen, und geschiehet es in der That, daß Leute eine innerliche Ueberzeugung zu haben vermeinen, vermöge welcher sie sich schuldig erachten, ihre Gedanken in Religionssachen andern zu ihrem Besten bekant zu machen: oder daß sie von ihrem Gewissen angetrieben werden". Für Schmidt ist die Unterdrückung einer Meinungsäußerung, die aus einem solchen inneren Trieb entsteht, als Gewissenszwang ohnehin indiskutabel. Tritt sie dennoch ein, zeitigt sie „das Uebel, daß, wenn bey denen, die unter einem solchem Zwange leben, allerhand Zweifel in Religionssachen aufsteigen, sie sich bey denselben nicht zu helfen wissen".[195] Eine fortdauernde Unterdrückung nährt den Zweifel und führt zuletzt zur Verwerfung der gesamten Religion: „Es geschiehet vielmehr auf solche Weise vielfältig, daß, wenn einmal ein Zweifel in einem Stück der Religion entstehet und nicht gehoben wird: solcher mit der Zeit nicht allein tief einwurzelt; sondern auch immer weiter um sich greift, und sich allmählich auf alles erstrecket, was mit dem ersten zweifelhaften Satz Verbindung hat. Und auf solche Art gerathen Leute, wenn sich erst ein Zweifel in ihrer Religion bey ihnen festgesetzt hat, mannichmal dahin, daß sie ein Stück derselben nach dem andern, und zuletzt die Offenbarung überhaupt verwerfen, oder wenigstens für ungewiß halten".[196] Abhilfe erblickt Schmidt in der offenen Diskussion, die zweifelnden Menschen die Gelegenheit bietet, „eine Auflösung ihres Zweifels zu bekommen und hiedurch von demselben befreyet zu werden: oder wenigstens durch eine Erörterung derselben zu einer Gewißheit zu gelangen".[197] ‚Zu einer Gewissheit zu gelangen' scheint hier auch die Möglichkeit

---

[193] Ebd., 449.
[194] Ebd., 449f.
[195] Vorbericht, in: Beweis, 3–130, 13.
[196] Ebd., 14.
[197] Ebd.

einzuschließen, dass die Bestärkung des Zweifels und also die Verwerfung der Religion Resultat der Diskussion ist. Schmidt scheint dies indirekt einzuräumen, wenn er die innere Ruhe in einem Staat nicht von der Verpflichtung der Bürger auf die christliche Religion abhängig macht.[198] Nur hält Schmidt ein solches Ergebnis nicht für wahrscheinlich. Die offene, freie Prüfung der christlichen Religion hat für ihn gerade den umgekehrten Effekt und ist auch für die Religion selber positiv. „Je besser die Lehren der christlichen Religion in einer solchen Prüfung aushalten: desto mehr leuchtet die Vortreflichkeit und das Ansehen derselben in die Augen".[199]

Die Literaturproduktion in England ist für Schmidt das Beispiel, das die von ihm angestrebte Diskussionslage trefflichsten widerspiegelt.[200] Davon setzt Schmidt die deutschen Verhältnisse kritisch ab. Die Klage hiesiger Theologen über den einbrechenden Unglauben ist nach Schmidt „nicht Unrecht" erhoben.[201] Doch aus diesem Umstand ziehe in Deutschland keiner die notwendige Konsequenz: „Nichts desto weniger ist unter ihnen, so viel wir wissen, kein einziger, welcher sich die Mühe gegeben hätte, auch nur die vornehmsten und Haupteinwürfe der Unglaubigen in deutscher Sprache ausführlich zu erörtern und gründlich zu beantworten".[202] Anstatt sich dem anstehenden Geschäft zu widmen, seien deutsche Theologen eher im „Postillen- und Predigtenschreiben" befangen. Damit wird den Umständen allerdings nicht abgeholfen: „Wenigstens wird das blosse Klagen über das einreissende Verderben und über den Mißbrauch der Vernunft, und die vielfältigen Warnungen sich durch dieselbe nicht bethören zu lassen, die Sache nicht gut machen".[203] Dabei sind Schmidt die apologetischen Bemühungen in Deutschland keineswegs fremd. Sie werden von ihm aber ironisch kommentiert: „Man hat zwar in deutscher Sprache Dittons Buch von der Wahrheit der christlichen Religion aus der Auferstehung Christi bewiesen; ingleichen Delanys Untersuchung der Offenbarung: von welchen Herr Pastor Götten das erstere und Herr Lemker das andere übersetzt hat. Allein zu geschweigen, daß diese Schriften von Engländern verfertiget worden; und daß die Unglaubigen noch Verschiedenes daran auszusetzen haben: so sind auch die vornehmsten Einwürfe derselben nicht darinn vorgetragen,

---

[198] Ebd., 49f.: „Es ist vielmehr gewiß, daß die Ruhe eines Stats nicht schlechterdings an das äusserliche Bekenntniß der christlichen Religion gebunden ist, wie es die Beyspiele so vieler Reiche, Länder, und Völker, in den vorigen und itzigen Zeiten deutlich ausweisen. Ja, noch heutigen Tages leben Jüden, als welche Unglaubige sind, an vielen Orten mitten unter den Christen, und geniessen eine freye Religionsübung: ohne daß dieses die innerliche Ruhe des Stats, worinn sie sich befinden, nothwendiger Weise störet".

[199] Ebd., 20.

[200] Ebd.: „England giebet uns hievon ein merkliches Beispiel. Man weiß, daß wol in keinem Lande mehr Schriften wider die christliche Religion zum Vorschein gekommen sind, als in diesem. Es hat aber auch solches Anlaß gegeben, daß ebenfals wol nirgends mehr zur Vertheidigung derselben geschrieben worden. Und man muß den Gottesgelehrten daselbst zum Ruhm gestehen, daß sie darinn allen Auswärtigen zuvor gethan haben".

[201] Ebd., 99.

[202] Ebd., 99f.

[203] Ebd., 100.

erörtert und widerleget worden".[204] Damit attestiert Schmidt den deutschen Verhältnissen nicht allein fehlende Innovationskraft, sondern auch noch schlechte Auswahl in den angestrengten Bemühungen. Gleichzeitig wirft die Äußerung
Schmidts ein Schlaglicht auf die oft geäußerte Meinung, die apologetischen Werke
seien selbst für die Verbreitung der bestrittenen Meinungen verantwortlich.

Die Widerlegungsschrift von Jacob Foster hat Schmidt nach eigener Aussage gewählt, weil sie viel gerühmt sei, wofür er die in Holland erscheinende *Bibliotheque
raisonée* anzuführen weiß.[205] Sicher hat er sie auch gewählt, weil er die sonst bekannte und gerühmte Widerlegung Conybeares nicht besonders schätzte; er kannte sie
ja zumindest aus den *Deutschen Acta.* Seinen Vorbericht beschließt Schmidt mit
Hinweisen zum Leben Tindals und den Streitigkeiten um *Christianity as old as the
Creation.* Neues findet sich darin nicht.

Programmatisch enthält sich Schmidt jeder inhaltlichen Stellungnahme zu Tindal oder zu Foster. Der Versuch, eine offene und freie Diskussion ins Leben zu rufen, umgeht damit natürlich eventuelle argumentative Verzeichnungen und Unein-
deutigkeiten. Als kritische Instanz kommt dann allein der Leser in Betracht und
Schmidts Hoffnung, die christliche Religion werde sich in der direkten Konfrontation mit Tindal behaupten können.

2.3.2. Reaktionen

Die deutsche Übersetzung von *Christianity as old as the Creation* hat keinen Auf-
schrei des Entsetzens hervorgerufen. In den gelehrten Zeitschriften wird sie größ-
tenteils ignoriert. Bereits das indiziert eine gewisse Unaufgeregtheit, die sich auch
an den Rezensionen der *Göttingischen Zeitungen von Gelehrten Sachen,* der *Franckfurtischen Gelehrten Zeitungen* und den *Nachrichten von den neuesten Theologischen Büchern
und Schrifften* ablesen lässt.[206]

Die Übersetzung wird im technischen Sinn in den *Göttingischen Zeitungen* und
den *Franckfurtischen Gelehrten Zeitungen* ausdrücklich gelobt. Die *Göttingischen Zeitungen* heben die „Reinlichkeit" und „Deutlichkeit" der Sprache hervor, die
Franckfurtischen Gelehrten Zeitungen die wenigen Druckfehler.[207]

Tindals Schrift und die von ihr hervorgerufenen Streitigkeiten werden als bekannt vorausgesetzt, weshalb man sich in allen Rezensionen einer inhaltlichen Darstellung von Tindals Buch erspart. Die *Göttingischen Zeitungen* meinen sogar: „Beyde bemeldeten Schriften sind schon zur Genüge bekannt".[208] Fosters Widerlegung

---

[204] Ebd., 100f.
[205] Ebd., 121ff. Eigentlich James Foster, Jacob ist latinisiert. Zu ihm DNB XX, 54–55.
[206] Franckfurtische Gelehrte Zeitungen (1741, Nr. 30), 175–177; Göttingische Zeitungen
(1741, 23. Stück), 189–191; Nachrichten von den neuesten Theologischen Büchern und Schrifften (1741, Bd. 1, 2. Stück), 111–127.
[207] Göttingische Zeitungen (1741, 23. Stück), 189–191, 191; Franckfurtische Gelehrte Zeitungen (1741, Nr. 30), 175–177, 177.
[208] Göttingische Zeitungen (1741, 23. Stück), 189–191, 191

ist in deutschen Zeitschriften allerdings nicht ausführlich besprochen worden. Nur in den *Niedersächsischen Nachrichten* findet sich ein über die Titelmitteilung hinausgehende kurze Information, die der ausführlichen Besprechung von Fosters Buch in der *Bibliotheque raisonnée* geschuldet ist.[209] Die beiden anderen Rezensionen geben einen kurzen, uninformativen Aufriss von Fosters Buch wieder.[210] Die *Nachrichten von den neuesten Theologischen Büchern* bemerken dazu kritisch, „daß hier und da noch manches anstößige mit unterlauffe, welches ein aufmercksamer Leser leicht mercken wird".[211] Ansonsten übernimmt man die Einschätzung Schmidts bzw. der *Bibliotheque raisonée*, dass Fosters Widerlegung die beste unter den gegen Tindal erschienenen Schriften sei.

Der Vorbericht des Übersetzers wird in allen Rezensionen thematisiert. Am ausführlichsten referieren ihn die *Nachrichten von den neuesten Theologischen Büchern*, ohne allerdings Stellung zu beziehen.[212] Ebenso, aber kürzer, verfahren die *Göttingischen Zeitungen*, die am Erfolg des gesamten Unternehmens „keinen Zweifel" haben.[213] Die *Franckfurtischen Gelehrten Zeitungen* hingegen beurteilen den Vorbericht ausdrücklich positiv, sind aber dem Gesamtunternehmen gegenüber kritisch eingestellt: „Man vertheidigt anfangs die Freyheit wider die Christliche Religion Einwürfe zu machen mit solchen Gründen, welche in der That verdienen in Erwegung gezogen zu werden. Man gestehet es, daß man eines unglaubigen Schrifft in Teutschland bekant gemacht, und zwar mit einer der bindigsten Widerlegungen: in der Absicht, die herumschweifenden und öfters verborgenen Einwürffe wider die Christliche Religion nachdrücklich zu entkräfften, und solchergestalt den Unglauben aus den Hertzen der Menschen auszurotten. Unserm Urtheil nach ist dieses eben so schädlich, als wenn die Evangelisten uns die gröbsten Lästerungen der Pharisäer und Schriftgelehrten wider Christum, nebst dessen beygefügter Verantwortung, in ihren Nachrichten, ohne Zurückhaltung, vor Augen legen".[214]

Die wenigen Meinungen sind also geteilt. Die negative Einschätzung der *Franckfurtischen Gelehrten Zeitungen* ist dabei nicht überzubewerten. Andere Hinweise auf die Übersetzung in den Jahren kurz nach ihrem Erscheinen bestärken vielmehr die eher zurückhaltend-indifferente Haltung der *Nachrichten von den neuesten Theologischen Büchern*. Nun hat sicher die deutsche Übersetzung Tindals eine vermehrte

---

[209] Niedersächsische Nachrichten (1732, 65. Stück), 563–564; (1732, 93. Stück), 803–805. Mit direktem Verweis auf: Bibliotheque raisonée (1732, Tom. VIII, Part. II), 243–302; (1732, Tom. IX, Part. I), 5–65. Damit fehlt der erste Teil der insgesamt dreiteiligen Rezension: Ebd. (1731, Tom. VII, Part. II), 291–329.

[210] Franckfurtische Gelehrte Zeitungen (1741, Nr. 30), 175–177, 175f.; Nachrichten von den neuesten Theologischen Büchern und Schrifften (1741, Bd. 1, 2. Stück), 111–127, 116f.

[211] Nachrichten von den neuesten Theologischen Büchern und Schrifften (1741, Bd. 1, 2. Stück), 111–127, 116.

[212] Ebd., 118–127.

[213] Göttingische Zeitungen (1741, 23. Stück), 189–191, 189f.191 (Zitat).

[214] Franckfurtische Gelehrte Zeitungen (1741, Nr. 30), 175–177, 176.

Kenntnis des Buches zur Folge gehabt.[215] Die deutsche theologisch-philosophische Apologetik war von dieser Übersetzung allerdings nicht abhängig.[216] Das zeigt besonders deutlich Martin Knutzens Auseinandersetzung mit Tindals Schrift, die ab der dritten Auflage seinem Buch *Philosophischer Beweiß von der Wahrheit der Christlichen Religion* angebunden war: *Vertheidigte Wahrheit der Christlichen Religion gegen den Einwurf: Daß die christliche Offenbarung nicht allgemein sey. Wobey besonders die Scheingründe des bekannten Englischen Deisten, Matthäi Tindals, welche in deßen Beweise, daß das Christenthum so alt, als die Welt sey, enthalten, erwogen und widerleget werden* (Königsberg 1742).[217] Knutzen nennt in der kurzen, argumentativ nicht weiter erhellenden Auseinandersetzung mit Tindal die deutsche Ausgabe, wie bereits der Titel seiner Abhandlung ankündigt, zitiert aber aus der englischen.[218] Den deutschen Titel empfindet Knutzen als zweideutig.[219] Eine Stellungnahme zu der deutschen Ausgabe findet sich hier sonst nicht.

Dass es erst einmal zu dieser reduzierten Reaktion auf die deutsche Übersetzung von Tindals *Christianity as old as the Creation* kam, ist auch gar nicht überraschend. Bereits 1732 hatte ja Colerus eine Übersetzung der deistischen Texte exakt in der Form, in der Schmidt sie vorlegte, in Betracht gezogen.[220] Diese Überlegung wurde nun realisiert. Zudem ist weder in den Rezensionen noch in der Reaktion Knutzens die eigentliche Pointe der Position Schmidts erkannt worden.

Georg Friedrich Meier hat sie in seiner *Rettung der Ehre der Vernunft wider die Freygeister*[221] gesehen und kritisiert. Indem Schmidt den Leser als letzte kritische Instanz der Auseinandersetzung mit der heterodoxen Literatur ansieht, ist nämlich keineswegs das Gelingen der Widerlegung garantiert.[222] Meier ist der Vernunftfähigkeit des Lesers gegenüber erheblich skeptischer eingestellt als Schmidt. Während die Einwürfe gegen die Religion auf „verworrenen und sinnlichen Vorstellungen" beruhten, seien die Widerlegungen „deutliche und ausführliche Begriffe". Sie erforderten „viel Nachdencken und eine große Scharfsinnigkeit", die aber den „allerwe-

---

[215]   Siehe SCHRÖDER, Aporien, 225 Anm. 15 und 16. Die hier genannten Disputationen von Klemm und Quistorp (1746 bzw. 1742) waren mir nicht verfügbar.

[216]   So zu Recht SCHRÖDER, ebd.

[217]   In: MARTIN KNUTZEN, Philosophischer Beweiß der Wahrheit der Christlichen Religion, darinnen die Nothwendigkeit einer geoffenbarten Religion insgemein und die Wahrheit oder Gewißheit der Christlichen insbesondere, aus ungezweifelten Gründen der Vernunft nach Mathematischer Lehr-Art dargethan und behauptet wird. Dritte Auflage, mit einigen Anmerkungen, Register und einer Zugabe hieher gehöriger Abhandlung vermehret. Königsberg 1742, 223–272. Zu Knutzen siehe MAX WUNDT, Die deutsche Schulphilosophie im Zeitalter der Aufklärung, Tübingen 1945, 208–210.

[218]   Zu Tindal hier nur §§ 8–11, 238–252.

[219]   Ebd., 238.

[220]   Siehe oben, 1.2.3.

[221]   GEORG FRIEDRICH MEIER, Rettung der Ehre der Vernunft wider die Freygeister, Halle 1747. Siehe hierzu GÜNTER GAWLICK, G. F. Meiers Theorie der Freiheit zu denken und zu reden, in: FRANK GRUNDERT/FRIEDRICH VOLLHARDT, Aufklärung als praktische Philosophie, Tübingen 1998 (Frühe Neuzeit 45), 281–295.

[222]   Vgl. SCHRÖDER, Aporien, 222f.

nigsten Menschen" eigen sei. Daraus folgt Meier lesepsychologisch: „Die Einwürfe können mit zwey, drey Worten gesagt werden, allein die Beantwortungen erfodern gantze Ausführungen. Werden wol viele Menschen Geduld und Ueberlegung genug besitzen, den gantzen Umfang der Beantwortung einzusehen?"[223] Das publizistische Programm, wie es Schmidt vertritt, wird deshalb abgelehnt: „Wenn man also gleich mit den freygeisterischen Einwürfen die Beantwortungen verbindet, so bin ich doch gut dafür, daß die meisten Leser dennoch verführt werden können, und geschieht auch gleich das letzte nicht, so halte ich es gewiß was höchst zufälliges". Und direkt zu den Übersetzungen von Spinoza und Tindal, die er von unterschiedlichen Übersetzern ans Licht gestellt sieht, meint er, dass diese „gesündiget" haben, „obgleich der erste die Widerlegung des Herrn Cantzlers Wolf, und der andere Herr (sic!) Fosters Widerlegung hinzugefügt hat".[224] Scharfsichtig hat Meier damit das Augenmerk auf den Punkt gerichtet, an dem Schmidts Plädoyer und Tätigkeit den vorgegeben Rahmen prinzipiell außer Kraft setzen und in eine neue Vorstellung umformen.

2.4. *Eigenständigkeit und Umformung*

Das Interesse, das man in Deutschland an Matthew Tindals *Christianity as old as the Creation* nimmt, ist durch den Topos des Verhältnisses von Vernunft und Offenbarung gegeben. Dafür spricht vor allem die abstrakte Charakterisierung Tindals, wie sie die *Deutschen Acta* bieten. Und auch Kortholts Versuch einer inhaltlichen Bestimmung der Position Tindals ist nur an diesem Punkt orientiert. Unübersehbar ist dabei allerdings ein Prozess der zunehmenden Eigenständigkeit der deutschen Rezipienten, der in Johann Lorenz Schmidts beachtlicher Position[225] kulminiert.

Bereits die *Deutschen Acta* zeigen eine durchgängig kritische wie eigenständige Position. Das apologetische Interesse ist damit nicht außer Kraft gesetzt. In der Ablehnung der englischen apologetischen Vorgaben bleibt man noch immer den traditionellen, aus der Atheismusdebatte des 17. Jahrhunderts stammenden Argumentationsmustern verpflichtet. In der Auseinandersetzung mit einem neuen und gefährlichen Autor wird man hier noch keines Plausibilitätsverlusts jenes denkerischen Horizonts ansichtig, der die Wahrheit auf seiner Seite weiß und von hier aus urteilend Stellung bezieht. Auch Kortholt in den *Nova Acta* und die *Auserlesene Theologische Bibliothec* stützen noch diese Ansichten.

Schmidt hingegen überführt das apologetische Interesse in ein diskursives Verfahren. Diesem zufolge ist eine gelingende Auseinandersetzung mit der neuen religionsphilosophischen Literatur von einem argumentativen Austausch eigenständi-

---

[223] MEIER, Rettung, 94.
[224] Ebd., 95.
[225] Bereits Emanuel Hirsch hat Schmidt an die Schwelle zur neuen evangelischen Theologie gesetzt (HIRSCH II, 417–438). Vgl. ferner GAWLICK, G.F. Meiers Theorie, und SCHRÖDER, Aporien.

ger Positionen abhängig. Dogmatistisch fixierte Standards sind hierin entwertet. Der bislang herrschende denkerische Horizont hat seine Plausibilität eingebüßt und ist von Schmidt umgeformt worden. Entscheidend ist es zu sehen, dass diese Umformung die ursprüngliche Intention aufrecht erhält. Auch Schmidt will ja Tindal nicht Recht geben, sondern ihn widerlegen. Wie diese Zielbestimmung allerdings unter den von Schmidt vorgestellten Bedingungen eingelöst werden soll, das hat Meier zu Recht hervorgehoben, ist von hier aus gar nicht ersichtlich. Und gerade das kennzeichnet den von Schmidt skizzierten Denkraum als offen.[226]

Nun liegt es nahe anzunehmen, dass die neue Eigenständigkeit und die damit einhergehende Umformung des Denkraums sich nicht allein einer neuen Wahrnehmung der englischen deistischen Literatur verdankt. Gotthard Victor Lechler hat zu Schmidts Übersetzung dann auch gemeint: „Diese Uebersetzung kann um so weniger für ein zufälliges alleinstehendes Faktum gehalten werden, als der Uebersetzer ein bekannter Wolfianer (sic!) war und das Jahr 1740 in der äusseren Geschichte der Wolfischen Philosophie, die mit dem Deismus in einem inneren Verwandtschaftsverhältniss steht, dadurch Epoche macht, dass in diesem Jahr Wolf nach Halle zurückkehrte".[227] Man kann eine solche Analogie noch weiter treiben: Das Einsetzen der näheren Auseinandersetzung mit Tindal kongruiert zeitlich mit der Aufhebung des Verbots der Wolffschen Bücher Anfang 1734 in Preußen.[228] Mit den genannten Martin Knutzen, Georg Friedrich Meier und natürlich Johann Lorenz Schmidt äußern sich zudem Wolff-Schüler derjenigen Generation, die ab 1735 zu Vertretern eines eigenständigen ‚Wolffianismus' gehören.[229] Zuletzt legt sich eine Verbindung auch inhaltlich, durch die thematische Fixierung am Verhältnis von Vernunft und Offenbarung nahe. In den ab 1737 (durch Schmidts *Wertheimer Bibel*) waltenden Streitigkeiten um die Wolffsche Philosophie hat man sich an die Theologen gewandt und die Harmonie von Glaube und Vernunft betont.[230] Hat man sich also in der Ablehnung Tindals nach ‚links' abgegrenzt, um dem Ver-

---

[226] Siehe Schröder, Aporien, 234f.

[227] Lechler, 448.

[228] Diese hat sich schon länger angekündigt. Eine eingehende Beschreibung des neuen intellektuellen Klimas am Preußischen Hof in den 1730er Jahren gibt Carl Hinrichs, Preußentum und Pietismus. Der Pietismus in Brandenburg-Preußen als religiös-soziale Reformbewegung, Göttingen 1971, 430–441.

[229] Siehe dazu Günter Mühlpfort, Radikaler Wolffianismus. Zur Differenzierung und Wirkung der Wolffschen Schule ab 1735, in: Werner Schneiders (Hg.), Christian Wolff 1679–1754. Interpretationen zu seiner Philosophie und deren Wirkung, Hamburg 1983 (Studien zum achtzehnten Jahrhundert 4), 237–253.

[230] Georg Volckmar Hartmann, Anleitung zur Historie der Leibnitzisch-Wolffischen Philosophie und der darinnen von Hn. Prof. Langen erregten Controvers, nebst einer Historischen Nachricht vom Streite und Ubereinstimmung der Vernunfft mit dem Glauben, oder Nutzen der Philosophie in der Theologie, und denen drey Systematibus der Gemeinschafft zwischen Seele und Leib; nach ihrem natürlichen Zusammenhange deutlich und gründlich fürgetragen, mit Anmerkungen erläutert und aus Liebe zur Wahrheit heraus gegeben, Franckfurth und Leipzig 1737 (= Christian Wolff, GW III/4, Hildesheim/New York 1973), 99ff.

dacht des überschießenden Rationalismus zu entgehen bzw. hat Schmidt die ‚links-wolffianische‘ Konsequenz gezogen?

Unbestritten hat mit der Thematisierung des Verhältnisses von Vernunft und Of-fenbarung (Glaube) in der Schule Christian Wolffs dieses Verhältnis eine andere Konnotation bekommen.[231] Der aus der älteren Wolff-Schule stammende Ribov[232] macht die methodologische Innovation gegenüber Tindal deutlich, die auch später aufgenommen wird. Die „Philosophischen Naturalisten", zu denen er Tindal zählt, müssten aus der „natürlichen Gottesgelahrtheit" selbst widerlegt werden.[233] „Die theologia naturalis erörtert", wie Hans-Joachim Birkner die Pointe fasst, „jetzt ih-rerseits Möglichkeit und Grenzen einer theologia revelata".[234] Für die Bemessung des Erfolgs dieser Argumentationsstrategie ist hier eine Darstellung von Ribov oder Knutzen nicht nötig. Man kann ihn an den *Deutschen Acta* ablesen. Doch die the-matische Fixierung auf das Verhältnis von Vernunft und Offenbarung ist, wie oben bereits angedeutet, kein Proprium der Wolffschen Schule. In dieser Abstraktheit begleitet dieses Thema die Deismusrezeption von Anfang an.[235]

Ebenso sicher ist, dass die Ambiguitäten der Wolffschen Philosophie gegenüber der ‚deistischen‘ Argumentation Anknüpfungspunkte ganz unterschiedlicher und zuweilen radikal-kritischer Art geboten haben.[236] Es sind ja gerade die eigenständi-gen Anverwandlungen dieser Impulse, die zu einer ‚Spaltung‘ des ‚Wolffianismus‘ geführt haben. Wenn sich mit Ribov, Knutzen, Meier und Schmidt Wolffianer zu Wort gemeldet haben, so ist das ein durchaus repräsentativer Schnitt durch die da-malige intellektuelle und im Fall Ribovs, Knutzens und Meiers zudem akademi-sche Szene.[237] Das heißt aber erst einmal nur, dass es zu dieser Zeit vornehmlich Wolffianer waren, die publizistisch tätig waren und die entsprechenden Plattformen nutzen konnten und auch genutzt haben. Die Auseinandersetzung mit Tindal ist im Fall Ribovs und Knutzens (Meier geht auf Tindal direkt gar nicht ein) zu randstän-dig und professionalisiert, als dass man diese als ‚wolffianisches‘ Thema reklamieren könnte. Anders formuliert: Dass man sich Tindal widmete, ist ein Fall der Polemik unter anderen. Und Polemik gehörte bei den Professoren Ribov und Knutzen zum akademischen Lehrprogramm.

Nun hat sicher die Etablierung des ‚Wolffianismus‘ die intellektuelle Atmosphäre in der deutschen gelehrten Welt verändert und bestimmt zur Umformung des her-gebrachten Denkraums ihren Teil beigetragen. In Blick auf die Übersetzung von

---

[231] Hans-Joachim Birkner, Natürliche Theologie und Offenbarungstheologie, NZsTh 3 (1961), 279–295, 283–286.

[232] Horst Stephan, „Wolff, Christian", in: RE³ 21 (1908), 452–464, 462.

[233] Ribov, Gründlicher Beweiß, 40. Vgl. ders., Institutiones Theologiae Dogmaticae methodo demonstrativa. Pars I. continens theologiam naturalem, Göttingen 1741, 49f. (§ 105) zu Tindal.

[234] Birkner, Natürliche Theologie, 285.

[235] Siehe I., 1.2.

[236] Günter Gawlick, Christian Wolff und der Deismus, in: Schneiders (Hg.), Christian Wolff, 139–147, 142–145.

[237] Darüber ist noch immer sehr wenig bekannt. Das gilt vor allem für den ‚theologischen Wolffianismus‘, siehe Stephan, „Wolff, Christian", 460–464.

Tindal (wie übrigens auch die von Spinoza) ist zumindest nichts über Maßnahmen der Zensur bekannt – allerdings auch nichts über weitere Auflagen oder Nachdrucke. In all dem spiegelt sich eine geistige Situation, die die von Schmidt eröffnete Option – jenseits schulphilosophischer Abhängigkeiten – für möglich hielt.

3. Stabilitäten, Transformationen, Möglichkeiten

Man will in Deutschland die englischen Deisten widerlegen und das traditionelle Verhältnis von Vernunft und Offenbarung erhalten. Für das Interesse und die apologetische Intention, die man Thomas Woolstons Wunderkritik und Matthew Tindals *Christianity as old as the Creation* entgegenbringt, bedarf es keiner Stimulation durch eine Debatte, die die deutsche intellektuelle Szene gerade bestimmt. Das unterscheidet diese Auseinandersetzungen maßgeblich von denen um John Tolands *Adeisidaemon* und Anthony Collins' *Discourse of Free-Thinking*. Weiterhin stehen die Nachrichten von heterodoxen Büchern, die man aus England erhält,[238] unter derjenigen weltanschaulichen und lektürebestimmenden Evidenz, die aus der Atheismusdebatte überkommen ist. In der Diskussion der 1730er Jahre hat sich diese als stabil erwiesen. Unter dem Mantel dieser *Stabilitäten* sind nun aber *Transformationen* vonstatten gegangen, die mit jenen in innerem Konflikt stehen und dabei neue *Möglichkeiten* aus sich heraussetzen.

Die erste Transformation betrifft den *Begriff*, mit dem man sich nun der entsprechenden Literatur nähert. Der Wechsel von den ‚Atheisten' zu den ‚Deisten' oder gar ‚englischen Deisten' ist zunächst ein äußeres Phänomen. Das Aufkommen des Begriffs ist mit der Debatte um Woolston nicht direkt verknüpft. Man verdankt ihn ja Dittons Buch. Mit dem Aufkommen der Ahnung einer Eigenart ist seine bleibende Verwendung aber innerlich verbunden. In Deutschland übernimmt man den üblichen englischen Begriff, um das Phänomen näher zu fassen. Nach der deutschen Definition: Der ‚Deist' ist ‚Naturalist', beschreibt der Begriff die Eigenart seines Gegenstandes relativ zum bekannten Bestand von Heterodoxie. Trotzdem setzt man dadurch den ‚Deisten' vom ‚Atheisten' ab. Während der Atheismusbegriff in ständiger Überdeterminierung zahlreiche Phänomene integrierte und fiktiv deren

---

[238] Eine Schwierigkeit ist hier zu verzeichnen: Der Weg, den die Nachrichten aus England nehmen, ist schwer zu rekonstruieren. Das hat wesentlich zwei Gründe: a. Mit der Zunahme der Notizen werden die Quellen dieser Notizen nur noch selten angegeben, b. eine vollständige Rekonstruktion der Ausbreitung der Nachrichten müsste die sich ebenfalls stark verändernden Zeitschriftenmärkte in Holland und England in Betracht ziehen. Englische Zeitschriften werden langsam in Deutschland bekannter und gelesen. Einen ersten Überblick über die verwendeten Zeitschriften bietet: Nöthiger Beytrag zu den Neuen Zeitungen von Gelehrten Sachen, 7 Bde., 1734–42. Die Situation scheint in den 1730er Jahren aber noch wesentlich mit der des ersten Drittels des 18. Jahrhunderts übereinzustimmen. Tindals Buch zumindest wurde ja in einer holländischen Ausgabe ausführlich besprochen. Siehe zu diesen Problemen Bernhard Fabian, Bibliothek und Aufklärung, in: Werner Arnold/Peter Vodosek (Hrsg.), Bibliotheken und Aufklärung, Wiesbaden 1988 (Wolfenbütteler Studien zur Geschichte des Buchwesens 14), 1–19.

Anwachsen als Bestärkung der eigenen Positionalität ausgedeutet hat, deutet sich im Wechsel des Begriffs eine Pluralisierung des Horizontes an. Oder anders: Indem man nun anfängt, Unterschiede zu machen, zeigt die Überdeterminierung des Begriffs ihre problematischen Konsequenzen. Dann entlässt der ‚Atheismus' eine Vielzahl individuell-eigenständiger Gestalten heterodoxer, und eben nicht mehr nur ‚atheistischer', Meinungen. Das Bewusstsein einer Eigenart, wie es sich im Wechsel des Begriffs andeutet, gerät damit in Konflikt mit den Zielbestimmungen, die den Stabilitäten zugrunde liegen. Will man die heterodoxe Meinung widerlegen, muss man sie nämlich zuallererst beschreiben.

In den 1730er Jahren zeigen sich eine Vielzahl von Beschreibungsmöglichkeiten der ‚englischen Deisten'. Der angedeutete Konflikt lässt sich auch durch einige umgehen. Zunächst natürlich in der Beschreibung durch eine formalisierte literarische Praxis, wie man es bei Woolston versucht hat. In der bibliographischen Sammlung wird die Eigenart Woolstons auf Dauer, also mit anwachsender Dokumentation der polemischen Literatur, bereits quantitativ an den Rand gedrängt. Einen qualitativen Ausweg hat Michael Lilienthal 1741 gewählt: Er bestimmt den Deismusbegriff in der phänomenalen Breite des Atheismusbegriffs. Der Deismusbegriff übernimmt dessen verschiedene Funktionen. England erscheint dann, ähnlich der Beschreibung der *Auserlesenen Theologischen Bibliothec* von Tindal, als momentan besonders hervorgehobene Stätte eines allgemeinen Phänomens.[239] Das andere Extrem ist die Lösung von Johann Lorenz Schmidt. Er nimmt den sich pluralisierenden Horizont an. Schmidt verwendet als Begriff den der ‚Ungläubigen' nur um zu zeigen, wie die damit beschriebenen Positionen zu ihnen fremden Zwecken verzeichnet werden.[240] Das schließt das Lob auf die diskursiven Verhältnisse in England ein. Zwischen diesen beiden Beschreibungsmöglichkeiten kommt die von Kortholt angedeutete zu stehen: Einerseits die Anerkennung einer Eigenart der heterodoxen Literaturproduktion, die bei ihm in englischen Verhältnissen begründet wird, und andererseits die Ausbildung einer dazugehörigen Tradition. Mit der Vorstellung einer Tradition der heterodoxen Denker bleibt der Horizont für weitere phänomenale

---

[239] LILIENTHAL, 272: „Es ist kaum zu sagen, wie leider! der Deismus zu unsern Zeiten, besonders in England, angewachsen ist. Dieses gefährliche Gifft, der (sic!) dem Fleisch und der tollen Vernunfft so sehr gefällt, hat wie der Krebs um sich gefressen, daß fast kein Heilen mehr zu gedencken ist. Es sind aber die Deisten von unterschiedenen Gattungen. Es giebt brutale Deisten, die aus purer Irreligiosität, ohne alle gegründete Raison, das Christenthum verwerfen, nur weil es ihrer Freyheit zu sündigen entgegen stehet. Es giebt weiter Deistas scepticos, die ihrer Meynung nicht gewiß sind, und noch einen Stachel in ihrem Gewissen haben, aber auf einen Scepticismum universalem incliniren. Es giebt endlich auch dogmatische Deisten, die entweder noch, unter einer angenommenen Larve des Christenthums, demselben viel Zweiffel entgegensetzen, oder gar deutlich sich wider dasselbe herauslassen". Zum Hintergrund dieser Definition, die sich Buddeus verdankt und auch bei Walch zu finden ist: HANS-MARTIN BARTH, Atheismus und Orthodoxie. Analysen und Modelle christlicher Apologetik im 17. Jahrhundert, Göttingen 1971 (FSÖTh 26), 83.

[240] Besonders deutlich bei SCHMIDT, Vorbericht, in: Beweis, 38ff.

Bestände offen, wie er durch die Rückführung auf nationale Umstände profiliert ist.[241]

Mit der Idee einer englischen Tradition des heterodoxen Denkens steht Kortholt nicht allein. Zusammen mit den verschiedenen breiteren und angereicherten Englandvorstellungen, wie man sie u.a. bei Loescher, in der Definition der ‚Deisten in England' bei Mosheim oder in der *Auserlesenen Theologischen Bibliothec* findet, zeichnet sich eine Tendenz der Kanonisierung ab: Festen Bestand der englischen heterodoxen Tradition bilden Toland, Collins, Woolston und Tindal. In der deutschen Auseinandersetzung mit den englischen Deisten in den 1730er Jahren sind damit nicht nur ‚englische Deisten' ins Leben gerufen worden, sondern es hat sich auch die Vorstellung von Protagonisten entwickelt. Wovon sie Protagonisten sind, weiß man inhaltlich aber nicht näher zu bestimmen.

Der Wechsel des Begriffs als äußere Erscheinung des Bewusstseins einer Eigenart der englischen Deisten und die daraus resultierenden Möglichkeiten, diese unterschiedlich zu beschreiben, stellen eine Annäherung dar. Doch als ‚Secte' sind die ‚englischen Deisten' in Deutschland weder als dogmatisch-soziale Gestaltung heterodoxer Meinung noch in einer ideellen Fassung des Sektenbegriffs durchgängig charakterisierbar. Es fehlt dafür an Überblick über die noch immer anhaltende Literaturproduktion. Und die Übersicht wird durch die zweite Transformation noch erheblich erschwert.

Bereits mit der massiven Übersetzungtätigkeit in der deutschen Auseinandersetzung mit Woolston kündigt sich eine Veränderung an, die über die bibliographische Adaption der Polemik hinausführt. In der Berichterstattung der *Deutschen Acta* meldet sich der kritische Journalist zu Wort und mit Schmidts Übersetzung wird der deutsche Zeitgenosse endgültig vom Sammler zum *Leser*[242] – zumindest idealiter. Denn der Konflikt mit der apologetischen Grundhaltung wird hier, wie oben bereits angedeutet, zugespitzt. Die Emanzipation von dogmatischen Vorgaben ist dabei nur eine Seite. Auf der anderen ist grundlegend, dass mit dem Auftauchen des Lesers ein anderes Autoritätsgefüge in Kraft tritt. Die Erwähnung des ‚Freybürgers in der gelehrten Welt', die Strobel seiner Übersetzung voranstellte und die von Colerus aufgenommen wurde, ist daher kein Zufall.[243] Die ‚gelehrte Welt' als Instanz

---

[241] Die nationale Eigenart kann unterschiedlich gesehen werden, wie bei Lemker etwa psychologisierend, LEMKER, Historische Nachricht, 52: „[So] gros in Engelland die Hitze bey einer neuen Streitigkeit ist, und so heftig man daselbst im Anfange auf eine Sache losgehet, wenn sie zuerst in Streit gezogen wird; so bald pfleget man auch wieder nachzulassen und müde zu werden. Wozu auch noch kömt, daß die häufig hervor tretende Art irriger Schriften die Gemüther bald auf etwas anders ziehen. Die *Collinischen* Streitigkeiten machten ehemals den *Tolandischen* ein Ende, Jene wurden von den *Woolstonischen* aufgehoben und diese wiederum durch *Tindals* Sätze, u. die eifrig darüber gewechselten Schriften ins Vergessen gebracht. Bis auch diese Streitigkeiten durch die darauf folgenden und von uns angeführten [scil. Morgan und Chubb, CV] ihre Endschaft erreichet".

[242] Vgl. ULRICH JOHANNES SCHNEIDER, Die Vergangenheit des Geistes. Eine Archäologie der Philosophiegeschichte, Frankfurt, 1990, 32–42.

[243] Vgl. BRAUN, Geschichte, 112.

diskursiver Auseinandersetzungen ersetzt die dogmatisch-sozial fixierte und rechtlich abgesicherte, letztlich aber nicht-diskursive Gemeinschaft der Atheismusbestreiter. Indem man nun auch die ‚Deisten' selbst in die gelehrte Welt einbürgert,[244] werden Anstrengungen erforderlich, die etwas anderes sind als die intellektuelle Fähigkeit, neue heterodoxe Äußerungen in einen vorgegeben Horizont einzugliedern und damit zu relativieren. Denn in der ‚gelehrten Welt' tritt der Leser mit dem Phänomen direkt in Beziehung.

Wie problematisch das empfunden wurde, zeigt sich in den beiden Themenkreisen, in denen die Art und Weise der Beziehung diskutiert wurde: Einmal in der Frage nach der Rezeption bzw. Ausbreitung der deistischen Gedanken und dann in der nach dem angemessenen publizistischen Umgang mit den entsprechenden Texten. Auch hier lassen sich Möglichkeiten unterscheiden: Zuerst die von Schmidt ergriffene Option, eine angemessene Reaktion auf eine angenommene Ausbreitung der deistischen Gedanken durch eigenes Lesen auszubilden. Die direkt dagegen stehende Option, durch Unterdrückung schädlicher Schriften einer weiteren Ausbreitung zu wehren und sie zu bekämpfen, hat um 1740 kaum noch Befürworter. Auch Meier zieht sie nur stark relativiert in Betracht.[245] Durchschnittlich ist wohl die Ansicht von Heinrich Christian Lemker. Wie Schmidt vertraut er auf die Durchsetzungsfähigkeit der christlichen Religion und hält eine Bekanntmachung der deistischen Schriften (auch in Übersetzung) für nicht notwendig schädlich.[246] Und gerade das apologetische Interesse macht sie sogar nötig. Denn nur so ist deren Niederlage und der Sieg der christlichen Religion deutlich zu zeigen.[247] Die Beziehung des Lesers zu seiner Lektüre hat bei Lemker und Schmidt zwei Seiten: Sie schließt eine positive Rezeption nicht aus, aber der Sieg über die schädlichen Bücher der Deisten kann auch nur eben so erreicht werden.[248] Trotzdem ist die Instanz des Lesers ein bleibendes Risiko. Er produziert keine Eindeutigkeit, sondern er wägt ab.

---

[244] Anthony Collins wurde aus der ‚gelehrten Republik' noch ausgeschlossen (I., 3.4.).

[245] Siehe GAWLICK, G. F. Meiers Theorie, 292.

[246] LEMKER, Historische Nachricht, 84: „Da die Stadt Gottes von den Pforten der Hölle selbst keinen Schaden leiden kan: so werden *Woolstons* und *Collins* und *Tindals* und anderer so alte als neue Schriften wieder das Christenthum, wenn es möglich, daß sie auch in alle Sprachen übersetzet würden, rechtschafnen Nachfolgern Jesu eben so wenig Schaden und Aergernis zufügen als *Libanius* und *Porphyrius* und *Julianus* Schriften selbst der christlichen Religion den Untergang, obgleich ihre Verfasser solches mit allen Kräften gesuchet, verursachet haben".

[247] Ebd., 85f.: „Es ist noch eine Ursache, welche die Bekantmachung des Woolstonischen Lebens nothwendig machet. Seine Streitigkeiten füllen einen grossen Theil der neuen Kirchen-Geschichte aus. Sie zeigen dabey die Schwäche und Ohnmacht der wiedrigen Parthey. Sie überzeugen zugleich von der Stärke und Unüberwindlichkeit unsers allerheiligsten Glaubens. Gelehrte, die mit vielem Beyfall schreiben, haben nicht blos ein und das andere von Woolston angeführet; sondern sie haben auch bewiesen, daß es so erlaubt als nöthig sey, seine Geschichte und Lehren sowol, als anderer Deisten bekant zu machen".

[248] Noch einmal LEMKER, ebd., 83: „Was machen sich ihrer viele nicht für fürchterliche Vorstellungen, wenn sie nur den Nahmen *Deisten* oder *Freydenker* nennen hören? Was ist aber die Ursache dieser unnöthigen Furcht? keine andere, als weil sie diese elende Helden nicht selbst kennen".

Der Leser braucht Lektüre. In der Frage, was der Leser lesen soll, kommen die Probleme des Überblicks und des Abwägens zusammen. Für eine rein apologetische Haltung war und ist das um 1740 eigentlich kein Problem, hier reicht die Bibliographie und die Atheistenliste. Der gelehrten Repetition und Kompilation von Nachrichten und Meinungen hat Michael Lilienthal in seiner *Theologischen Bibliothec* noch einmal ein Denkmal gesetzt – mit den entsprechenden Folgen.[249] Für den wirklichen Leser der englischen Deisten sieht das anders aus. Er tritt in ein neues Verhältnis zu der *Überlieferung*, die ihm seine Lektüre allererst möglich macht. Er negiert die gelehrte Tradition dabei nicht einfach, sondern verwendet sie neu. Sie ist weiterhin Informationsquelle: Für das Leben und die Schriften eines Autors, wie sie den Übersetzungen beigegeben werden, oder als Einführung in eine Kontroverse. Der Leser bleibt auf die gelehrte Bibliothek angewiesen, sein Interesse ist nach wie vor das gelehrte und deshalb umfängliche Wissen. Angesichts der Vorstellung einer ganzen heterodoxen Tradition in England muss der deutsche Zeitgenosse allerdings neue Wege finden, dieses Phänomen zu überblicken. Übersetzungen einzelner Schriften bleiben punktuell, auf einen bestimmten Fall bezogen, wie groß der Referenzrahmen der Übersetzung auch gespannt wird. Bereits in der Auseinandersetzung mit Woolston sind jene Aneignungsbedingungen formuliert, die sich der Leser nun zu eigen macht: die Vorstellung eines Kompendiums, einer fürs Lesen praktischen und dem Überblick angemessenen Bibliothek. Deshalb steht am Ende des hier überblickten Zeitraums ein Programm, das Heinrich Christian Lemker äußert, aber einmal mehr eine Überlegung eines holländischen Gelehrten repetiert: „Die grosse Menge Bücher und deren Verschiedenheiten, welche von Tage zu Tage in Engelland an das Licht getreten, bekräftigen billig die Gedanken eines gelehrten Mannes, daß man gantz sicher ein gedoppeltes Tage-Buch schreiben könte, davon eines die *Rechtgläubige englische Bibliothek* hiesse, das andere aber den Nahmen der *Irrgläubigen* führete".[250]

Ist damit eine Konstellation beschrieben, die der englischen deistischen Literatur offen gegenübersteht und eine positive Aufnahme befördern helfen wird? Die direkten literarischen Auseinandersetzungen mit den englischen Deisten geben bisher keinen Ansatzpunkt einer philosophischen oder theologischen Neueinschätzung zu erkennen. Allerdings bieten sie auch keinen Anlass, sie nicht erwarten zu dürfen. Denn was sich nachhaltig verändert hat, ist das Verhältnis und die Haltung zu dem überlieferten Material. In Analogie und Gleichzeitigkeit zu der von Lucien

---

Wem dagegen die nur in blossen Worten bestehende Stärke dieser neuen und unglücklichen Himmels-Stürmer nicht unbekant ist, der fürchtet sich eben so wenig für diese eingebildete Riesen, als ein erwachsener Hottentot für einen Löwen".

[249] Siehe Exkurs: J.G. Walch und Christianity not mysterious.

[250] LEMKER, Historische Nachricht, 5. Die dazu gehörige Anmerkung: „Es wird alhie auf den Herrn *Mich. de la Roche* gezielet, als welcher bey einer gewissen Gelegenheit saget: L'Angleterre fourniroit astez de Livres pour composer deux Journeaux, dont l'un intitulé *Bibliotheque Angloise Orthodoxe*, & l'autre, *Bibliotheque Angloise Heterodoxe. Dans Memoires literaires de la Grand Bretagne* Tom. VIII. Artic. XII. S. 491".

Braun beschriebenen Durchsetzung einer neuen Philosophiegeschichte im ersten Drittel des 18. Jahrhunderts,[251] beginnt sich um 1740 auch gegenüber den englischen Deisten ein *historisches* Interesse und Bewusstsein zu formulieren. Und dieses ist durch ein Ineinander von Transformationen und sich ergebenden Möglichkeiten, von Nähe und Distanz gekennzeichnet.

---

[251] BRAUN, Geschichte, bes. 127–130.

III. Aufbereitungen: Christoph Gottlob Grundig
bis Urban Gottlob Thorschmid

Ende der 1740er Jahre setzt die dritte Phase der deutschen Auseinandersetzung mit der englisch-deistischen Literatur ein. Während die Nachrichten von englisch-deistischer Literatur in den deutschen Zeitschriften allmählich versiegen, beginnt man mit den Aufbereitungen. Mit der Vergegenwärtigung des Phänomens (Grundig/Alberti), der Gestaltung der Apologetik (Leland/Skelton), der Vermittlung von Wissen (Baumgarten) und der Bestätigung der Überlieferung (Thorschmid) sind vier Typen der Aufbereitung benannt, die in unterschiedlicher Weise die sich nun stellende Aufgabe zu bewältigen suchen. Die gedankliche Arbeit, die hier in Angriff genommen wird, vollzieht sich im Bereich der Möglichkeiten, die die vorher erreichten Annäherungen aus sich entlassen hatten.

1. Vergegenwärtigung des Phänomens: C. G. Grundig und G. W. Alberti

Die Vergegenwärtigung des Phänomens des ‚englischen Deismus‘ umfasst dessen Vorstellung und Auslegung. Wie sich mit dem Aufkommen des Begriffs der ‚englischen Deisten‘ bereits abzeichnete, gehört zur Vorstellung die Nennung bzw. Darstellung eines phänomenalen Bestandes von Autoren und/oder Schriften. Die Auslegung hingegen, Kortholt hat das schon gezeigt, integriert das Beschriebene in einen ideellen und/oder kulturellen Bezugsrahmen.[1] Die Anfänge deutscher Vergegenwärtigung des englischen Deismus bilden die Darstellungen von Christoph Gottlob Grundig und von Georg Wilhelm Alberti. Unabhängig voneinander entwickeln Grundig und Alberti zwei unterschiedliche, sich aber keineswegs ausschließende Modelle, was der ‚englische Deismus‘ sei. Indem beide ihrem Gegenstand eine bestimmte Form und eine bestimmte Analyse zukommen lassen, geben sie dem Phänomen neue Dimensionen.

---

[1] Vgl. oben II., 1.3.2. und 2.2.2.1. und 3. Zur methodischen Unterscheidung ULRICH JOHANNES SCHNEIDER, Die Vergangenheit des Geistes. Eine Archäologie der Philosophiegeschichte, Frankfurt a.M. 1991, 91f.

1.1. Christoph Gottlob Grundig (1748)

Christoph Gottlob Grundig veröffentlichte 1748 seine *Geschichte und wahre Beschaffenheit derer heutigen Deisten und Freydencker.*[2] Anlass zu dieser Schrift war der
Plan Grundigs, akademische Streitschriften von Musäus gegen Herbert von Cherbury zu übersetzen. Diesen sollte die *Geschichte* eigentlich als Einleitung beigegeben werden. Sie war allerdings so sehr angewachsen, dass sich Grundig zu einer eigenständigen Veröffentlichung entschloss.[3] Die Schrift hatte eine schlechte Presse.
Auch eine kurz danach erschienene zweite Auflage verfiel der Kritik.[4] Diese scheint
so erfolgreich gewesen zu sein, dass Grundig sich nicht mehr zum Thema des Deismus geäußert hat und auch die versprochene Übersetzung von Musäus' Widerlegung von Herbert von Cherbury nicht mehr herausgab. Er starb 1780.

1.1.1. Deismus als System

Bereits im Untertitel hat Grundig angekündigt, vor allem Herbert von Cherbury
als *Vorgänger und Anführer* der *heutigen Deisten und Freydencker* zu behandeln.[5] Herbert von Cherbury eine prononcierte Stellung in der Tradition neuzeitlicher Heterodoxie bzw. des ‚Atheismus' beizulegen, lässt sich bis in das 17. Jahrhundert, eben
zu Musäus, zurückverfolgen.[6] Die von Grundig gewählte Bezeichnung für Herbert
als „Erzvater"[7] der Deisten ist wohl die erste und in der Aufklärungszeit weithin
vereinzelte terminologische Fassung des Klischees, mit dem man zweihundert Jahre
später Herbert immer wieder belegen sollte.[8]
    Grundig ist in der Vorstellung des Phänomens um begriffliche Schärfe bemüht.
So bemerkt er, dass man zwar von dem früher gebrauchten Atheismusbegriff abge-
kommen sei, allerdings nun „alle dergleichen Zweifler, Deisten, oder Freydencker", bisweilen auch „Naturalisten, jedoch ebenfals in allzuweitläufigen Ver-

---

[2] C.G. GRUNDIG, Geschichte und wahre Beschaffenheit derer heutigen Deisten und Freydencker, worinnen besonders von dem Leben, Schrifften, Nachfolgern und Gegnern des berühmten und gelehrten Englischen Lords EDOARD HERBERT de CHERBURY &c. als deren
Vorgängers und Anführers, gehandelt wird, aus seinen eigenen Schrifften und vielen besondern
Nachrichten zusammen getragen, und mit nöthigen Anmerkungen erläutert, Cöthen 1748. Zu
Grundig JÖCHER/ADELUNG 2, Sp. 1637–1638.
[3] GRUNDIG, Geschichte, 1f.
[4] Vgl. Göttingische Zeitungen (1748, 17.Stück), 136. (1750, 99.Stück), 792. Der Titel der
zweiten Auflage: Fortgesezte Geschichte derer heutigen Deisten und Freygeister, Cöthen 1749.
Diese war mir nicht verfügbar.
[5] C.G. GRUNDIG, Geschichte.
[6] Vgl. dazu jetzt DAVID A. PAILIN, Should Herbert of Cherbury be regarded as a ‚Deist'?, JThS
51 (2000), 113–149, bes. 113.
[7] GRUNDIG, Geschichte, 3. In der Bezeichnung ‚Erzvater' klingt offensichtlich noch die Bezeichnung Herberts als ‚Erz-Betreiger' durch Michael Berns von 1692 nach, vgl. PAILIN, Should
Herbert, 113.
[8] PAILIN, Should Herbert, 120–122. Pailin kennt Grundigs Schrift nicht.

stande" nennt.[9] Um diesem Manko zu entgehen, versucht Grundig ‚Deisten' und ‚Freidenker' näher zu definieren.[10] In der Darstellung, die Grundig wenig eigenständig aus deutschen Nachschlagewerken kompiliert, kommt diese Definition nicht mehr zum Tragen. Hier steht Herbert von Cherbury im Vordergrund, dessen Position Grundig mit den bekannten fünf Sätzen Herberts aus *De Veritate* (1624) identifiziert.[11]

Herbert zum Ursprung neuzeitlicher Heterodoxie überhaupt zu stilisieren, liegt Grundig fern: „Denn wolte man alle / welche seiter der Zeit Herberts gegen die Offenbarung geschrieben, oder sonsten nur ihre Zweifel dargegen ausgerahmet, zu seinen Schülern rechnen, so würde er deren bey nahe mehr denn der grösseste Weltweise jemals gehabt, aufweisen können". Die Wirkung Herberts will Grundig differenzierter beschreiben und rechnet unter dessen Schüler dann „wo nicht alle, gewiß die meisten Engländischen Deisten und Freydencker als nebst dem Hobbes / Toland, Collins, Woolston, Tindal, und der verwegenste Spötter der letzern Zeit, Morgan".[12] Hinzu kommen dann noch John Locke und Thomas Burnet,[13] sowie wenige „Ausländer(n)".[14]

Den Zusammenhang der verschiedenen ‚Nachfolger' Herberts gewinnt Grundig aus einer Extrapolation. Er führt die zeitgenössische Schrift *A brief Examination of the Rev. Mr. Warburton's Divine Legation of Moses* an, in der sich als Zitat Herberts fünf Artikel finden lassen.[15] Mit diesem Beleg begründet Grundig die Vorstellung einer anhaltenden Tradierung von Herberts Gedankengut, die er rhetorisch absichert: „Wer hieran zweifeln wolte, dürfte nur hiermit erinnert seyn, wie die neuesten Engländischen Deisten und Freydencker … zuletzt, nach allen Spöttereyen und Geifer, welche sie der Offenbarung und dem geistlichen Orden am Halß werffen / des Mylord Herberts fünf Articul, so die Hauptstücke der natürlichen Religion begreiffen sollen, wiederholen und einschärffen, auch auf und nach solchen ihr freymüthiges Bekäntniß ablegen".[16] Grundig führt diesen Gedanken nicht weiter aus. Die historisch-inhaltliche Durchführung seiner These hat er nicht angestrebt. Gleichwohl folgt daraus eine identitätsstiftende Einheitlichkeit des Deismus: Grundig stellt ihn als System vor.

---

[9] GRUNDIG, Geschichte, 4.
[10] Ebd., 8f.
[11] Ebd., 76f.
[12] Ebd.
[13] Ebd., 89.
[14] Ebd., 90.
[15] Ebd., 89. Vgl. [THOMAS MORGAN], A brief Examination of the Rev. Mr. Warburton's *Divine Legation of Moses* … By a Society of Gentlemen, London 1742, 146f. Weiterhin vgl. auch 138f.
[16] Ebd., 89f.

1.1.2. Bildungsverfall

Wie Grundigs Hervorhebung von Herbert von Cherbury hat auch seine Ursachenanalyse des vorgestellten Phänomens seinen festen Ort in den antiatheistischen Debatten des 17. Jahrhunderts.[17] Die Antwort auf eine allgemeine Ausbreitung der „Naturalisterey, Deisterey und Freydenckerey" setzt Grundig dabei von der Ansicht der „starcke[n] Geister" ab.[18] Diese meinten: „Die Welt ist klüger worden, sagen sie, darum läßt sie sich nicht mehr alles so blindlingshin zu glauben aufheften".[19] Einen allgemeinen Wissenschaftsfortschritt leugnet Grundig nicht. Nur eine dadurch hervorgerufene Besserung des Menschen kann er nicht erkennen: „Das sehen wir wohl, daß die Menschen immer listiger, schlauer und hemscher, sonst aber im Wandel und Verhalten auch nicht einen Grad redlicher, einfältiger und unschuldiger … worden sind". Klassisch hält Grundig als Ursache den Verfall der religiösen Bildung fest. Die einreißende Freidenkerei werde durch die mangelnde „heutige Erziehung" hervorgerufen,[20] die er anhand einer Verfallsgeschichte zu illustrieren weiß: „Man pflanzte vor Zeiten mit gründlichen, und überzeugenden Unterricht, in die Hertzen der zarten Jugend eine brünstige Liebe Gottes, ihres Schöpffers, und seines geoffenbarten Wortes; jetzo bemühet man sich allen Fleisses / von der Wiege an, eine spröde Verachtung und Gleichgültigkeit gegen alles das, was der Religion ähnlich siehet, der armen Jugend einzuprägen".[21] Freilich ist die Beschwörung früherer, mithin besserer Zeiten nicht aussagekräftig. Eine über diesen rhetorischen Topos reichende Veranschaulichung findet sich bei Grundig nicht.

In Anwendung traditioneller Deutungselemente hat Grundig sich das Phänomen der ‚englischen Deisten' vergegenwärtigt. So wenig innovativ das scheint, enthält es doch zwei Momente, deren Wirksamkeit schwer zu unterschätzen ist. Das gilt einmal für die Ansicht des englischen Deismus als eine philosophische Tradition, die von der ersten systematischen Ausformulierung bei Herbert von Cherbury zehrt, wie auch für jene allzu allgemeine zeitkritische Diagnose, die ihre eigene Gegenwart durch den religiösen Verfall gekennzeichnet ansieht. Terminologisch gewinnt gerade letzteres zeitgleich zu Grundig eine überaus wirkungsreiche Gestalt. Heinrich Christian Lemker hat nur zwei Jahre nach Grundig die Spannung von fortschreitender Wissenschaft und religiösem Verfall schärfer gefasst: „Das jetzige Jahrhundert, in welchem wir leben, hat, zur Schande des in demselben *aufgeklärten* Zustandes der Wissenschaften, der christlichen Religion ein weit wiedrigers Schiksal, durch ihre heimlichen sowol als öffentlichen Feinde zuwege gebracht".[22]

---

[17] Vgl. HANS-MARTIN BARTH, Atheismus und Orthodoxie. Analysen und Modelle christlicher Apologetik im 17. Jahrhundert, Göttingen 1971 (FSÖTh 26), 123–135.

[18] GRUNDIG, Geschichte, 11.

[19] Ebd., 11f.

[20] Ebd., 13.

[21] Ebd., 13f.

[22] HEINRICH CHRISTIAN LEMKER, Vorrede des Uebersetzers, in: THOMAS STACKHOUSE, Verthädigung der Christlichen Religion wider die vornehmsten Einwürfe der heutigen Ungläubigen. Aus dem Englischen ins Teutsche übersetzet von Heinrich Christian Lemker. Erster Theil, Hannover

Einen solchen Verfallszustand veranschaulicht dann Georg Wilhelm Alberti, der zugleich eine andere Vorstellung des englischen Deismus vertritt.

1.2. Georg Wilhelm Alberti (1752)

Georg Wilhelm Alberti beschäftigt sich 1752 mit den englischen Deisten im zweiten Teil seiner *Briefe betreffend den allerneuesten Zustand der Religion und der Wißenschaften in Groß-Britannien.*[23] Bereits 1750 hatte der ehemalige Göttinger Student und Schüler von Christoph August Heumann und Joachim Oporin[24] in seinem Buch *Aufrichtige Nachricht von der Religion, Gottesdienst, Sitten und Gebräuchen der Quäker*[25] seinen Englandaufenthalt von 1745–47 literarisch umgesetzt.[26] In den *Briefen* hat Alberti, gestützt auf Exzerpte und Erinnerungen, einen Einblick in die religiöse, akademische und politische Lage Englands gegeben. Vor allem in der Beschreibung des Zustandes der Religion hat Alberti selbst den Unterschied seiner Reisebeschreibung zu anderen gesehen.[27] Die *Briefe* sind zugleich Albertis literarisches Erbe, denn 1758 starb er 35jährig.

---

und Göttingen 1750, unpag., Hervorhebung von mir, CV. Das Auftauchen des Aufklärungsbegriffs im Zusammenhang mit Erziehung und Zustand der Wissenschaften liegt durch dessen Bedeutungsvarianten nahe, vgl. HORST STUKE, „Aufklärung", in: GGB 1 (1972), 243–342, 249f.

[23] GEORG WILHELM ALBERTI, Briefe betreffend den allerneuesten Zustand der Religion und der Wißenschaften in Groß-Britannien. Vier Theile, Hannover 1752–1754. Hinzu kommen noch einige Bemerkungen in den Vorreden von Bd. 2 und 3, jeweils unpag. In Briefe 2, 512–519 ediert Alberti zwei Briefe John Tolands an Leibniz, von denen der zweite dann wieder zu finden und übersetzt ist bei THORSCHMID IV, 134–138, vgl. dazu die Neuedition: [JOHN TOLAND], John Toland e G.W. Leibniz: otto lettere (a cura di Ciancarlo Carabelli), RCSF 29 (1974), 412–431. Zu Alberti JÖCHER/ADELUNG 1, Sp. 417. Zu den sozialhistorischen Hintergründen von Albertis Reisebericht HORST W. BLANKE, Politische Herrschaft und soziale Ungleichheit im Spiegel des Anderen, Waltrop 1997 (Wissen und Kritik 6), 2 Bde., Bd. 1, 110ff.143f.212f.256f.

[24] Zu ihnen und der geistigen Situation, in der Alberti studierte: JÖRG BAUR, Die Anfänge der Theologie an der ‚wohl angeordneten evangelischen Universität' Göttingen, in: JÜRGEN V. STAKKELBERG (Hg.), Zur geistigen Situation der Zeit der Göttinger Universitätsgründung. Eine Vortragsreihe aus Anlaß des 250jährigen Bestehens der Georgia Augusta, Göttingen 1988 (Göttinger Universitätsschriften: Ser. A, Schriften; Bd. 12), 9–56.

[25] GEORG WILHELM ALBERTI, Aufrichtige Nachricht von der Religion, Gottesdienst, Sitten und Gebräuchen der Quäker. Nebst einer kurzen Erzählung der Geschichte dieses Volks, Hannover 1750.

[26] ALBERTI, Briefe 1, Vorrede, unpag. In England hat Alberti unter dem Pseudonym ‚Alethophilus Gottingensis' geschrieben: GEORG WILHELM ALBERTI, Some Thoughts on the Essay on *Natural Religion*, as opposed to DIVINE REVELATION. Said to be written by the Celebrated *Dryden*. Which is pretended to be the most formidable Piece that ever yet appeared against the Revelation. Reprinted, and Answered by Alethophilus Gottingensis. London 1747. In Briefe IV, letztes unpag. Blatt findet sich eine Bibliographie der Schriften Albertis.

[27] ALBERTI, Briefe 1, Vorrede, unpag. Dort auch eine Auflistung der Alberti bekannten Reisebeschreibungen. Mir ist eine ähnlich umfängliche Darstellung in anderen Reiseberichten unbekannt. Zu der Beschreibung der konfessionellen und religiösen Pluralität in deutschen Reiseberichten der Aufklärungszeit vgl. den Abschnitt „Konfessionsgeschichte des Reisens – ein Deside-

1.2.1. Deismus als Literaturbewegung

Wie Grundig schickt auch Alberti seiner Betrachtung des englischen Deismus, die den 26. bis 30. Brief seines zweiten Teils der *Briefe* umfasst, eine Definition voran. Er will den ‚Freidenker‘ darstellen, was ihm mit den Begriffen „*Naturalist, Deist* einerley“ ist: „Ein Freydenker nach der neuen Mode ist ein Mensch, der Freyheit hat zu denken oder nicht zu denken, den Verstand und die Warheit eines Satzes zu untersuchen und nicht zu untersuchen, die Vernunft zu brauchen oder nicht zu brauchen, auf Gründe und Beweise zu achten und nicht zu achten, zu glauben und nicht zu glauben: nachdem nemlich die Leidenschaften den Auspruch thun, oder vor gut befinden“. Diese auffallend weite Definition, die mit den Begriffen der ‚Mode‘ und ‚Leidenschaften‘ motivisch die spätere Diagnose der Ursachen anlegt (27. bis 30. Brief), wird von Alberti noch einmal zusammenfassend gekürzt und auf die Religion bezogen: „Ein Freydenker hat die Freyheit sich unter die Claße von vernünftigen Menschen oder unvernünftigen Thieren zu rechnen; eine Freyheit, welche er vornemlich in Dingen, die Religion betreffen, äußert“.[28] Alberti hat das zu vergegenwärtigende Phänomen mit seiner Definition grundlegend entschränkt. Der ‚Freidenker‘ bezieht eine Position, die sich zwar wesentlich, aber nicht ausschließlich auf das Gebiet der Religion erstreckt. Damit bezieht Alberti neue Möglichkeiten, das Phänomen auszulegen, von vorneherein in seine Beschreibung ein. Diese werden von Alberti in Anschluss an eine Skizze verschiedener englisch-deistischer Positionen ausgeführt.

Alberti beschreibt die englisch-deistischen Positionen eigentümlicherweise nicht in Aufnahme des Begriffs des ‚Freidenkers‘, sondern skizziert eine „Geschichte des Deismus in England“.[29] Alberti unterscheidet in seiner inhaltlich wenig ausführlichen Darstellung, die hauptsächlich aus einer Auflistung von Titeln englisch-deistischer Bücher und Widerlegungsschriften besteht, zwei Phasen der deistischen Literaturproduktion: „Man pfleget gemeiniglich in die vor England sehr schädliche Zeiten unter *Carl 2* den Ausbruch des Deismus zu setzen“. Alberti nennt Hobbes und Herbert von Cherbury als die Autoren, die in dieser Sicht als erste Vertreter des Deismus gelten.[30] Nach Alberti beschreibt diese Sicht aber einen *uneigentlichen Deismus*. Dieser bleibe nämlich abhängig von mündlicher Überlieferung und sei zu einer literarischen Bewegung noch nicht ausgestaltet: „Unterdeßen äußerte sich die Verachtung der Religion nicht sowohl in Schriften als in Unterredungen“.[31] Der *wirkliche Deismus* ist für Alberti erst mit der Rede- und Pressefreiheit ins Leben ge-

---

rat“ von MICHAEL MAURER, Reisen interdisziplinär – Ein Forschungsbericht in kulturgeschichtlicher Perspektive, in: ders. (Hg.), Neue Impulse der Reiseforschung, Berlin 1999 (Aufklärung und Europa), 277–410, 351–354.

[28] ALBERTI, Briefe 2, 407.
[29] Ebd., 408.
[30] Ebd., 410.
[31] Ebd., 411.

rufen worden, die Jakob II. und dann William III. erließ bzw. bestätigte.[32] Und Alberti kennt auch den literarischen Auftakt des sich nun öffentlich äußernden Unglaubens: „Es ist daher, meiner Meynung nach, das bekante Buch des *Johann Tolands, die Christliche Religion ohne Geheimniße* (Christianity not mysterious) vom Jahre 1696 als die erste ordentliche Schrift gegen die Christliche Religion anzusehen".[33] Was in diesem Buch steht, sucht der Leser von Albertis *Briefen* vergebens.

Von dem, was der ‚englische Deismus‘ sei, hat Alberti eine ganz formale Vorstellung, die sich in der Unterscheidung in zwei Phasen des ‚Deismus‘ ausdrückt: Der eigentliche Deismus ist ungläubige Publizistik. Deshalb genügt Alberti auch die Auflistung von Publikationen und Autoren unterschiedlichen Bekanntheitsgrads.[34] Eine innere Verknüpfung der verschiedenen Positionen, wie sie sich Grundig etwa vorstellt, findet sich bei Alberti nicht.

1.2.2. Bürgerliche Kulturerscheinung

Alberti diagnostiziert auch die Gründe des Phänomens. Wenn er sich hierzu länglich äußert, redet er hauptsächlich von der einreißenden „Freigeisterei".[35] In seiner recht verwirrenden und teilweise redundanten Analyse unterscheidet Alberti innere und äußere Ursachen.[36] In beiden Fällen lassen sich Auslegungen älteren und neueren Typs unterscheiden. Gerade Albertis Darstellung der inneren Ursachen, die die „Quelle des Uebels nicht im Verstande, sondern in dem Willen" der Freigeister aufsucht,[37] ist daher wenig interessant. Aufgrund ihrer topologischen Tradition besteht sie aus einer polemischen Charakterologie, die die listige Boshaftigkeit der Religionsbestreiter hervorhebt und vor biographischen Denunziationen nicht Halt macht.[38] Ebenso werden mit der Klage über die Pressefreiheit, das Verhalten der Geistlichkeit in England, dem Zustand der englischen Kirche und dem

---

[32] Ebd., 411f. Vgl. dazu auch II., 2.2.1.1. Alberti nennt Kortholt zwar nicht, aber Kortholt war ab 1742 als Professor in Göttingen tätig (JÖCHER/ADELUNG 3, Sp. 755).

[33] Ebd., 412.

[34] Ebd., 412–431.

[35] Ebd., 432, passim.

[36] Der 27. Brief enthält längliche Zitate, die vor allem auf die äußeren Ursachen zielen, der 28. Brief widmet sich den inneren Ursachen, was im 29. Brief fortgesetzt wird. Der 30. Brief greift wieder auf den 27. Brief zurück.

[37] ALBERTI, Briefe 2, 443.

[38] Vgl. nur ebd., 444.450 u.ö. Das erste Mal ist diese Tradition in Bezug auf einen englischen Deisten vollständig ausgeführt von HEINRICH CHRISTIAN LEMKER, in: Historische Nachricht von Thomas Woolstons Schiksal, Schriften und Streitigkeiten, aus seinen eignen Schriften und andern beglaubten Nachrichten aufgesetzt und mit einem Vorberichte von den neuesten paradoxen Schriften der Engelländer versehen von Henrich Christian Lemker, Leipzig 1740, 233–338, vgl.v.a.: zehnter Abschnitt, beweiset, daß Woolston nicht recht im Kopfe verwahret gewesen, 311–338. Zur Tradition BARTH, Atheismus, 96–107. Bereits in der Alten Kirche war das üblich, vgl. KARLMANN BEYSCHLAG, Kallist und Hippolyt, ThZ 20 (1964), 103–124, bes. 106–115.

Hinweis auf die andauernden theologischen Streitigkeiten bereits bekannte Ursachenbeschreibungen wiederholt.[39]

Die abschließende Zusammenfassung der inneren Hauptquellen mit „Hochmut und Wollust"[40] macht eine neue Tendenz der Analyse sichtbar. Der Hochmut habe nämlich zur Folge: „Geringe Personen, welche vom Stolze geplaget werden, lernen die Art zu denken der vornemen Freygeister, damit sie als Leute von Verstande, welche sich über den Pöbel erheben, angesehen und in solcher Geselschaft gelassen werden". Die Freigeisterei erscheint als gesellschaftliche Aufsteigerideologie. Mit dem Begriff der ‚Wollust' wird sie mit einer sinnlichen Komponente ergänzt: „Die Wollust oder die Begierde seinen sinnlichen Lüsten Gnüge zu thun, kan mit der Religion nicht bestehen: daher muß diese weichen".[41] Diese beiden inneren Affektlagen, die zur ‚Freigeisterei' führen, werden von Alberti veranschaulicht. In der äußeren Ursachenanalyse tritt dafür das Motiv des Theaters auffällig hervor.

Das erste Mal erwähnt Alberti das Theater in Anschluss an ein Zitat des englischen Kontroverstheologen John Jackson, der die Ausbreitung atheistischer Lehrsätze „unter Leuten von Verstande und guten Geschmack" beklagt.[42] Alberti wendet sich darauf an den fiktiven Adressaten seiner *Briefe* und bemerkt: „Erinnern Sie sich, mein Herr, was ich Ihnen vor einiger Zeit von der Beschaffenheit der Schauspiele erzählt habe. Sie werden mit mir eingestehen, daß Leichtsinnigkeit in der Religion, wenn ich es noch gelinde ausdrücken will, in England überhand neme".[43] Das Schauspiel wird ein zweites Mal angeführt, wenn Alberti die laxe Erziehung der englischen Jugend als äußere Ursache der Freigeisterei angibt: „Der Vater siehet wohl durch die Finger und läßet dem jungen Gemüte den Zügel zu weit schießen. Dieses besuchet fleißig Schauspiele und andere sinnliche Ergötzlichkeiten, verliebet sich darin; und wie sehr leidet die Religion dabey!" Auch hier wendet sich Alberti wieder an den Briefadressaten: „Erinnern Sie sich, mein Herr, was ich neulich von der Ueppigkeit in England geschrieben".[44] Der deutsche lutherische Theologe greift mit diesen Bemerkungen auf Überlegungen aus dem erfolgreichen Buch *Britain's Remembrancer* des englischen Kulturkritikers James Burgh zurück,[45] die er aus eigener Beobachtung ergänzt.

---

[39] Ebd., 483ff. Vgl. Barth, Atheismus, a.a.O.

[40] Ebd., 479.

[41] Ebd., 480.

[42] Ebd., 442. Alberti zitiert 441f. aus John Jackson, A Vindication of humane liberty: in answer to a dissertation on liberty and necessity; written by A[nthony] C[ollins], London 1730. Das Buch war mir nicht verfügbar, vollständiger Titel nach BLC 162, 131. Zu John Jackson DNB XXIX, 93–95.

[43] Ebd.

[44] Ebd., 481.

[45] Ebd., 308ff. 432ff. Vgl. [James Burgh], Britain' Remembrancer, the fifth edition, London o.J. [1748] (zuerst 1745). Die folgenden Ausführungen Burghs, die Alberti übersetzt, finden sich ebd., 14ff.23ff. Zu Burgh DNB VII, 322.

Mit dem Begriff der ‚Üppigkeit‘ (‚luxury‘)[46] hat Burgh, den Alberti in Übersetzung länglich zitiert, das übermäßige Konsumverhalten seiner Landsleute gegeißelt. Vor allem die niederen Stände stehen im Mittelpunkt der Kritik: „Die Ueppigkeit ist zu unserer Zeit auf das höchste gekommen. Will einer einen Beweis hievon haben, so bitte ich ihn die Lebensart aller Arten von Leuten, vornemlich der Geringsten nur obenhin anzusehen: er wird kaum etwas anders als Ueppigkeit, Ergötzung, Ausschweiffungen erblicken, er mag nur seine Augen in der Stadt oder auf dem Lande aufthun“.[47] Kauf- und Handelsleute, sogar Handwerker und Tagelöhner legen nach Burgh eine Lebensführung an den Tag, die der „Mäßigkeit, Sparsamkeit, Ordnung unserer Väter“ Hohn spreche. „Anstatt dieser ordentlichen Lebensart können unsere Bürger mit Mühe um zehn Uhr aufstehen, um zwey auf die Börse gehen und um vier Uhr das Mittagsmal endigen. Eine Stunde nachher werden sie zu den scherzenden Versamlungen ihrer Mitbürger, zu den thörichten Schauspielen im Winter, zu den üppigen Gärten im Sommer abgeruffen; und um Mitternacht ist es noch nicht spät genung ihre Ergötzlichkeiten zu beschließen“.[48] Burgh sieht als Konsequenzen des unmäßigen Verhaltens seiner Landsleute den Verfall der religiösen Erziehung der Jugend und die Erosion der Familie: „Ist es denn wohl zu verwundern, daß das heranwachsende Geschlecht sowenig Erkäntnis von der Religion habe, als ob es niemals davon gehöret, und daß die Lerjungen in London, überhaupt von ihnen zu reden, ein Haufe von Bösewichtern sey? Ist es zu verwundern, daß Familien herunter kommen, da der Herr diesen Weg gehet, um sich zu ergötzen, die Frau einen anderen?“[49] Besonders schwer trifft Burgh der Umstand, dass sich seine Landsleute kaum noch in dem unterscheiden, was ihnen gefällt: „Ein jeder Tagelöhner hat heutiges Tages einen eben so guten Geschmack an Schauspielen und Music, als die von Adel“.[50]

Das Theater hat auch bei Alberti zu besonderen Irritationen geführt, wie seine Beschreibung eines Theaterbesuchs zeigt. Will er es auch nicht in Bausch und Bogen verdammen, so sind ihm doch die hauptsächlich in Liebeskomödien gebrauchten Ausdrücke, also die „unzüchtige[n] Worte“, oder Darstellungen von untreuen Ehemännern Anzeichen des Sittenverfalls.[51] Alberti wird dazu eines Schadens ansichtig, „den die Schauspiele, so wie alle Lustbarkeiten in England, ob zwar per accidens machen“. Alberti beobachtet: „Jenen, der in Stiefeln und Spornen und mit einer Peitsche über den Rücken hangend in einer Loge sitzet, solte man vor einen Ritter vom Lande ansehen; diese, welche in kostbaren Kleidungen bey ihm sitzet, vor eine Herzogin: und wenn man sich näher erkundiget, so ist jener ein Schreiber, ein Ladendiener oder Lerjunge; und diese eine Waschefrau oder Dienstmagd, und

---

[46] ‚Luxuria‘ ist bekanntlich eine der klassischen sieben Kapitalsünden. Vgl. s.v. Zedler 18 (1738), Sp. 1404.
[47] Alberti, Briefe 2, 308.
[48] Ebd., 310f.
[49] Ebd., 311.
[50] Ebd., 313.
[51] Ebd., 294.

beyde wonen in der Nähe des Schauplatzes". Doch nicht allein diesen Umstand empfindet Alberti als Anmaßung. Die „Thorheit" wird zudem dadurch auf die Spitze getrieben, „daß sie [scil. die gemeinen Leute, CV] gerne auf eine kurze Zeit unter den Vornemen sitzen und als Lords und Damen respectiret seyn wollen".[52] Es ist dieses von Alberti beobachtete Verhalten, das nahtlos an die psychologische Charakterisierung der ‚Freigeisterei' als Aufsteigerideologie anschließt: Das Theater ist der Ort, wo die ‚freigeistigen' inneren Affektlagen in pointierter Weise ansichtig werden.

Nimmt man den von Burgh beklagten und von Alberti beobachteten Phänomenen ihre pejorative Fassung, sind damit sehr präzise Kennzeichen einer durchgreifenden gesellschaftlichen Veränderung beschrieben. Es zeichnet sich hier das Bild einer ständeübergreifenden Partizipation an bestimmten Kultur- und Konsumgütern ab (Theaterbesuch und Kleidung), das mit dem Anspruch auf prinzipielle Gleichgeltung innerhalb dieser Partizipationsstrukturen seinen normativen Kern besitzt (‚als Lords und Dame respektiert sein wollen'). Friedrich H. Tenbruck hat genau diese Phänomene als Ausdruck einer sich verflüssigenden „bürgerlichen Kultur" eingängig beschrieben.[53] Verflüssigend ist diese Kultur nun gerade hinsichtlich ihres normativen Gehalts: „Anders als die Kultur aller früheren Stände tritt die bürgerliche nicht als soziales Sonderrecht auf, das seinen Platz zwischen den übrigen Ständen einklagt, sondern als überlegener Anspruch einer für alle Stände verbindlich überlegenen und richtigen Kultur und insofern als Einladung an alle".[54] Nimmt man die Überlegung Tenbrucks auf, gewinnt Albertis Vorstellung des Deismus als Literaturbewegung Plastizität bzw. ihren ‚Sitz im Leben'. Denn gerade die Entstehung eines Lesepublikums im 18. Jahrhundert „verflüssigte die Kultur zu einem gemeinsamen Besitz".[55] In dieser Perspektive erscheint die von Alberti diagnostizierte ‚Freigeisterei', inklusive ihrer Vorstellungsform des ‚Deismus', als Erstreckung bürgerlicher Normativität auf das Gebiet der christlichen Religion und daher als *bürgerliche Kulturerscheinung*.

Neben die herkömmlichen Auslegungsmuster, die Alberti aus der Tradition übernimmt, stellt sich so, von Alberti freilich nicht explizit reflektiert, ein Bild der ‚Freigeisterei', das an eine ebenso allgemeine wie zeitspezifische Konstellation gebunden ist. Besonders mit dem Begriff der ‚Mode' hat Alberti bereits in seiner Definition des ‚Freidenkers' die hierher führende Assoziationskette angelegt. Nun hat die Ablehnung dieser Kulturerscheinungen sicherlich ihren Grund darin, dass Alberti als deutscher lutherischer Theologe von ständischem Bewusstsein geprägt ist. Mit einer besonderen Wahrnehmung argumentativer Standards der englischen Deisten hat das wenig zu tun. Trotzdem: mit ‚Freigeisterei', ‚Deismus' und ‚Freidenkerei' hat Alberti Formeln aufgenommen und sie zu Prozessen ‚bürgerlicher

---

[52] Ebd., 297.
[53] Vgl. Friedrich H. Tenbruck, Bürgerliche Kultur, KZS.S 27 (1986), 263–285.
[54] Ebd., 272f.
[55] Ebd., 271.

Kultur' in Verbindung gesetzt, um diese Prozesse theologisch zu deuten. Sie treten hier als gleichberechtigte Größen neben die von Tenbruck hervorgehobene bekannte „erste Formel" einer positiven Beschreibung und Auslegung dieser Prozesse, nämlich „Aufklärung".[56]

1.3. Tendenzen der Deutungen

Trotz aller Unterschiede teilen Grundigs und Albertis Darstellungen einige Merkmale in der vergegenwärtigenden Deutung des von ihnen erfassten Phänomens: Grundig gewinnt durch Extrapolation die Vorstellung des Deismus als System. Alberti hingegen kennzeichnet durch eine ganz formale Beschreibung den Deismus als ungläubige Publizistik. Beide gewinnen derart eine *einheitliche Vorstellung*, was der Deismus sei. Zwar werden beide Versuche wie die Begriffsbestimmung der ‚englischen Deisten', die mit den ‚Naturalisten' gleichgesetzt wurden,[57] definitorisch-dogmatisch abgesichert. In der Durchführung allerdings sind beide Vorstellungen von diesen Definitionen ablösbar und können durchaus als Versuche gewertet werden, eine innere Eigenart eines Gesamtphänomens zum Ausdruck zu bringen. Dass diese Versuche technisch betrachtet jeweils auf Abstraktionen beruhen, bringt einmal mehr die Schwierigkeiten zum Vorschein, eine durchgängig überzeugende Charakterisierung der ‚englischen Deisten' als einer ‚Secte' zustande zu bringen.[58]

Im Gegenzug zur Vereinheitlichung des Phänomens tendieren beide Autoren zu dessen *Allgemeinheit in der Auslegung*. Ob traditionell der Bildungsverfall angeführt oder eine allgemeine Kulturentwicklung als Nährboden und Ausdruck des Deismus angesehen wird, die übergeordnete Tendenz bietet eine allgemeine verfallstheoretische Perspektive. Damit drängt diese Auslegung auf den Gegensatz des Deismus zum Christentum, da Verfall in der Konsequenz ja Abfall bedeutet. Während Kortholt ansatzweise eine historische Auslegung in der Auseinandersetzung mit Tindal zeigte,[59] ist für Grundig und vor allem Alberti die historische Genese nur ein Moment in der Auslegung. Beide tendieren zu einer zeitdiagnostischen Haltung, die die Wirkungen des vorgestellten Phänomens in der eigenen Gegenwart zu begreifen sucht.

Begriffsgeschichtlich auffallend ist dabei eine sich bereits bei Grundig andeutende Differenz zwischen der Ebene der Vorstellung und der Auslegung. Während erstere bei Grundig fast so durchgängig wie bei Alberti mit ‚Deismus' bezeichnet wird, ist die letztere bei Grundig begrifflich weniger differenziert und bei Alberti mit dem Begriff ‚Freigeisterei' belegt. Damit deutet sich die Etablierung des Begriffs der ‚Freigeisterei', mit seinen Derivaten der ‚Freidenker' und ‚starken Geister', als neu-

---

[56] Ebd., 276.
[57] Vgl. II., 1.3.2.
[58] Vgl. I., 5. und II., 3.
[59] Vgl. II., 2.2.2.1.

er Allgemeinbegriff für heterodoxe Äußerungen an, der in der Folgezeit den alten ‚Atheismus' als Sammelbegriff ablösen wird.

Mit der Einheit des Phänomens, dessen Gegensatz zur christlichen Religion und der Verfallstendenz der eigenen Gegenwart haben Grundig und Alberti die Diagnose gestellt, aber selbst die damit einhergehende Aufgabe bzw. Therapie nicht in Angriff genommen. Es sind englische Autoren, die aufgrund einer ähnlichen Diagnose eine besondere Gegenstrategie entworfen haben. Dass mit deren Übersetzungen ins Deutsche ihre konstruktive Reaktion geteilt wurde, ist aber kaum zu behaupten.

2. Gestaltung der Apologetik: John Leland und Philip Skelton

Der potentielle Leser deistischer Bücher veranlasst publizistische und strategische Überlegungen. Gegen Woolston hat man umfängliche Widerlegungen übersetzt, weil er irritierte. Die *Deutschen Acta* haben sich mit Tindal auseinandergesetzt, weil er besonders gefährlich war. Johann Lorenz Schmidt hat Tindals Schrift übersetzt, damit der kritische Leser eigenständig Überzeugungen gewinnt.[60] Auf den Gedanken, den Leser in besonderer Weise in die Entgegnung gegen die gefährlichen Bücher einzubinden, ist in Deutschland bislang niemand gekommen. John Leland, der hier bereits als Gegner Tindals begegnete, und der irische Theologe Philip Skelton haben ihre Apologien gegen *den* ‚Deismus' in Rücksicht auf den Leser literarisch gestaltet.[61] Bei ihnen fällt die Vergegenwärtigung des Gesamtphänomens mit einer neuen Art der Apologie zusammen. Die deutschen Übersetzungen dieser Apologien greifen in deren Darstellungen nicht ein, zeigen aber in den wenigen Andeutungen der Übersetzer ein anderes Interesse, warum man diese Bücher übersetzen wollte.

2.1. John Leland, Abriß der vornehmsten Deistischen Schriften (1755)

Bereits ein Jahr nach seinem Erscheinen in London wurde John Lelands *A View of the principal Deistical Writers* (London 1754) unter dem Titel *D. John Lelands Abriß der vornehmsten Deistischen Schriften* 1755 ins Deutsche übersetzt.[62] Über den Über-

---

[60] Vgl. II., 1.4. und und 2.4. und 3.

[61] Zu ihnen und den hier behandelten Schriften ganz kurz: VICTOR L. NUOVO, „Leland, John", in: The Dictionary of eighteenth-century British Philosophers, 2 Vols., Bristol 1999, Vol. 2, 544–548, und DAVID BERMAN, „Skelton, Philip", in: ebd., 799–800.

[62] JOHN LELAND, Abriß der vornehmsten Deistischen Schriften, die im vorigen und gegenwärtigen Jahrhunderte in England bekandt geworden sind; nebst Anmerkungen über dieselben und Nachrichten von den gegen sie herausgekommenen Antworten: in verschiedenen Briefen an einen guten Freund. Aus dem Englischen übersetzt von Henrich Gottlieb Schmid, Hannover 1755 (i.F. zit. Abriß). Im selben Jahr erschien auch noch die Übersetzung des zweiten Teils von Lelands Schrift, dass., Zweiten Theils erste Abteilung. Aus dem Englischen übersezzet von Johann Hein-

setzer Heinrich Gottlieb Schmid, nach dem Titelblatt Conrector der Altstädter Schule in Hannover, ist nichts weiter bekannt.

2.1.1. Der informierte Leser

Leland hatte den Plan zu seinem Werk angesichts der großen Menge christentumsfeindlicher Bücher entworfen. Er argumentiert in der Vorrede für den Sinn eines Überblickwerks dahingehend, dass nur „wenige Menschen entweder die Zeit oder die Geduld haben, eine genaue Prüfung der verschiedenen Schriften anzustellen, die in dieser Streitsache zum Vorscheine gekommen sind".[63] Mit „summarische[n] Auszüge[n]" aus den wichtigsten Schriften und dazugehörigen Anmerkungen sei nach Leland der „Leser in den Stand gesetzt … zu urtheilen, wie manche Wendungen diese Streitsache gehabt, wie oft die Feinde der geoffenbarten Religion die Arten ihrer Angriffe verändert, wie verschiedene Larven sie vorgenommen, wie mannigfaltige Plane sie entworfen haben".[64] Diese beiden kurzen Hinweise werden von dem Übersetzer Heinrich Gottlieb Schmid in dessen Vorrede aufgenommen und umfänglich ergänzt.

Schmid entwickelt, die erste Bemerkung Lelands aufnehmend, eine Klassifizierung von Lesertypen.[65] Er rechnet unter die von Leland erwähnten ‚wenigen Menschen' nicht einmal alle die, „denen ihre gewählte Lebensart, ihr Beruf, und ihr Hauptgeschäfte eine ungleich größere Verbindlichkeit dazu auflegt als andern".[66] Im Umkehrschluss folgert Schmid dann weiter, dass die „allermeisten Menschen … also die Zweifel gegen das Christenthum nur von ferne" kennen würden.[67] Schmid unterscheidet drei Klassen von Kenntnisstand und Haltung gegenüber der deistischen Literatur. Die erste Klasse bilden die, die die Einwürfe gegen die Offenbarung nur vom Hörensagen kennen: „Das Gerücht hörts, verbreitet es weiter, und setzt neue Laster hinzu. Der grosse Haufe untersuchts nicht, und spricht, wenn es auch noch so unwahrscheinlich ist, ‚die Beschuldigungen müssen wol nicht ohne Grund seyn'".[68] Gutgläubig und faul halten diese Menschen „wenigstens unsere Religion für verdächtig".[69] Die zweite Klasse wird von flüchtigen Lesern gebildet:

---

rich Meyenberg, Hannover 1755. Ein Jahr später erfolgte die der zweiten Abteilung (Hannover 1756), die in der Ausgabe der SUB Göttingen nicht beigebunden ist. Der zweite Teil, der sich ausschließlich mit Hume und Bolingbroke beschäftigt, ist hier nicht von Interesse. Der erste Band war als in sich geschlossenes Werk konzipiert. Vgl. zur Auseinandersetzung Lelands mit Hume in ziemlicher Kürze GÜNTER GAWLICK/LOTHAR KREIMENDAHL, Hume in der deutschen Aufklärung. Umrisse einer Rezeptionsgeschichte, Stuttgart-Bad Cannstatt 1987 (FMDA Abt. 2, Bd. 4), 65f.

[63] Abriß, Vorrede des Verfassers, 2.

[64] Ebd., 3.

[65] Ob er dabei von Gedanken Georg Friedrich Meiers beeinflusst ist, lässt sich nicht ausmachen. Vgl. hier II., 2.3.2.

[66] Ebd., Vorrede des Uebersetzers, XIIIf.

[67] Ebd., XI.

[68] Ebd.

[69] Ebd., X.

„Sie nehmen einen *Deisten* in die Hand. Sie sehen ihn flüchtig durch. Sie trauen seinen sophistischen Ausschmückungen, seinen witzigen Einfällen". Damit ist es diesen Leuten genug, sie begnügen sich mit einem „Stück der Anklage", mehr ist ihnen „bey ihrer schon vorbeygerauschten Hitze zu beschwerlich".[70] Zuletzt nimmt
Schmid noch richtige Leser in den Blick, die neben der deistischen Literatur die
Verteidigungsschriften studieren. Gesetzt den Fall, dass hier nach eingehender Untersuchung die Verteidigung der christlichen Religion die Oberhand behält, stellt
sich für die richtigen Leser nach Schmid das Problem einer nur punktuellen Kenntnis der Gesamtdebatte ein: „So übersehen sie doch nur ein kleines Feld des ganzen
Streites. Es bleibt ihnen nun noch immer der Gedanke übrig, dis Stück der Anklage
kann wohl beantwortet werden. ,Wer ist mir aber Bürge, daß alle die andern so häufigen, mannigfaltigen und immer neuen Zweifel mit eben der Ueberzeugung auf-
gelöset werden können?'" Somit fällt der Leser in Hinblick auf das Gesamtphänomen auf den Stand der ersten Rezipientenklasse zurück. Eine ausführliche Beschäftigung mit allen Einwürfen wird von Schmid dabei pragmatisch, mit Blick auf den
Verbrauch von Lebenszeit und intellektuellen Ressourcen, als eine Forderung charakterisiert, die „für jeden Stand des Lebens zu stark" sei.[71]

Folgerichtig kann Schmid auf diesem Hintergrund den Nutzen des Lelandschen
Werks hervorheben, das für ihn die Idealbedingungen für eine Kenntnis der Gesamtdebatte darstellt: „Es ist nur nöthig, daß uns alle *Deisten* und alle ihre Zweifel in
die Nähe gebracht werden. Es ist nöthig, daß uns die Prüfung derselben durch kurze Auszüge ihrer Schriften, durch kurze und nachdrückliche Beantwortungen derselben, und durch Verweisung auf ausgeführte Vertheidigungen, leichter gemacht
werden. Es ist nöthig, daß uns die Abwägungen der Gründe und Gegengründe
durch Vergleichung der *Deisten* und ihrer Gegner gleichsam in die Hand gegeben
werde".[72] Hiermit hat Schmid die zweite kurze Bemerkung Lelands aufgenommen
und diese als Hauptintention des Gesamtwerks herausgestellt.

Schmid reflektiert allerdings nicht auf die Äußerungen Lelands, die seine Grund-
konzeption des Werkes angehen. In der Vielfalt der Positionen und Streitpunkte
will Leland keineswegs allein die Vielfalt deistischer Positionen konstatieren, sondern die Einheitlichkeit des Gesamtphänomens in aller Deutlichkeit hervorheben.
Diese wird von ihm vorab damit charakterisiert, dass alle verschiedenen Pläne der
Deisten „mit einander zu Einem Zwecke hinauslaufen, nemlich die Offenbarung
abzuschaffen, und die bloße natürliche Religion, oder, nach der Absicht einiger
unter ihnen, gar keine Religion an ihre Stelle zu setzen".[73] Lelands Ziel, die Einheitlichkeit des Deismus zu beschreiben, birgt damit in sich das zweite Ziel, dessen
durchgängige Opposition zur christlichen Religion deutlich herauszustreichen.
Damit hat Leland seinem eigenen Buch eine andere Stoßrichtung gegeben, als der

---

[70] Ebd.
[71] Ebd., XI.
[72] Ebd., XII.
[73] Ebd., Vorrede des Verfassers, 3. Vgl. Nuovo, „Leland, John", 545.

Übersetzer an ihm akzentuiert hat. Dieser sieht es mehr als Nachschlagewerk, Leland selbst aber als Apologie an.

2.1.2. Vielfalt und Einheit des Deismus

Leland begreift in seinem Buch seinen Gegenstand durchgängig als „Deismus".[74] Und er beschreibt ihn als *Literaturbewegung*, nicht als „eine historische Erzählung der *Deisten* selbst, oder ihres persönlichen Charakters".[75] Noch in seiner Vorrede weist er auf seine methodische Vorgehensweise hin. So will er die „*Deisten* nach der Ordnung der Zeiten" vorstellen, indem er zuerst eine „aufrichtige Vorstellung" ihrer Schriften gebe, um dann „Anmerkungen hinzu[zufügen], die den Leser zu einem richtigen Begriffe dieser Schriften und ihres bösen Endzwecks leiten, zugleich aber auch denselben zu zernichten suchen werden". Diese Darstellung wird von Leland thematisch verengt. Er bezieht sich allein auf Einwürfe „in soferne sie die Sache der Offenbarung betreffen".[76] Die groß angelegte Apologie gestaltet Leland literarisch als eine Folge von 15 belehrenden Briefen an einen Freund.[77]

Die unterschiedlich langen Briefe sind, wie Leland versprochen hat, chronologisch geordnet. Leland behandelt nacheinander Herbert of Cherbury (1. und 2. Brief), Hobbes (3.), Charles Blount und John Toland (4.), Shaftesbury (5.), Anthony Collins (6.), Thomas Woolston (7.), Matthew Tindal (8.), Thomas Morgan (9.), den Autoren von *Christianity not Founded on Argument*, Henry Dodwell d.J. (10.), den Autoren von *The Resurrection of Jesus Considered*, Peter Annet (11.), Thomas Chubb (12.–13.) und Lord Bolingbroke (14.). Die Sammlung schließt mit allgemeinen Anmerkungen über die Deisten (14.) und einem ‚Wahrscheinlichkeitsbeweis' der Offenbarung (15.).[78] Vom Umfang der behandelten Autoren wird Leland zumindest äußerlich der Vielfalt des Deismus gerecht. Ausschlaggebend ist für Lelands Darstellung allerdings, dass die verschiedenen Briefe, damit sie nicht bloß eine aneinandergefügte Kompilation von Einzeldarstellung sind, mit drei kompositorischen Momenten verknüpft werden, die seinem Werk die angestrebte Einheitlichkeit geben.

Eine *Gliederung der deistischen Literaturproduktion in zwei Phasen* hat Leland nachträglich eingefügt. Sie findet sich erst zu Beginn des achten Briefes, ungefähr in der Mitte des Buches. Der hier zu findende unmotivierte und isolierte Exkurs über die außergewöhnliche Freiheit in England, „unser Vorrecht und Ruhm",[79] hat nur Übergangsfunktion. Denn nicht in Gebrauch bzw. Missbrauch der Freiheit sind die zwei Phasen deistischer Literaturproduktion unterschieden, sondern nach ihrem

---

[74] Ebd., Vorrede des Verfassers, 3, passim.
[75] Ebd., Vorrede des Verfassers, 7.
[76] Ebd.
[77] Leland nennt (ebd., Vorrede des Verfassers, 10): „*D. Thomas Wilson*, Rector von *Wallbrook*, und Prebendarius von *Westminster*". Zu Thomas Wilson DNB LXII, 142.
[78] Vgl. Nuovo, „Leland, John", bes. 546f. zum 15. Brief.
[79] Abriß, 195.

taktischen Vorgehen. Die *erste Phase* war bestimmt von einem eher blinden Anrennen gegen die Offenbarungsreligion: „Entflammt von einem seltenen Eifer waren die Feinde der Offenbarung in ihren Bemühungen sie umzustürzen, gar nicht zu ermüden. Wenn sie zurückgeschlagen wurden, liessen sie ihren Muth nicht sinken, sondern erneuerten nur ihren Angrif unter einer andern Gestalt".[80] In diesen Angriffen erscheint nach Leland zunehmend die Erosion ihrer Stärke. Herbert von Cherbury, dem ersten, „der den Deismus in ein Lehrgebäude"[81] gebracht hat, dem „Patron(s) des Deismi"[82], räumt Leland noch ein, dass er „nicht nur einer der ersten, sondern auch ganz zuverläßig einer der gelehrtesten ist, die jemals unter den Engeländern für die deistische Sache geschrieben haben".[83] Am anderen Ende stehen Thomas Woolstons Ausfälle gegen die christliche Religion, die „nothwendig einen Abscheu und gerechten Unwillen in jedem erregen musten, der nicht alle Ueberbleibsel von Hochachtung gegen eine Religion, worin er getauft war, äusserst erstickt hatte". Leland bindet diese Verfallsgeschichte an die These eines Entfremdungsphänomens. Von Herbert bis Woolston hätten sich nämlich die Deisten zunehmend von den Gebildeten entfernt, denn „bey Personen von einigem Geschmacke und Freyheit, musten diese elenden Kunstgriffe [Woolstons, CV] nothwendig Ekel verursachen". Das Ziel der *zweiten Phase* deistischer Literaturproduktion stellt den Versuch dar, das gebildete Lesemilieu für die eigenen Bücher zurückzugewinnen. Zu diesem Zweck änderten nach Leland die Deisten ihre taktische Marschroute: „Es ward also für nöthig gehalten, das Christenthum auf eine scheinbarere Weise anzugreifen, auf eine Weise, die ein größeres Ansehen des Beweises hätte, und bequämer wäre, bey Leuten von Vernunft und Philosophie Eingang zu finden".[84] Nicht umsonst erwähnt Leland, dass Lord Bolingbroke, der den Abschluss der mit Tindal einsetzenden zweiten Welle deistischer Literatur darstellt, „sowohl wegen seines hohen Ranges, und der ansehnlichen Stelle die er bekleidet hat, als auch wegen seines Ruhms, der er als Schriftsteller erhalten, eine besondere Aufmerksamkeit zu verdienen scheint".[85]

Die nachträglich eingefügte Gliederung hat für die Aufarbeitung des Materials keine Folgen. Sie gewinnt, aufs Ganze gesehen, allerdings eine zweifache Bedeutung: Einmal etabliert Leland mit ihr eine greifbare Rezipientengruppe deistischer Bücher und damit zugleich auch seines eigenen apologetischen Bemühens. Zum anderen wird durch den Gedanken einer offensichtlichen taktischen Diskontinuität im Bemühen der Deisten die Vorstellung einer Kontinuität und Einheitlichkeit ihres gedanklichen Vorgehens, Lelands zweite kompositorische Vorstellung, noch verstärkt. Denn, so Lelands Suggestion, das Phänomen des Deismus bleibt trotz der Veränderung des äußeren Scheins wesentlich gleich.

---

[80] Ebd., 196f.
[81] Ebd., 6.
[82] Ebd., 51. Da in einem Zitat von Halyburton, vgl. Pailin, Should Herbert, 117f.
[83] Ebd., 52.
[84] Ebd., 197.
[85] Ebd., 504.

Die Kontinuität des Deismus in seiner gedanklichen Gestalt hat Leland in doppelter Weise ausgeführt, und zwar in einer *inhaltlichen* und einer *intentionalen Identitätsthese*. Die inhaltliche Identität des Deismus hat Leland bereits in seiner Vorrede mit dem einheitlichen Plan des Deismus, an die Stelle der Offenbarung die natürliche Religion oder eben keine setzen zu wollen, angeführt. Diese gedankliche Option sieht Leland bei Herbert von Cherbury ausformuliert, der „die Zulänglichkeit, Allgemeinheit und gänzliche Vollkommenheit der natürlichen Religion in der Absicht behauptet hat, daß er alle ausserordentliche Offenbarung als unnütz verbannen mögte".[86] Herberts ‚Lehrgebäude' wird, ganz wie bei Grundig, mit dem ‚System' der fünf Sätze Herberts identifiziert. Zwar sind die Rückverweise auf Herbert im Gesamtwerk selten.[87] Aber die Gliederung in zwei Phasen von ‚Deismus' legt nahe, dass Leland die anderen deistischen Schriftsteller als epigonale Ausformulierungen Herberts ansieht. Ausdrücklich behauptet Leland, dass Tindal mit der Vorstellung: „Das Gesetz der Natur ist allezeit so klar und jedem Menschen so begreiflich gewesen, und ist es noch, daß eine äusserliche Offenbarung im geringsten nicht nöthig ist",[88] mit „dem *Cherburianischen* [System, CV] überein" komme.[89] Damit versucht Leland nachträglich, die inhaltliche Identität des Deismus insofern aufzuweisen, dass jeweils am Anfang der unterschiedenen Phasen ein inhaltlich identischer Grundimpuls zu finden sei. Ansonsten wird die ‚Einheitlichkeit' des Deismus in seiner gedanklichen Gestalt von Leland über eher lose motivische bzw. thematische Verknüpfungen erstellt.[90] Leland vermag die inhaltliche Identität des Deismus nur anzudeuten, eine überzeugende Durchführung seiner These ist es nicht. Insoweit bleibt sie blass.

Für die gesamte Darstellung grundsätzlich bestimmend ist Lelands Behauptung der Einheitlichkeit in seiner Intention. Leland betont damit in Aufnahme seiner Eingangsdefinition, dass die Deisten an die Stelle der Offenbarung die natürliche oder keine Religion setzen *wollten*. Methodisch führt er diesen Gedanken als Rekonstruktion der deistischen Schriften unter Maßgabe einer durchgängigen ‚Unterstellungshermeneutik' durch.[91] Auch wenn die Deisten etwas anderes schreiben, sie wollten, so betont Leland immer wieder, exakt das, was er als ihren Plan bezeichnet hatte.

Diese Rekonstruktionsperspektive setzt bei Herbert von Cherbury ein,[92] durchzieht das gesamte Buch und wird im 14. Brief zum Abschluss gebracht. Nach einigen angeführten Zitaten, in denen verschiedene Deisten auf den Nutzen für den Glauben abheben, merkt Leland an: „Nach dergleichen scheinbaren Versicherungen solte man nun natürlicher Weise erwarten, diese Herren würden sich die Welt

---

[86] Ebd., 6f.
[87] Vgl. ebd., 70.74.95.502.
[88] Ebd., 207.
[89] Ebd., 208.
[90] Vgl. nur ebd. 132.244.268f.413.460f.
[91] Vgl. Nuovo, „Leland, John", 545. Zu dem apologetischen Mittel vgl. hier I., 2.2.1.
[92] Abriß, 9f.15, passim.

durch eine klärere Anweisung zur Wahrheit und Glückseligkeit verbindlich machen, als die bisher gegeben ist. Allein hierin wird unsere Hoffnung betrogen. Sie
vereinigen sich alle mit einander, die geoffenbarte Religion umzustoßen".[93] Eine
dermaßen hermeneutische und dogmatische Vorgabe zeigt in den Einzeldarstellungen ihre Folgen. Sicherlich bemüht sich Leland um eine inhaltliche Vorstellung der
einzelnen Positionen. Doch die Wahrnehmung ist derart selektiv und mit belehrenden Anmerkungen versetzt, dass sich eine ausführliche Darstellung hier ergibt.[94]

Lelands ‚Deismus' ist ein polemisches Konstrukt, das die Möglichkeit der Apologie von vorneherein in die Rekonstruktionsperspektive der deistischen Texte aufnimmt. Entspricht auch der Einfachheit von Lelands ‚Deismus' eine letztlich ebensolche apologetische Haltung, so entfaltet sie dennoch ihr volles Gewicht erst,
wenn man sie innerhalb des literarischen Aufbaus des gesamten Buches betrachtet.[95]

2.1.3. Der belesene Apologet

Für die apologetische Pointe von Lelands *Abriß* ist die fiktive Briefsituation ausschlaggebend, die zu Anfang der Brieffolge entworfen wird. Zu Beginn des ersten
Briefs stilisiert sich der Briefschreiber, in diesem Fall Leland selbst,[96] als Apologet
wider Willen. In einer Diskussion mit Freunden, die dem Leser bis auf die Nützlichkeitserwägungen einer übergreifenden Apologie in seiner Vorrede entzogen

---

[93] Ebd., 513.

[94] Unter produktiven und qualitativen Maßstäben gilt das besonders in Blick auf die hier verhandelten Autoren: Toland wird nur sehr kurz behandelt und erscheint wesentlich als Bestreiter
des neutestamentlichen Kanons (82–90); einen Hinweis auf *Christianity not mysterious* findet man
hier übrigens auch nicht. Collins, als Epigone von Shaftesbury vorgestellt (132), leidet vollends
unter der ‚Unterstellungshermeneutik', sowohl mit seinem *Discourse* (129–141, vgl. 130: „Seine
Absicht ist gewiß gegen das Christenthum gerichtet; dennoch stellt er sich zuweilen, als wenn er
mit Hochachtung an dasselbe gedenke.") als auch mit seinen Schriften über die Weissagungen des
Alten Testaments (141–166, vgl. nur den Duktus 144: „Er [Collins] behauptet, die allegorische
Art zu schließen sey von Paulo und den andern Aposteln, als die einzige wahre Art zu schließen
und alle Menschen zum Glauben an Christum zu bringen, eingeführt; gegentheils sey jede andere
Art von ihnen abgeschaft worden. Man sieht also wohl, was die eigentliche Absicht dieses Buchs
sey. Er will beweisen, der einzige Grund, worauf das Christenthum stehe, sey falsch."). Woolston
ist für Leland ein Kleingeist (167–192, vgl. 174f.: „Man solte nun erwarten, Herr *Woolston* würde,
nach allen dem Geschrey, das er gegen die evangelischen Nachrichten von unsers Heilandes Wundern erhebt, viele fürchterliche Einwürfe vorzubringen haben. Allein es sind lauter läppische Kleinigkeiten, die gleich ihr ganzes Ansehen verlieren, so bald man ihnen ihre lächerliche Wendung
nimmt."). Mit Tindal hält sich Leland länger auf (197–234) und bespricht sein eigenes Buch gegen
Tindal ausführlich (226–234). Neu ist auch hier nichts. Die wenigen positiven Wendungen Lelands gegenüber einzelnen Deisten, die Nuovo bezeichnenderweise in einer halben Spalte zusammenträgt („Leland, John", 545), fallen demgegenüber nicht nur nicht ins Gewicht, sie sind für die
Rekonstruktion, die Leland vornimmt, unwichtig.

[95] Darauf geht Nuovo, „Leland, John", nicht ein.

[96] Vgl. zu den fiktiven Stilmitteln des Briefs einführend: Reinhard M.G. Nickisch, Brief,
Stuttgart 1991 (Sammlung Metzler 260), 122ff.

bleibt, sei das Los der Abfassung des Werks auf ihn gefallen: „Meine Einwendungen sind endlich überstimmt. Ich muß mich also wol an diese Abhandlung machen, so gut oder so schlecht sie auch immer gerathen mag".[97] Leland berichtet in den Briefen von seiner eigenen Lektüre deistischer Schriften, die den apologetischen Plan umsetzt. Leland thematisiert die Wirkung einzelner Bücher auf ‚den Leser'. Für die Apologie noch wichtiger ergänzt er diese rezeptionsästhetischen Bemerkungen mit dem Hinweis: „Doch, wenn man es in der Nähe besieht".[98] Dieses Motiv verdichtet sich in den ‚allgemeinen Anmerkungen über die Deisten', die den Hauptteil des 14. Briefs bilden.

Die Überlegenheit des Briefschreibers in der Kenntnis der deistischen Bücher tritt hier besonders hervor. Er könne noch „viel mehr Proben beybringen" von den Verstellungen und wirklichen Absichten der Deisten.[99] Und wer richtig lesen kann, muss dem Briefschreiber zustimmen: „Wer nur mit ihren Schriften einigermaßen bekandt ist; der wird gestehen müssen, daß es gar ihre [scil. der Deisten, CV] Art zu verfahren nicht sey, eine aufrichtige und wahre Abschilderung des Christenthums, wie es in der heiligen Schrift enthalten ist, zu machen. Sie stellen es in ein falsches Licht, um es zu belachen".[100] Und zur Bekräftigung und zum Abschluss dieses Vorwurfs endet der so eingeleitete Absatz: „Wer *Tindals Christenthum so alt als die Schöpfung*, oder den ersten Band des *moralischen Philosophen* gelesen hat, der muß dis bemerkt haben".[101]

Innerhalb des literarischen Rahmens betrachtet, ist die apologetische Pointe durchaus subtil: In der fiktiven Gestalt des Briefschreibers wird der in der Vorrede von Leland angenommene Leser personifiziert – einer der ‚vielen Menschen, die die Deisten zu lesen nicht Zeit noch Geduld haben'. Nur mit dem Unterschied, dass dieser sich in diesem speziellen Fall die Zeit nimmt und die Geduld aufbringt, die deistischen Texte wirklich zu lesen. Das pädagogische Ziel des Werkes, den Leser zu informieren, spiegelt sich innerhalb des Werkes in der Gestalt des Briefschreibers. Dieser informiert sich, berichtet davon und verwandelt sich dadurch nach und nach zum belesenen Apologeten; die apologetische Klimax findet sich deshalb erst im 14. Brief. Gleichzeitig bietet Lelands *Abriß* dem Leser entlastete Lektüre. Denn den Informationsgewinn und die damit einhergehende Erfahrung mit den Texten muss sich der Leser nicht erst aneignen. In der Gestalt des Briefschreibers ist beides schon vollzogen. Daher rührt auch die besondere Suggestionskraft von Lelands Apologie: Die Einsicht in die wirkliche Verfassung des Deismus erscheint demjenigen, der wirklich lesen kann, unvermeidlich.

Lelands *Abriß* bewegt sich weitgehend in dem Rahmen traditioneller apologetischer Gelehrtheit. Das gilt besonders für die Versuche, die Gegner vorzustellen und

---

[97] Abriß, 2.
[98] Besonders deutlich ebd., 145. Vgl. zu dem Motivkreis weiterhin: 21. 63. 71. 73. 84. 86. 93f. 100. 103. 107. 109. 112. 130. 145f. 148. 177. 199. 204. 289. 361. 396. 409. 424. 447.
[99] Ebd., 531, vgl. 526.
[100] Ebd., 521.
[101] Ebd., 522. Vgl. 509.

in Rückgriff auf vorhandene Widerlegungsschriften ihre Hinfälligkeit aufzuzeigen. Mit der Aufnahme der Briefform nutzt Leland darüber hinaus dessen fiktionale Möglichkeiten. Der Aufwand der literarischen Gestaltung, der die beabsichtigte Belehrung in sich selbst spiegelt, ergänzt die überkommene Gelehrsamkeit. Philip Skelton hat die literarische Gestaltung aufwendiger betrieben, darüber aber auch die Darbietung eigener Belesenheit zurückgestellt.

2.2. *Philip Skelton, Die Offenbarte Deisterey (1756)*

Die zweite Auflage von Philipp Skeltons *Ophiomaches*, die dann nur noch den vormaligen Untertitel *Deism revealed* (London 1751) führte, wurde 1756 in deutscher Übersetzung als *Die Offenbarte Deisterey* veröffentlicht[102]. Der Übersetzer, der Braunschweiger Konsistorialrat Matthäus Theodor Christoph Mittelstädt, ist nur wenig bekannt.[103] Im Unterschied zu Schmid hat Mittelstädt allerdings nicht in seiner Vorrede seine Perspektive auf das Werk dargetan, sondern diese durch Zusätze zu der Schrift Skeltons angedeutet. Die literarische Struktur des Textes ist dadurch aber nicht beeinflusst.

2.2.1. *Der Wahrheit suchende Leser*

In der ‚Vorrede des Verfassers‘ spricht Skelton die Leser direkt an. Belehrend und auffordernd entwickelt der Autor hier einen ‚idealen Leser‘ seiner Abhandlung. Der Idealtyp wird durch Abgrenzungen näher charakterisiert. Skelton rät zuerst bestimmten Menschen von der Lektüre ab. So sei sein Buch ungeeignet für unterhaltungssüchtige wie für nur philosophisch ernste Leser.[104] Auch gedanklich bornier-

---

[102] PHILIP SKELTON, Die Offenbarte Deisterey oder unpartheyische Untersuchung der Angriffe und Einwendungen gegen das Christenthum, nach ihrem eigentlichen Werthe und nach dem vornehmsten Inhalte der berüchtigten Schriften von Lord Herbert, Lord Shaftesbury, Hobbes, Toland, Tindal, Collins, Mandeville, Dodwell, Woolston, Morgan, Chubb, und andern. Aus dem Engländischen übersetzt [von Matth. Theod. Chr. Mittelstedt], Zwei Theile, Braunschweig und Hildesheim 1756 [i.F. SKELTON, Die Offenbarte Deisterey 1/2]. Vgl. weiterhin zu den historischen Hintergründen, die dem Leser des deutschen Werks natürlich verborgen blieben, DAVID BERMAN, Introduction, in: PHILIP SKELTON, Ophiomaches: or Deism revealed. In Two Volumes (ND der Ausgabe 1749), Bristol 1990, Vol. 1, V–XIV.

[103] Vgl. zu Mittelstädt (oder Mittelstedt) JÖCHER/ADELUNG 4, Sp. 1814.

[104] SKELTON, Die Offenbarte Deisterey 1, Vorrede des Verfassers, unpag. (a6v): „Ist es ihnen Gewohnheit, bloß zum Zeitvertreibe zu lesen; so werden sie sich einigermaßen betrogen finden … Sind sie einer von solchen ernsthaften und gründlichen Lesern, die sich nichts, als eine starke und genau an einander hangende Kette frostiger Vernunftschlüsse, gefallen lassen; so muß ich ihnen sagen, … daß die hier eingeführten Charactere … zuweilen einige Züge von den Unterkräften der Seele entlehnen“.

ten und faulen Menschen[105] wird die folgende Abhandlung nach Skelton „weder
nützlich noch angenehm" sein.[106] Der diesen Abgrenzungen entsprechende positive Lesertyp ist der offene, sorgfältig nach Wahrheit suchende Leser: „Sind sie aber
ein Mensch, der die Wahrheit allen übrigen Dingen redlich vorzieht; und sind sie,
um dieselbe völlig einzusehen, bereit, ihre Meynungen, vorgefaßten Urtheile und
Grundsätze, nochmals zu prüfen; oder haben sie in Meynungen, die die Religion
angehen, noch keine Wahl getroffen, noch sich zu einer Partey geschlagen: so sind
sie und das Buch, mit welchem ich sie hier bekannt mache, beyde ziemlich aufgelegt, einige Stunden mit einander zuzubringen".[107] Diese Bestimmung umfasst offensichtlich mehr als eine bloße Haltung im Lesen. Skelton präzisiert die für die
Wahrheitssuche unerlässliche Gemütsverfassung durch eine dreifache Abgrenzung:
Zuerst stellt Skelton Menschen vor, die erst gar nicht wirklich nach Wahrheit fragen: „Die neue Mode in Kleidung, die Abrichtung von Pferden und Hunden ko-
stet ihn oft eben so viel Geld, und noch weit mehr Mühe und Sorge, als die Wahl
seiner Grundsätze".[108] Die Suche nach Wahrheit der Überzeugungen ist hier ein
unbewusster „Nebentriebe". *Andere* hingegen sublimieren ihre Angst, bisher falschen Überzeugungen angehangen zu haben, „und dieser unvernünftigen Furcht
zufolge, bringen sie ihre Tage in einem geheimen Zweifel zu". Diese Menschen
verstecken sich hinter der „Larve der Scheinheiligkeit", ihre „Liebe zur Wahrheit
[ist] durch eine noch größere Zärtlichkeit gegen ihre Vorurtheile unterdrücket".
Letztlich charakterisiert Skelton diejenigen, die zwar diskussionswillig sind, aber nur
unter der Bedingung der Bestätigung ihrer eigenen vorgefassten Meinung. Eine
wirkliche Auseinandersetzung ist auch mit diesen Menschen nicht zu führen, denn
ihre Haltung „giebt den schwächsten Beweisen ihrer Meynung ein großes Gewicht, und schwächet hingegen auch die stärksten, die sie bestreiten".[109]

Dem aufrichtig und redlich nach Wahrheit suchenden Leser will Skelton in seiner Abhandlung Klarheit verschaffen. Skelton diagnostiziert eine diffuse argumentative Lage. Denn weder „die Deisten", noch „unsere neuern Schutzredner des
Christenthums" vertreten nach Skelton ihre Positionen wirklich eindeutig. Das habe zur Folge, dass „das Wesentliche, worauf es auf beyden Seiten ankömmt, den
Augen entzogen [wird], indem es entweder unter einer ungeheuren Menge von
arglistigen Kunstgriffen und Verwirrungen verstecket, oder unter unnützen und
unerheblichen Zänkereyen über Kleinigkeiten unvermerkt vergessen wird".[110] Ohne einen Hinweis auf die Vielfalt der deistischen Positionen wird von Skelton als

---

[105] Ebd.: „Haben sie, wenn sie lesen, diesen Endzweck, daß sie sich in ihren einmal angenommenen Meynungen befestigen, so lassen sie sich rathen, und geben sich nicht mit diesen Gesprächen ab … Ist ihnen eben nicht daran gelegen, daß sie von einem angenehmen Schlummer über
langgehegte Meynungen aufgeweckt, oder aus einer noch angenehmern Lebensart, die diesen
Meynungen gemäß eingerichtet ist, gerissen werden; so hören sie hier auf zu lesen".

[106] Ebd., (a7r).

[107] Ebd., (a7rf.).

[108] Ebd., (brf.).

[109] Ebd., (bv).

[110] Ebd., (b2r)-(b3r).

Ziel der Abhandlung die Darstellung der Gegensätzlichkeit von Deismus und Christentum vorgestellt: Er führe „die wahre Deisterey und das wahre Christenthum ins Feld, damit eines seine Sache gegen das andere ausmache".[111] Aus einer Konfrontation der gegensätzlichen Positionen wird für Skelton dem Wahrheit suchenden Leser die Möglichkeit gegeben, sich zu überzeugen.

Besonders interessiert ist Skelton an den Lesern, die sich noch für keine Partei entschieden haben. In diesem Zusammenhang zeigt sich aber, dass Skelton einen offenen argumentativen Prozess mit ebenso offenem Ausgang gerade nicht vor Augen hat. Sein Hinweis ist tendenziös. Sollten die Unentschiedenen „aus dem, was in diesem Buche gesaget ist, schließen, daß die Vernunft ohne höhern Beystand ein unzulänglicher Führer ist; daß die Menschen sich selbst nicht allzuwohl überlassen werden; daß sie nicht ihre eigenen Lehrer, ihre eigenen Gesetzgeber, ihre eigenen Richter seyn können; oder daß bloß irdische Bewegungsgründe nicht ein hinlängliches Gewicht haben, sie tugendhaft zu machen; so lassen sie ihrer eigenen Vernunft Recht wiederfahren, und geben sie der Deisterey auf ewig gute Nacht".[112] Diese Zielbestimmung weist darauf hin, dass Skelton Überzeugungsarbeit leisten will.

Gerade deshalb nähert sich Skelton seinem Gegenstand unter anderen Bedingungen als Leland. Hatte dieser in seiner Apologie den Deismus in gewisser Weise noch als Sachproblem angesehen, über das der Leser informiert werden soll, ist hier der Deismus als reiner positioneller Gegensatz und Überzeugungsfrage begriffen. Für eine differenzierende Wahrnehmung des ‚Deismus' hat Skelton keinen Sinn.

2.2.2. *Aufbau und literarische Fiktion*

Skelton kleidet seine Apologie in die Form von acht Dialogen. Sie bestehen nicht aus einem philosophischen Zwiegespräch, sondern nähern sich dem Dialogroman an. Die Dialoge werden sowohl von mehreren *dramatis personae* geführt als auch in eine bestimmte *Rahmenhandlung* integriert.

In den Dialogen treten vier Personen in Erscheinung, wobei zwei als Parteigänger des Deismus mitsamt einem Schüler dem Vertreter des Christentums gegenüberstehen.[113] Sie werden im ersten Gespräch indirekt vorgestellt: Der Protagonist der deistischen Partei ist ‚Dechaine', reicher Gutsbesitzer mit Stellung am Hof, der seinen Hauslehrer ‚Cunningham', selbst ein Theologe – vielleicht auch Dechaines Hausgeistlicher, stets bei sich hat. Als Epigone ist ihnen ‚Templeton' beigegeben, zwar Mündel von Dechaine aber selbst Sohn eines reichen Edelmanns. Ihnen gegenüber steht ‚Schäfer' – offensichtlich das alter ego Skeltons –, ein bescheiden lebender Landpfarrer, der sich durch seine Aufrichtigkeit in der kirchlichen Hierar-

---

[111] Ebd., (b3r). Im Englischen heißt das, Skelton, Deism revealed, XIII: „the writer now before you brings real Deism, and real Christianity, into the field, to confront each other".

[112] Ebd., (b3r)–(b3v).

[113] Das Folgende nach Skelton, Die Offenbarte Deisterey 1, 1–25.

chie keine Freunde gemacht hat.[114] Bereits die Opposition von ‚reich-deistisch‘ und ‚bescheiden-aufrichtig‘ zeichnet das konventionelle Bild von reich und verdorben, wie von arm und fromm.

Die Konstellation der Personen ist pikant, da Dechaine das Land besitzt, das die Kirche und Gemeinde Schäfers beheimatet. Allerdings kennen sich Dechaine und Schäfer bereits seit ungefähr 30 Jahren aus der Universitätszeit, was dramaturgisch den direkten Einstieg in die Diskussion erleichtert. Der Dialog beginnt mit dem Besuch Dechaines samt Anhang bei Schäfer und erhält durch den ausbleibenden Gottesdienstbesuch Dechaines seinen Anstoß. Nach allerlei Spötteleien Dechaines über die Geistlichen, die vom Stereotyp des ungebildeten Dorfpfarrers leben, wird die Provokation von Schäfer streitbar aufgenommen. Dabei kommt zutage, dass Schäfer offensichtlich gehört hat, Dechaine und die anderen seien Deisten.[115]

Das Gespräch wird nun auf die von Skelton angestrebte Konfrontationssituation hin zugespitzt. Zuerst werden die opponierenden Rollen deutlich verteilt. Die Gestalt des Dechaine tritt dem Pfarrer entgegen: „Dech. Es kömmt endlich nicht viel darauf an, was dieser Landjunker, oder jener Dorfpfaffe von unsern Meynungen hält, es wäre denn, daß man gewisse Meynungen annähme, um damit zu pralen und sich groß zu machen. Allein gesetzt, ich wäre wirklich ein Deist, könnten sie denn wohl einfältig genug seyn und hoffen, daß, wenn sie ihren wilden dreyköpfigen Cerberus von Predigt auf mich loshetzeten, sie mich aus meiner Denkungsart heraus bellen oder beißen würden? Mein guter Doctor, alle Predigten, die ihr Geistlichen haltet, gelten sehr wenig bey Leuten, die nur etwas Geschmack und Verstand haben, und alles Donnern von der Kanzel schadet und schrecket niemand mehr, als den Pöbel“.[116] Der auf fiktiver Ebene vom Hörensagen hervorgerufene Klärungsbedarf wird dann, ebenfalls auf fiktiver Ebene, in eine ideale Gesprächssituation überführt. Unter der Beteuerung, er sei „ein aufrichtiger Christ“, entscheidet sich Dechaine, fortan wie ein Deist zu reden: „Ich werde oft die Beweise so wohl als die Ausdrücke eines Deisten gebrauchen müssen“. Schäfer nimmt das Angebot an: „Und darf ich denn, ohne Furcht sie zu beleidigen, mit ihnen, als mit einem offenbarten Deisten reden, wenn ich nämlich voraussetze, daß sie es wirklich nicht sind, sondern nur den Character und die Larve eines Deisten annehmen, um desto freyer zu disputiren?“ Im Gegenzug wird Schäfers Position als die eines Verteidigers der Religion, wiederum unter „dem Character und der Larve eines Christen“, festgeschrieben.[117] Mit dieser als ‚geborgt‘ angesehenen Rollenzuteilung stellen die Gesprächspartner sicher, dass das folgende Gespräch nicht auf die Ebene ‚persönlicher‘ Beleidigung abgleitet.

---

[114] Das ist der einzige Name, der übersetzt ist, im Englischen also ‚shepherd‘. Zu ‚Schäfer‘ und Skelton Berman, Introduction, X. Natürlich sind alle Namen sprechend: ‚Dechaine‘ frz. der ‚Entfesselte‘, ‚Cunningham‘ und auch ‚Templeton‘.
[115] Skelton, Die Offenbarte Deistery 1, 15f.
[116] Ebd., 17.
[117] Ebd., 19.

In sechs langen und langatmigen Diskussionsrunden treten hauptsächlich Schäfer und Dechaine fortan gegeneinander an. Das rund 32seitige Inhaltsverzeichnis mag manchem Leser die Schrift Skeltons erschlossen haben, die sich durch Redundanzen und seitenlange Belehrungen auszeichnet. Auffallend ist die ungleiche Gewichtung in den Gesprächsrollen. Mit Abstand am meisten redet Schäfer, während Dechaine oder sein Sekundant Cunningham zumeist nur kurze Einwürfe und Meinungen von sich geben.[118] Skelton hat damit keine ironische Charakterisierung von Schäfer intendiert, sondern der wiederum stereotypen Meinung Ausdruck gegeben, dass die Einwürfe gegen die Religion nur kurz, dafür oberflächlich, die gründlichen Antworten hingegen länger und tiefergehend sind.

Eine Gliederung der Gespräche deutet sich nur an. Offenbar hatte Skelton die Idee, die Dialoge durch die sukzessive Auseinandersetzung um das im ersten Dialog hervorgehobene „Deistische Credo"[119] zu strukturieren. Knüpft das zweite Gespräch noch daran an,[120] verlieren die fiktiven Gesprächspartner bald den Faden und das Credo aus den Augen. Für die Dramaturgie der Gespräche hat es inhaltlich weiter keine Bedeutung. Im siebten Dialog wird allerdings noch einmal auf dieses Credo angespielt. Hier leitet der Verweis das Ende des Gesprächs ein.[121]

Die deistische Partei bricht den Dialog ab. Mit dem Vorwurf der Uneinsichtigkeit in die deistischen Argumente treibt Dechaine das Gespräch zur Klimax: „Dech. Ich habe ihnen alle Freyheiten gelassen, so viel zu plaudern, als sie nur wollten, denn ihr Brodkorb stund in Gefahr. Allein ihre gekünstelte Schutzrede … hat so wenig Eindruck auf mich gemachet, daß ich fast vermuthe, sie selbst sind nicht völlig davon überzeugt".[122] Ebenso wenig überzeugt von Dechaines Einwürfen zeigt sich Schäfer. Doch der Autor der Dialoge will es nicht bei einem einfachen Dissens stehen lassen. Schäfer zeigt sich nämlich fähig, die von Dechaine und Cunningham geführte Rede gegen das Christentum selbst christlich deuten zu können. Dazu führt er einen ‚antideistischen Weissagungsbeweis'.

Skelton hat diesen Beweis literarisch eingängig gestaltet. So führt Schäfer aus: „Die ganz besondere Gewohnheit, die unsere Freygeister haben, anstatt vernünftige Schlüsse zu machen, über solche Puncte zu spotten und zu scherzen, die sie sich nicht die Mühe geben wollen, ernsthaft zu erwegen, wird genau und buchstäblich ausgedruckt, *sie sprechen übel von Dingen, die sie nicht verstehen* [2. Petr. 2,12]". In Blick auf den deistischen Epigonen Templeton fügt er dann noch hinzu: „Ihr Umgang mit jungen rohen Leuten, die sich noch über keine Grundsätze bestimmet ha-

---

[118] Exemplarisch sei hier nur auf die zweite Unterredung verwiesen (ebd., 49–119), in der die quantitative Verteilung auf längere Textpassagen (eine Seite oder mehr) sich folgendermaßen verteilt: Dechaine spricht länger 66–67 und 122–123. Schäfer hingegen beherrscht den Dialog mit seinen Beiträgen: 63–65.67–69.70–71.76–78.80–81.82–84.85–88.91–93.98–104.105–106. 106–109.109–110.112–115.118–119.

[119] Ebd., 44f.

[120] Ebd., 50.

[121] Ebd. 2, 259.

[122] Ebd.

ben, und zu lüderlichen Lüsten geneigt sind, wird uns, so gut es ausgedrucket werden könnte, durch die Worte vor Augen gestellet: *Sie betrügen wankende Seelen* [2. Petr. 2,14]".[123] Die Weissagung des Spotts und der Verführung der Jugend wird in der Reaktion Dechaines erfüllt: „Ey, wenn diese Prophezeihung denn so gar genau anitzt in die Erfüllung geht, so muß das Ende der Welt wohl daseyn: denn sie saget ausdrücklich: Diese *Spötter* werden kommen in den letzten Tagen. Seyn sie so gütig, Herr Templeton, und lassen sie mir wissen, wird der große Gerichtstag künftigen Sonnabend oder Sonntag gehalten werden?"[124] Man wird wohl annehmen müssen, dass der Autor der Dialoge der Gestalt Schäfers ein ernsthaftes Argument in den Mund legen wollte. Auf jeden Fall zeigt es auf der Ebene der Protagonisten gleich eine doppelte Wirkung. Cunningham und Dechaine verlassen unter Beschimpfungen Schäfer: „Lebet wohl, Pfaffe".[125] Und Templeton bleibt. Dessen Gespräch mit Schäfer schließt im achten Dialog die Apologie Skeltons ab.

Das Szenario, das mit dem Gesprächsabbruch erreicht ist, gibt Skeltons Schrift ihren Namen. Die *Offenbarte Deisterey* besteht nämlich nicht einfach in der argumentativen Position Dechaines. Diese ist ja eigentlich nur von Dechaine ‚geborgt'. Und es ist gerade die Pointe, dass erst diese angenommene Position das eigentliche Wesen der Deisterey zutage treten lässt. Oder anders: Die als Annahme auf der fiktiven Ebene eingeführten Gegenpositionen haben sich also im Verlauf des Gesprächs als ‚wirkliche' Gegensätze realisiert. Die ‚Deisterey' beteuert demnach ihre Christlichkeit und erweist sich als in Wirklichkeit widerchristlich. Sie besteht, letztlich, in der Verweigerung der Einsicht in die Überlegenheit der christlichen Religion, sie bleibt Spöttelei. Der Verfechter des Christentums hingegen erweist sich als auch in Wirklichkeit christlich.

2.2.3. Der überzeugte Konvertit

Die Funktion, die in Lelands *Abriß* dem Briefschreiber zukommt, wird in Skeltons *Offenbarter Deisterey* durch die Gestalt des Templeton repräsentiert. Er ist die erfüllte Zielbestimmung der Abfassung der Schrift, in diesem Fall der überzeugte Konvertit. Die Konversion Templetons zeichnet sich im siebten Dialog durch zunehmende Kritik an der Position Dechaines ab,[126] und verwandelt sich endgültig in Zustimmung durch Schäfers ‚antideistischen Weissagungsbeweis'.[127] Das Gelingen der Überzeugungsarbeit ist bei Skelton ausschließlich an die Einsicht in die argumentative Verfassung der ‚Deisterey' gebunden. Die gesprächsweise ‚offenbarte Deisterey' überzeugt vom Gegenteil. Als Folge davon begreift sich Templeton im achten Dialog als Opfer deistischer Verführung.[128] Zur Bestärkung der Konversion

---

[123] Ebd., 264.
[124] Ebd., 266.
[125] Ebd., 267.
[126] Ebd., 167.171.185.209.210.
[127] Ebd., 266f.
[128] Ebd., 289.

wird nun das Wesen und der wahre Endzweck der ‚Deisterey' enthüllt. Die nun schon ‚offenbarte Deisterey' erfährt ihre zweite Offenlegung.

Das literarische Leitmotiv des achten Dialogs ist das ‚Lesen' von deistischen Büchern.[129] Die Lektüre deistischer Schriften, der Templeton mit seinen ‚Lehrern' oblag, wird durch Schäfer belehrend in das richtige Licht gerückt. Die Relektüren geschehen dabei unter dem Aspekt ihres Geistes, den Schäfer kundtut: „Schäf. Da der *Geist der Freydenkerey* unsere gegenwärtige Zeit von allen vorigen Zeiten unterscheidet, und, wir wollen es hoffen, von allen künftigen unterscheiden wird; so wird es nothwendig seyn, daß wir uns einen richtigen Begriff von diesem Geiste machen, damit wir von denen, die er beseelt, um so viel richtiger urtheilen können. Der *Geist des Freydenkens* kann nicht besser beschrieben werden, als mit dem einzigen Worte, der *Selbstgenugsamkeit*".[130] Der auffällige begriffliche Wechsel zur ‚Freidenkerey' und dann zur ‚Freigeisterey',[131] der sich ähnlich auch im Englischen vollzieht, deutet den Übergang in eine allgemeine Auslegung an.[132] Dabei dient der Ausdruck der ‚Selbstgenugsamkeit' zuallererst einer extremen polemischen Zuspitzung: „Sch. Die *Freygeisterey* ist gar nichts neues. Vielmehr wundern sie sich, wenn ich ihnen sage, sie ist älter als die Welt. Temp. Aelter als die Welt! Schäf. Die *Selbsgenugsamkeit* war es, die den Teufel antrieb, die Unabhängigkeit zu wünschen".[133] Diese ‚Selbstgenugsamkeit' mitsamt ihrer polemischen Konnotation wird nun einer „virtual history of deism" unterlegt, die David Berman als den interessantesten Teil von Skeltons Werk bezeichnet hat.[134]

Die ‚Geschichte des Deismus', hier taucht der Begriff der ‚Deisterey' auch wieder auf, sammelt polemische Invektiven, die sich der charakterlichen Verunglimpfung der genannten Personen widmen.[135] Chronologisch setzt sie bei Herbert von Cherbury ein,[136] es folgen Hobbes, Lord Rochester, Dryden, Blount, Shaftesbury, Toland und Collins. Besonders hervorgehoben wird Tindal: „Schäf. Wir kommen nun auf den großen Apostel der Deisterey, der in seinem letzten so fruchtbaren Werke, alles zusammen gefasset, was andere freygeistische Schriftsteller vor ihm gesaget haben, und der die ganze Stärke ihrer Partey in eine Summe gebracht hat, so daß sein Buch die Bibel aller deistischen Leser geworden ist, ich meyne den *Tindal*, in Vergleich mit welchem *Toland* ein Pedant, *Collins* ein Schwätzer und *Schaftesbury*

---

[129] Ebd., 301.312.315.325.328.348.369.370.374.

[130] Ebd., 274.

[131] Ebd., 275, passim.

[132] SKELTON, Deism revealed, Bd. 2, 206, passim, benutz ‚libertin' bzw. ‚libertinism'. Offensichtlich eine direkte Aufnahme der in England bekannten literarischen Verführergestalt, vgl. HANS HEINRICH, Zur Geschichte des ‚Libertin' in der englischen Literatur. Verführer auf der Insel, Heidelberg 1999 (AnglF 271).

[133] SKELTON, Die Offenbarte Deisterey 2, 275. Vielleicht eine Anspielung auf den Titel der Schrift TINDALS.

[134] BERMAN, „Skelton, Philip", 800.

[135] Besonders erheiternd die Bezeichnung Shaftesburys als Stinktier, SKELTON, Die Offenbarte Deisterey 2, 336.

[136] Ebd., 321.

selbst nur ein kindischer Possenreißer ist".[137] Die Position Tindals ist allerdings nur von sekundärem Interesse. Extra hervorgehoben wird seine konfessionelle Herkunft: „Zu den Zeiten *Carls* des zweyten war er ein Protestant, unter *Jacob* dem zweyten ward er ein Papist, nach der *Revolution* bekannt er sich zur *engländischen* Kirche, und, weil keine neue Revolution erfolgte, mußte er bey diesem letzten Bekenntnisse seine übrige Lebenszeit durch beharren; doch aber eben nicht so gar genau, denn er nahm sich vor, diese Kirche zu verwüsten, und nicht allein die Offenbarung, sondern … alle Religion zu Boden zu werfen".[138] Nach Tindal folgen noch einige weitere Namen, deren Nennung hier unerheblich ist. In der Rede Schäfers zeigt Skelton kein Interesse an den aufgezählten Positionen. Sie werden strikt, und erheblich eindeutiger noch als in der Perspektive von Lelands *Abriß*, als Illustrationen des Wesens angeführt. Die ‚Geschichte des Deismus' besteht aus bloßer Polemik. Besonders die eigenartige Hervorhebung von Tindal bereitet die Abschlusspointe vor.

Die offensichtliche Insuffizienz dieser ‚Geschichte' hat den Übersetzer veranlasst, Anmerkungen einzufügen. Zu vielen Autoren verweist Mittelstädt auf deutsche Nachschlagewerke, die eine nähere Kenntnis des Autoren versprechen.[139] Bereits in seinem Vorbericht hat Mittelstädt auf diese Eingriffe hingewiesen: „Unter dem Uebersetzen sind mir, sonderlich bey der achten Unterredung, einige Anmerkungen aus der Feder gefallen, die ich zu meiner eignen Nachricht, und zu einer künftigen weitern Ausführung bestimmete".[140] Zu dieser ist es nicht gekommen. Mittelstädt empfiehlt auch Lelands *Abriß*. Im Unterschied zu Berman hat bereits Mittelstädt damit diese ‚Geschichte' als defizitär empfunden und Abhilfe schaffen wollen. Der weitere Gang des Dialogs wird davon allerdings nicht betroffen.

Nachdem der Konvertit überzeugt ist und das Wesen der ‚Freidenkerei' bestimmt und ‚historisch' aufgewiesen wurde, bemisst Skelton in Gestalt Schäfers die politisch-gesellschaftlichen Folgelasten des Phänomens und den Endzweck der ‚Freigeisterei'. Die Freigeisterei erscheint nun als politisch subversive Macht, die durch ihre Verteidigung republikanischer Ideen letztlich den Umsturz bestehender gesellschaftlicher Verhältnisse zum Ziel hat. So führt Schäfer aus, wie „unsere Freygeister die glückselige Freyheit unserer Staatsverfassung wie nichts achten, und bey aller Gelegenheit eine schleichende Seuche republikanischer Grundsätze von sich merken lassen: aber sie beweisen auch eben dadurch, so wohl in Absicht auf die Religion, als auf die Staatsklugheit, ihre äußerste Thorheit".[141] Das von Schäfer skiz-

---

[137] Ebd., 354. Vgl. im Englischen die Passage, SKELTON, Deism revealed, Bd. 2, 265: „Let us now turn our eyes to the great Apostle of Deism, who, in his last comprehensive work, hath exhausted what is said by all the other libertine writers, and summed the whole force of their cause, insomuch that this book is become the Bible of all Deistical readers, I mean *Tindal*; in comparison of whom, *Toland* is but a pedant, *Collins* a sophister, and his Lordship himself a trifler".

[138] Ebd.

[139] Die Anmerkungen Mittelstädts durchziehen die gesamte ‚Geschichte': 305. 315. 320. 322. 326ff. 336. 348f. 351ff. 357. 260. 362ff. 369. 374. 400. 417.

[140] SKELTON, Die Offenbarte Deisterey 1, Vorbericht des Uebersetzers, unpag., a4v.

[141] SKELTON, Die Offenbarte Deisterey 2, 411.

zierte Bild macht Templeton um England Angst und Bange, so dass er fragt: „Was können die Deisten im Schilde führen, da sie gleichsam auf das Herz ihres Vaterlandes zielen?"[142] Die Antwort Schäfers fällt überraschend aus: Die ‚Deisterey' ist ein Werkzeug des Papsttums, die protestantischen Länder zu unterminieren und die politische Macht zurückzugewinnen. „Die Papisten wissen zu wohl, daß, so bald als die Freygeisterey diese Völker nur wird zu Grunde gerichtet haben, es leicht seyn wird, sie durch Beyhülfe papistischer Prinzen, und eines papistischen Prätendenten, auf den Thron zum Papstthume zu bringen".[143] Templeton gibt allerdings zu bedenken, wie das vonstatten gehen sollte. Die Vertreter des Papsttums seien doch „hier Ausländer, und sie können entweder nicht Engländisch sprechen, oder sie sprechen es mit einem so merklich verschiedenen Thone, daß, wenn sie die Deisterey unter uns predigen wollten, ihre Absicht unmöglich verborgen bleiben könnte".[144] Die Verschwörungstheorie nimmt nun ihre entscheidende Wende, indem Schäfer auf verschiedene katholische Kontakte der Deisten hinweist: „Haben wir nicht eine Menge Papisten bey uns im Lande, und können ihre Kinder nicht in *Frankreich*, ja selbst hier von Jesuiten, die unter uns nach einem vollständigen System heiliger Betrügereyen herum schleichen erzogen werden? … Einige unserer Hauptdeisten, als *Tindal* und *Toland*, hatten Gelegenheit auf solche Weise erzogen zu werden. … *Collins* hielt auf seinen Reisen durch *Frankreich* und *Holland* einen ganz genauen Umgang, und wie er hier in *England* wieder zurück kam, einen ununterbrochenen Briefwechsel mit den Jesuiten".[145] Als abschließendes Argument für die Verschwörung wird das Fehlen von Kritik an katholischen Positionen in deistischen Büchern angeführt: „Ferner verdienet angemerkt zu werden, daß *Tindal* und die übrigen Deisten, gleich als wollten sie dem Papstthume durch Einführung der Deisterey einen Dienst erweisen, alle ihre angezogenen Stellen, auf welche sie bauen, einzig und allein aus protestantischen Gottesgelehrten borgen, und niemals päbstische Schriftsteller des Hasses, den ihre Meynungen verdienen, teilhaftig machen wollen, wenn sie einige Stellen aus ihren Schriften heraus rissen, und sie zu deistischen Absichten verdreheten".[146] Damit ist Templeton überzeugt.

Der Konvertit hat sich die Ansichten Schäfers vollkommen angeeignet. Deshalb ist ihm die abschließende Charakterisierung überlassen. Die papistische Verschwörungstheorie wird dabei noch einmal ins Allgemeine gewendet: „Ich finde, daß in der Religion so wohl als in der Kleidung neue Moden, oder vielmehr nur Veränderungen der Alten außerhalb Landes gearbeitet, und nach dem Geschmacke eines Volkes, das der veränderlichen Herrschaft des Mondes mehr als irgend eines anders, ja als alle Dinge überhaupt, ausgenommen Ebbe und Fluth, unterworfen ist, verän-

---

[142] Ebd., 412.
[143] Ebd., 415. Zu den politischen Hintergründen dieser Äußerung vgl. BASIL WILLIAMS, The Whig Surpremacy 1714–1760, Oxford 1962², 155–170.251–265.
[144] Ebd., 416.
[145] Ebd., 416f.
[146] Ebd., 419.

dert werden. Neue Meynungen, und neue Moden von Manchetten kommen in einem Winde zu uns herüber".[147]

Skeltons Verschwörungstheorie mündet in einer Theorie kultureller Überfremdung. Der Gegenpart, gekennzeichnet durch ‚katholisch' und ‚Mode' ist auch deutlich: Frankreich. Bereits der Name des deistischen Hauptprotagonisten ‚Dechaine' hat das angedeutet. Bei Skelton gehen seine antideistische und antikatholische Haltung, national-konservative Anschauung und Frankophobie eine eigentümliche Mischung ein. Am Schluss bildet der Deismus eine eher obskure Größe, die als Projektion aller möglichen Ängste erscheint.

David Berman hat treffend Skeltons Werk charakterisiert: „Although *Ophiomaches* is not the deepest or most philosophically acute work of Irish Counter-Enlightenment philosophy, it bears the distinctive stamp of its author's pugnacious personality. It is also a work of considerable force, bordering on vehemence".[148] Um philosophische Einsicht ging es Skelton beim Abfassen seines Werks sicherlich nicht.

2.3. Unterschiede der Perspektiven

Mit Lelands *Abriß* und Skeltons *Offenbarter Deisterey* sind trotz ihrer Unterschiedlichkeiten zwei wirklich *englische* Werke übersetzt worden. Leland hat in einem in Deutschland weithin unbekannten Umfang Autoren und Widerlegungen genannt. Und er hat bereits mit seinem Titel suggeriert, dass hier nur die Spitze des Eisberges beschrieben ist. Er widmet sich den *vornehmsten* Deisten. Skeltons Schrift hingegen setzt, wenn überhaupt, in den Einzeldiskussionen umfangreiche Kenntnisse mitsamt dem dazu gehörigen Abstraktionspotential schlechterdings voraus.[149] Beide greifen auf Hintergrundwissen zu, das dem deutschen Leser nicht zur Verfügung steht.

Beide Bücher sind auch darin englisch, dass sie auf je ihre Weise auf Leser englisch-deistischer Bücher reagieren; implizit setzen sie zumindest ein entsprechendes Lesepublikum voraus. Nun liegen die gewählten Formen des Briefs und des Dialogs für die Apologie nahe.[150] Doch gewinnen diese Formen mit der bereits von Alberti bemerkten Entstehung eines allgemeinen Lesepublikums an zunehmender Bedeutung.[151] Als eigenständige kritische Instanz wird das Lesepublikum weder von Leland noch von Skelton angesehen. In gewisser Weise schließen sie es geradezu aus. Der Leser tritt nur als Objekt gelingender Apologie in das Blickfeld. Will

---

[147] Ebd., 423.

[148] BERMAN, Introduction, XIII.

[149] Zu diesen Zusammenhängen sei noch einmal auf die Bemerkungen von BERMAN, Introduction, verwiesen.

[150] Vgl. NORBERT H. FEINÄUGLE, Lessings Streitschriften. Überlegungen zu Wesen und Methode der literarischen Polemik, Lessing Yearbook 1 (1969), 126–149, 129.

[151] Vgl. für den Brief NIKISCH, Brief, und HANS-GERHARD WINTER, Dialog und Dialogroman in der Aufklärung, Darmstadt 1974 (Germanistik 7), 25 ff.

man den Begriff überhaupt aufnehmen, kann man Lelands und Skeltons Werke als gegenaufklärerisch bezeichnen. Sie nutzen beide die zu ihrer Zeit zur Verfügung stehenden aktuellen Mittel, um als ruinös angesehenen Tendenzen entgegenzutreten. Natürlich geschieht das bei beiden recht unterschiedlich: Leland antwortet eher intellektuell und setzt auf die argumentative Überlegenheit in Sachfragen. Skeltons Antwort fällt eher bodenständig aus und appelliert an Ängste, die nicht zuletzt in England durchaus präsent waren.[152]

Gibt es benennbare Folgen, die diese englischen Werke als *deutsche* Übersetzungen hatten? Hier ist zuallererst zu unterscheiden zwischen den unmittelbaren Reaktionen und den historiographischen. Können diese hier nicht mehr berücksichtigt werden, so gilt es festzuhalten, dass mit Blick auf die Art der Gestaltung der Apologie Lelands und Skeltons Werke in Deutschland keine Nachfolger gefunden haben – zumindest was die englisch-deistische Literatur angeht. Das ist bereits das erste Indiz dafür, dass man in Deutschland an diesen Werken ein anderes Interesse hatte. Ganz gemäß dem sich seit längerer Zeit äußernden Interesse an einem Kompendium wurden Lelands und auch Skeltons Werk aufgenommen.[153] So hat Schmid in seiner Vorrede zu Lelands *Abriß* den Nutzen als Nachschlagewerk hervorgehoben. Genauso hat Mittelstädt tendenziell mit den Hinweisen auf verfügbare Informationen gerade die ‚Geschichte‘ komplettieren wollen. Auch die Zeitschriftenrezensionen gehen in diese Richtung. Der wohl berühmteste Rezensent von Lelands Buch, Gotthold Ephraim Lessing, hat in der *Berlinischen privilegirten Zeitung* wenig einfallsreich die Gliederung und einige Invektiven Lelands wiedergegeben. Lessing bescheinigt Leland, seinen Gegnern mit „durchdringende[m] Auge" begegnet zu sein.[154] Die *Zuverlässigen Nachrichten*, Nachfolge der *Deutschen Acta*, versuchen, ebenfalls grundsätzlich zustimmend, die Themen der Dialoge Skeltons zu ordnen und damit dem Nachschlagen zugänglich zu machen.[155] Auf die verschiedenen literarischen Gestaltungen wird nicht eingegangen.

Fraglos hat Leland mehr Eindruck gemacht. Das gilt aber kaum für seine Konstruktion des Deismus. Hier haben in Deutschland bereits ganz unabhängig von ihm Grundig und Alberti vorgearbeitet. Ebenso wenig durchschlagend ist die besondere Betonung Tindals durch Skelton. Kortholt hatte sie hier schon vorweggenommen. Worin Skelton und Leland allerdings mit den deutschen Verhältnissen

---

[152] Aber auch im protestantischen Deutschland war gerade der Begriff der ‚Mode‘ sowohl (wegen seiner Herkunft) mit französisch und auch religionsfeindlich besetzt, vgl. s.v. ZEDLER 21 (1739), Sp. 700–712, v.a. 702: „Also scheinet es bald, daß bei vielen thörichten Leuten heutigen tages die Christliche Religion, und die Lehre von GOtt, Himmel und Hölle nicht mehr Mode seyn will, weil man sich nun schon einige tausend Jahre damit herum getragen, und man nun einmal etwas neues muß zum Vorschein bringen".

[153] Vgl. II., 3.

[154] Rez. vom 7. November 1754, in: GOTTHOLD EPHRAIM LESSINGS sämtliche Schriften. Hg. v. K. Lachmann. Dritte, auf's neue durchgesehene und vermehrte Auflage von F. Muncker, Bd. 5, Stuttgart 1890, 443–445. Vgl. weiterhin Acta Historico-Ecclesiastica (1755, 109. Theil), Vorrede, unpag. (XIV). Neue theologische Bibliothek (1755, 95. Stück), 460–472.

[155] Zuverlässige Nachrichten (1756, 204. Theil), 896–903.

übereinkommen und vielleicht sogar eine unmittelbar-verstärkende Wirkung entfachten, ist die zunehmende Allgemeinheit in der Wahrnehmung.[156] Leland hat den Blick auf eine umfangreiche Palette deistischer Autoren geöffnet und Skelton den Deismus als Projektionsfläche allgemeiner kulturkritischer Ansichten angeboten. Nur, eine systematisch-inhaltliche Durchdringung des Phänomens ist das nicht. David A. Pailin hat mit Blick auf Herbert von Cherbury über Skelton und Leland treffend formuliert, was auch für ihre Gesamtkonstruktion gilt: „On examination, however, the primacy and influence that they (and the many that have followed them) attribute to Herbert seem to be more the consequence of the way that they set up their stories than the result of close attention to the content and style of argument found in the Lockean and post-Lockean ‚deists‘".[157]

Kurzum: Die englischen Werke unterliegen in Deutschland der *deutschen* Perspektive, die nach Wissen und Information drängt. Was Leland und Skelton in gewisser Weise voraussetzen, nämlich eine Kenntnis und Beschäftigung mit dem Phänomen, ist in Deutschland so nicht gegeben. Deshalb verwundert es auch gar nicht, dass Mittelstädt gerade auf solche Werke in Skeltons Schrift verweist, die ihm ganz aktuell zur Verfügung stehen. Durchgängig zitiert er Schriften, mit denen Siegmund Jacob Baumgarten Wissen vermittelt hat.

3. Vermittlung von Wissen: Siegmund Jacob Baumgarten

Theologiegeschichtlich gilt Siegmund Jacob Baumgarten als der überragende Vertreter der ‚Übergangstheologie‘. Auch in Bezug auf die Vermittlung englisch-deistischer Literatur nach Deutschland hat er schon früh eine Sonderstellung eingenommen.[158] Wie Martin Schloemann verbindlich gezeigt hat, können solche Würdigungen an Person, Situation und Werk des Hallenser Theologen anschließen:[159] Als Person verbindet Baumgarten *erstens* in nahezu idealtypischer Weise pietistisch-fromme Prägungen und aufklärungsphilosophisches Denken und damit diejenigen gedanklichen Formationen, ohne deren spannungsreiches Verhältnis eine ‚deutsche Aufklärung‘ schwerlich zu begreifen sein wird. Baumgarten erlangte seinen Ruhm *zweitens* durch die ideenpolitischen Umstände, welche ihn bereits kurz nach seiner Berufung (1734) zum umstrittenen ‚Star‘ der Hallenser Fakultät werden ließen:

---

[156] Johann Gottfried Herder hat darauf in Rückblick auf die Wirksamkeit Lelands in der Historiographie aufmerksam gemacht: Adrastea (Auswahl). Hg. v. Günter Arnold. Johann Gottfried Herder, Werke 10, Frankfurt 2000 (Bibliothek deutscher Klassiker 170), 132 Anm. 18: „Die Deutschen Kirchengeschichtler sind ihm gefolgt, und führen ein noch bunteres Gemisch auf". Zur frühen Historiographie vgl. unten 5.

[157] Pailin, Should Herbert, 127.

[158] Vgl. Einleitung.

[159] Martin Schloemann, Siegmund Jacob Baumgarten. System und Geschichte in der Theologie des Übergangs zum Neuprotestantismus, Göttingen 1974 (FKDG 26) [i.F. Schloemann, Baumgarten]. Dieser Darstellung ist das Folgende vielfach verpflichtet. Ich beschränke mich deshalb auf Einzelnachweise in wichtigen Punkten.

Erst die Schlichtung von allerhöchster Stelle endete die Anfeindungen Baumgartens, die ihm als ‚theologischem Wolffianer' durch seine pietistischen Gegner zuteil wurden. In stupender Gelehrsamkeit hat Baumgarten *letztens* ein Werk geschaffen, dass sich über das gesamte Gebiet der Theologie erstreckt und Anstöße enthält, die die theologische Szene zur Zeit Baumgartens und weit darüber hinaus geprägt haben.

Als Vermittler ausländischer Literatur nach Deutschland hat Baumgarten wie nur noch wenige seiner Zeitgenossen die ihm zuwachsenden Möglichkeiten genutzt, literarisch und publizistisch aktiv zu werden. In diese Arbeit hat Baumgarten eine ganze Generation von Theologen eingebunden. Das außerdeutsche Interesse Baumgartens ergab sich dabei aus seiner theologischen Entwicklung: Baumgartens ‚Hinwendung zur Geschichte', die sein Werk ab ungefähr 1740 prägt, verlangte eine Neuorientierung an internationalen Wissenschaftsstandards.

Angesichts des Umfangs seines Werks und der Bedeutung Baumgartens muss der Blick auf die spezifische Vermittlungstätigkeit englisch-deistischer Literatur durch Baumgarten den Fokus notwendig verengen.[160] Für eine realistische Einschätzung der Leistung Baumgartens an diesem Punkt ist zuerst ein Umriss der Arbeitsfelder, in denen Baumgarten als Vermittler tätig war, zu skizzieren und das Material, das die englisch-deistische Literatur betrifft, aufzufinden. Bereits 1758 hat Johann Salomo Semler in der ihm eigenen liebevollen Umständlichkeit auf qualitative Differenzen im Werk Baumgartens aufmerksam gemacht, für die er nicht zuletzt die vielen Schüler und Interessengebiete Baumgartens verantwortlich sah.[161] Dieses Urteil

---

[160] Das gilt einmal für die Bedeutung des englischen Deismus für das theologische Denken Baumgartens selbst, die nur am Rande verhandelt werden kann. Weiterhin muss hier der institutionelle Rahmen mitsamt seinen Hintergründen weitgehend ausgeblendet werden. Eine nähere Rekonstruktion der Bedingungen, unter denen Baumgarten arbeitete und wie er es unter diesen tat, ist ebenso Desiderat wie eine eigene Studie wert. An einem anderen Autor führt Gabriele Ball nun die nötigen Fragestellungen und methodischen Vorgehensweisen vor: GABRIELE BALL, Moralische Küsse: Gottsched als Zeitschriftenherausgeber und literarischer Vermittler, Göttingen 2000 (Das achtzehnte Jahrhundert: Supplementa; 7).
Es ist zu bedauern, dass die richtungsweisende Arbeit Schloemanns in der theologischen Aufklärungsforschung nicht impulsgebend aufgenommen worden ist. Bezeichnend dafür die Nichtbeachtung bei KURT NOWAK, Vernünftiges Christentum? Über die Erforschung der Aufklärung in der evangelischen Theologie Deutschlands seit 1945, Leipzig 1999 (ThLZ.F 2), 43 Anm. 74. Da Schloemann das Baumgarten betreffende Material umsichtig und kenntnisreich aufarbeitet, bieten sich viele Anknüpfungspunkte. Doch weder der Schülerkreis Baumgartens noch die materiale Gestalt seines theologischen Denkens sind bislang weiterführend gewürdigt worden, bis auf die Arbeit von SUSANNE EHRHARDT-REIN, Zwischen Glaubenslehre und Vernunftwahrheit. Natur und Schöpfung bei Hallischen Theologen des 18. Jahrhunderts, Münster 1996 (Physikotheologie im historischen Kontext 3). Natürlich ist Baumgarten im Rahmen der Debatte um Hermeneutik im 18. Jahrhundert präsent, dazu jetzt ULRICH BARTH, Hallesche Hermeneutik im 18. Jahrhundert. Stationen des Übergangs zwischen Pietismus und Aufklärung, in: MANFRED BEETZ/GIUSEPPE CACCIATORE (Hrsg.), Die Hermeneutik im Zeitalter der Aufklärung, Köln u.a. 2000 (Collegium Hermeneuticum 3), 69–98.
[161] Was Johann Salomo Semler in Bezug auf die Disputationen beschrieb, kann fürs Ganze gelten: „Nicht leicht wird man einen Gottesgelerten aufweisen, auch unter denen, die unsern *Baumgarten* an Lebensjahren sehr übertroffen haben, der so viel *academische* Streitschriften, neben so flei-

bedenkend ist in einem zweiten Schritt auf dem Hintergrund des bisher Erarbeite-
ten die qualitative Leistung, die Baumgarten in den jeweiligen Arbeitsfeldern hervorbrachte, zu bemessen.

3.1. Gelehrte Arbeit

In drei Tätigkeitsbereichen hat Baumgarten an der Verbreitung ausländischer Literatur gearbeitet: Er hat Buchausgaben betreut und diese mit Vorworten versehen,
zwei Zeitschriften herausgegeben und nicht zuletzt als akademischer Lehrer seinen
Studenten seine Kenntnisse zugänglich gemacht.

3.1.1. Baumgarten als Herausgeber von Übersetzungen und Neuausgaben

Ein Jahr nach seiner Berufung als Professor der Theologie nach Halle beginnt
Baumgarten Neudrucke von Büchern und Übersetzungen aus anderen Sprachen
zu betreuen und mit Vorworten zu versehen. Es lassen sich hierbei vier Themenbe-
reiche unterscheiden:

Der erste wird gebildet von *Erbauungsliteratur*, der mit der Übersetzung des englischen Nonkonformisten Jeremiah Burroughs *Ubel aller Ubel* von 1735 zugleich
chronologisch den Auftakt bildet.[162] Besonderes Interesse scheint bei Baumgarten
Isaac Watts, wiederum ein englischer Nonkonformist, gefunden zu haben. Hier begleitet Baumgarten gleich drei Übersetzungen.[163] 1736 folgt der zweite Themen-

---

ßiger öffentlicher Arbeit, unter so vielen andern wichtigen Unternemungen, der gelerten Welt
geschenkt haben. Es ist eine gar sehr ansehnliche Zahl. Man mus aber auch noch sowol auf die Beschaffenheit des gewälten Gegenstandes, als auch auf die Ausarbeitung sehen. Es scheinen nicht alle gleich erheblich, als welches wegen der Verschiedenheit derer, so diese Uebungen vornemen,
unmöglich seyn würde, jedoch aber sind die meisten wohl gewählt und wichtig; und zwar nicht
nur in etlichen leichtern, sondern aus allen Theilen der Gottesgelersamkeit. Die eigenen Ausar-
beitungen unterscheiden sich zwar wieder von denen, die angehende junge Gottesgelehrten (sic!)
zu Verfassern haben; aber auch diese sind allemal für sehr viele Leser brauchbar" (JOHANN SALOMO
SEMLER, Ehrengedächtnis des weiland Hochwürdigen und Hochgelarten Herrn Siegmund Jacob
Baumgartens, Halle 1758, 102).
[162] SCHLOEMANN, Baumgarten, 246, Nr. 17. Burroughs Buch erschien postum 1654 unter dem
Titel *The Evil of Evils*, dazu und zur Person DNB VII, 445–447.
[163] ISAAC WATTS, Reden von der Liebe GOttes und ihrem Einfluss in alle menschliche (sic!)
Leidenschaften, auch derselben Gebrauch und Misbrauch, aus dem Englischen übersetzt, genau
durchgesehen und mit einer Vorrede herausgegeben von Siegmund Jacob Baumgarten. Halle
1747 (zuerst 1740, vgl. SCHLOEMANN, a.a.O., Nr. 39); ders., Verwarung gegen die Versuchung
zum Selbstmord. Aus dem Englischen Übersetzt von Johann Gebhard Pfeil aus Magdeburg. Genau durchgesehen und mit einer Vorrede ausgefertigt von Siegmund Jacob Baumgarten. Neue
Auflage. Frankfurt und Leipzig 1759 (zuerst 1740 vgl. SCHLOEMANN, ebd., Nr. 41); ders., Zukünftige Welt, oder Reden von der Freude und dem Elende abgeschiedener Seelen auch der Herlichkeit und dem Schrecken der Auferstehung, nebst vorläufigem Versuch eines Beweises von abgeschiedenen Zustande der Selen nach dem Tode. Mit einer Vorrede Siegm. Jac. Baumgartens.
Zweite Auflage. Halle 1749 (zuerst 1745, vgl. SCHLOEMANN, a.a.O., 254, Nr. 77).

bereich, der *Bibel und exegetische Kommentare* umfasst.[164] Baumgarten hat auch später selbst am sogenannten *Englischen Bibelwerk* mitgearbeitet, das von einem seiner Schüler betreut wurde.[165] Mit *apologetischer Literatur* setzt 1738 die in diesem Zusammenhang wichtigste Übersetzungstätigkeit ein. Das letzte und größte Gebiet bildet die *historische Literatur*, das gleich mit zwei Neuausgaben von Gottfried Arnold im Jahr 1740 eröffnet wurde.[166] Aus dem breiten Spektrum der hier zu findenden Bücher, Geschichte der Waldenser, der Inquisition, des tridentinischen Konzils, der Puritaner u.s.f., stechen drei Übersetzungen hervor: die aus dem Französischen stammende Ausgabe von *Nicerons Nachrichten von den Begebenheiten und Schriften berümter Gelehrten* (ab 1749), die *Samlung von merkwürdigen Lebensbeschreibungen grösten Theils aus der britannischen Biographie übersetzt* (ab 1754) und natürlich die *Uebersetzung der Algemeinen Welthistorie die in England durch eine Geselschaft von Gelehrten ausgefertiget worden* (ab 1744). Diese drei Übersetzungen wurden nach dem Tod Baumgartens 1757 von Johann Salomo Semler über Jahrzehnte weiterbetreut.

Insgesamt besteht die Gruppe der apologetischen Übersetzungen aus acht Schriften: Gilbert Burnets *Vertheidigung der natürlichen und geoffenbarten Religion* (1738–41),[167] Jacob Saurins *Betrachtungen über die wichtigsten Begebenheiten des Alten und Neuen Testaments* (1745),[168] Abt Houttevilles *Erwiesene Wahrheit der Christlichen Religion durch die Geschichte* (1745),[169] Johann le Clercs *Untersuchung des Unglaubens*

---

[164] SCHLOEMANN, Baumgarten, 247, Nr. 21.

[165] Ebd., 111.158f.

[166] GOTTFRIED ARNOLD, Wahre Abbildung der ersten Christen nach ihrem lebendigen Glauben und Heiligen Leben … In der dritten Ausfertigung mit einer nöthigen Verantwortung, wie auch vollständigen Summarien und Registern vermehrt. Mit einer Vorrede D. Siegmund Jacob Baumgartens. Sechste Auflage, Leipzig 1740. Hinzu kommt ARNOLDS *Denckmahl des Alten Christenthums*, SCHLOEMANN, Baumgarten, 248, Nr. 40.

[167] [GILBERT BURNET], Vertheidigung der natürlichen und geoffenbarten Religion, oder Gilbert Burnets Auszug über von Robert Boyle gestifteten Reden. Aus dem Englischen übersetzt von Elias Caspar Reichard durchgesehen und zum Druck befördert von Siegmund Jacob Baumgarten, 3 Bde., Leipzig und Bayreuth 1738–1741. Die englische Ausgabe erschien 1737: GILBERT BURNET, A Defence of natural and revealed religion being an abridgement of the sermons preached at the Lecture founded by Robert Boyle … in four Volumes, with an general index, Dublin 1737. Vgl. dazu SCHLOEMANN, Baumgarten, 165 Anm. 330.

[168] [JACOB SAURIN], Herrn Jacob Saurin, Betrachtungen über die wichtigsten Begebenheiten des Alten und Neuen Testaments, Erster Theil. Aufs neue mit Fleiß übersetzet, auch hin und wieder mit einigen Anmerkungen vermehret und mit nöthigen Registern auch Kupfern versehen von Friedrich Eberhard Rambach. Mit einer Vorrede begleitet von Herrn D. Siegmund Jacob Baumgarten, Rostock 1745. Dieses Buch war bereits 1722 schon einmal in Deutsch erschienen: Des Herrn Jacob Saurin … Discurse über die Gantze Bibel. In welchen über die merckwürdigsten Begebenheiten des Alten und Neuen Testamtes Historische, Critische, Theologische und Moralische Untersuchungen angestellet werden …, Leipzig und Gosslar 1722. Wie die Ausgabe von 1745 deutlich im Titel anzeigt, handelt es sich um die Übersetzung des ersten Teils von JAQUES SAURIN, Discours Historiques, Critiques, Theologiques, Et Moreaux, Sur Les Evenements Les Plus Memorables Du Vieux, Et Du Nouveau Testament, La Haye 1720. Die bis 1739 erschienenen Teile wurden nicht übersetzt.

[169] [ABBÉ HOUTEVILLE], Herrn Abt Houtteville, Erwiesene Wahrheit der Christlichen Religion durch die Geschichte. Nebst einer Vorrede Sr. Hochwürden Herrn Siegmund Jacob Baumgar-

(1747),[170] Arthur Youngs *Historische Untersuchung abgöttischer Verderbniße von Anfang der Welt* (1749),[171] Nathanael Lardners *Glaubwürdigkeit der evangelischen Geschichte* (1750–51),[172] Jacob Bernards *Abhandlung von der Vortrefflichkeit der Religion* (1754)[173] und John Lelands *Abhandlung von dem göttlichen Ansehen des Alten und Neuen Testaments* (1756).[174]

Entgegen den sonst üblichen Vorreden zu apologetischen Werken zeichnen sich die Baumgartens durch thematische Orientierungen aus. Eine Einführung in den Kontext der übersetzten Schrift findet sich ausgesprochen selten.[175] Das hat zur Folge, dass die englischen Deisten und ihre Themen eine randständige Existenz führen. Eigenes Thema einer Vorrede sind sie nie. Wie Schloemann bereits bemerkt hat, sticht Johann Christian Edelmann hervor, mit dem sich Baumgarten in den Vorreden zu gleich drei Schriften auseinandersetzt.[176] Typisch für die Behandlung der englischen Deisten ist ihre Anführung in diesem Kontext: „Da indessen *Edelmann* weder der einzige noch erste ist, der die Geschichte der Abgötterey und des Heidenthums so verstellet und verkehrt vorzutragen … gesuchet, ob er gleich

---

tens, Franckfurt und Leipzig 1745. Nach dem „Vorbericht des deutschen Uebersetzers" (in: ebd., unpag.) wird hier die 1740 in Paris erschienene, erweitere Ausgabe von: La religion chretiene, prouvée par les faits (zuerst Paris 1722) übersetzt. Der Übersetzer ist unbekannt.

[170] [JEAN LE CLERC], Johann Le Clercs Untersuchung des Unglaubens, nach seinen allgemeinen Quellen und Veranlassungen. Nebst zween Briefen von der Wahrheit der Christlichen Religion aus dem Französischen übersetzt. Am Ende sind beygefügt Johann Alphonsus Rossets allgemeine Gedancken über die Deisterey. Mit einer Vorrede Siegm. Jac. Baumgartens wider Joh. Christ. Edelmans (sic!) Glaubensbekenntnis, Halle 1747. Der größte Teil dieses eigenartigen Sammelwerks erschien bereits 1696, wurde aber 1733 in Amsterdam in neuer Auflage herausgegeben (De l'incredulité, ou l'on examine les motifs et les raisons generales qui portent les incredules a rejetter la religion chretiene. Ed. 3, Amsterdam 1733). Welche Ausgabe übersetzt ist, ist nicht klar.

[171] [ARTHUR YOUNG], Arthur Youngs Historische Untersuchung abgöttischer Verderbniße von Anfang der Welt, und von denen Mitteln, welche die göttliche Vorsehung dagegen gebraucht, zur Rettung der Offenbahrung wider die Deisten, aus dem Englischen ins Deutsche übersetzt von Johann Conrad Mönnch. Nebst einer Vorrede Hn. Siegm. Jacob Baumgartens, Berlin 1747. Das englische Werk erschien 1734: An historical dissertation on idolatrous corruptions in religion from the beginning of the world … 2 vls., London 1734 (nach BLC 358, 40).

[172] [NATHANAEL LARDNER], D. Nathanael Lardners Glaubwürdigkeit der evangelischen Geschichte. … Aus dem Englischen übersetzt von David Bruhn. Mit einer Vorrede Siegmund Jacob Baumgartens, 2 Teile in 5 Bänden, Berlin und Leipzig 1750–51. Englisch bereits 1730 in zweiter Auflage: The Credibility of the Gospel History, Second Edition, London 1730.

[173] [JAQUES BERNARD], Jacob Bernards Abhandlung von der Vortrefflichkeit der Religion. Mit einer Vorrede von Siemund Jacob Baumgarten, Rostock 1754. Frz. bereits 1714: De l'Excellence de la Religion.

[174] [JOHN LELAND], Hrn. D. John Lelands Abhandlung von den göttlichen Ansehen des Alten und Neuen Testaments zur Widerlegung der Einwürfe des moralischen Philosophen. Aus dem Englischen übersetzt von Andr. Gottl. Masch. Mit einer Vorrede von Siegmund Jacob Baumgarten, Rostock und Wismar 1756. Engl.: The Divine Authority of the Old and New Testament …, London 1755.

[175] So in der Vorrede zum ersten Band von Burnets Vertheidigung, die Auszüge aus der Boylschen Stiftung von 1696–1732 beinhaltet. Sie ist wieder abgedruckt in: S.J. BAUMGARTEN, Kleine teutsche Schriften, erste Sammlung, Halle 1743, 143–198.

[176] SCHLOEMANN, Baumgarten, 169.

dann weiter gegangen, und unverschämter gehandelt als *Toland, Tyndal, Morgan, Schaffsbury* (sic!) u.a.m. die sich doch eines Scheins von Beweisen bey dergleichen Vorgeben beflissen".[177] Dem Phänomen der ‚Freidenkerei' widmet sich Baumgarten in der Vorrede zum dritten Band von Burnets *Vertheidigung*. Aber auch hier sind keine Namen oder Schriften angeführt. Diese Abhandlung legt allerdings den Deuterahmen frei, in dem Baumgartens Wahrnehmung der englisch-deistischen Literatur zu stehen kommt.[178]

Eine ähnliche Bestandsaufnahme ergibt sich mit Blick auf die historischen Neuausgaben und Übersetzungen. Hier wird allerdings noch seltener auf die englisch-deistische Literatur bzw. die englischen Deisten verwiesen.[179] In *Nicerons Nachrichten* finden sich von den in unserem Zusammenhang relevanten Autoren die Lebensbeschreibungen von John Toland, Anthony Collins, Charles Blount und Herbert von Cherbury.[180] Nur in der Vorrede zum zwölften Teil dieses Werks gibt es eine Stellungnahme Baumgartens zu Charles Blount, die eine der wenigen Episoden ist, in denen das differenzierende Potential Baumgartens hervortritt.[181]

Die Auseinandersetzung mit den englischen Deisten und ihrer Literatur bildet, das zeigt bereits diese äußerliche Orientierung, ein Thema unter vielen anderen, die Baumgarten in dem Arbeitsbereich der Übersetzungen und Neuausgaben behandelt. Baumgartens umfangreiche Bestrebungen in diesem Gebiet sind gelehrter Natur, wozu eben auch die Erwähnungen der radikalen Engländer gehören. Betrachtet man das Verhältnis von Vorreden und Schriften und die eigentümliche französisch-deutsche Mixtur der übersetzten Apologien, wird man hier von einer konzentrierten Vermittlung englisch-deistischer Problemlagen schwerlich reden können. Der Akzent liegt gerade anders: In den Vorreden entwickelt Baumgarten bestimmte Problemlagen, zu denen dann die englischen Deisten unter anderen als Beispiel angeführt werden können.[182] Dass solche Problemlagen aus der englisch-deistischen Literatur und einer entsprechenden Auseinandersetzung mit ihr herstammen, lässt Baumgarten in seinen Vorreden zumindest nicht erkennen.

3.1.2. *Baumgarten als akademischer Lehrer und Zeitschriftenherausgeber*

Mit der Übernahme der Professur in Halle hat sich Baumgarten als akademischer Lehrer über die nächsten Jahrzehnte einen grenzüberschreitenden Ruf erwor-

---

[177] S.J. BAUMGARTEN, Vorrede, in: ARTHUR YOUNG, Historische Untersuchung, unpag., b8r. Vgl. ders., Vorrede, in: LELAND, Abhandlung, 3–25, 11.16.

[178] S.u. 3.2.2.

[179] S.J. BAUMGARTEN, Vorrede, in: ARNOLD, Wahre Abbildung, unpag., (b)v.

[180] Nicerons Nachrichten: 2. Theil (1750), 42–83 (Toland); 3. Theil (1750), 433–464 (Collins); 12. Theil (1755), 386–418 (Blount); 14. Theil (1756), 198–201 (Herbert).

[181] S.u. 3.2.3.

[182] Die Problemorientierung Baumgartens steht im Hintergrund, wenn er daraus das Recht, auch ältere Apologien zu übersetzen, gegen den Vorwurf der Überkommenheit dieser Schriften verteidigt. So S.J. BAUMGARTEN, Vorrede, in: LELAND, Abhandlung, 3–25, 15f.

ben.[183] Den Üblichkeiten folgend hat Baumgarten Disputationen betreut und Vorlesungen gehalten.

Unter den insgesamt 97 Disputationen fanden, sieht man von pauschalen Polemiken „contra recentissimas oppugnationes" ab,[184] drei gegen Woolston, eine gegen Thomas Chubb und eine gegen Thomas Morgan statt.[185] Die Disputationen gegen Woolston sind sekundär durch Heinrich Christian Lemkers Schrift über Woolston (1740 erschienen) motiviert und lassen keinerlei Kenntnis der Schriften Woolstons selbst erkennen.[186] Christian Ernst von Windheims Disputation über Morgan zeigt sich von den Zeitschriften abhängig.[187] Wiederum sind hier die Auseinandersetzungen mit den englischen Deisten ein Thema unter vielen und nicht einmal ein besonders hervorgehobenes oder qualitativ hervorstechendes.

Von Baumgartens Vorlesungen sind postum einige durch Nachschriften rekonstruiert erschienen bzw. deren vorher erschienene Abrisse durch Nachschriften ergänzt herausgekommen.[188] Bei diesen Schriften ist die englisch-deistische Literatur in Baumgartens *Evangelischer Glaubenslehre* (3 Bde., Halle 1759–1760) ebenso wenig präsent, wie in seiner *Biblischen Hermeneutic* (Halle 1769). Überraschenderweise sieht das Bild in Baumgartens Polemik, seiner *Untersuchung theologischer Streitigkeiten* (3 Bde., Halle 1762–1764) ähnlich aus. Diese nach dogmatischen loci geordnete Vorlesung führt die Einwände der Gegner an. Die identifizierten Gegenargumente beziehen sich durchgängig auf Einwände älterer Art, etwa bei den Arminianern und Sozinianern. Ansonsten sind die Gegenargumente abstrakten Gruppierungen zugeordnet. In diesem Zusammenhang werden die englischen Deisten unter sie subsumiert, ihre Positionen sind ganz unspezifisch vorgestellt: „Die Gegner sind 1) die Antiscripturarii oder Religionsspötter, die gar keinen geoffenbarten Lehrbegrif eines Gottesdienstes zugeben. Und diese sind *theils Atheisten … theils Deisten* oder gröbere *Naturalisten*, welche zwar GOtt, auch eine natürliche Religion oder eine Verehrung GOttes nach der Natur und Vernunft behaupten, zugleich aber alle nähere Offenbarung für Betrügerey und Aberglauben halten. Die letztere Partey ist in den neuern Zeiten stärker geworden, als die erstere, und haben sich besonders einige Engländer darunter hervorgethan, als *Tindal*, in der Schrift, das Christenthum so

---

[183] Vgl. Schloemann, Baumgarten, 51.

[184] Ebd., 279, Nr. 299.

[185] Ebd., 275, Nr. 231.233.235 (zu Woolston).234 (zu Chubb) und 276, Nr. 251 (zu Morgan). Daneben namentlich noch eine gegen Edelmann (274, Nr. 225) und eine gegen Whiston (277, Nr. 266).

[186] S.J. Baumgarten (praes.)/Michael Nestius (resp.), Examen miraculi legionis fulminatricis contra Thomam Woolstonum. Dissertatio I, Halle 1740, I (Verweis auf Lemker). Vgl. weiterhin Baumgarten (praes.)/Johann Friedrich Oppermann (resp.), dass. Dissertation II, Halle 1740 und Baumgarten (praes.)/Aretin Israel Bandelovv (resp.), dass. Dissertatio III, Halle 1741. Der Respondent Michael Nest war später Probst auf Rügen, Jöcher/Adelung 5, Sp. 511.

[187] S.J. Baumgarten (praes.)/Christian Ernst von Windheim (resp.), Disputatio de Paullo gentium apostolo contra Thomam Morganum, Halle o.J. [10. Mai 1745], II–IV (zu den Zeitschriften). Die Disputation gegen Chubb war mir nicht verfügbar.

[188] Mit den entsprechenden Folgen für ihren Quellenwert, Schloemann, Baumgarten, 98f.

alt als die Schöpfung, ingleichen *Woolston, Morgan, Toland, Collins,* deren Lehrbegrif von einigen neuern weiter ausgebreitet und angewandt worden, als von *Bolingbroke, Shaftesbury* &c.".[189] An diese Passage schließt sich in der Semlerschen Ausgabe der Verweis auf die Vorlesung an, die in der Baumgartenschen Polemik vorausgesetzt wird: die *Geschichte der Religionspartheyen* (1766).[190]

Baumgartens *Geschichte* ist die um nachgelassene Manuskripte und Vorlesungsmitschriften ergänzte Ausgabe des von Baumgarten noch selbst besorgten kurzen Kompendiums *Abris einer Geschichte der Religionsparteien, oder gottesdienstlichen Gesellschaften und derselben Streitigkeiten so wol als Spaltungen ausser und in der Christenheit* (1755).[191] Im ersten Abschnitt wird von „den Religionsspöttern und ungläubigen Freigeistern" gehandelt.[192] Die im *Abris* genannten Namen werden in der *Geschichte* durch Kurzcharakterisierungen einzelner Schriften dieser Autoren ergänzt. Der Herausgeber der *Geschichte,* Johann Salomo Semler, macht die Herkunft dieser Charakterisierungen deutlich. Im Anhang zum ersten Teil gibt er als „Verzeichniß der freygeisterischen Schriften, die in des sel. Verfassers Nachrichten von einer Hallischen Bibliothek und von merkwürdigen Büchern beschrieben sind" eine vollständige Bibliographie der heterodoxen Bücher, die in Baumgartens Zeitschriften angezeigt sind.[193] Auch die Darstellung der Bücher in der *Geschichte* zeigen, dass Baumgarten in seiner Vorlesung auf die Rezensionen der englisch-deistischen Literatur zurückgriff, die er selbst als *Zeitschriftenherausgeber* über fast ein Jahrzehnt betreut hat.[194]

1748 hatte Baumgarten mit den *Nachrichten von einer hallischen Bibliothek* begonnen, den Bestand seiner eigenen umfangreichen Bibliothek der Öffentlichkeit zugänglich zu machen. 1752 wurde dieses Unternehmen mit den *Nachrichten von merkwürdigen Büchern* fortgesetzt und endete erst kurz nach dem Tod Baumgartens (1757) mit der ansehnlichen Hinterlassenschaft von insgesamt zwanzig Bänden.[195] Baumgarten hat in seinen programmatischen Vorreden jeweils zum ersten Band den allgemeinen Nutzen seiner Zeitschriften für die Gelehrsamkeit hervorgehoben. Dabei hat er auch bemerkt, dass in diesem Zusammenhang „einige Bücher von besonderer Seltenheit sowol, als *paradoxen* Inhalt, sonderlich der theils schwer-

---

[189] S.J. BAUMGARTEN, Untersuchung theologischer Streitigkeiten. Dritter Band. Mit Anmerkungen, Vorrede und fortgesetzter Geschichte der christlichen Glaubenslehre herausgegeben von Johann Salomo Semler, Halle 1764, 6.

[190] S.J. BAUMGARTEN, Geschichte der Religionspartheyen. Herausgegeben von Johann Salomo Semler, Halle 1766. Vgl. ebd., 13 (§ 4.I) zum Zusammenhang mit der Polemik.

[191] S.J. BAUMGARTEN, Abris einer Geschichte der Religionsparteien, oder gottesdienstlichen Gesellschaften und derselben Streitigkeiten so wol als Spaltungen ausser und in der Christenheit: für seine Zuhörer angefertiget, Halle 1755.

[192] Ebd., 9–31 (§§ 8–20).

[193] BAUMGARTEN, Geschichte, 129–174. Da hier die Titel leicht identifizierbar sind, führe ich im Folgenden nur die dargestellten Rezensionen direkt an.

[194] Soweit man überhaupt davon ausgehen kann, dass die Charakterisierungen aus den Vorlesungsmanuskripten stammen und nicht durch Semler eigearbeitet worden sind, was nicht deutlich ist.

[195] Vgl. dazu SCHLOEMANN, Baumgarten, 51f. SEMLER, Ehrengedächtnis, 137.

merischen und fanatischen, theils *deistischen* und unglaubigen Freigeisterey" vorkommen.[196] Für das Erlangen von Bücherkenntnis wurde Baumgartens Zeitschrift
bekannt.[197]

Bereits eine grobe quantitative Orientierung deutet die Relationen an, in denen
die Darstellungen freigeistig-deistischer Literatur hier zu stehen kommen: Von den
insgesamt 3232 Besprechungsnummern entfallen 170 auf diese Literatur, in der 172
Schriften vorgestellt werden.[198] Englische Bücher bilden das Gros mit 86 Schriften,
65 sind französischer bzw. holländischer Herkunft und 19 deutsch. Merklich ist,
dass die Darstellungen deistisch-freigeistiger Literatur vor allem in den *Nachrichten
von einer hallischen Bibliothek* stattfinden. Hier sind 107 der 170 Besprechungsnummern zu finden, davon 61 aus dem englischen Raum. Bevor man hierin eine „echte
Schwerpunktbildung" von Baumgartens Zeitschriften sieht,[199] lohnt sich der Blick
auf die von Baumgarten selbst ebenfalls programmatisch hervorgehobenen Besprechungen von Bibelausgaben.[200] Sie sind im zwölften Band mit einem eigenen Register versehen worden. Danach lassen sich (mit Sammelrezensionen) allein 347
vollständige Bibelausgaben finden, nicht eingerechnet einzelne Ausgaben von
Evangelien, Psaltern etc. Nur knapp über 150 sind in den *Nachrichten von einer hallischen Bibliothek* zu finden. Hierin dokumentiert sich eine Akzentverlagerung in der
Herausgebertätigkeit Baumgartens, der in den *Nachrichten von merkwürdigen Büchern*
mehr auf die Bibelausgaben denn auf freigeistige Literatur Wert gelegt hat. Soweit
die Statistik.

In seiner Tätigkeit als akademischer Lehrer und Zeitschriftenherausgeber ist eine
stete Fixierung Baumgartens an heterodoxen bzw. atheistischen Positionen nicht zu
bemerken. Mit den Zeitschriften ist nun allerdings der Bereich markiert, der am
meisten Material zur Rekonstruktion der Baumgartenschen Vermittlung englisch-
deistischer Literatur an die Hand gibt. Dieser durchaus bekannte Befund gibt aber
keinen unmittelbaren Anlass, daraus sofort eine dezidierte Vermittlung englisch-
deistischer Literatur durch Baumgarten abzuleiten. So ist ja auch zu beachten, dass
Baumgarten neben englischer Literatur auch umfänglich französische bzw. holländische behandelt. Die freigeistig-deistische Literatur erscheint hier als ein wirklich

---

[196] NmB (1754, 1. Bd., 1. St.), Vorrede, unpag. Vgl. NhB (1748, 1. Bd., 1. St.), Vorbericht, unpag.

[197] Die Fortsetzung des gelehrten Unternehmens hat Gotthold Ephraim Lessing in der *Berlinischen privilegirten Zeitung* genutzt, um die Bedeutung der Baumgartenschen Zeitschrift hervorzuheben: „Wir ergreifen die Gelegenheit dem Leser dieses vorzügliche Werk, welches bey dem vornehmsten Hülfsmittel der Gelehrsamkeit, bey der Kenntniß der Bücher, ungemeine Dienste leisten kan, anzupreisen" (Rez. vom 22. Januar 1754, in: Lessings sämtliche Schriften, Bd. 5, 379).

[198] Geht man nach dem Bestand, der nach der *Geschichte der Religionspartheyen* dazu gezählt
wird.

[199] HARALD SCHULTZE, Orthodoxie und Selbstbehauptung. Zum theologiegeschichtlichen Ort
eines spätorthodoxen Theologen, in: HEIMO REINITZER/WALTER SPARN (Hrsg.), Verspätete Orthodoxie. Über D. Johann Melchior Goeze (1717–1786), Wiesbaden 1989 (Wolfenbütteler Forschungen 45), 121–134, 127.

[200] Vgl. wiederum die Vorreden.

europäisch-internationales Phänomen, eine beobachtbare Ausgliederung der ‚englischen Deisten' in einem bestimmten Arbeitsgebiet gibt es nicht.

3.2. Gelehrte Darstellung

Wo Baumgarten sich nicht selbst zum Thema der englisch-deistischen Literatur geäußert hat, sind die Darstellungen von ihm als Herausgeber mitverantwortet. Bestimmte Grundlinien werden deshalb ihm zuzurechnen sein. Die Beschäftigung mit der ‚Freigeisterei' durchzieht Baumgartens gesamtes Werk, umfasst also die Zeit vor und nach seiner ‚historischen Wende'. Die Frage ist daher, wie Baumgarten sich mit der englisch-deistischen Literatur beschäftigte und ob er es in den werkgeschichtlich unterschiedlichen Phasen unterschiedlich tat. Der folgende Überblick geht von der späten Phase der Zeitschriftenherausgabe zurück an die Anfänge, um dann noch einmal an das Ende zu gelangen.

3.2.1. Relektüren

Baumgartens Zeitschriften beinhalten Rezensionen der englisch-deistischen Bücher, die durch ihre wiederholte Besprechung als Relektüren bezeichnet werden können. Die Rezensionen sind von ganz unterschiedlicher Länge und Qualität, was auch auf die unterschiedlichen Rezensenten aus dem Schülerkreis Baumgartens zurückgeht. Wie damals üblich, sind in den *Nachrichten von einer hallischen Bibliothek* die Rezensionen anonym erschienen. In den *Nachrichten von merkwürdigen Büchern* werden die Besprechungen, die nicht von Baumgarten stammen, mit Kürzeln versehen. Baumgartens eigene Anmerkungen sind in dieser Zeitschrift durch ein Sternchen gekennzeichnet.[201]

Ein Ziel der Behandlung deistischer Literatur scheint in den *Nachrichten von einer hallischen Bibliothek* die konzentrierte Vorstellung der Schriften eines Autors zu sein. In Blick auf die hier behandelten Deisten ist das bei Thomas Woolston der Fall, dessen Darstellung fast das gesamte sechste Stück füllt, und bei John Toland im 16. Stück der Zeitschrift. Anthony Collins wird im gesamten zweiten Band (7.–12. Stück) öfter behandelt und Matthew Tindals *Christianity as old as the Creation* im vierten Band rezensiert. Zwar werden für Toland und Tindal in den *Nachrichten von merkwürdigen Büchern* noch wenige Hinweise ergänzt, die Grundlinien der Darstellung stehen aber bereits mit dem Abschluss der ersten Zeitschrift fest. Ihre Eigentümlichkeiten sind dennoch spürbar.

---

[201] NmB (1754, 1. Bd., 1. St.), Vorrede, unpag. Eine Zuweisung der Rezensenten ist hier aus mehreren Gründen nicht möglich: 1) Meines Wissens existiert kein annotiertes Exemplar von NhB und NmB. 2) Die Namenskürzel in NmB bestehen aus einem Buchstaben (z.B. Hr.B.). Da über den Baumgartenschen Schülerkreis noch immer wenig bekannt ist, wird eine Zuweisung noch einmal erschwert. 3) Ob die Kennzeichnung wirklich durchgehalten wird, ist ein eigenes Problem. Nach Stichproben geurteilt, hätte Baumgarten dann NmB fast komplett selbst geschrieben.

a) Überraschend einfallslos ist die Besprechung von Tindals *Christianity as old as the Creation*. Sie geht nur unwesentlich über die Inhaltsangabe hinaus, die Tindal selbst seinem Buch vorangestellt hat. Für weitere Information verweist der Rezensent auf Lilienthals *Theologische Bibliothec*.[202] Die deutsche Ausgabe, die gleich im Anschluss rezensiert wird, wird knapp und uninformativ vorgestellt. Aufregung hat sie hier ebenfalls nicht verursacht, auch wenn die Fostersche Widerlegung als nicht besonders gelungen eingestuft wird.[203]

Erst sieben Jahre später werden in den *Nachrichten von merkwürdigen Büchern* von einem Schüler Baumgartens (Hr.L.) die Widerlegungen von John Conybeare und die englische Ausgabe der Fosterschen Widerlegung angeführt. Der Rezensent unterstützt die Position Conybeares, welcher er allerdings den Fehler ankreidet, dass sie den Erweis der Offenbarung nicht bis zur „unentbehrlichen Nothwendigkeit" vorangetrieben habe.[204] Dafür hebt er hervor, dass diese Schrift vor der Fosterschen eine Übersetzung verdient hätte.[205] Die vorhergehende Rezension von Fosters Buch ist polemisch durchsetzt. Foster sei ein „*socinianisierender Baptist*".[206] Baumgarten selbst setzt noch eine kurze Nachricht von John Lelands Widerlegung hinzu, an der er ihre Bibelgelehrsamkeit hervorhebt.[207] Diese Bemerkungen entspringen nicht einer kritischen, gar an Tindals Buch selbst geprüften Lektüre, sondern einer positionellen. Der Diskussionsstand und Standard der früheren Auseinandersetzung mit Tindal ist in Baumgartens Zeitschriften weder reflektiert noch erreicht.[208]

b) In Baumgartens Zeitschriften werden natürlich auch Bücher rezensiert, die vorher kaum bekannt waren oder wenig Interesse auf sich gezogen haben. Das zeigt besonders die konzentrierte Darstellung verschiedener Schriften von John Toland. Technisch sind alle Rezensionen gleich aufgebaut. Nach einer Inhaltswiedergabe wird am Schluss auf andere Zeitschriften und Nachschlagewerke verwiesen, wo der Leser weitere Kenntnisse erlangen kann. Auch stilistisch gleichen sich die Darstellungen sehr, was nahe legt, dass sie aus einer Feder stammen.

Auffallend zurückhaltend in der Wertung werden eine englische Lebensbeschreibung Tolands und die in Deutschland kaum bekannten *Letters to Serena* (Lon-

---

[202] NhB (1749, 4.Bd., 23.St.), 448–454, 449. Vgl. Matthew Tindal, Christianity as old as the Creation, ND der Ausgabe London 1730, hrsg. und eingel. v. Günter Gawlick, Stuttgart-Bad Cannstatt 1967, V–VIII.

[203] Ebd., 454–456, 456. Auch zum Übersetzer findet sich kein Wort, er ist bereits im zweiten Band der Zeitschrift anlässlich eines „Briefes aus Hamburg" bekannt gemacht worden, ebd. (1748, 2.Bd., 9.St.), 287f.

[204] NmB (1756, 9.Bd., 52.St.), 342–357, 356.

[205] Ebd., 343.

[206] NmB (1756, 9.Bd., 52.St.), 328–341, 335.

[207] NmB (1756, 9.Bd., 52.St.), 357–360, 360: „Aus diesem Verzeichnisse erhellet hinlänglich, daß *Leland* sich in weit mehrere Untersuchungen besonderer Einwürfe, sonderlich durch Rettung einzelner Abschnitte und Stellen der heil. Schrift, eingelassen habe, als die beiden vorhergemeldeten Schriftsteller nötig zu seyn erachteten".

[208] Vgl. II., 2.

don 1704) nacheinander besprochen.[209] 53 Jahre nach seinem Erscheinen in England folgt die erste ausführlichere Inhaltsangabe von *Christianity not mysterious* (London 1696) in Deutschland. Die kapitelweise Zusammenfassung stellt den inneren Duktus der Schrift knapp, aber zuverlässig vor. Die Verbrennung des Buches durch den Scharfrichter wird von dem Rezensenten als Folge begrifflicher Schwächen der Tolandschen Abhandlung angesehen, die durch die innere Geschlossenheit der Schrift nicht abgedeckt wären: „Wenn man den Verfasser blos nach seinen Begriffen, die doch nicht die richtigsten sind, beurtheilet, kan man ihm zugestehen, daß die *christliche* Religion keine Geheimnisse enthalte: indem es ein schlechter Vorzug derselben seyn würde, wenn Geheimnisse nach dem Begriffe des Verfassers darin enthalten seyn solten. Weil aber nicht jederman bey den Begriffen desselben bleibt, sondern sie bald weiter ausgedenet, und seine Sätze ihrer Zweideutigkeit wegen bald gemisdeutet werden: hat man dieses Buch in dem Vaterlande des Verfassers, in *Irland*, öffentlich durch den Scharfrichter verbrennen lassen".[210] Von einer vorschnellen Aburteilung ist der Rezensent merklich entfernt. Was mit dem Hinweis, dass Tolands Begriffe ,doch nicht die richtigsten' seien, gemeint ist, führt er allerdings nicht aus. Der systematische Dissens bleibt nur angedeutet.

Mit diesem vagen Hinweis ist das Maximum an Stellungnahme und konstruktivem Eingriff des Rezensenten erreicht. Es folgen die Zusammenfassungen von Tolands *Nazarenus* (1718), *Adeisidaemon* (1709) und *A Collection of several pieces* (1726).[211] Die gesamte Tätigkeit des Rezensenten lässt eine übergeordnete Rekonstruktions- oder Darstellungsperspektive nicht erkennen. Die Verweise auf andere Literatur zum Beschluss der Rezensionen haben ausschließlich gelehrten Wert. Unterschiedliche Meinungsbilder, die sich in der angeführten Literatur vorfinden könnten, werden nicht angeführt. So ist bei dem Hinweis auf die Widerlegungen von Tolands *Adeisidaemon* durch Jacob Fay die kritische Rezension in der *Neuen Bibliothec* nicht aufgenommen, obwohl sie in der angeführten *Theologischen Bibliothec* von Michael Lilienthal ausdrücklich hervorgehoben wird.[212] Wie fast vierzig Jahre zuvor übergeht der Rezensent auch in der Zusammenfassung des *Adeisidaemon* die Äußerung Tolands, die die Religion zwischen Aberglaube und Atheismus plaziert. Damals hat sie das Zentrum der systematischen Auseinandersetzung gebildet.[213] Da von den früheren Zusammenhängen sich in den *Nachrichten von einer hallischen Bibliothek* nichts widerspiegelt, wird eine implizite polemische Wendung wohl kaum anzunehmen sein.

c) Die zurückhaltende Wertung und inhaltliche Ordentlichkeit beherrschen die Darstellungen englisch-deistischer Literatur. In diesem Sinn sind Anthony Collins' *Priestcraft in Perfection* (London 1709), *A discourse on the Grounds and Reasons of the*

---

[209] NhB (1749, 3.Bd., 16.St.), 299–302. 302–310. Vgl. I., Anm. 80.
[210] Ebd., 311–320, 319.
[211] Ebd., 320–330.330–333.334–343.
[212] Ebd., 333. Vgl. Lilienthal, 283.
[213] Vgl. I., 2.

Christian Religion (London 1724) und *The Scheme of literal Prophecy* (London 1726) wiedergegeben, allerdings ohne dass auf weitere Literatur zum Beschluss der Darstellungen hingewiesen wird.[214] Etwas anders ist die Rezension von Collins' *Discourse of Free-Thinking* beschaffen, die die französische Ausgabe (Haag 1714) zugrunde legt.[215] In Anschluss an die Wiedergabe der Hauptthese Collins', in der er das Recht auf Freidenken vorstellt, merkt der Rezensent in einer Fußnote an: „So schön und richtig diese Vorstellung des Freidenkens anfänglich aussiehet: so zeiget doch der Zusammenhang des Folgenden, daß es damit, wenn es ein Unterscheidungsstück einer besondern Partey seyn sol, auf ein vorgegebenes Recht angesehen sey, alle geoffenbarten oder aus natürlich bekanten Gründen nicht erweisliche sondern in einer göttlichen Offenbarung gegründeten Wahrheiten zu verwerfen". Die Gründe für eine solche Interpretation liefert der Rezensent nicht, sondern er verweist auf die *Abhandlung von der Beschaffenheit und den Quellen der Freigeisterey*, die von Baumgarten dem dritten Band von Gilbert Burnets *Vertheidigung der natürlichen und geoffenbarten Religion* vorgesetzt worden ist.[216] Dieser Verweis ersetzt die kritische Rekonstruktion. Der Rezensent verfällt daraufhin wieder in die bekannte Ordentlichkeit der Darstellung.

d) Der kritische Verweis bestimmt auch die Darstellung Thomas Woolstons. Sie ist mit 25 besprochenen Schriften zwar quantitativ beeindruckend, die kurzen Rezensionen sind es allerdings weniger.[217] Dies betrifft in erster Linie Woolstons allegorisierende Wunderkritik: In der ersten Rezension wird das Programm der verschiedenen *Discourses on the Miracles of our Saviour* vorgestellt, eine inhaltlich-systematische Ausführung fehlt sowohl hier als auch in den folgenden Besprechungen. Für eine ausführliche Beschreibung der Bücher Woolstons verweist der Rezensent auf Heinrich Christian Lemkers Lebensbeschreibung.[218] Am Ende der ersten Besprechung gibt der Rezensent noch einen Hinweis, wo eine nähere Auseinandersetzung mit den Inhalten geführt werde. „Den Inhalt dieser Einwürfe gegen die Wunderwerke *Christi* können *teutsche* Leser indem ersten Theil des alhier [scil. Halle] herausgekommenen *Auszuges der Kirchengeschichte von der Geburt JEsu an* mit hinlänglicher Widerlegung derselben antreffen".[219] Deren Verfasser war Siegmund Jacob Baumgarten; in den Hinweisen auf Kritik an der deistischen Literatur ist Baumgartens Literaturbetrieb selbstreferentiell.

---

[214] NhB (1748, 2.Bd, 9.St.), 268–280; (1748, 2.Bd, 10.St.), 354–382; (1748, 2.Bd., 11.St.), 441–476.

[215] NhB (1748, 2.Bd., 8.St.), 133–147.

[216] Ebd., 135f. Anm.

[217] NhB (1748, 1.Bd., 6.St.), 479–483.483–486.486–487.487–488.488.489–490.490–492.492–493.493–501.501–506–506–509.509.509.510–511.512–514.514–520.520–522.522–525.525–529.529–531.531–535.535–536.536–537.537–540.540–542.

[218] Ebd., 479 Anm.

[219] Ebd., 483 Anm.

Die beflissene Ordentlichkeit der Inhaltswiedergabe und die Zurückhaltung in der direkten Kritik ist der Hauptzug und die Grundtendenz der Besprechungen englisch-deistischer Bücher in den Baumgartenschen Zeitschriften. Gegenschriften werden auffällig selten besprochen. Wie mit den nachgereichten Widerlegungsschriften Tindals geht man in den Baumgartenschen Zeitschriften mit ihnen positionell um.

Unzweifelhaft wird ein Leser der Baumgartenschen Zeitschriften in einem bemerkenswert unpolemischen Sinn mit der freigeistigen Literatur bekannt gemacht und in die Lage versetzt, solide Grundkenntnisse der Inhalte zu gewinnen. Baumgarten hat auch schon längst aus der Diskussion geratene Bücher in seine Zeitschriften aufgenommen und so in Erinnerung erhalten. Im Fall von *Christianity not mysterious* hatte das sogar innovativen Wert. Gleichwohl hat der hohe Informationswert den Preis, dass von einem besonderen Niveau der Besprechungen, gerade in Blick auf frühere Auseinandersetzungen, eigentlich nicht geredet werden kann. Eine durchgängige Rekonstruktionsperspektive fehlt merklich, ebenso wie die erreichten Problemlagen, die den Leser, die Rezeption englisch-deistischer Literatur oder gar die Frage nach der Eigentümlichkeit dieser Literatur betreffen, nicht reflektiert werden. Gerade die nun schon ältere englisch-deistische Literatur ist aus ihren früheren Diskurszusammenhängen herausgerissen. Ihre wiederholte Kenntnisnahme scheint zunehmend antiquarischen Wert zu besitzen.

Baumgarten hat aktuelle Problemlagen nicht schlichtweg ignoriert. Nur die Rezensionen in den Zeitschriften sind davon freigehalten. Sie entbehren der Deutung und Auslegung. Das rekonstruktiv-apologetische Potential wird in den Verweis gelegt, der an andere Stellen von Baumgartens Ouevre führt.

3.2.2. Kritische Hinweise

Schlägt man die in den Rezensionen der Zeitschriften angegebenen Stellen nach, ergibt sich das augenscheinliche Problem, inwieweit die kritischen Äußerungen auf den Autor zurückzubeziehen sind, bei dem sich der Verweis findet.

Woolston oder eine Schrift von ihm wird in dem Kontext, auf den in der Rezension von 1748 verwiesen wird, nicht genannt. Die angekündigte ‚inhaltliche Auseinandersetzung‘ mit Woolstons Wunderkritik wird in Baumgartens *Auszug aus der Kirchengeschichte* ohne Darstellung der Einwände geführt: „Die Einwürfe, womit das Wunderwerck der Heilung des Gichtbrüchigen *Marc.* 2,1&c. *Luc* 5,17&c. angegriffen worden, fallen hinweg, wenn man erweget theils wie gros der Zulauf des Volcks müsse gewesen seyn, so *JEsum* genöthiget sich ausser der Stadt aufzuhalten *Marc.* 1,45; ... theils, daß wir die Beschaffenheit der *jüdischen* Häuser und Dächer, die flach gewesen, und von aussen bestiegen werden können *Marc.* 13,15. *Matth.* 10, 27. *Apost.* 10,9. *1 Sam.* 9,25. *2 Sam.* 11,2.16,22. *5 Mos.* 22,8 nach unserer gegenwärtigen Art zu bauen nicht beurtheilen können".[220] Dass diese Stelle gegen

---

[220] S.J. Baumgarten, Auszug aus der Kirchengeschichte von der Geburt JEsu an. Erster Theil, Halle 1743, 113f.

Woolston gerichtet ist, hat Baumgarten erst zwei Jahre später in der Vorrede zu Saurins *Betrachtungen* angemerkt. Eine Wunderkritik sei in der Schriftauslegung nicht ernst zu nehmen, „wenn die vorgegebene Unmöglichkeit [scil. von Wundern, CV] blos aus dem Scheinwiderspruch einiger Umstände, und der unrichtigen Vorstellung derselben herrüret: davon in meinem Auszuge der Kirchengeschichte § 24 bey Rettung der Geschichte *Marc.* 2,1&c. *Luc.* 5,17&c. gegen *Thom. Woolston* Vorgeben (sic!) der ungereimtesten Unmöglichkeit, ein deutliches Beispiel anzutreffen ist".[221] An diesem Hinweis lässt sich nun nicht erkennen, inwieweit Baumgarten mit Woolstons Kritik vertraut war oder ob Woolston hier als bekannter Name eines Wunderkritikers einfach eingesetzt ist. Eine an Woolstons Schriften selbst orientierte Darstellung findet sich erst 1748 in den *Nachrichten*. Die 1740 gegen Woolston gehaltenen Disputationen kennen die Schriften selbst nicht.[222] Das ergibt die problematische Alternative, ob Baumgarten damit eine Problemzuschreibung ex post vorgenommen hat oder von einem Leser des *Auszuges* wie von der Vorrede in Saurins *Betrachtungen*, in der Woolston sonst gar nicht mehr erscheint, bereits eine eingehende Kenntnis mit beträchtlichem Abstraktionsniveau voraussetzt.

Ähnlich schwierig ist der in der Besprechung von Collins' *Discourse* zu findende Hinweis auf die 1741 erschienene *Abhandlung von der Beschaffenheit und den Quellen der Freigeisterey*.[223] Dass das Freidenken auf die Verwerfung göttlicher Offenbarung abziele, wird hier nicht in einer Auseinandersetzung mit Collins gewonnen, sondern definitorisch festgestellt: „Leute, die ihre Begriffe von GOtt und seinem Dienst an keine götliche Offenbarung binden, werden *Freigeister* genant: weil sie vermittelst dieser Aufhebung solcher vor gegründet gehaltenen Einschränkung eine grössere äussere Freiheit zu erlangen gedencken; auch durch die Bestimmung aller ihrer Einsichten einen höhern Grad der innern Freiheit zu behaupten glauben. Sie pflegen aus diesem Grunde *Freidenker*, auch *starcke Geister* genant zu werden".[224] Was der Rezensent in den *Nachrichten* mit dem ‚Unterscheidungsstück einer besondern Partey' gemeint hat, wird von hier aus erst deutlich. Baumgarten weist nämlich darauf hin, dass die von ihm gegebene Formaldefinition für eine bestimmte, eigentümliche Entität, die Baumgarten nicht ‚Secte' sondern ‚Religionspartei' nennt, nicht hinreicht.[225] Deshalb bedürfe es einer näheren Klassifikation, zu der er dann auch voranschreitet.

Was den Status des Verweises in den *Nachrichten* angeht, stellt sich die gleiche Alternative, ob auch der Hinweis auf die *Abhandlung* in den *Nachrichten* eine Problem-

---

[221] S.J. BAUMGARTEN, Vorrede, in: SAURIN, Betrachtungen, 3–34, 19 Anm.
[222] S.o. 3.1.2. Eine andere Auseinandersetzung Baumgartens mit Woolston ist mir nicht bekannt.
[223] Hier nach der wiederabgedruckten Ausgabe in: BAUMGARTEN, Kleine teutsche Schriften. Erste Sammlung, Halle, 1743, 199–250.
[224] Ebd., 202.
[225] Ebd., 203f. Die Prägung des Begriffs ‚Religionspartei' ist m.W. noch nicht weiter untersucht worden. Sie beinhaltet auf jeden Fall mehr als den bloß begrifflichen Wechsel von ‚Secte'. Vgl. BAUMGARTEN, Geschichte, 3–8. (§ 1).

zuschreibung ex post darstellt oder Kenntnisse über Collins schlicht voraussetzt. Merklich ist dabei allerdings, dass der allgemein-apologetische Deutehorizont, den Baumgarten nun in der *Abhandlung* ausbreitet, ohne Rekurs auf eine nähere systematisch-inhaltliche Positionsbeschreibung auskommt.

3.2.3. Deutehorizont

Baumgartens Bestimmungen des Phänomens der ‚Freigeister‘ bzw. der ‚Freigeisterei‘ und dessen Ursachen stehen fest in der langen Tradition antiatheistischer Klassifikations- und Auslegungsmuster. Baumgartens Ausführungen sind dabei die frühen begriffsgeschichtlichen Belege für die neue übergeordnete Bedeutung von ‚Freigeist‘ mit der dazugehörigen Konnotation des ‚Freidenkers‘, die den alten Atheismusbegriff abzulösen beginnt.[226] Genau genommen sind Baumgartens Ausführungen das beste Beispiel für diesen Übergang. Die topologischen Traditionen sind in der *Abhandlung* von 1741 in allen angesprochenen Gebieten greifbar:

Das *Phänomen* wird von Baumgarten[227] einmal übergeordnet-abstrakt als ‚Freigeisterei‘ in fünf Unterklassen geordnet: eine skeptische, atheistische, deistische, naturalistisch-indifferentistische und enthusiastisch-fanatische. Der ‚Freigeist‘ wird zum anderen doppelt beschrieben. Als Person unterscheidet Baumgarten den ‚ungelehrten‘, der Freigeist nur vom Hörensagen und nach der Einbildung ist, und den ‚philosophischen‘, der Scheingründe vorgibt oder ein eigenes System baut. Nach dem Verhalten lassen diese sich dann wieder in ‚heimliche‘ und ‚öffentliche‘ differenzieren, die letzteren dann noch einmal in ‚behutsame‘ und ‚dreiste‘ und diese beiden dann noch einmal in ‚wirkliche‘ und ‚vorgegebene‘. Baumgarten hat hiermit verschiedene Stücke der bis Buddeus reichenden Distinktionsschemata aufgezählt, nur den Atheismus- durch den Freigeisterbegriff ersetzt.[228] Ein innerer und genetischer Zusammenhang dieser Distinktionen wird von Baumgarten nicht erörtert.

Die *Ursachen* der ‚Freigeisterei‘ unterscheidet Baumgarten nach Quellen und Veranlassungen. Die Quellen werden dann wieder in das „algemeine natürliche Verderben der Menschen“ und in eine „doppelte üble Gemütsverfassung und Neigung des Menschen“, nämlich Hochmut und Lüsternheit, unterteilt.[229] Die Veranlassungen, in ‚äußere‘ und ‚innere‘ unterschieden, wobei die äußeren in ‚eigentliche‘ und ‚uneigentliche‘ getrennt sind, zählen dann den Bestand auf, der bereits im 17. und früheren 18. Jahrhundert mit seinen Themen feststand: von der neuen Wissenschaftlichkeit über die theologischen Streitigkeiten bis hin zum Verfolgungsgeist, von Unwissenheit über Geschmäcklerei bis hin zur Unterdrückung des eige-

---

[226] Vgl. oben 1.3.
[227] Das Folgende nach BAUMGARTEN, Kleine teutsche Schriften. Erste Sammlung, Halle, 1743, 199–250, 205–208.
[228] Vgl. BARTH, Atheismus, 77–96.
[229] BAUMGARTEN, Abhandlung, 210.211ff.

nen Gewissens.[230] In dem breiten Spektrum der Quellen und Veranlassungen finden sich dann natürlich illustrierende Beispiele, wie der Verfall der Bildung und Erziehung, die zunehmende Spezialisierung der Wissenschaften sowie nebenbei das sittenlose Theater. Zur Illustration der Lüsternheit hat Baumgarten auch das Lesen von Büchern herangezogen: „Gar oft saugen Leser wahrer oder erdichteter und mit untermengter Freigeisterey angefülter Reisen und Lebensbeschreibungen, wohlgesetzter Gedichte, und anderer blos zur Ergötzung und Zeitvertreib geschriebener, wenigstens gelesener, Bücher dergleichen Meinungen ein, ohne selbst zu mercken, daß das Vergnügen an der leichten fliessenden lebhaften und reitzenden Schreibart mehr Antheil an ihrer Uberzeugung habe, als die eingesehene Deutlichkeit und Erweislichkeit derselben".[231] Dass das leichte Lesen zur ‚Freigeisterei' führe, hat sich Baumgarten, auch gegenüber seinem Bruder Alexander Gottlieb, bewahrt.[232]

Zuletzt wird der durchgängige topologische Horizont Baumgartens in seinem Hinweis auf die *Geschichte*, die „Historie der Freigeisterey", deutlich. Aus Platzmangel lasse er sie hier weg, meint aber, wenn er sie schreiben würde, „so würde sich gar leicht darthun lassen, daß … in der Christenheit … das Ubel vor andern zu drey verschiednen Zeiten mercklicher ausgebrochen sey, und sich stärcker ausgebreitet habe, als welches in der letzten Helfte des 15ten und Anfang des 16ten Jahrhunderts sonderlich in *Italien und Frankreich* geschehen; hernach in der Mitte des 17ten Jahrhunderts in *England* und *Holland*, gegen das Ende des vorigen und im Anfange des gegenwärtigen Jahrhunderts aber in *Teutschland*".[233] Mit diesem reichlich groben und traditionellen Überblick ist die ‚Freigeisterei' zum Schluss vor der eigenen Haustür angekommen. Das rhetorische Bedrohungsszenario lässt Baumgarten nicht aus: „Ja die Erfarung und neueste Kirchengeschichte sowol als Gelehrtenhistorie bezeugen zur Gnüge, daß dis Ubel noch gegenwärtig mehr im Wachstum als Abnehmen stehe, und grösser sey, als mancher entweder aus Unwissenheit oder Liebe und Vertrauen zum menschlichen Geschlecht wohl glauben möchte".[234]

Werkgeschichtlich betrachtet fallen diese Ausführungen Baumgartens von 1741 noch in die frühe Phase der historischen Wende Baumgartens und der intensiveren Beschäftigung mit der englisch-deistischen Literatur als Herausgeber der Zeitschriften. Der Deutehorizont, in dem Baumgarten später die freigeistige Literatur verhandelt, hat sich indes nicht gewandelt. In seinem 1754 erschienenen *Abris einer Geschichte der Religionsparteien* und dessen ausgeführter Version, der 1766 postum erschienenen *Geschichte der Religionsparteien*, bleiben die traditionellen Klassifikationsmuster in Kraft.

---

[230] Ebd., 218–247. Vgl. durchgehend Barth, Atheismus, bes. 96–135. Das Problem des Verfolgungsgeistes ist dabei das jüngste, ebd., 148–150. Die durch eine Verfolgung erzeugte Faszination des Atheismus ist hier bereits bei der Berichterstattung der DAE über Tindal begegnet, II., 2.2.1.1.

[231] Ebd., 217. Vgl. zum Stilvorwurf wiederum II., 2.2.1.1.

[232] Schloemann, Baumgarten, 184.

[233] Baumgarten, Abhandlung, 208f. Vgl. Barth, Atheismus, 102.148.

[234] Ebd., 209. Vgl. Barth, Atheismus, 48, zum ‚genius saeculi'. Ähnlich die rhetorische Begründung auch wieder in DAE, II., 2.2.1.1.

Im ersten Abschnitt der *Geschichte*, der „von den Religionsspöttern und ungläubigen Freygeistern" handelt,[235] unterteilt Baumgarten das Gesamtphänomen in die Reihenfolge der „*Atheisten, Deisten*, und *indifferentistische[n] Naturalisten*".[236] Die Hauptklassifikation ist gegenüber 1741 wesentlich schlanker und näher an den Begriffsgebrauch von Christian Wolff herangeführt.[237] In der Aufzählung hat Baumgarten das formale Ordnungsprinzip seiner Darstellung, nämlich die vom wahren Lehrbegriff am weitesten entfernte Partei zuerst darzustellen, aufgenommen.[238] Allerdings bemerkt Baumgarten ausdrücklich, dass diese Einteilung den inneren Zusammenhang der verschiedenen Gruppierungen ausblendet, was er bei den anderen Religionsparteien zu verfolgen versprochen hat.[239] Baumgarten führt als Grund an, dass „der Atheismus in den neuern Zeiten so in seiner Ungereimtheit dargestellet ist, daß sehr wenige demselben beypflichten, sondern die meisten ihren Widerspruch gegen die nähere Offenbarung GOttes so einrichten, daß sie die Partey und Meinung der Deisten erwählen".[240] Diese Bemerkung ist zugleich einer der ganz wenigen Hinweise Baumgartens auf die momentane Ausbreitung und Rezeption freigeistiger Literatur, die sich in seiner *Geschichte* finden lässt.[241]

Die Abhandlung selbst folgt einem strengen Paragraphenschema: Zuerst wird der Begriff der jeweiligen Partei definiert, dann ihre Protagonisten mitsamt Schriften vorgestellt, die notwendigen Gegenargumentationen skizziert und darauf werden nützliche Gegenschriften notiert.[242] Die Einzelabschnitte sind weiter unterteilt. Vor allem die Paragraphen über den Atheismus umfassen erhebliche Binnendifferenzierungen, die in der *Geschichte* noch einmal gegenüber dem *Abris* stark erweitert worden sind, was die Gliederung zu einem ebenso traditionellen wie verwirrenden Ineinander werden lässt.[243] Die Definitionen der ‚Deisten' und ‚Indiffe-

---

[235] BAUMGARTEN, Geschichte, 21–128, 21.

[236] Ebd., 23.

[237] Vgl. GÜNTER GAWLICK, Christian Wolff und der Deismus, in: WERNER SCHNEIDERS (Hg.), Christian Wolff 1679–1754. Interpretationen zu seiner Philosophie und deren Wirkung, Hamburg 1983 (Studien zum achtzehnten Jahrhundert 4), 139–147.

[238] BAUMGARTEN, Geschichte, 20.

[239] Ebd., 23: „also weder auf der Zeitfolge, noch auch auf der grösseren Ausbreitung beruhet". Vgl. dagegen 20: „Sie werden füglichst nach dem Verhältniß ihrer Entfernung vom richtigen Lehrbegriff sowol, als der Geschlechtsfolge ihres Ursprungs, wie auch nach dem weitern und engern Umfange ihrer Ausbreitung abgehandelt".

[240] Ebd., 23.

[241] Vgl. noch ebd., 66: „Sie [scil. die Partei der Deisten, CV] ist noch jetzo viel häufiger, als die Partey der eigentlichen Atheisten: nemlich dem äusseren Vorgeben nach und unter gelehrten Schriftstellern".

[242] Jeweils §§ 9–12 (Atheisten), 13–16 (Deisten), 17–20 (Indifferentisten). Vgl. dazu auch FRIEDRICH WILHELM KANTZENBACH, Protestantisches Christentum im Zeitalter der Aufklärung, Gürtersloh 1965 (Evangelische Enzyklopädie 5/6), 111ff. Baumgarten hat das Schema von seinem *Abris* in den letzten beiden Paragraphen umgedreht.

[243] BAUMGARTEN, Geschichte, 25f., untergliedert in praktische und theoretische, indirekte und direkte. In der Vorstellung der Protagonisten dann noch einmal (32f.) in gröbere und skeptische wie systematische und dogmatische. Dann wieder in ältere (34), das sind „epicuräische, eleatische, aristotelische und stoische", und neuere (37), das sind „Chinesische" und „Europäische", letztere

rentisten' unterscheiden jeweils zuerst in ‚gröbere' und ‚subtilere', in der Vorstellung der Protagonisten werden sie nach ‚älteren' und ‚neueren' geordnet. Als Unregelmäßigkeit fällt die Vorstellung der deistischen Protagonisten und Literatur auf, die mit „Geschichte und Verzeichniß der Deisten" überschrieben ist.[244] Neben einer begriffsgeschichtlichen Anmerkung werden hier stichpunktartig die Gründe für dessen Entstehung skizziert und die besondere Ausbreitung in England im 17. Jahrhundert erklärt. Beides kommt kaum über die bereits 1741 zu findenden Äußerungen hinaus. Für das Florieren des Deismus in England wird das Erklärungsmodell der Pressefreiheit bemüht.[245] Die „hauptsächlichsten" Vertreter des Deismus sind für Baumgarten Anthony Collins, Matthew Tindal, Thomas Woolston, Thomas Chubb, Thomas Morgan, Charles Blount, Lyons und Shaftesbury als englische Vertreter, ein italienischer, ein französischer und ein holländischer kommen noch dazu.[246] John Toland wird nur zu den epigonalen Vertretern des Deismus gezählt, sein *Pantheisticon* findet sich unter den atheistischen Büchern.[247] Herbert von Cherbury ist Indifferentist.[248] Für die angeführten Schriften wird, wo möglich, auf die Baumgartenschen Zeitschriften verwiesen, die Kurzcharakterisierungen sind Abbreviaturen der dortigen Rezensionen.

In seiner Deutung und Auslegung des Phänomens der ‚Freigeisterei' übernimmt Baumgarten bleibend traditionelle Muster und ordnet diesen neue Literatur zu. Der alte ‚Atheismus' bekommt bei Baumgarten nur den neuen Namen der ‚Freigeisterei'. Selbst wenn man die problematische Überlieferungslage, die der *Geschichte* zugrunde liegt,[249] in Rechnung stellt, ist ein wirkliches Indiz für eine besondere, Eigentümlichkeit anerkennende Wahrnehmung der englisch-deistischen (oder überhaupt freigeistigen) Literatur nicht vorhanden.[250] Die wenigen Auffällig-

---

wiederum entweder zum „Pantheismus" oder „Materialismus" gehörig. Die „Spinozisten" werden noch mal unterteilt (37–41.). Alle Namen im Orig. gesperrt, CV.

[244] Ebd., 65.

[245] Ebd., 65 f.

[246] Ebd., 72–79.

[247] Ebd., 83.41.

[248] Ebd., 111.

[249] Ebd., C.J. Bertrams Vorbericht, 22. Vgl. zu Problemen in Bezug auf die Dogmatik SCHLOEMANN, Baumgarten, 98 ff.

[250] Schloemann (Baumgarten, 205–208) hat gerade an der *Geschichte der Religionsparteien* den Niederschlag der ‚historischen Wende' Baumgartens in seinem theologischen Oeuvre festgemacht. Die „differenzierende Behandlung der Atheisten, Deisten und Freigeister" (207) kann ich dafür nicht als ein überzeugendes Indiz ansehen. Schloemann weist auf die Ordnung der *Geschichte* hin: „Die Bemühungen um einen unverstellten Blick auf die einzelnen Gruppierungen unter Berücksichtigung ihrer inneren Entwicklung und ihres Verhältnisses zueinander ist klar historisch" (207 f.). Die Aufhebung der zuerst angeführten Ordnungen durch Baumgarten selbst in Bezug auf die Behandlung der Freigeister ist Schloemann entgangen. Baumgartens ‚unverstellter Blick' auf die Freigeisterei ergibt sich zuallererst aus seiner definitorischen Arbeit. Noch einmal: Von der Wahrnehmung einer Eigenständigkeit des Phänomens, wie es zeitgenössisch als problematisch empfunden vorliegt, ist nichts zu merken. Damit ist nur gemeint, dass das Beispiel der Freigeister in der *Geschichte* für eine Illustration von Schloemanns These nicht wirklich geeignet scheint. Wie der historische Wert und die Innovationskraft Baumgartens sich in anderen Partien niederschlägt,

keiten in der Vorstellung des ‚Deismus' legen das ebenfalls nicht nahe. Bezeichnenderweise kommt der Begriff der ‚englischen Deisten' nicht vor.

Zwischen den zurückhaltenden Rezensionen in Baumgartens Zeitschriften und dem klassischen Deute- und Auslegungshorizont klafft eine Lücke. Diese besteht in der unterschiedlichen Anwendung des apologetisch-polemischen Potentials auf die Literatur, die in einem solchen Auslegungshorizont wahrgenommen wird. Bisher hat dieser Horizont die ausfällige Invektive oftmals motiviert. Davon nimmt Baumgarten offensichtlich Abstand. Vielmehr hat er sich durch seine, wie Schloemann zu Recht betont,[251] offene Haltung die Möglichkeit des kritischen Einspruches gegen eine verzerrte Wahrnehmung auch der englisch-deistischen Literatur bewahrt.

3.2.4. Kritische Episode

Als Herausgeber seiner Zeitschriften hat Baumgarten seine Rezensenten zu einer zurückhaltenden Darstellungsform angehalten. Als Apologet hat Baumgarten in angestrengter Begriffsarbeit heterodoxe Phänomene geordnet. In den Vorworten zu den von ihm betreuten Ausgaben von Büchern hat er sich auch nicht nehmen lassen, anstößige Textstellen und Meinungen zu kommentieren.[252] Eine differenzierende Stellungnahme Baumgartens in Bezug auf einen englisch-deistischen Autoren findet sich werkgeschichtlich sehr spät in einer Vorrede zu *Nicerons Nachrichten*. Bleibt diese Äußerung Baumgartens deshalb zwar Episode, so ist sie in dem, was sie kritisiert und was affirmiert, ein sprechender Ausdruck der Möglichkeiten und Grenzen der Baumgartenschen Position.

In den zwölften Teil der von ihm betreuten Ausgabe von *Nicerons Nachrichten* hat Baumgarten aus der *Biographia brittanica* eine kurze Lebensbeschreibung von Charles Blount eingerückt.[253] Dem „ausschweifenden Eifer des Urhebers gedachter Nachrichten" setzt Baumgarten seine Vorrede entgegen. An zwei Punkten sind für Baumgarten Bemerkungen des Verfassers der Lebensbeschreibung anstößig. Einmal ist es die geäußerte Kritik an „*teutsche[n]* Schriftsteller[n], die verschiedene Schriften *Blounts* ... für selten sowol, als *atheistisch* ausgeben". Sodann die „übertriebene Vertheidigung der unumschränkten Freiheit des Drucks, und Misbilligung aller genomenen Maasregeln die Ausfertigung öffentlicher Angriffe der *christlichen* Religion zu verhindern".[254]

---

ist eine Frage, die eine eingehende Beschäftigung mit diesem Buch fordert. Eine einschlägige Studie ist mir allerdings nicht bekannt.

[251] Schloemann, Baumgarten, 53.117.

[252] Vgl. nur S.J. Baumgarten, Kleine teutsche Schriften. Erste Sammlung, Halle 1743, 143–198. Hier nimmt Baumgarten anstößige Formulierungen der Boyle-Prediger auf, um sie dogmatisch auszugleichen. So informativ das für die dogmatische Methode bei Baumgarten ist, über den englischen Deismus ist damit nichts gesagt. Ähnlich verfährt Baumgarten in der Vorrede, in: Houtteville, Wahrheit, unpag. (a–d2).

[253] S.J. Baumgarten, Vorrede, in: Nicerons Nachrichten, 12. Theil (1755), unpag., a2–b2, a2r. Zu Blount noch immer Lechler, 114–127.

[254] Ebd., a2v. Vgl. ebd., 386–419, 396f.416f.

Den vom Verfasser der Lebensgeschichte Blounts erhobenen allgemeinen Vorwurf, die deutschen Autoren, die Blount unter die ‚Atheisten‘ rechneten, litten einen beträchtlichen „Mangel an Beurtheilungskraft“[255], weist Baumgarten durch den Hinweis auf philologische Ungenauigkeit seitens des Verfassers zurück.[256] Er gibt allerdings zu, dass die Aufnahme Blounts unter die ‚Atheisten‘ wie etwa in Reimmanns antiatheistischem Werk nicht glücklich ist. Er entschuldigt das durch den Hinweis auf den lange nicht geklärten Begriffsgebrauch: „Denn ob es gleich besser und richtiger gewesen wäre, wenn er [scil. Reimmann, CV] ihn [scil. Blount, CV] einen *Deisten* genant, und seine Schriften unter die *deistischen* Angriffe der *christlichen* Religion gerechnet hätte: so ist doch vor noch gar nicht langer Zeit dieser Unterschied der *Deisten* und *Atheisten* nicht allezeit beachtet worden“.[257] In diesem Sinne kritisiert Baumgarten auch eine Bemerkung Georg Wilhelm Albertis. Dieser hat in der Vorrede zu dem dritten Band seiner *Briefe* auf Blount als Zusatz seiner „Geschichte der Freygeisterey in England“ hingewiesen und ihn als „volkomne[n] Atheist“ bezeichnet.[258] Von den charakterlichen Invektiven Albertis will Baumgarten gar nichts wissen und berichtigt Albertis Ausführungen zu den familiären Hintergründen Blounts.[259] Er hält Alberti entgegen, dass Blount gerade nicht *„auf eine höchst unverschämte Weise die christliche Religion gelästert"* habe. Die dogmatischen Heterodoxien, die Alberti Blount vorwirft, sieht Baumgarten nicht als wirkliche Merkmale eines ‚Atheisten‘ an.[260]

Diese Äußerungen Baumgartens sind durch seine eigene Begriffsdefinition motiviert. Auf eine positive Stellungnahme zu Blount lassen sie nicht schließen. Für Baumgarten ist Blount ein ‚Deist‘. Doch zeigt die Kritik, dass Baumgarten sein Begriffsinventarium durchaus zur Verwahrung von vorschneller und deshalb in seinen eigenen Augen ungenauer ‚Atheistenmacherei‘ einsetzen konnte.

---

[255] Ebd., 417.

[256] Ebd., a2v–a3r.

[257] Ebd., a3r–a3v.

[258] ALBERTI, Briefe, 3. Bd., Vorrede, unpag., a2v: „Die Geschichte der Freygeisterey in England leidet noch Zusätze. Ich habe den berüchtigten *Carl Blount* vergessen, welcher noch vor *Toland* auf eine höchst unverschämte Weise die christliche Religion gelästert hat, indem er mit den alten Feinden derselben den bekanten *Apollonius von Tyana* unserm hochverdienten Erlöser vorzieht: nicht zu berüren, daß er überhaupt die ganze Offenbarung verlachet. Man hat sich hierüber nun destoweniger zu verwundern, da *Blount* die Unsterblichkeit der Seele leugnete, eine Weltseele erdacht hatte, und als ein volkomner Atheist war. Sein Ende war so traurig, als sein Leben unordentlich gewesen“.

[259] BAUMGARTEN, Vorrede, in: Nicerons Nachrichten, 12. Theil, a6r–a7v.

[260] Ebd., a5v: „1) Unter diejenigen ungläubigen Freigeister, welche *auf eine höchst unverschämte Weise die christliche Religion gelästert* haben, ist *Blount* nicht zu rechnen: 2) bey der Uebersetzung der beiden ersten Bücher *Philostrati* vom Leben *Apollonii*, und derselben Erleuterung, ist seine Absicht nicht gewesen, hat es auch, seinen *deistischen* Grundsätzen zu Folge, gar nicht seyn können, noch viel weniger aber hat er dergleichen Endzweck geäussert, *Apollonium Christo* vorzuziehen; ... 3) der Irrthum von einer Weltseele kan so wenig als die Verleugnung der Unsterblichkeit der Seele hinreichen, einen zu einem *volkomnen Atheisten* zu machen“.

Dass Baumgarten die Möglichkeit eines offenen Austausches mit derart angesehener Literatur einräumt, ist damit nicht gesagt. Gegen den Verfasser der Lebensgeschichte Blounts verteidigt Baumgarten das Recht der Obrigkeit, als gefährlich empfundene Bücher auch gewaltsam zu unterdrücken. Sei das zwar nicht das „allezeit hinreichende Mittel" die Ausbreitung solcher Bücher zu verhindern, so sei es deshalb noch nicht „unnötig und überflüßig".[261] Auch ein Druckverbot sei nicht illegitim. Die Obrigkeit habe die Pflicht, die innere Ruhe zu bewahren. Gerade der Vorstellung, man müsse gefährliche Literatur allgemein zugänglich machen, ihre Unhaltbarkeit würde sich dann schon erweisen, erteilt Baumgarten eine klare Absage. Das wäre moralische „Pflichtvergessenheit".[262]

Die kritische Episode zeigt Baumgarten noch einmal als denjenigen, der, fest traditionellen Denk- und Deutemuster verhaftet, den Spielraum, den diese Muster bereitgelegt haben, in ganz individueller Haltung zu nutzen wusste. Eine Veränderung der Einstellung Baumgartens gegenüber der deistisch-freigeistigen Literatur lassen diese Anmerkungen Baumgartens aber nicht erkennen.[263]

3.3. Erhaltene Bestände

Angesichts der hohen theologiegeschichtlichen Meinung von Baumgartens Vermittlungstätigkeit englisch-deistischer Literatur wirft die hier vorgelegte Übersicht Schwierigkeiten auf. Diese resultieren aus einem doppelten Missverhältnis: Es ist mit der historiographischen Stilisierung einmal zu Recht festgehalten worden, dass mit Baumgartens Zeitschriften in einem hervorstechenden Umfang deistische, und

---

[261] Ebd., a7r.

[262] Ebd., b2r. Zu dem ganzen Komplex ebd., a7r–b2r.

[263] Eine Einstellungsveränderung bei Baumgarten hebt EDGAR MASS, Französische Materialisten und deutsche „Freygeisterei" (1746–1753), in: WERNER SCHNEIDERS (Hg.), Aufklärung als Mission. Akzeptanzprobleme und Kommunikationsdefizite, Marburg 1993 (Das achtzehnte Jahrhundert; Supplementa 1), 129–156, 145, hervor. Im Gegensatz zu vorigen Äußerungen argumentiere Baumgarten 1752 „wesentlich differenzierter": „Er vermerkt jetzt, daß die deutschen und englischen Freigeister eigentlich gar keine Atheisten gewesen seien". Dafür führt Mass NmB (1752, 1. Bd., 2. St.), 167–180, 171 Anm. an: „Hoffentlich wird es ohne den geringsten Schein der Verketzerung geschehen können, die historische Nachricht zu ertheilen, daß weder Edelmann, noch Tindal, Morgan, Collins oder jemand der sogenannten Freidenker in England, jemals diese Grundwahrheiten, die in den Büchern der heil. Schrift vorkommen, geleugnet oder bestritten". Analytisch richtig MASS: „Diderots Name erwähnt er nicht". Nur: „[Baumgarten, CV] weicht dem Encyclopédie-Herausgeber sogar ganz auffällig aus", kann ich in dem Zitat nicht erkennen. Ein Indiz für eine Einstellungsänderung ist das übrigens keineswegs. Einmal folgt auf dieses Zitat noch der Hinweis Baumgartens, dass sie die Schrift nach eigenem Gutdünken auslegten, was keineswegs anerkennbar sei. Zum anderen übersieht Mass völlig, dass diese Anmerkung in dem Kontext, in dem sie steht, eine ganz andere Bedeutung hat. Das Gewicht liegt hier auf „ohne den geringsten Schein der Verketzerung". Denn diese Anmerkung ist in einer Besprechung eines Buches des von Baumgarten heftig bekämpften Hermann von Loen zu finden (vgl. SCHLOEMANN, Baumgarten, 169). Genau genommen gemeindet die Anmerkung von Loen in die deutsche und englische Freigeisterei ein, was die Bemerkung „ohne den geringsten Schein der Verketzerung" eher zur ironischen Polemik als Atheismusapologetik werden lässt.

das heißt hier auch englisch-deistische Literatur konzentriert vorgestellt wurden. Nur die beeindruckende Quantität der Arbeiten steht in keinem *ersichtlichen* Zusammenhang mit einer neuen oder konstruktiven Qualität des Umgangs mit dieser Literatur. Ebenso einsichtig ist zweitens, dass Baumgarten durch seine Übersetzungstätigkeit und die vielfach in Vorworten zu findenden Ausführungen seine eigene ,historische Wende' eng an den Eindruck geknüpft hat, den die deistische Bestreitung der Wahrheit der christlichen Religion bei ihm hinterlassen hatte.[264] Allerdings stehen diese Ausführungen in keinem *ersichtlichen* Verhältnis zu einem eruierbaren Kenntnisstand oder einer besonderen Form der inhaltlichen Wahrnehmung, die Baumgartens Ausführungen zugrunde liegen. Was diese Schwierigkeiten in Bezug auf die theologische Entwicklung Baumgartens auch aussagen mögen,[265] eine realistische Einschätzung seiner Vermittlungstätigkeit wird gut daran tun, sich nicht in Hypothesen über Baumgartens Intentionen, einer Annahme großangelegter Verstellungen oder besonderer mündlicher Vermittlungsleistungen zu ergehen.[266] Die sich einstellenden Spannungen sind deshalb nicht zu harmonisieren, sondern auszuhalten.

Als Herausgeber von Büchern hat Baumgarten seiner eigenen Entwicklung entsprechend einem historischen Problembewusstsein Bahn gebrochen. Auch die Übersetzungen apologetischer Literatur sind von dieser Umorientierung betroffen. Baumgarten hat im Rückgriff auf französische und englische Apologien dafür plädiert, dass angesichts einer neu empfundenen Problemlage die Absicherung der Wahrheit der christlichen Religion das entsprechende Niveau ernst zu nehmen habe. In die historisch orientierte Tätigkeit gehört, das hat Baumgarten klar erkannt, vor allem die Bereitstellung historischen Informationsmaterials, wie er es mit der Herausgabe internationaler Nachschlagewerke in Gang gesetzt hat. In diesen Zusammenhang sind Baumgartens Zeitschriften zu stellen. Die Bereitstellung von Informationsmöglichkeiten umschließt die Aufbereitung und Sicherung auch derjenigen literarischen Bestände, die man trotz ihrer ,Heterodoxie' nicht einfach mit Missachtung strafen kann. Die Behandlung englisch-deistischer Literatur in Baum-

---

[264] Vgl. SCHLOEMANN, Baumgarten, 156–160.

[265] Wenn Schloemann das historisch-apologetische Interesse Baumgartens an der Position Bolingbrokes konturiert (SCHLOEMANN, Baumgarten, 160–170), hat dies heuristischen Wert. Für eine Rezeption Bolingbrokes, die Baumgarten auf seine Position gebracht hätte, sind die Äußerungen Baumgartens zu ihm sowohl spärlich als auch sehr spät (vgl. ebd., 160 Anm. 312). Sollte Schloemanns Generalthese darauf hinauslaufen, dass Baumgarten durch die Wahrnehmung englisch-deistischer Problemlagen den Schritt in die Geschichte gewagt hat, sehe ich wenig durchgreifende Evidenz für eine solche Annahme. Schloemann selbst kommt auch in seinen Ausführungen zu den methodischen Maßstäben und Anstößen ohne die Nennung englisch-deistischer Autoren aus (178–201). Wie sich Baumgartens Auseinandersetzung mit heterodoxer Literatur durch dessen Briefe und private Niederschriften in ein besseres Licht setzen lässt, ist m. W. noch nicht untersucht.

[266] Schloemann hebt die Schwierigkeiten hervor, aus den Berichten Semlers über die privaten Gesprächskreise, die Baumgarten unterhielt, oder über die Vorlesungsart Baumgartens Rückschlüsse über die ,deistische' Gesinnung Baumgartens zu eruieren. Deshalb lehnt Schloemann das auch ab. SCHLOEMANN, Baumgarten, 54–58.

gartens Zeitschriften reflektiert diesen inneren Zusammenhang von bemühter gelehrter Information bei gleichzeitigem Desinteresse an ihrer systematischen Wirksamkeit. In dieser Hinsicht vermittelt Baumgarten eine historische Problemorientierung mitsamt den informativen Möglichkeiten, die nun anstehende Aufgabe einer wirklich historischen Annäherung anzugehen.

Baumgarten selbst hat diesen Weg nicht beschritten. Angesichts der neu aufbrechenden Horizonte hat Baumgarten fest an der Sicherung und Überlieferung der
Deute- und Auslegehorizonte festgehalten, die – über ein Jahrhundert bewährt –
der hereinbrechenden Vielfalt von Lebensäußerungen, die durch binnendogmati-
sche Plausibilitäten nicht gedeckt waren, wehren konnten. In dieser Hinsicht ver-
mittelte Baumgarten über Jahrzehnte einer ganzen Generation traditionelle Wert-
maßstäbe, deren historischer Verflüssigung Baumgarten gleichwohl zuarbeitete.

Als Vermittler englisch-deistischer Literatur nach Deutschland ist Baumgarten
insgesamt also in doppelter Weise an der Aufarbeitung, Erhaltung und Sicherung
von Beständen beteiligt: als Betreiber einer umfangreichen gelehrten Information-
stechnik ebenso wie als Bewahrer überkommener Überzeugungen. Hatten sich
Grundig und Alberti um das Phänomen der ‚englischen Deisten‘ gekümmert, Skelton und Leland den Leser einbezogen, so setzt Baumgarten bei der Überlieferung
englisch-deistischer Literatur ein.[267] Gemessen an den sich äußernden Bedürfnissen
seiner Zeit und andernorts erreichten Diskursformationen ist Baumgartens Tätigkeit, als Gestalt der Aufarbeitung englisch-deistischer Literatur betrachtet, ebenso
typisch wie *problematisch*.

Typisch ist Baumgartens Tätigkeit, da sie durchgängig ein Informationsdefizit in
Bezug auf die englisch-deistische Literatur signalisiert, deren Behebung sie sich
zum Ziel setzt. Ebenso konform geht Baumgarten mit Tendenzen seiner Zeit,
wenn er die Aufbereitung heterodoxer Literatur im Stil akademischer Gelehrsamkeit in Angriff nimmt. Ob in der Übersetzung gelehrter Traktate, Zeitschriften im
Dienst der Bücherkenntnis oder auf dem Katheder – Baumgarten hat keine popula-
risierende Form für seine Arbeiten genutzt, offensichtlich auch nicht gesucht. Wie
sein theologischer Generationsgenosse Christoph Matthäus Pfaff hat Baumgarten
die Auseinandersetzung mit dem englischen Deismus hauptsächlich auf diejenigen
bezogen, für die Kenntnisse der Heterodoxie in die berufliche Ausbildungsstruktu-
ren gehören. Pfaffs antideistische Vorlesungen, die 1759 unter dem Titel *Academische Reden über den Entwurff der Theologia Anti-Deistica* im Druck erschienen, haben
wie Baumgartens Arbeiten theologiehistorisch Aufmerksamkeit geschenkt bekommen.[268] Sie sind aber nur insoweit von Bedeutung, als dass sie den akademischen
Charakter der Auseinandersetzungen unterstreichen.[269] Dass bei Pfaff ebenso wie

---

[267] Vgl. II., 3.
[268] Vgl. Lechler, 449.
[269] Chr. M. Pfaff, Academische Reden über den Entwurff der Theologiae Anti-Deisticae, da
die Einwürffe der unglaubigen Geister wider die Christliche Offenbahrung entwickelt werden,
Franckfurt 1759. Zuvor als Gliederung erschienen: ders., Entwurff der Theologiae Anti-Deisticae, oder der Schwürigkeiten, welche die unglaubigen Geister der Chrislichen Offenbarung ent-

bei Baumgarten die Verarbeitung englisch-deistischer Literatur bezogen bleibt auf den apologetischen Horizont des 17. Jahrhunderts, ist dabei ein weiteres Merkmal der durchaus zeitgemäßen Haltung, die die Vermittlung von Wissen in sich schließt.

Gerade in diesem letzten Punkt ist Baumgartens Vermittlung von Wissen auch *problematisch*. Entgegen anderen Tendenzen seiner Zeit hat Baumgarten der individualisierenden, Eigentümlichkeit anerkennenden Beschreibung und Erfassung heterodoxer Phänomene keinen Raum gegeben. Insoweit wirkt Baumgartens Vermittlung von Wissen rückständig. Dieser Eindruck verstärkt sich noch im Blick auf die Art und Weise, wie Baumgarten seine Arbeit verrichtet. Der sich in den 1730er und 1740er Jahren äußernde Wille zu einem Kompendium, das in Kürze informiert,[270] ist mit der immensen Bibliothek, die Baumgarten errichtet, nicht befriedigt. In unmittelbarer zeitlicher Nachfolge erkennt man den Informationswert der Baumgartenschen Vermittlung an, unterwirft Baumgartens Schriften, allen voran seine Zeitschriften, aber dem Drängen auf Kürze. Auf sie wird verwiesen, aus ihnen wird nicht geschöpft.

Die äußerste Konsequenz der Verkürzung bildet das *Freydenker-Lexicon* des Mosheim-Schülers Johann Anton Trinius von 1759.[271] Bibliographisch hoch informiert verweist Trinius, fast ohne eigene inhaltliche Ausführungen, für heterodoxe Autoren auf Informationsmaterial. Baumgarten ist hier prominent. Und wie Baumgarten bietet Trinius eine international entschränkte Ansicht eines übergreifenden Phänomens.

Baumgarten und Trinius sind stilistisch die beiden Extreme, die die Vermittlung von Wissen in Deutschland annimmt. In beiden Fällen sind die jeweils unterschiedlich erhaltenen Bestände keiner eigenen Gestaltung oder besonderen Auslegung zugeführt, geschweige denn, dass sie sich allein der englisch-deistischen Literatur widmen. Ein ‚goldener‘ Mittelweg wurde in Deutschland auch nicht unmittelbar gefunden. Urban Gottlob Thorschmid hat ihn gesucht.

---

gegen sezen. Zum Behuf Academischer Vorlesungen, Giessen 1757. Hier macht Pfaff auf die Üblichkeit antideistischer Vorlesungen aufmerksam (60). Angesichts der Quellenlage ist eine umfangreiche Rekonstruktion dieser Üblichkeiten ebenso wünschenswert wie schwierig. Für die Universität Göttingen, deren Vorlesungsverzeichnisse immerhin ab 1748 erschließbar sind, lassen sich regelmäßig Polemikvorlesungen nachweisen. Pfaffs *Entwurff* wird im Wintersemester 1758/ 59 von Jacob Wilhelm Feuerlein seiner Vorlesung zugrunde gelegt, vgl. Göttingische Zeitungen (1758, 105. Stück), 993–1005. Zu Feuerlein Jöcher/Adelung 2, Sp. 1074–1081.

[270] Vgl. II., 3.

[271] Johann Anton Trinius, Freydenker-Lexicon, oder Einleitung in die Geschichte der neuern Freygeister ihrer Schriften, und deren Widerlegungen. Nebst einem Bey- und Nachtrage zu des seligen Herrn Johann Albert Fabricius Syllabo Scriptorum, pro veritate Religionis Christianae, Leipzig und Bernburg 1759. Zu Trinius ADB 38, 618–619.

4. Bestätigung der Überlieferung: Urban Gottlob Thorschmid

Der Wille zu einem Kompendium der Debatten um die englisch-deistische Literatur steht vor dem Problem, was der Leser lesen soll. Es gilt ebenso Übersicht zu schaffen wie abzuwägen. Ein solcher Kompromiss ist schwierig, wie Urban Gottlob Thorschmids vierbändiger *Versuch einer vollständigen Engelländischen Freydenker-Bibliothek* (1765–1767) deutlich vor Augen stellt.[272]

Urban Gottlob Thorschmids *Freidenker-Bibliothek* ist die Frucht einer langjährigen intensiven Beschäftigung mit der englisch-deistischen Literatur. Bereits als Magister der freien Künste hat Thorschmid Johann Martin Chladenius' *Das Blendwerk der Natürlichen Religion* (1751) herausgegeben.[273] Die erste eigenständige Veröffentlichung Thorschmids war dann 1755 die *Critische Lebensgeschichte Anton Collins, des ersten Freydenkers in Engelland*[274], die er als Kandidat des Predigtamtes verfasste. Zehn Jahre später erschien der erste Band seiner *Freydenker-Bibliothek*, Thorschmid war zu der Zeit Pfarrer unweit Dresdens. Der vierte und letzte Band trat 1767 ans Licht, als Thorschmid in die Stellung eines „Ober Pfarrers zu Radeberg, und der Dreßdnischen Diöces Adjuncti im Radebergischen Kreise" aufgestiegen war.[275] Seiner kirchlichen Karriere war Thorschmids publizistische Aktivität zumindest nicht hinderlich. Die verschiedenen intellektuellen Kontexte, in denen Thorschmids anhaltende Beschäftigung mit den Deisten zu stehen kommen, lassen sich nur erahnen: Als Herausgeber von Werken von Chladenius, der ab 1747 in Erlangen als Professor für Theologie und Beredsamkeit tätig war, wird Thorschmid zu dessen engerem Schülerkreis zu rechnen sein.[276] In seiner späteren Tätigkeit als Pfarrer und dann Ober-Pfarrer hatte Thorschmid Kontakt zu den Kreisen des gerade verstorbenen

---

[272] THORSCHMID I–IV. Der vollständige Titel lautet: Versuch einer vollständigen Engelländischen Freydenker-Bibliothek, in welcher alle Schriften der berühmtesten Freydenker nach ihrem Inhalt und Absicht, nebst Schutzschriften für die Christliche Religion aufgestellet werden, Theil 1–2, Halle 1765–1766, Theil 3–4, Cassel 1766–1767. Vgl. zu der Problemlage II., 3.

[273] JOHANN MARTIN CHLADENIUS, Das Blendwerk der Natürlichen Religion schrift- und vernunftmäßig entdeckt. Der Uebersetzer ist Urban Gottlob Thorschmid, Magister der freyen Künste. Er hat auch die Vorrede und den Anhang verfertiget, Leipzig und Wittenberg 1751 [i.F. Blendwerk].

[274] U.G. THORSCHMID, Critische Lebensgeschichte Anton Collins, des ersten Freydenkers in Engelland. Mit einigen Anmerkungen zur Vertheidigung der Offenbahrung und der Geistlichen versehen, Dreßden und Leipzig 1755 [i.F. Lebensgeschichte].

[275] THORSCHMID IV, Titelblatt.

[276] Neben dem *Blendwerk* hat Thorschmid herausgegeben: JOHANN MARTIN CHLADENIUS, Vernünftige Gedanken von dem Wahrscheinlichen und desselben Missbrauche. Sie sind von Urban Gottlob Thorschmid herausgegeben und mit Anmerkungen versehen worden, Stralsund u.a. 1748. Nicht auffindbar war Thorschmid als Student in Erlangen nach: Register zur Matrikel der Universität Erlangen 1743–1843, bearbeitet von Karl Wagner. Mit einem Anhang: weitere Nachträge zum Altdorfer Personenregister von Elias von Steinmeyer, München und Leipzig 1918 (Veröffentlichungen der Gesellschaft für Fränkische Geschichte, 4.Reihe, Bd. 4). Vgl. zu Chladenius JÖCHER/ADELUNG 2, Sp. 301–303. Eine eingängige und überzeugende Einschätzung von Chladenius' theologischer Position gibt es nicht.

Valentin Ernst Loescher, dessen Bücherverzeichnis er anzufertigen mithalf.[277] Thorschmid starb 1774.[278]

In diesem spärlichen biographischen Material zeigt sich vor allem, dass Thorschmid in der deistischen Literatur sein Lebensthema gefunden hat. Er war sicherlich einer der besten Kenner englisch-deistischer Literatur und der dazu gehörenden Diskussionen der deutschen Aufklärungszeit. In der biographisch-thematischen Kontinuität deuten sich allerdings Veränderungen in Thorschmids Haltung an, die der Entstehung seiner *Freydenker-Bibliothek* zugrunde liegen. Die programmatischen Äußerungen gilt es nachzuzeichnen, um dann im Überblick über Thorschmids ‚Alterswerk‘ seine konstruktive Leistung zu bemessen. In der zeitgenössisch geäußerten Kritik an Thorschmids Werk deutet sich abschließend die Auflösung der Diskussion über die englisch-deistische Literatur an, die – zumindest materialiter – bei Thorschmid auch einen Höhepunkt erreicht hatte.[279]

4.1. *Hintergründe: Legitimationen und Diagnosen*

Es gehört zu den Eigentümlichkeiten von Thorschmids Beschäftigung mit der englisch-deistischen Literatur, dass er immer über die Legitimität seines Unternehmens Rechenschaft abgelegt hat. Bereits in seinen Anmerkungen zu Chladenius' *Blendwerk* zeigt sich eine Verknüpfung von Vorstellungsbereichen, die sich hier bereits in der kritischen Berichterstattung der *Deutschen Acta Eruditorum* andeutete:[280] Die Entwicklung einer publizistischen Programmatik ist verbunden mit einer Diagnose der Ausbreitung und Rezeption englisch-deistischer Literatur in Deutschland. Wie in den *Deutschen Acta* sind Thorschmids frühe Äußerungen abstrakt und die Diagnose der Ausbreitung ist nur rhetorisch begründet.[281] Das Motiv des Lesens deistischer Bücher findet sich explizit verhandelt, ohne allerdings über das bereits Bekannte hinauszuführen.[282] In seiner *Critischen Lebensgeschichte Anton Collins* entwickelt Thorschmid eine erheblich andere Sicht der Dinge.

[277] THORSCHMID I, Vorbericht, c2v.

[278] MEUSEL 14, 64–65. Das Geburtsdatum Thorschmids ist unbekannt.

[279] Daneben ist Theodor Christoph Lilienthal zu nennen, der in einem noch umfangreicheren Werk den exegetischen Einzelbeweis zu führen unternommen hat. Er konnte auf die umfangreiche Bibliothek seines Vaters Michael Lilienthal zurückgreifen: THEODOR LILIENTHAL, Die gute Sache der heiligen Schrift alten und neuen Testaments enthaltenen Göttlichen Offenbarung: wider die Feinde derselben erwiesen und gerettet, 16 Theile, Königsberg 1754ff. Kurz informierend dazu THOMAS ZIPPERT, Bildung durch Offenbarung. Das Offenbarungsverständnis des jungen Herder als Grundmotiv seines theologisch-philosophisch-literarischen Lebenswerks, Marburg 1994 (MThSt 39), 51–59.

[280] II., 2.2.1.1.

[281] Blendwerk, 101ff.

[282] Ebd., 95f.99ff.

4.1.1. *Critische Lebensgeschichte Anton Collins (1755)*

Thorschmid weiß sich 1755 einig mit denjenigen, „welche ein Theil der gelehrten oder Kirchengeschichte aufklären".[283] Unter der neuen terminologischen Fassung gelehrter Arbeit verbirgt sich das bekannte Programm, Geschichte an einen apologetischen Endzweck zu binden.[284] Wie viele andere Gelehrte vor ihm, so blickt auch Thorschmid mit Faszination nach England als Ort des exzeptionell gesteigerten Unglaubens: „Niehmals ist die Religion heftiger als auf dieser Insel in diesem Jahrhundert angegriffen worden: sie ist aber auch nirgends so nachdrücklich, als dort, vertheidigt worden. Und ob gleich ein *Toland*, ein *Collins*, ein *Tindal*, ein *Woolston*, ein *Morgan*, ein *Chubb*, und viele kleinere Freydenker verschiedene und ganz ungewöhnliche Waffen gebraucht haben, die Festung der Religion zu bestürmen: so haben dennoch die Vertheidiger derselben neue Festungswerke angelegt, und tapfer gefochten".[285] Die Bestätigung der Wahrheit der eigenen Position, die der gelehrte Apologet aus solcher Beobachtung schöpft, wird erheblich gestört, wenn man die beobachteten Phänomene auf andere Weise aufeinander bezieht. Einige Bemerkungen des dänischen Gelehrten Ludwig Freiherr von Holberg haben bei Thorschmid für Irritation gesorgt, weshalb er sich mit ihnen auseinandersetzt.[286]

Holberg[287] hat in seinen *Vermischten Briefen* in wenigen Andeutungen eine Ansicht skizziert, die eine neue Einschätzung der englischen Verhältnisse beinhalten. Er hebt die Entdogmatisierung der argumentativen Situation durch die anhaltenden Streitigkeiten mit den „Deisten in England" hervor.[288] Dies führe unter anderem zu einer abnehmenden Spannung zwischen den unterschiedlichen Konfessionen, was Holberg mit der Hoffnung auf ein überkonfessionelles Christentum verbindet: „Wenn demnach die Naturalisten in so fortfahren, wie sie angefangen haben, so werden sich vielleicht einmal Catholicken, Anglicaner, Presbyterianer, Independenten, ja vielleicht auch Anabaptisten und Quäker unter eine Fahne stellen. Man wird sich nicht weiter über die Zierrathen in den Kirchen, über die Kleidertracht der Priester, über das Alter der Bisthümer, über den Exorcismus in der Taufe, und ob man das Abendmahl sitzend oder kniend empfangen müsse, wie bisher, mit grosser Heftigkeit zanken; sondern man wird sich befleißigen, die Offenbarung überhaupt zu vertheidigen, und das Recht des Glaubens zu beweisen; welches auch bisher mit weit grösserm Grund als zu alten Zeiten geschehen".[289] Damit setzt Holberg das Auftreten der Deisten mit einer begrüßenswerten kirchlich-theologischen

---

[283] Lebensgeschichte, Vorrede, 4.
[284] Ebd., Vorrede, 4f.
[285] Ebd., 6.
[286] Ebd., 23ff.
[287] Zu ihm JÖCHER/ADELUNG 2, Sp. 2091–2095.
[288] LUDWIG FREIHERR VON HOLBERG, Vermischte Briefe. Erster Theil, Copenhagen und Leipzig 1753, 39ff.
[289] Ebd., 262.

Entwicklung ursächlich in Beziehung. Die deistische Literatur bringt durch die erforderliche Reaktion der Apologetik den Läuterungsprozess in Gang und erscheint als dessen innerer Motor. Zur Folge hat eine solche Ansicht natürlich, dass das Auftreten der Deisten keinesfalls rundweg als Schaden zu begreifen ist: „Wenn dieses geschieht [scil. die überkonfessionelle Apologetik, CV], so ist nach dem gemeinen Sprüchworte kein Unglück so groß, daß nicht etwas gutes daraus herkommen sollte. Man bemerkt in Grosbritannien hievon die Wirkung, und es ist ungewiß, ob man diesem Lande mehr wegen eines solchen Schicksals Glück wünschen, oder solches deswegen beklagen soll".[290] Dass die positive Entwicklung auch ansichtig ist, wird von Holberg mit einer Rezeptionstheorie untermalt. Er dreht dabei das übliche apologetische Bild eines grassierenden Unglaubens um. In England sei es zu einer Breitenwirkung apologetischer Literatur gekommen, wofür er ältere Apologeten nennt: „Denn das gemeine Volk ist dorten im stande, die Wahrheit des Glaubens wider die Juden, Heyden, und Mahometaner darzuthun, u. ein jeder Bürger, welcher Lust zu lesen hat, kann, wenn man es von ihm verlangt, einen Grotius, Huet, und Abbadie vorstellen".[291] Aus der Sicht überkommener Apologetik ist damit bei Holberg ziemlich alles, was man von den Deisten in England halten kann, auf den Kopf gestellt.

Die positive Einschätzung Holbergs würde ihren Boden verlieren, wenn die breitenwirksame Rezeption apologetischer Literatur negiert wäre. Thorschmid hat das erkannt. Er hat Georg Friedrich Meier gelesen und wendet dessen lesepsychologische Überlegungen auf die englischen Verhältnisse an.[292] Aus Meiers These, dass Apologien mehr Mühe als oberflächliche Einwürfe bereiteten, folgert Thorschmid die fehlende apologetische Breitenwirksamkeit: „Ich bin also gewiß versichert, daß die Grotii, Huets, und Abbadies in Engelland unter den Bürgern sehr rar sind; wenn sie auch gleich Lust zum Lesen haben: ja die grösten Gelehrten haben sich viele Mühe geben müssen die Wahrheit des Glaubens, wider die Juden, Heiden und Mahometaner darzuthun; welches die Reden wegen der boylischen Stiftung beweisen: wie soll man nun dergleichen schwere Demonstrationen von dem gemeinen Volke erwarten können".[293] Auch wenn Thorschmid einen *möglichen* Nutzen apologetischer Literatur nicht ablehnt, so bewertet er die Annahme eines normativen Zusammenhangs von deistischer Literatur und apologetischer Breitenwirksamkeit eindeutig negativ.[294] Deshalb lehnt er auch die Ansicht ab, dass die Menschen in England glücklicher oder gar christlicher wären, weil sie deistische Literatur hätten. Holberg würde doch wohl nicht meinen, dass „diejenigen Bürger in Deutschland, die weder von *Tolanden, Collins, Tindal, Woolston, Morgan, Chubb,* und

---

[290] Ebd., 261.

[291] Ebd., 261f.

[292] Zur Position Meiers vgl. hier II., 2.3.2. Thorschmid zitiert Meier Lebensgeschichte, 44. Unausgewiesenes Zitat ebd., 28. Vgl. G. F. MEIER, Rettung der Ehre der Vernunft wider die Freygeister, Halle 1747, 94f.

[293] Lebensgeschichte, 28.

[294] Vgl. ebd., 38f.

anderen Freygeistern etwas wissen, noch die Widerlegungen dieser ihrer Schriften gelesen, und folglich keine Grotios, keine Huets vorstellen können, dabey aber auch von den beygebrachten Irrthümern frey geblieben sind, nicht eben so glücklich wären, und eben so gläubige Christen genennet werden könten, als andere Englische Bürger, die dorten im Stande sind die Wahrheit ihrer Religion gegen Juden, Heiden und Mahometaner zu beweisen".[295] Für Thorschmid steht fest, dass der Schaden deistischer Bücher immer größer ist als der Nutzen der Apologetik. Im Gegenzug entwirft Thorschmid ein positives Leitbild einer christlichen und freigeistig unberührten Situation in Deutschland. „Ich wünsche übrigens meinem Vaterlande das Unglück nicht, daß in demselben Freydenker aufstehen mögen, noch weniger wünsche ich, daß die Worte jenes wahrsagenden Freydenkers eintreffen: es würden die Deutschen 200. Jahr später als die Engelländer, Franzosen und andere Völker dem Unglauben beytreten".[296]

Konsequent und wieder ganz in Aufnahme der Position Meiers ist für Thorschmid jedwede Bekanntmachung deistischer Literatur, auch durch begleitende Übersetzungen apologetischer Bücher, zu vermeiden. Gerade bei den niederen Ständen würde das Lesen überhaupt negative Folgen zeitigen: „Unsere werthen Landsleute von geringern Stande haben ohnedem das Unglück, daß sie durch das Bücherlesen leicht Narren werden: die vielen Sachen verwirren sie; und indem sie niehmals die Beantwortung eines Zweifels völlig einsehen können, so geraten sie auf neue Zweifel. Der Bürger thäte daher sehr löblich, wenn er keinen Grotius vorstellen wollte; sondern bey seiner Bibel und Gesangbuche lediglich bliebe: weil er sich durch die Streitschriften und subtile Fragen und Antworten nur den Kopf verwirret".[297] Mit dieser Haltung bringt Thorschmids Auseinandersetzung mit Holberg allerdings eine problematische Konsequenz für sein eigenes Unternehmen mit sich. Ist die öffentliche literarische Darstellung von Anthony Collins nicht selbst eine Bekanntmachung deistischer Literatur in Deutschland? Thorschmids Programm ist umfangreich projektiert: Neben der Lebensbeschreibung, die er hier vorlegt, soll in einem zweiten Buch eine allgemeine Charakterologie der Freidenker folgen, um in einem dritten das Lehrgebäude von Collins und die dazu gehörigen Streitigkeiten möglichst vollständig vorzustellen.[298]

Thorschmid hat den Einwand gegen sein eigenes Unternehmen explizit verhandelt,[299] eine überzeugende Antwort aber nicht geben können. Er rettet sich in gelehrtes Pathos. Seine Darstellung sei „so trocken, und ohne die gewöhnliche freygeisterische Auszierung, als es nur möglich gewesen ist".[300] Dadurch werde man die irrigen Meinungen von Collins erkennen. Thorschmid ist hin- und hergerissen zwischen den Überlegungen, sein Unternehmen ausschließlich als gelehrte Arbeit

---

[295] Ebd., 32.
[296] Ebd., 42f. Auf wen Thorschmid hier anspielt, ist mir unbekannt.
[297] Ebd., 43.
[298] Zum Programm, ebd., Vorrede, 31ff.
[299] Ebd., 51ff.
[300] Ebd., 52.

mit der entsprechenden Leserschaft anzupacken – und damit die Konsequenz der Position Meiers ganz auf sich zu nehmen, oder doch seiner Arbeit einen populären Nutzen beizulegen – was man ihm als Inkonsequenz anlasten könnte. Davon geprägt ist seine Bemerkung, dass er anfänglich Latein schreiben wollte: „Freylich wäre es zuträglicher, wenn man dergleichen Sachen in der Sprache der Gelehrten herausgeben könte: und dieses war Anfangs mein Wille. Allein ich merkte bald, daß sich ein Schriftsteller nach dem Geschmack des jetzigen Jahrhunderts richten müsse, welchem der lateinische Witz zu alt scheint: ich hörete auch, daß man nur alsdenn in dieser Sprache zu unseren unlateinischen Zeiten schreiben müste, wenn man seine Schrift nicht in die Hände vieler Leute wollte kommen lassen".[301]

Die Auseinandersetzung mit Holberg lässt bei Thorschmid Legitimationsdruck entstehen. Wie bereits eingangs bemerkt, lässt sich die Uneindeutigkeit in Thorschmids Position auf eine Diagnose der Rezeption deistischer Literatur in Deutschland beziehen. Hier gerade im auffälligen Fehlen einer solchen Annahme. Thorschmid nimmt 1755 offensichtlich nicht, wie noch vier Jahre zuvor, eine allgemeine Ausbreitung deistischen Gedankenguts an. Deutschland erscheint vielmehr als noch unberührtes Gebiet, die Beschäftigung mit der Freigeisterei als gelehrte Anteilnahme. Zehn Jahre später hat Thorschmid seine Ansicht noch einmal grundsätzlich revidiert.

4.1.2. *Vorrede der Freydenker-Bibliothek*

Mit dem ersten Band von Thorschmids *Versuch einer vollständigen Engelländischen Freydenker-Bibliothek* tritt 1765 ein anderes Konzept an den Tag. Schließt Thorschmid auch mit den Begriffen der ‚Aufklärung' der gelehrten Geschichte und der ‚nur historischen' Erzählung der Streitigkeiten um die englisch-deistische Literatur an frühere Äußerungen an,[302] so stellen der Umfang und die Auffassung des Nutzens seines Werks die programmatischen Neuerungen dar.

Mit seiner *Freydenker-Bibliothek* hat Thorschmid sein Programm, nur einen englischen Freidenker ausführlich zu behandeln, verabschiedet. Zwar ist der erste Band ausschließlich Anthony Collins gewidmet, doch zielt Thorschmid nun auf eine möglichst vollständige Erfassung aller englischen Freidenker. Nach dem Vorbericht zum ersten Band scheinen zwei Publikationen Thorschmid zur Umstellung bewogen zu haben. Einmal nennt er Johann Anton Trinius' *Freydenker-Lexicon* (1759), das er wegen seiner Vollständigkeit lobt, die mangelnde Ausführlichkeit aber hervorhebt.[303] Zum anderen verweist er auf John Lelands *Abriß*, der an Ausführlichkeit zwar wegweisend sei, dafür aber nicht vollständig.[304] Mit Ausführlichkeit und Vollständigkeit der Arbeit schließt sich Torschmid an ein Programm der *Unschuldigen*

---

[301] Ebd., 54.
[302] THORSCHMID I, Vorbericht, a8v.b5v.
[303] Ebd., b6r.
[304] Ebd., b6vff.

Nachrichten von 1702 explizit an.[305] Das damit zu erreichende Ziel bestimmt Thorschmid mit Blick auf den Leser seiner Bibliothek: „Da nun der Leser durch diese Freydenker-Bibliothek in den Stand gesetzt wird, Gold gegen Schaum zu halten, und den grossen Unterschied zwischen beyden einzusehen: so wird ihm die göttliche Wahrheit noch schätzbarer werden: ja da er ihre Vortrefflichkeit deutlicher einsehen lernet, so wird er auch geschickter werden, sie zu vertheidigen, und die Widersacher zum Stillschweigen zu bringen".[306] Besonders hebt Thorschmid hervor, dass er die Schriften der Freidenker und deren Widerlegungen in deutscher Sprache vorstelle: „Habe ich auch wohl allen meinen Lesern zumuthen können, daß sie die angeführten Schutzschriften in der engelländischen, französischen oder lateinischen Sprache selbst nachlesen sollten, aus welchen ich übersetzte Auszüge geliefert habe? Dieses wird wohl der beste und nützlichste Theil meines Buches bleiben, der mir keine geringe Mühe gemacht hat".[307] Von Bedenken, wie sie Thorschmid noch früher geäußert hatte, ist nichts zu spüren: „Der Sieg bleibt nicht zweifelhaft. Der Streit wird zum großen Nutzen des Christenthums völlig entschieden".[308]

Den merklich neuen Tönen Thorschmids unterliegt eine gänzlich andere Einschätzung der Ausbreitung englisch-deistischer Literatur. 1765 nimmt Thorschmid nicht allein Leser freidenkerischer Schriften, sondern sogar englisch-freidenkerischer Bücher an. Dies ist die legitimatorische Basis eine *Engelländische Freydenker-Bibliothek* herauszugeben: „Man lasse sich nicht befremden, daß ich mein Augenmerk blos auf die Freydenker in Engelland gerichtet habe. Sollte man denn nicht wissen, daß ihre Schriften auch den Deutschen bekant sind, und von ihnen gelesen werden; zumahl da viel derselben in die französische oder deutsche Sprache sind übersetzt worden?"[309] Sprechenderweise führt Thorschmid hier keine Schriften an. Seine Behauptung einer reichen Übersetzungstätigkeit bleibt deshalb uneindeutig.

Die Rezipientengruppen englisch-deistischer Bücher werden von Thorschmid näher bestimmt. „An den Höfen großer Herrn, in den ansehnlichsten Städten Deutschlands und auch unter denen, die aus dem Degen Profeßion machen, trifft man Leser und Liebhaber derjenigen Schriften an, welche die Freydenker in Engelland aufgesetzt haben".[310] Die tatsächliche Ausbreitung der Schriften beschreibt Thorschmid aus eigener Erfahrung, die er im siebenjährigen Krieg gemacht habe: „Ich kann aus Erfahrung bezeugen, daß ich in dem letzten Kriege an vornehmen Kriegsbedienten verschiedener Völker gemerkt habe, wie sie die Schriften eines Collins und Tindal gelesen; woraus sie eben kein Geheimnis machten". Und warum gerade die englischen Freidenker gelesen werden, erklärt Thorschmid durch die ihnen eigentümliche Ernsthaftigkeit, die sie zur gedanklichen Grundlage anderer Freidenker gemacht hätte und sich gerade für deutsche empfehlen würde. „Die

---

[305] Ebd., b4v.
[306] Ebd., b4r.
[307] Ebd., c3r.
[308] Ebd., bv.
[309] Ebd., b3r.
[310] Ebd., b3rf.

Freydenker in Engelland sind auch viel gelehrter, witziger, und gesitteter, als die französischen oder deutschen: sie spotten auch nicht so unverschämt über die Religion und den geistlichen Stand, als diese letztern. Und wenn ja andere Freydenker, insbesondere die Deutschen, einen scheinbaren Einwurf vorbringen: so haben sie gewiß einen Englischen Freydenker geplündert".[311]

In diesen Äußerungen verdichten sich verschiedene zeitgenössische Vorstellungen, die Thorschmid zu einer Rezeptionsanschauung verknüpft. So ist es durchaus üblich, Stadt und Hof als Orte freigeisterischer Aktivitäten anzusehen. Für die Ausbreitung des englischen Deismus ist das schon früher erwogen worden.[312] Zumal wird man bei der Äußerung Thorschmids an diejenige geistige Situation denken müssen, die mit der zunehmenden kulturellen Vorbildrolle Preußens und hier besonders Berlins verbunden ist. Hof- und Stadtsituation sind hier schon länger von Berliner Theologen als Hort freigeistiger Gedankenwelten kritisch betrachtet worden.[313]

Auch die Erwähnung von Soldaten als Gruppe von Freidenkern hat Tradition. Dazu zählt auch die Hervorhebung des ‚höheren Kriegsbedienten', also des Offiziers.[314] Die Stilisierung des Offiziers als eines bildungsinteressierten Lesers ist am bekanntesten wohl dem Publikumskonzept der ab 1759 erscheinenden *Briefe, die neueste Litteratur betreffend* zugrunde gelegt worden. Wilfried Barner hat darauf aufmerksam gemacht, dass sich in dieser „Zwischengestalt" Interesse an einem über die akademischen Grenzen hinausreichenden Lesepublikum niederschlägt.[315] Damit hat Barner den sozialhistorischen Umstand in den Blick genommen, dass die

---

[311] Ebd, b3v.

[312] Vgl. zur Stadtsituation die Eingangsbemerkungen zu II., 1. von Edmund Gibson. Thorschmid kennt dessen Pastoralschreiben, Lebensgeschichte, 41 u. ö. Hier auch zur ‚Freidenkerei' in London (40). Der Hof als Hort und Auslöser einreißender englischer Sitten wird bereits 1732 beschrieben: „Und da ein Deutscher Fürst sich auf den Englischen Thron schwung, wurden wir Deutschen Engländer. Wer ein wenig galant seyn wollte, redete Engländisch, und kleidete sich in Englisch Tuch. Englische Bücher, Englische Bände, Englische Uhren, Englische Braten und so ferner wurden grand mode, und war bey nahe nichts mehr beliebt, was nicht aus England kam." (Philanthropos, Vorrede, in: [ANONYM], Philosophische Connexion oder Verknüpffung die sich zwischen der Lehre und den Wunder-Wercken JEsu Christi findet, in einem Sendschreiben. Aus dem Englischen übersetzt, Leipzig 1732, unpag., a5r).

[313] WALTER WENDLAND, Die praktische Wirksamkeit Berliner Geistlicher im Zeitalter der Aufklärung (1740–1806), Jahrbuch für Brandenburgische Kirchengeschichte 9/10 (1913), 320–376, 320–326.

[314] Vgl. wieder aus Berlin: [ANONYM], Uhrsachen des Verfalls der Religion und der einreissenden Freydenkerey, Berlin 1747, 13: „Man siehet dergleichen Leute [scil. die die Religion verachten, CV] bey Höfen und in allen Arten von Bedienungen; besonders ist der Soldaten-Stand ganz davon überschwemmet: und hier kann man am allerersten ein offenherziges Bekänntniß mit den erstaunlichsten Flüchen anhören, weil viele der Befehlshaber in diesem Stande den Grundsatz angenommen haben, daß sich ein unverschämtes Wesen vortrefflich vor sie schikt".

[315] WILFRIED BARNER, Lessing zwischen Bürgerlichkeit und Gelehrtheit, in: RUDOLF VIERHAUS (Hg.), Bürger und Bürgerlichkeit im Zeitalter der Aufklärung, Heidelberg 1981 (WSA 7), 165–204, 184. Hier auch zu den historischen Hintergründen der Publikumskonstruktion. Vgl. ferner: G.E. LESSING, Briefe, die neueste Litteratur betreffend, in: Gotthold Ephraim Lessings Werke und Briefe, Bd. 4, Frankfurt 1997, 453–777, 455 und die Kommentierung auf 1126.

Offiziere mit zu den Trägerschichten der sich allmählich formierenden ‚Bürgerlichen' gehörten, die als Staatsdiener eine Kerngruppe des neuen Bildungsbürgertums stellten.[316]

Bei Thorschmid steht der Offizier natürlich in erster Linie in Verbindung mit seinem Hinweis auf die Erfahrungen im siebenjährigen Krieg. Der Krieg wurde weithin als Zeit einreißender Religionslosigkeit wahrgenommen.[317] Dass die Offiziere diese vorantrieben, meinten auch andere.[318] Man wird diesen allgemeinen Erfahrungen schlecht widersprechen können, Thorschmids Meinung einer Ausbreitung spezifisch englisch-deistischen Gedankenguts[319] aber mit Skepsis begegnen müssen. Dafür passt die Erwähnung von Tindal und Collins als gelesene Autoren einfach zu gut in sein Konzept. Sie sind die Autoren, die Thorschmid in seinen ersten beiden Bänden der *Freydenker-Bibliothek* behandelt und die für ihn (mit Woolston) schon seit seiner *Lebensgeschichte* den eigentlichen Kern der Freidenker in England ausmachen.[320] Deshalb wird man auch Thorschmids Hervorhebung der besonderen Tiefsinnigkeit der englischen Freidenker vornehmlich als Legitimi-

---

[316] Vgl. dazu die Übersicht bei HANS-ULRICH WEHLER, Deutsche Gesellschaftsgeschichte. Erster Band: Vom Feudalismus des Alten Reichs bis zur defensiven Modernisierung der Reformära 1700–1815, München 1987, 204.210–217. Der Offizier scheint topologisch die Nachfolge der schon früher als Gegenbild gebrauchten ‚politici', also der akadmisch ausgebildeten, nicht gelehrt arbeitenden Staatsdiener, anzutreten. Vgl. Altes und Neues aus dem Schatz theologischer Wissenschaften (1701), Vorrede, unpag.: „da zumahl zum dritten heutigen Tages fast alle Schrifften der Ausländer in Französischer / Italiänischer / Englischer / und Holländischer Sprache geschrieben werden / so zwar Politici offt zu ihrem Schaden verstehen und lesen / die wenigsten aber aus dem Ministerio wegen ermanglender Wissenschafft solcher Sprachen durchsehen". Auch noch PFAFF, Academische Reden, 4: „Es ist aber die Sache nun schon so, wie sie ist, und doch gut, wann man auf alle mögliche Einwürffe antworten kan, zumal, da es auch in Teutschland an solchen Freigeistern nicht fehlet, die das Christenthum anzutasten sich auch in Schrifften erfrechet haben, und es so viele heimliche Deisten absonderlich von vornehmen, von *Hoff- und Kriegs-Leuthen und anderen Politicis* gibt, die sich mit ihrer unglaubigen Weißheit tragen, und dann und wann ihre Tücke blikken lassen" (Herv. v. mir, CV).

[317] Vgl. WENDLAND, Die praktische Wirksamkeit, 342f. Als biographischer Topos taucht das in den Autobiographien der teilnehmenden Generation auf, siehe MICHAEL MAURER, Die Biographie des Bürgers. Lebensformen und Denkweisen in der formativen Phase des deutschen Bürgertums (1680–1815), Göttingen 1996 (VMPIG 127), 180.

[318] Fast zeitgleich zu Thorschmid erscheint JOHANN HEINRICH CHRISTOPH ZAHN, Briefe an die Freidenker, worinne dieselbe aus ihren eigenen Schriften und der Natur der Sache widerleget werden, 3 Theile, Eisenach 1764–65. Gewidmet ist diese Schrift (erster Theil, 1764, *2r): „Allen denen Herrn Officiers welche bey mir im Quartier gelegen und zu diesen Briefen Veranlassung gegeben übergiebt dieselbe zur Erfüllung seines Versprechens der Verfasser". Stilisiert sind diese Briefe als Berichte von Gesprächen mit Offizieren.

[319] Erheblich unspezifischer und uninformierter zeigt sich hier ZAHN, a.a.O., 16: „Die Engländer haben solche [scil. freie Denkungsart, CV] von den Italiänern, und wir, von den Engländern angenommen. Etliche nennen Collin (sic!), Morgan und Chubb die ersten, andere setzen an deren Stelle den Hobbes, Blound (sic!) und Toland. So viel iszt gewiß, daß man vor dem Jahr 1724. nichts in Engeland von der Freydenkerey gewußt, und daß man 1727. anfing die Wunderwerke Christi zu bestreiten".

[320] Lebensgeschichte, 21f.

tätsrhetorik anzusehen haben – abgesehen davon, dass auch diese Vorstellung zeitgenössisch vorbereitet ist.[321]

Die implizite Diagnose von Lesern deistischer Bücher hatte John Leland und Philip Skelton veranlasst, ihre Apologien neu zu gestalten und einen idealen Leser zu konstruieren. Thorschmids explizite Rezeptionsvorstellung, die bestimmte Leser annimmt, hat das nicht zur Folge. Als literarisch einbezogenes Gegenüber ist der Leser für Thorschmids Konzeption uninteressant. Thorschmid legt auch nicht wie Leland und Skelton eine Apologie vor, sondern ein Kompendium, wenn auch in apologetischer Absicht.

4.2. Versuch einer vollständigen Engelländischen Freydenker-Bibliothek (1765–67)

Der *Versuch einer vollständigen Engelländischen Freydenker-Bibliothek* ist ein umfangreiches Werk von vier Bänden, das sein Material auf 2429 Seiten ausbreitet. Thorschmids *Freydenker-Bibliothek* berichtet nicht aus einer Bibliothek, wie es Baumgarten tat, sondern ist diese selbst. Demnach präsentiert sie sich in zweifacher Weise.[322] Einmal stellt sie das Phänomen äußerlich vor, indem es dessen Inhalt darbietet und ordnet. Zum anderen besteht sie aus dem vorgestellten Material selbst. Sie ist daher Darstellung im Material als Gelesenem unter einem bestimmten konstruktiven Zugriff.

4.2.1. Phänomen, Inhalt, Ordnung

Bereits mit dem Titel der *Freydenker-Bibliothek* reklamiert der Begriff des ‚Freidenkers‘ jene übergeordnete Bedeutung, die die Bestimmung des Phänomens als ‚Deismus‘ ablöst.[323] Bei Thorschmid findet sich der Begriff des ‚Freidenkers‘ in einer engeren und einer weiteren Bedeutung. Eng geführt will Thorschmid den Begriff nur für die gelten lassen, die ihn als Selbstbezeichnung verwendet haben.[324] Doch für die intendierte Bibliothek erweitert Thorschmid die unter ‚Freidenker‘ zusammengefassten Autoren beträchtlich, „Freygeister, Naturalisten, Deisten, starke Geister, Religionsspötter, sollen in dieser Freydenker-Bibliothek ihre Stelle angewiesen bekommen“.[325] Thorschmid nähert sich damit der phänomenalen Be-

---

[321] Bekanntlich hat wiederum Lessing eine Kongenialität des englischen Geistes zum deutschen in Bezug auf das Drama in seinen Literaturbriefen ausgearbeitet. Vgl. Lessing, Briefe, die neueste Litteratur betreffend, in: Gotthold Ephraim Lessings Werke, a.a.O., 499ff. (17. Brief) und die Kommentierung auf 1149ff.

[322] Vgl. Rainer A. Bast, Der Titel ‚Philosophische Bibliothek‘. Ein Beitrag zur materialen Philosophie- und Bildungsgeschichte vor allem des 18. Jahrhunderts, Köln 1997, 7. Vgl. ebd., 7–18, zur komplexen Begriffsgeschichte von ‚Bibliothek‘ v.a. des 18. Jh.

[323] Siehe oben 1.3.

[324] Thorschmid I, Vorbericht, c4v. Vgl. Lebensgeschichte, 21f.

[325] Ebd.

schreibung an, die Trinius in seinem *Freydenker-Lexicon* in den Blick genommen hatte.[326]

Die doppelte Bestimmung des Phänomens durch Thorschmid hinterlässt in der Präsentation des Inhalts seiner Bibliothek Spuren. Die ersten beiden Bände sind Anthony Collins und Matthew Tindal gewidmet, die die Bezeichnung des ‚Freidenkers' auf sich selbst angewandt haben. Aus dieser Sicht ist Collins, wie der Titel von Thorschmids *Lebensgeschichte* bereits aussagte, der erste eigentliche Vertreter der Freidenkerei.[327] Band drei und vier behandeln John Toland, für Thorschmid bereits in seiner *Lebensgeschichte* eher ein ‚Religionsspötter'.[328] Neben diesen bekannten, fast kanonischen Autoren finden sich im vierten Band noch mit Samuel Parvish und Jacob Ilive bisher unbekannte. Jenen hat Thorschmid über Albertis *Briefe* kennen gelernt, diesen aus Pfaffs antideistischer Vorlesung, beide finden sich auch in Trinius' *Freydenker-Lexicon*.[329] In einem fünften Band sollten noch Bernard de Mandeville und Thomas Morgan folgen.[330] Dieser ist nie erschienen.

Die Aufnahme Tolands begründet Thorschmid durch dessen Bekanntheit.[331] Mit Samuel Parvish scheint Thorschmid auf die immense Ausbreitung freidenkerischen Gedankenguts in England aufmerksam machen zu wollen: „In Engelland kann man in allen Ständen Freydenker antreffen".[332] Parvish war Buchhändler.[333] Ilives Vorstellung erklärt sich wohl aus der abgezielten Vollständigkeit der Freidenkeraufzählung.

Bei Thorschmids Präsentation des Inhalts ist auffällig, dass er die Schriften von Collins, die nach seinem *Discourse* (1713) erschienen, überhaupt nicht behandelt. John Toland hingegen wird in überraschender Umfänglichkeit vorgestellt. Gemessen an seinem eigenen Ideal der ausführlichen Vollständigkeit hat es Thorschmid bei Toland zumindest eingelöst, eigentümlicherweise bei Collins, mit dem er sich schon so lange beschäftigt hat, nicht.[334]

---

[326] TRINIUS, Freydenker-Lexicon, Vorerinnerung, unpag.: „Ich begreife aber unter dem Namen der Freydenker, oder Freygeister, Atheisten, Naturalisten, Deisten, grobe Indifferentisten, Skeptiker und dergleichen Leute".

[327] Thorschmid verteidigt diese Ansicht gegen Pfaff, der mit einem weiteren Begriff operiert und Thorschmid korrigieren wollte. Vgl. PFAFF, Academische Reden, 36, und Lebensgeschichte, Vorrede, 23ff.; THORSCHMID I, Vorbericht, c4vf.

[328] Lebensgeschichte, Vorrede, 26.

[329] ALBERTI, Briefe II, 426f. PFAFF, Academische Reden, 60f. TRINIUS, Freydenker-Lexicon, 327f.388f. (jeweils mit weiteren Hinweisen). Vgl. THORSCHMID IV, 477.515f. Thorschmid nennt Trinius hier nicht.

[330] THORSCHMID IV, Vorrede, unpag.

[331] THORSCHMID III, Vorrede, unpag.

[332] THORSCHMID IV, 475.

[333] Zu ihm DNB XXVIII, 414f.

[334] Wie Thorschmid zur Kenntnis der vielen Schriften Tolands kam, ist nicht klar: Ob das neuen Bibliotheksverhältnissen geschuldet ist, die sich Thorschmid bei seiner Arbeit am Bücherkatalog Valentin Ernst Loeschers eröffneten, lässt sich an dem (schon recht früh) gedruckten Katalog nicht festmachen: [V.E. LOESCHER], Catalogus Bibliothecae Viri Summi D. Valtini Ernesti Loescheri, 3 Bde., Dresden und Leipzig 1750–51.

Nach der äußeren Ordnung betrachtet, macht Thorschmids Bibliothek, trotz der wenigen behandelten Autoren, einen eher verwirrenden Eindruck. Die Autoren sind weder streng chronologisch noch alphabetisch geordnet. Die Behandlung der einzelnen Autoren wird nach einem Schema vorgenommen, das Thorschmid frei an Trinius' *Freydenker-Lexicon* anlehnt: Jeder Autor wird kurz nach seinen Lebensumständen vorgestellt. Darauf werden in chronologischer Reihenfolge seine Schriften genannt. Direkt im Anschluss an jede genannte Schrift werden die Widerlegungsschriften aufgezählt, zuerst die anonym erschienenen, dann möglichst alphabetisch die namentlich bekannten.

Thorschmid differenziert noch einmal innerhalb der Vorstellung der freidenkerischen Schriften. Diese folgt nicht einem durchgehenden Schema, umfasst meistens aber zuerst ‚historische Umstände' des einzelnen Buchs, also eine kurze Buchgeschichte, dann eine Inhaltswiedergabe und darauf ‚Urteile und Rezensionen', eigentlich nur eine Aufzählung von Zeitschriftennachrichten. Thorschmid gliedert bei einzelnen Büchern bestimmte Teile aus und lässt andere weg. Dem dritten und vierten Band sind kurze, aufgrund der wenigen Stichwörter und Namen kaum hilfreiche Register beigegeben, eine Gliederungsübersicht fehlt.[335]

Thorschmid hat seine Bibliothek mit vier Bänden im Oktavformat mobilisiert, sie aber zugleich durch das Fehlen durchgängiger Ordnungsprinzipien unhandlich gemacht. Verglichen mit früher angeführten Werken fällt der Unterschied auf. Die alte historia atheismi hat mit ihren chronologischen, geographischen und/oder dogmatisch definierten Ordnungen eine kurze Einführung in ihren Gegenstand gegeben, bis hin zu Baumgartens *Geschichte der Religionspartheyen*. John Lelands *Abriß* hat erheblich kürzer als Thorschmid und durchgängig chronologisch eine Übersicht angeboten, in der man nachschlagen konnte. Das alphabetische Lexikon wie Trinius' *Freydenker-Lexicon* letztlich dient rein dem Zweck schneller Orientierung. Für den Benutzer des Werks Thorschmids hingegen bedeutet ein Bibliotheksbesuch viel Suchen und Blättern. Das ist die Rückseite von Thorschmids Idealen der Ausführlichkeit und Vollständigkeit, was sein Kompendium wirklich, wie der Titel bereits ankündigte, zu einem ‚Versuch' werden lässt.

4.2.2. Lektüre und Konstruktion

Thorschmids *Freydenker-Bibliothek* gibt einen umfänglichen Einblick in seine Zettelkästen. Sie ist eine immense Sammlung von Exzerpten freidenkerischer Schriften und Gegenschriften *und* der dazu gehörigen Informationsliteratur aus Zeitschriften, Bücherkatalogen etc. Thorschmid liefert in nuce eine Überlieferungsgeschichte englisch-deistischer Literatur.

Es ist nicht sinnvoll, alle von Thorschmid behandelten Bücher hier zu repetieren. Gemessen an der Anzahl aufgeführter Gegenschriften treten vier Bücher hervor:

---

[335] Siehe hier Anhang. Diese Gliederungsübersicht ließe sich noch erheblich weiter differenzieren.

Anthony Collins' *Discourse of Free-Thinking* (69 Gegenschriften), Tindals *Christianity as old as the Creation* (106), John Tolands *Christianity not mysterious* (49) und dessen *Adeisidaemon* (52). Bis auf Tolands *Christianity not mysterious* zeigt sich diese Schwerpunktbildung kongruent mit der Aufmerksamkeit, die die Bücher früher in den Zeitschriften auf sich gezogen haben. Bereits hieran wird deutlich, dass Thorschmid in seinem Werk keine neuen Akzente setzt. Und was damit quantitativ gesagt ist, bestätigt sich auch inhaltlich.

Generell sind die Exzerpte und Einzeldarstellungen Thorschmids von ganz unterschiedlicher Länge und Qualität. Thorschmids Lektüren der freidenkerischen Schriften nehmen verschiedene Aspekte in den Blick. Auch im Umgang mit den Gegenschriften werden unterschiedliche Haltungen Thorschmids deutlich. Die immense Zahl gesammelter Gegenschriften letztlich verweist auf ein Konstruktionsprinzip, mit dem Thorschmid implizit eine Rezeptionstheorie verbindet.

4.2.2.1. Lektüreproben

Ein einheitlicher Leitfaden der Lektüre deistischer Schriften lässt sich bei Thorschmid nicht finden. Entgegen seiner Ankündigung, nur historisch erzählen zu wollen, greift Thorschmid kommentierend in die Zusammenfassungen der Bücher ein, was ihn von den zurückhaltenden Beschreibungen der Baumgartenschen Zeitschriften am deutlichsten unterscheidet.

a) Bereits in der Gliederung fällt diese Beobachtung bei Thorschmids Lektüre von Collins' *Discourse of Free-Thinking* (1713) auf. Hier gliedert er einen eigenen Abschnitt mit dem Titel *Ursachen des Beyfalls, welche Collins Abhandlung vom Freydenken bey so vielen Lesern erhalten hat* aus.[336] Die Betonung der Wirkung Collins' geht bei Thorschmid mit einer Vernachlässigung des systematischen Gehalts der Schrift einher. Die große Wirkung wird an dem eigentlichen Endzweck der Schrift Collins' festgemacht, der von Thorschmid bereits in der Einleitung der Inhaltswiedergabe hervorgehoben wird: „Des Collins Abhandlung von der Freyheit zu denken hat einen gewissen Endzweck, worauf alles, was darinnen zusammen geraft ist zielet; und der herrschende Affect des Verfassers zeiget genugsam an, wie viel ihm daran gelegen habe diesen Endzweck zu erreichen. Die Geistlichen, sie mögen Nahmen haben, wie sie wollen, sie mögen sich auch zu einer Religion bekennen, zu welcher sie wollen, diese Geistlichen sind in seinen Augen die unerträglichsten Leute".[337]

Die Ausschließlichkeit, mit der Thorschmid Collins' Buch als antiklerikalen Traktat ansieht, überrascht durchaus, wenn man die früheren Reaktionen vergleicht. Diese hatten sich weitgehend auf die Eingangsthese des *Discourse* kapri-

---

[336] THORSCHMID I, 109–118. Vgl. Anhang.
[337] Ebd., 74.

ziert.[338] Dieser These spricht Thorschmid sogar explizit ihren philosophischen Gehalt und jede weitere Bedeutung für den Verlauf des *Discourse* ab.[339] Die kurze Inhaltswiedergabe, in der Thorschmid die „Scheingründe" von Collins anführt,[340] mündet in der Ankündigung, die Beleidigungen des geistlichen Standes an Collins zurückzugeben: „Doch das man nicht glaube, daß mir alle seine Lästerungen gleichgültig sind: so werde ich in einer besondern Schrift aus einem andern Tone mit ihm reden, und zugleich seine Schelmereyen, welche er als ein Laye und wahrhafter Frippon begangen hat, anzeigen".[341]

Nach Thorschmid hat der Antiklerikalismus von Collins vor allem deshalb große Resonanz gefunden, weil er einmal mehr einer besonders „unter den Protestanten"[342] verbreiteten Verachtung des geistlichen Standes Vorschub geleistet habe. „Wenn ein Buch, oder ein Büchelgen noch so schlecht geschrieben ist: so wird es doch begierig gekauft und gelesen, wenn man nur etwas zum Nachtheil der Geistlichen in demselben antrift". Bezeichnenderweise gibt Thorschmid als Beispiel solcher Verachtung ein Schauspiel an: „Die unsinnige Comödie: *Die Geistlichen auf dem Lande*, hat recht begierige Käufer gefunden, welche einander in den Auctionen auf eine recht grimmige Art überbiethen".[343] Die hier genannte Komödie war 1743 erschienen und wegen ihres antiklerikalen Gehalts bald darauf konfisziert worden.[344] Nun räumt Thorschmid zwar ein, dass auch unter den Geistlichen „einige Glieder gefunden werden, die diesem ehrwürdigen Stande eben keine Ehre machen". Doch von diesen wenigen auf die Verächtlichkeit des gesamten Standes zu schließen, hält Thorschmid für unvernünftig. Aber genau das machten „Collins, und alle Feinde der Geistlichen".[345] Diese Unvernunft beschreibt Thorschmid blumig. Bei Collins fänden sich nur „abgeschmackte Declamationen", die sein „Spielwerk" seien, um die „Don-Quichottischen Unternehmungen" zum Ausdruck zu bringen.[346] Neben den allgemeinen Antiklerikalismus als ‚Hauptursache' der Wirkung von Collins setzt Thorschmid noch die „unverschämte Prahlerey ..., die er mit seiner scheinbaren Belesenheit getrieben hat". Sie habe gerade unter „ungelehrten, oder doch nicht allzu aufmerksamen Lesern" Eindruck geschunden.[347] Diesem Grund der Ausbreitung von Collins' Schrift hätten allerdings die darauf fol-

---

[338] Siehe I., 3.3.
[339] THORSCHMID I, 83 Anm.: „So weitläufig diese Definition ist, welche Collins giebt: so ist sie ihm doch bey Ausarbeitung seines Buches zu weiter nichts nütze gewesen, als daß der erste Auftritt ein philosophisches Ansehen dadurch bekömt".
[340] Ebd., 83–106.
[341] Ebd., 108.
[342] Ebd., 111.
[343] Ebd., 109.
[344] [JOHANN CHRISTIAN KRÜGER], Die Geistlichen auf dem Lande. Ein Lustspiel in drey Handlungen. Zu finden in der Franckfurter und Leipziger Michaelis-Messe 1743. Zu Krüger und den Geschehnissen kurz ADB 17, 230–231.
[345] THORSCHMID I, 110.
[346] Ebd., 112.
[347] Ebd., 117.

genden Apologien wehren können. Als nämlich „die scharfsinnigen und gelehrten Gegner und besonders der berühmte D. Bentley die Schelmereyen und Kunstgriffe Collins der Welt offenbahr gemacht: so ist nach der Zeit der Credit des Verfassers und der Beyfall seines Buches bey allen Menschen, ausser bey den Freydenkern und andern verkehrten Leuten, gefallen".[348]

Thorschmid gibt eine eigene und recht eigentümliche ‚Lektüre' von Collins' *Discourse of Free-Thinking*. Zugleich bietet sie eine mögliche Perspektive auf die Darstellung der Gegenschriften an, nämlich in der sukzessiven Aufdeckung der nur ‚scheinbaren Belesenheit' von Collins. Fast unumgänglich werden auf den 330 Seiten Referat von Gegenschriften auch gelehrte Details berührt. Thorschmid bezieht diese Referate allerdings nie auf die Ausführungen von Collins selbst kritisch zurück. Diese Darstellungen sind entweder adaptiv bzw. positionell. Besonders deutlich zeigt das Thorschmids Darstellung des Buchs von Richard Bentley. Dessen *Remarks upon a late Discourse of Freethinking* (London 1713) wird auf immerhin 52 Seiten verhandelt.[349] Hier interessiert sich Thorschmid aber gar nicht für den Inhalt des Buches, sondern widmet sich ausführlich der Buch- und Auflagengeschichte, sowie den durch dieses Buch selbst wieder ausgelösten gelehrten Debatten. Was in dem Buch steht, erfährt man auf knapp zwei Seiten in Form einer Suggestionsperspektive: „Man siehet ja auf allen Blättern der Bentleyischen Widerlegung, daß wohl niemahls eine leichtfertigere Schrift ans Licht getreten sey, in welcher weniger Gelehrsamkeit, und mehr Schelmereyen anzutreffen, als in *Collins* Abhandlung vom Freydenken. Wer anders urtheilet, nachdem er die Bentleyische Gegenschrift gelesen, der muß ernstlich und auf eine lächerliche Art von jenem Geschmiere bezaubert seyn".[350] Eine produktive Neuorientierung, die durch Thorschmids Lektüre von Collins' *Discourse* ausgelöst wäre, kann man das kaum nennen.

b) Das bekannte Verfahren der ‚Unterstellungshermeneutik' wendet Thorschmid in der Darstellung von Tindals *Christianity as old as the Creation* an. Hier findet sich als eigener Abschnitt *Absicht und Einrichtung des Buches*.[351] Wie zu erwarten, findet sich hier die Erläuterung der ‚wahren Absicht' Tindals, die seiner Selbstbezeichnung als eines „Christliche[n] Deisten"[352] natürlich zuwider laufe. Die erforderlichen Ausführungen bezieht Thorschmid, ohne es auszuweisen, aus Lelands *Abriß*. Polemische Invektiven übernimmt er ebenso aus den *Deutschen Acta*.[353] Die ausführliche Inhaltswiedergabe des Buches, in der Thorschmid die „Nebensachen" wegzulassen bemüht ist,[354] wird so von vornehrein in das rechte Licht gerückt.

---

[348] Ebd., 118.
[349] Ebd., 211–263.
[350] Ebd., 228f.
[351] THORSCHMID II, 67–80.
[352] Ebd., 73.
[353] Ebd., 74.79f. Vgl. LELAND, Abriß, 199; DAE (1734, 183.Theil), 153–174, 154f.
[354] Ebd., 80–118, 111.

Zur deutschen Übersetzung von Tindals Schrift hat sich Thorschmids Meinung nicht geändert.[355]

Der Aspekt der ‚eigentlichen Absicht‘ Tindals bleibt bei Thorschmid in der Darstellung der Gegenschriften, die immerhin 560 Seiten umfasst, folgenlos. Auch die kritische Berichterstattung der *Deutschen Acta* zeigt keine Wirkung. Mit den *Deutschen Acta* werden zwar die Essays von Christopher Robinson zurückhaltend beurteilt, bei Lelands Gegenschrift fehlt aber jeglicher kritische Hinweis und Conybeares Schrift erfährt das höchste Lob.[356] Mit dem Lob Conybeares kündigt sich eine fundamentale Kritik an der Übersetzung der Fosterschen Widerlegungsschrift durch Johann Lorenz Schmidt an,[357] die Thorschmid dann der Darstellung dieser Schrift voranstellt.

Seit dem Erscheinen der Schmidtschen Übersetzung von Fosters Widerlegung Tindals war die Stimmung in Deutschland umgeschlagen. Als besonders einflussreich erwies sich die Aufnahme Fosters in das *Freydenker-Lexicon* von Trinius.[358] Thorschmid hebt hervor, dass Trinius damit „recht wohl gethan“ habe.[359] Thorschmid betont diesen Umstand, weil er nun auch die ‚eigentliche‘ Intention von Johann Lorenz Schmidts Übersetzungstätigkeit ausmalen kann: „Hier widerlegt ein Naturalist den andern. Was! würde der selige Wertheimer ausrufen: der Herr Foster soll ein Naturalist seyn! Der Mann, der die beste Widerlegung, wie ich glaube, wider Tindaln geschrieben! … Ich antworte ihm aber getrost: daß Foster, wie die meisten Engelländischen Theologen, ein Naturalist sey, und zwar von der groben Sorte“.[360] Obwohl Conybeares Gegenschrift so bekannt gewesen sei und noch viel mehr gute Widerlegungsschriften vorhanden seien, habe Schmidt gezielt Foster aufgenommen, weil dieser im Grunde Tindal unterstütze. „Ich wundere mich über diese [Übersetzung, CV] eben so sonderlich nicht mehr, wenn ich bedenke, daß Foster ein guter Naturalist gewesen; und sein Uebersetzer und Lobredner war es gleichfalls, der in seinem Herzen gegen Tindaln nicht übel gesinnet seyn konnte; da er ihm und seiner Naturalisterey bey allen Gelegenheiten eine Schutzrede hielt. Zum Schein sollte Tindal widerlegt werden, doch ohne daß ihm wehe geschehen sollte“.[361] Zwar hatte bereits Georg Friedrich Meier die Übersetzungstätigkeit Schmidts als ‚Sünde‘ angesehen, doch Thorschmid ist der erste, der die Übersetzung der Widerlegungsschrift selbst als subversiven Akt freidenkerischer Intention brandmarkt. Was Tindal wollte, wollte auch Schmidt. Diese Meinung war genauso unsachgemäß wie erfolgreich.[362]

---

[355] S.o. 4.1.1.

[356] Vgl. THORSCHMID II, 612f.487ff.262f.278ff. Siehe II., 2.2.1.2.

[357] Ebd., 280. Siehe II., 2.3.1.

[358] TRINIUS, Freydenker-Lexicon, 282–287.

[359] THORSCHMID II, 307.

[360] Ebd., 306f.

[361] Ebd., 309.

[362] Vgl. WINFRIED SCHRÖDER, Aporien des theologischen Liberalismus. Johann Lorenz Schmidts Plädoyer für „eine allgemeine Religions- und Gewissensfreyheit“, in: LOTHAR KREIMEN-

c) Einer genauen und umfangreichen Lektüre wird John Tolands *Christianity not mysterious* unterzogen.[363] Sprachlich schlägt sich Thorschmids Ablehnung durch Wendungen wie ‚Toland meint', ‚er will behaupten' etc. nieder. Zielsicher markiert er allerdings die systematische Grundentscheidung Tolands: „Toland hält mit andern Gelehrten davor, daß man die zufälligen Eigenschaften der Dinge von dem Wesen derselben genau unterscheiden müsse".[364] Auch die erkenntniskritische Konsequenz nennt Thorschmid. „Daher theilt er das Wesen in das reelle ein, und in dasjenige, das dem Namen nach, so heißt; wovon man dieses zum Theil, jenes aber gar nicht einsehen könne. Deswegen könne man doch dasjenige kein Geheimniß nennen, dessen reelles Wesen uns unbekannt sey".[365] Toland hat mit dieser Unterscheidung und Beschränkung einer bestimmten Fassung des Mysterienbegriffes wehren wollen. Er stemmt sich gegen die Behauptung, dass es Dinge gibt, die in sich vernünftig, aber der Vernunft per se nicht verfügbar sind, weshalb sie als Geheimnisse zu akzeptieren seien. Toland macht darauf aufmerksam, dass eine solche Haltung letztlich die Inflation des Mysterienbegriffs zur Folge habe und also seine Nutzlosigkeit. Denn das Wesen eines Dinges erkennen wir nicht nur nicht in religiösen sondern in allen Dingen.[366] Daraus folgt, wie Thorschmid ganz richtig wiedergibt: „Folglich könne man weder GOtt, noch die Ewigkeit, noch unsere Seele, noch andere Dinge also [ein Geheimnis, CV] nennen; ob wir gleich weder alle derselben Eigenschaften, noch was sie eigentlich wären, wüßten".[367]

Seinen Ausführungen setzt Thorschmid hinzu, dass hiermit der „Hauptpunct dieser Streitigkeiten" in den Blick genommen sei. Seine eigene Reaktion auf diesen Punkt fällt aber eher hilflos aus: „Wir haben oben gesagt, es scheine, als ob man über Worte streite; man mag nun selbst urtheilen, ob dieses Vorgeben Grund habe. Doch darf man dieses nicht also verstehen, als ob die gelehrten Gegner Tolands mit dem Schatten gefochten hätten, und daß gar kein Streit über die Sachen selbst übrig geblieben sey".[368] Wenn Thorschmid kurz darauf auf die These Tolands kommt, dass die Behauptung der Übervernünftigkeit von Dingen ihrer vernünftig-begrifflichen Durchdringung zuwider laufe, wird der Zusammenhang beider Thesen Tolands von Thorschmid nicht hergestellt. Hier reagiert er dogmatisch: „Aber das werden sie [scil. die Theologen, CV] leugnen: daß dasjenige, was die Vernunft nicht begreift, die gemeinen Begriffe des Menschen aufhebe".[369]

Für deutsche Verhältnisse hat Thorschmid eine umfangreiche und gründliche Darstellung des Buchs von Toland gegeben. Er hat zugleich die systematische

---

DAHL (Hg.), Aufklärung und Skepsis. Studien zur Philosophie- und Geistesgeschichte des 17. und 18. Jahrhunderts, Stuttgart-Bad Cannstatt 1995 (Quaestiones 8), 221–237, 224–229.

[363] THORSCHMID III, 59–78.

[364] Ebd., 70f.

[365] Ebd., 71.

[366] Vgl. JOHN TOLAND, Christianity not mysterious, London 1696, 85f.

[367] THORSCHMID III, 71.

[368] Ebd.

[369] Ebd., 74f. Vgl. nur TOLAND, Christianity, 133f.

Hauptthese Tolands treffend beschrieben und so den Finger auf den Punkt gelegt, der in der englischen Debatte um Tolands Buch zentral geworden war.[370] Wie schon zuvor bleibt dieser Aspekt in Thorschmids Repetition der Widerlegungsschriften ohne Konsequenz. Notizwürdig ist hier seine Reaktion auf Leibniz' *Annotatiunculae* (1701), die er komplett übersetzt.[371] Leibniz hatte Tolands Unternehmen in Übereinstimmung zu seinem eigenen gesehen, die Vernunft für ein praktisches Christentum fruchtbar zu machen.[372] Davon ist Thorschmid befremdet: „So groß aber meine Hochachtung gegen den Herrn von Leibnitz ist: so kann ich doch nicht leugnen, daß mir seine Urtheile von Tolands guten Absichten, die er bey der Verfertigung seines Buches gehabt, nicht weniger, als überzeugend vorkommen. Meine Leser mögen selbst urtheilen, und seine Ausführungen mit allen seinen übrigen Schriften zusammen halten. Sie werden keinen andern Schluß machen können; als daß Toland gegen die Religion übel gesinnet gewesen, und ihm das praktische Christenthum so nahe nicht am Herzen gelegen habe, wie sich der Herr Leibnitz einbildet". Diese zurückhaltende Kritik bekräftigt Thorschmid noch durch die vage Andeutung möglicher Heterodoxie bei Leibniz selbst: „Unsere Gottesgelehrten werden auch nicht alle seine Antworten gelten lassen, die er in diesen Anmerkungen vorgebracht hat".[373] Thorschmid nimmt hiermit die Kritik auf, die die *Annotatiunculae* bereits 1738 in der *Fortgesetzten Sammlung* erfahren haben.[374]

d) Kein wirkliches Interesse zeigt Thorschmid an Tolands *Adeisidaemon*. Die kurze Inhaltsangabe ist uninformativ, das Urteil der *Unschuldigen Nachrichten* wird von ihm abgedruckt.[375] In offensichtlicher Adaption der früheren Tendenz der Rezensionen wird auch Tolands Beschreibung der Religion als Mitte zwischen Aberglaube und Atheismus nicht mitgeteilt.[376] Diese Haltung hat nun allerdings Wirkung bei der Wiedergabe der Gegenschriften. Die lange Darstellung von Elias Benoists *Remarques* ist eine bloße Nacherzählung und die kurze Inhaltsangabe von Jacob Fays Gegenschrift wird aus den bekannten Rezensionen zusammengestellt.[377] Immerhin wird erwähnt, dass in der *Neuen Bibliothec* „Tolanden vertheidiget, und D. Fay ein Sophist gescholten wird".[378]
Die Lektüreproben in Thorschmids Bibliothek zeigen deutlich die Vielfalt der von Thorschmid vorgenommenen Lektürearten. Ein durchgehendes Rekonstruktionsprinzip findet sich weder in der Lektüre der freidenkerischen Schriften noch bei den Widerlegungsschriften. Dies hat die mannigfaltigen Urteile, Meinungen

---

[370] Vgl. Don Cupitt, The Doctrine of Analogy in the Age of Locke, JThS 19 (1968), 186–202.
[371] Thorschmid III, 152–174. Vgl. I., 1.1. unter d).
[372] Vgl. I., 1.2.
[373] Thorschmid III, 175.
[374] FoSa (1738), 290–307, 290f.
[375] Thorschmid IV, 5–16.17.
[376] Vgl. I., 2.1.
[377] Thorschmid IV, 21–47.118f. Vgl. I., 2.2.1.
[378] Ebd., 119.

und Haltungen Thorschmids zur Folge. Qualitativ ist gegenüber den Diskussionen über die englisch-deistischen Schriften, auf die Thorschmid bereits zurückblickt, wenig Neues zu finden. Thorschmids Überlieferungsgeschichte ist eine Kompilation der Überlieferung, nicht deren kritische Sichtung und Ordnung. Eine auffällige Folgelosigkeit der Wahrnehmung zeigt sich in dem Verhältnis der deistischen Schriften zu ihren Widerlegungen. Thorschmid steht dem philosophisch-systematischen Problemgehalt der dargestellten deistischen Bücher sowie den Widerlegungsschriften eigentümlich fremd gegenüber. Und dort, wo Thorschmid eine systematische These herausarbeitet, kann er reichlich wenig damit anfangen.

In einem anderen Sinn als in Baumgartens Zeitschriften, offensichtlich ganz individuell bedingt, steht die beeindruckende Quantität des verarbeiteten Materials zu der qualitativen Aufarbeitung in augenscheinlichem Missverhältnis. Dies erklärt sich zum Teil wohl auch aus der Art und Weise, wie Thorschmid zu dieser Aufzählung und Sammlung des Materials kommt.

4.2.2.2. *Rezeptionskonstruktion*

Thorschmids Sammlung von Gegenschriften hat ihren Schwerpunkt in deutschen Widerlegungen. So finden sich in Bezug auf Collins 49 von insgesamt 69 Widerlegungen, bei Tindal 61 von 106, bei Tolands *Christianity not mysterious* 37 von 49 und bei dessen *Adeisidaemon* 43 von 52. Das zeugt von einer leidenschaftlichen bibliographischen Arbeit. Darüber hinaus entsteht damit das Bild einer umfänglichen deutschen Wahrnehmung englisch-deistischer Literatur, die sogar englische Verhältnisse zu übertreffen scheint.

Die Aufzählung von Gegenschriften ist nicht auf ein bestimmtes Genre der apologetischen Literatur beschränkt. Neben eigenständigen Widerlegungsschriften nimmt Thorschmid auch Dissertationen, antiatheistische Sammelwerke und Bibelkommentare auf. Das führt einmal zu Mehrfachnennungen. So stellt etwa Buddeus' Auseinandersetzung mit Tolands *Adeisidaemon* allein fünf Nummern in der Aufzählung der Gegenschriften, obwohl die Opposition von Buddeus gegen Tolands Schrift einer einzigen These folgt.[379] Bestimmte Sammelwerke, wie etwa Walchs *Einleitung in die Religionsstreitigkeiten*, werden bei unterschiedlichen Autoren genannt.[380] Thorschmids Vorgehensweise umfasst darüber hinaus noch den Verweis auf Literatur, die er selbst nicht gesehen hat und nur sekundär oder vom Hörensagen kennt.[381] Das Anwachsen der Gegenschriften erklärt sich auch noch dadurch, dass Thorschmid als Widerlegungen aufnimmt, was in irgendeiner Weise eine No-

---

[379] Ebd., 48–76. Vgl. Exkurs: J.F. Buddeus und Adeisidaemon & Origines Judaicae.
[380] Vgl. nur THORSCHMID I, 532; III, 277; IV, 171.
[381] Vgl. etwa THORSCHMID II, 463f.: von einer mündlichen Widerlegung Tindals durch Christian Gottlieb Jöcher.

tiz oder gar nur eine Namensliste von ‚Atheisten' enthält.[382] Ein Selektionsprinzip gibt es in Thorschmids bibliographischem Sammelsurium nicht.

Im Gegensatz zur selektiven Auswahl tendiert Thorschmid zur abstrakten Erweiterung in der Aufzählung von Gegenschriften. Dies zeigt besonders deutlich die Konstruktion einer breiten deutschen Widerlegungstätigkeit des in Deutschland so lange unbekannten Buches von John Toland, *Christianity not mysterious*. Von den angeführten Gegenschriften lassen nur sechs, von vier Autoren stammend, auf eine Lektüre des Buches schließen.[383] Bei 18 Schriften hat die Anführung Tolands den Schlagwort- und Kenntnischarakter, der durch das Bekanntwerden des Buches durchs Hörensagen bereits um 1710 erreicht war.[384] Bei 13 Schriften ist letztlich unklar, ob sie überhaupt auf Tolands Schrift verweisen. Hier ist entweder die Chiffre ‚Christentum ohne Geheimnisse' oder eine daran anknüpfende Behauptung offensichtlich Grund zur Aufnahme in die Aufzählung.[385] Auch diese abstrakte Kennzeichnung hatte sich bereits früh ergeben. Wird mit ihr auf ein Ausschließlichkeitsanspruch der Vernunft abgezielt, so hat sich gezeigt, dass die Entstehung dieser Charakterisierung nicht notwendig an den Buchtitel Tolands geknüpft ist.[386]

Wie Thorschmid also inhaltlich keinem einheitlichen Rekonstruktionsprinzip folgt, so wenig ist auch seine Rezeptionskonstruktion von der Anwendung systematisch-qualitativer Selektionsprinzipien bestimmt. Man wird aber den Hinweis auf daraus resultierende sachliche Schwächen des Werks Thorschmids nicht überstrapazieren dürfen.[387] Denn gerade in seinem methodischen Vorgehen, die deutsche Auseinandersetzung mit der englisch-deistischen Literatur zu konturieren, steht Thorschmid am Anfang einer lang anhaltenden Tradition ideengeschichtlicher Entwürfe. Das bibliographische Sammeln Thorschmids leistet der Anschauung Vorschub, dass mit einer Anführung eines Namens eine gedanklich nähere Auseinandersetzung verbunden ist. Ebenso arbeitet Thorschmids abstrakte Erweiterung der Widerlegungsschriften der Vorstellung zu, die Wirkung eines Buches durch bestimmte Problemkonstellationen zu identifizieren. Zugespitzt formuliert: Thorschmid ist in Deutschland der erste, der eine Rezeptionsgeschichte des englischen Deismus in Deutschland schreibt und dazu eben jene methodischen Mittel verwendet, wie sie später für eine Rezeptionsgeschichte üblich werden sollten. Damit verbundene Sachprobleme sind

---

[382] Vgl. nur THORSCHMID II, 660, zu einer ‚Widerlegung' Tindals durch Ferdinand Stoschen: „In die erste [Klasse der Feinde der Offenbarung, CV] setzt er den Spinoza, Potter, Collins, *Tindal*, Morgan, Edelmann, Haßfeld u.a.m.".

[383] THORSCHMID III, Nr. 27.28 (Leibniz), Nr. 30 (Theodor Lilienthal), Nr. 31 (Lungershausen), Nr. 46.47 (J.G. Walch). Für Leibniz ist der Bezug klar (s.o. zu den Annotatiunculae), für Walch vgl. Exkurs: J.G. Walch und Christianity not mysterious.

[384] Ebd., Nr. 5.11.16.17.18.21.23.24.25.26.29.33.34.35.40.41.45.49.

[385] Ebd., Nr. 1.2.3.6.7.8.13.14.15.32.35.42.48.

[386] Siehe I., 1.3.

[387] So etwa GÜNTER GAWLICK, Einleitung, in: ANTHONY COLLINS, A Discourse of Free-Thinking. Faksimile-Neudruck der Erstausgabe London 1713 mit deutschem Paralleltext, hrsg. u. eingeleitet v. G. Gawlick, mit einem Geleitwort v. Julius Ebbinghaus, Stuttgart-Bad Cannstatt 1965, (17)-(42), (32): das „im Sachlichen ganz unzulängliche Sammelwerk".

bereits seinen Zeitgenossen nicht entgangen. Die *Allgemeine deutsche Bibliothek* hat die ersten drei Bände Thorschmids einer harschen Kritik unterzogen. Darauf hat Thorschmid in der Vorrede zu seinem vierten Band reagiert.

4.3. Kritik und Replik

In der *Allgemeinen deutschen Bibliothek* wird Thorschmids *Freydenker-Bibliothek* in drei Gesichtspunkten als unzulänglich kritisiert: in der Methode, im Stil und in der Auslegung des Phänomens. Bereits in der ersten Rezension wird das Vorgehen Thorschmids beschrieben und mit dem Hinweis auf die Umständlichkeit versehen. Auch die offensichtlich fehlende Auswahl unter den Widerlegungsschriften wird kommentiert. Man finde eine „Menge von Auszügen aus guten und schlechten Büchern, aus Dissertationen, welche meistentheils nur Uebungen junger Studenten sind, und aus Schriften, die man gar nicht hier erwarten sollte". Der Hauptpunkt in der Kritik des Rezensenten ist allerdings, dass mit dem methodischen Vorgehen Thorschmids die eigentlich ausschlaggebenden Probleme in der Auseinandersetzung mit der englisch-deistischen Literatur nicht hinreichend deutlich werden: „ob man, sagen wir, unter dieser Menge nicht den wahren Gesichtspunkt des Streits aus den Augen verliehre, das mögen die Leser aus eigner Erfahrung beurtheilen lernen".[388] Der Ton in den Rezensionen wird mit dem weiteren Erscheinen von Bänden Thorschmids schärfer, die Kritik bleibt gleich.[389] Einen Informations- und Kenntnisgewinn, der durch Thorschmids Werk erreicht wäre, wird in den Rezensionen nicht bemerkt.

Der darstellerische Stil Thorschmids ist der *Allgemeinen deutschen Bibliothek* durchgängig Gegenstand der Kommentierung. Den „spöttischen Ton" Thorschmids, mit dem die Freidenker „kurz und gut abgewiesen" werden, sieht der Rezensent in der ersten Besprechung als kontraproduktiv für die Absicht des Gesamtkonzeptes an: „Ohne ein solches gesetzes Wesen aber verspricht man sich ohne Grund Beyfall in einer so ernsthaften Materie, noch vielweniger (sic!) wird man die Freydenker gewinnen, wie es doch des Verf. Absicht ist".[390] Der bloß rhetorische Widerlegungsgestus wird an Thorschmid zurückgegeben, auch eine persönliche Beleidigung lässt man sich in einer späteren Rezension nicht entgehen.[391]

---

[388] AdB (1766, Bd. 2, St. 2), 160–165, 162.

[389] Vgl. AdB (1767, Bd. 5, St. 1), 231–233, 232: „Und bey aller dieser eckelhaften Weitläufigkeit findet man doch nichts weniger als den Kern der streitigen Punkte, noch die bestimmte Auflösung desselben". Weiterhin AdB (1767, Bd. 5, St. 1), 237–238, 238: „Lesen wir nun diesen ganzen Theil durch; setzen wir uns über die Ermüdung weg, daß die verschiedenen angeführten Schriftsteller oft einerley Gedanken und Gründe wiederholen; lassen wir uns durch die schiefen Gesichtspunkte, darin manche ihren Gegner erblicken, nicht irre machen, so wissen wir doch am Ende von Tolands Geiste nicht so viel, als aus der kleinen Leibnitzischen Schrift, welche S. 152. im Auszuge mitgetheilt wird".

[390] AdB (1766, Bd. 2, St. 2), 160–165, 164.

[391] AdB (1767, Bd. 5, St. 1), 231–233, 233 (in Bezug auf Fosters Widerlegung Tindals). „Wenn werden unsere Gottesgelehrten mit Klugheit und Mäßigung urtheilen lernen? Hat ein Mann des-

Ist mit diesen beiden Punkten Thorschmids Werk als unnütz gekennzeichnet, so ist bereits zu Anfang der ersten Rezension das Gesamtkonzept als verfehlt bezeichnet worden. Der Rezensent konterkariert Thorschmids Schrift mit dem fiktiven Abriss einer Erzählung eines Geschichtsschreibers, der eine richtige Darstellung der Sache vorgenommen hätte. Thorschmids Werk hingegen „hat einen anderen Gang genommen".[392] Damit teilt der Rezensent Thorschmid nicht weniger mit, als wie man die Sache besser machen würde, weshalb das längere Einleitungsstück hier auch komplett wiedergegeben werden soll:

„Wenn uns ein Geschichtsschreiber erzählte, wie die Freygeisterey, und das Zweifeln an der Wahrheit der christlichen Religion mitten unter den politischen Religions-Gährungen, die zu *Karls des ersten* und *Cromwells* Zeiten in *Engelland* herrschend waren, seinen Ursprung genommen, wo ein kluger Mann, der mit Ernst über die Religion nachdachte, durch die verschiedenen und seltsamen Denkungsarten der Christen, die er um sich erblickte, leicht stutzig werden konnte; wie sie hernach aus dem Wachsthum der Gelehrsamkeit, aus mehrern Freyheit zu denken, und aus der aufgeklärten philosophischen Einsicht in verschiedene Theile der menschlichen Erkentniß größere Nahrung gezogen; und selbst durch die Widersprüche und erhitzte Streitigkeiten bekannter und allgemeiner in *Engelland* geworden: wenn er uns von da nach *Frankreich* führte, und die durch *Cartesii* Philosophie zur Freyheit zu denken vorbereitete Herzen dieser neugierigen Nation schilderte, und dann sehen liesse, wie die Freygeisterey mit den Schriften der *Engelländer* zu diesem Volk herüber gezogen, und von ihrem Genie, von den sichtbaren Mängeln des unter ihnen herrschenden Pabstthums, und von dem Druck des Katholicismus, nur eine andere Wendung bekommen: wenn er uns endlich von dort in unser Vaterland zurück brächte, und uns ein Gemälde entwürfe, wie die Schriften und der Geschmack der Franzosen, und mit ihnen die freygeisterische Denkungsart auch zu uns gekommen, an unsern Höfen Beyfall gefunden, und zum Modeton geworden, der sich allmählig auch in die Stadt gezogen, und schlechte Nachbeter der Ausländer, welches wir Deutschen gern seyn mögen, gemacht habe; so würde uns ein solcher Schriftsteller nicht allein eine pragmatische Geschichte einer merkwürdigen Revolution des menschlichen Geistes liefern, sondern auch anschauend belehren, daß in der grossen Klasse der Freydenker wenige Genies und selbstdenkende Köpfe gewesen, die meisten hingegen halbverstandene Sätze aufgegriffen, mit einer neuen Brühe versehen, oder gar nur ganz roh wieder aufgesetzt haben. Wie sehr würde dann das furchtbar scheinende Heer der Freygeister bis auf wenige Köpfe zusammen schmelzen, und der übrige Theil in seinem wahren Charakter, als bloßer Troß, erscheinen."[393]

In diesem Abriss zeigt sich eine unüberbrückbare Differenz zu dem Werk Thorschmids. Was der Rezensent der *Allgemeinen deutschen Bibliothek* Thorschmid entge-

---

wegen gar nichts gutes an sich, weil er in gewissen Puncten ehrlich geirret hat? Wir wünschen Hrn. Thorschmiden Fosters Scharfsinnigkeit und gutes Urtheil von ganzem Herzen. ... Hr. Thorschmid erzählt oft bald mit süssem Wohlgefallen, bald mit neidischen Unwillen, was für Aemter und Geld die Verf. mit ihren oft schlechten Widerlegungsschrifen verdient haben. ... Ach, so güldne Zeiten, seufzt er, giebt es in Deutschland nicht! Ey, dachten wir, der Mann hat sich laut des Titels eine Oberpfarre verdient; was will er denn mehr?"

[392] AdB (1766, Bd. 2, St. 2), 160–165, 161.
[393] Ebd., 160f.

gensetzt, ist ein gänzlich anderes Ideal gelehrten Wissens, das Lucien Braun eindrücklich als ‚neuen Geist' beschrieben hat.[394] Mit dem Blick auf ‚Genies', der kulturellen Prägung des Denkens und vor allem dem Ablauf, der die Metapher der
‚Revolution des menschlichen Geistes' annimmt, sind die Merkmale genannt, die
eine Ordnung der Überlieferung nicht mehr an die Faktizität literarischer Bestände
bindet: „Man wird sich weniger mit den Fakten abgeben als mit der Bewegung, die
sie erklärt".[395] Dass dieses neue Ideal in Friedrich Nicolais Berliner Zeitschrift sich
formiert, ist kein Zufall,[396] gewinnt hier aber noch eine doppelte Pointe:

Einmal spiegeln sich in dem Ablaufmodell der Ausbreitung freigeistigen Gedankenguts die Umstände der ‚Berliner Aufklärung' wider. Es ist die *französische* Freigeisterei (wenn auch die durch die englische informierte), die vom Hof ausstrah-
lend in der Stadt Einzug hält, um nun als gedanklich dumpfe Mode Anhänger zu
finden. Damit ist exakt die Oppositionsrolle benannt, in der sich die formierende
Aufklärungsbewegung in Berlin befand, die sich unabhängig und im Gegenentwurf zum französisch orientierten Hof Friedrichs des Großen bzw. seiner Akade-
mie entwarf.[397] Der ersten Äußerung einer indirekten Rezeptionstheorie englisch-
deistischen Gedankenguts durch französische Epigonen ist ihre gesellschaftliche
Bedingtheit selbst anzumerken.

Zum anderen ist es der Schüler Siegmund Jacob Baumgartens Gabriel Friedrich
Resewitz, der als Rezensent des ersten Teils von Thorschmids *Freydenker-Bibliothek*
dieses Ideal vertritt.[398] In der Reaktion von Resewitz wird eine unmittelbare Wirkung Baumgartens sichtbar. Dessen historische Reorientierung hat bei seinem
Schüler ebenso Anklang gefunden, wie sein Beharren, Positionen stilistisch zurück-

---

[394] LUCIEN BRAUN, Geschichte der Philosophiegeschichte. Aus dem Französischen übersetzt
von Franz Wimmer. Bearbeitet und mit einem Nachwort versehen von Ulrich Johannes Schneider, Darmstadt 1990, 167–174.

[395] Ebd., 172.

[396] Ebd., 170f.

[397] HORST MÖLLER, Enlightened Societies in the Metropolis. The Case of Berlin, in: ECKHART
HELLMUTH (Hg.), The Tranformation of Political Culture. England and Germany in the Late
Eighteenth Century, Oxford 1990, 219–233, bes. 220f. Vgl. weiterhin ders., Königliche und bürgerliche Aufklärung, in: MANFRED SCHLENKE (Hg.), Preußen. Beiträge zu einer politischen Kultur,
Berlin 1981, 120–135. Dies in entscheidender Akzentverlagerung gegenüber Wilhelm Dilthey,
der die Konkurrenzsituation zugunsten eines Synergieeffekts von höfischer und städtischer Aufklärungskultur an den Rand stellt, WILHELM DILTHEY, Friedrich der Grosse und die deutsche Aufklärung, in: ders., Studien zur Geschichte des deutschen Geistes, Leipzig/Berlin 1927 (= GS III),
81–205, bes. 134f.

[398] Zugewiesen nach der Datenbank der Arbeitsstelle Zeitschriftenindex des 18. Jahrhunderts
der Universität Göttingen. Ich danke den Mitarbeitern noch einmal nachdrücklich für deren Bereitstellung und Möglichkeit der Nutzung. Es ist durchaus denkbar, dass Resewitz auch die anderen Rezensionen verfasste. Sind diese zwar nicht mit dem Kürzel von Resewitz versehen (B.), so
findet sich dieses Kürzel in der je nachfolgend bezeichneten Rezension. Das könnte dafür sprechen, dass jeweils Rezensionsblöcke bestimmter Rezensenten angeführt werden. – Zu Resewitz
vgl. ADB 28, 241–245, und WALDEMAR KAWERAU, Friedrich Gabriel Resewitz. Ein Beitrag zur
Geschichte der deutschen Aufklärung, Geschichtsblätter für Stadt und Land Magdeburg 20
(1885), 149–192.

haltender und nicht ab extra wertend darzustellen. Dass mit diesen Momenten keine positive Neubewertung freigeistigen Gedankenguts impliziert ist, machen die Ausführungen Resewitz', wieder ganz auf der Linie Baumgartens, ebenfalls deutlich. Faktisch sind die inhaltlichen Differenzen von Resewitz zu Thorschmid gar nicht so groß. Wie Thorschmid sieht Resewitz die Ausbreitung der Freigeisterei als negative Entwicklung an. Und wie bei Thorschmid bilden bei ihm die Hof- und Stadtsituation die diagnostischen Grundelemente, eine Ausbreitung der Freigeisterei anzunehmen. Solche Übereinstimmungen in grundsätzlichen Punkten, die im Wesentlichen weltanschaulicher Natur sind, macht deutlich, worauf bereits Karl Aner und auch Horst Möller hingewiesen haben:[399] Auch die ‚Berliner Aufklärung‘, vor allem der Kreis um Friedrich Nicolai, zu dem Resewitz als dessen Freund und Mitarbeiter zählt, entfaltet sich nicht in irreligiöser Abkehr von der theologischen Arbeit der damaligen Zeit. Deren Kritik, der sich besonders die *Allgemeine deutsche Bibliothek* widmete,[400] vollzieht sich in religiös-theologischem Interesse. Dazu zählt die Abwehr ‚freigeistiger‘ Tendenzen wie die Ablehnung als hinfällig empfundener ‚orthodoxer‘ Deutemuster. Dass die *Allgemeine deutsche Bibliothek* selbst der ‚Freigeisterei‘ den Weg bereitet hat, ist ein Produkt der Polemik.[401] Dieses entwickelt sich bereits in der Reaktion Thorschmids auf die Rezensionen seines Werks.

Ohne die *Allgemeine deutsche Bibliothek* beim Namen zu nennen, hat Thorschmid die Vorrede seines vierten Teils der *Freydenker-Bibliothek* zum Gegenangriff genutzt.[402] Eingekleidet in eine allgemeine Kritik an „gelehrten Scharfrichtern" wiederholt er die Hauptkritikpunkte: „Sie sind mit meinem Plane, und der ganzen Einrichtung nicht zufrieden; sie schreiben mir Gesetze vor; sie machen einen andern, ihnen gefälligen Entwurf; sie wollen nicht alle Gegner angeführt wissen, sondern, die sie etwa, dem Nahmen nach, kennen, oder die ihnen sonst nicht anstehen, sollen weggelassen werden; und bey einigen Widerlegungen fodern sie längere, bey anderen kürzere Auszüge, aber ohne Grund, und ohne allen Verstand". Thorschmid bewertet das im Rahmen einer allgemein merklichen Strömung des Zeitgeistes. Das von Resewitz vorgestellte Ablaufmodell wendet Thorschmid dabei auf die Kritik selber an und sieht die Autoren in Zeitschriften als besondere Verbreiter freigeistigen Gedankenguts an. „Ich kenne den jetzigen Geschmack der Deutschen. Ich weiß, daß so gar Lehrer, und einige Zeitungsverfasser, nicht nur die

---

[399] Karl Aner, Der Aufklärer Friedrich Nicolai, Gießen 1912 (SGNP 6), bes. 93–130; Horst Möller, Aufklärung in Preussen. Der Verleger, Publizist und Geschichtsschreiber Friedrich Nicolai, Berlin 1974 (Einzelveröffenlichungen der Historischen Komission Berlin 15), bes. 47–52.317–321.

[400] Als 1794 die AdB unter der Zensur zu leiden hatte, meinte der Orientalist Eichhorn brieflich zu Nicolai: „Die Nachwelt wird es gewiß nicht vergessen, was sie Ihnen für die theologische Aufklärung schuldig ist" (Brief vom 8. Mai 1794, zit. nach: Möller, Aufklärung, 202). Umso bemerkenswerter ist, dass die theologischen Rezensionen in der AdB seit Aner keine nähere Beachtung gefunden haben.

[401] Wirkungsmächtig waren hier die abfälligen Äußerungen Fichtes, siehe Aner, Der Aufklärer Friedrich Nicolai, 168.

[402] Thorschmid IV, Vorrede, unpag. Die weiteren Zitate aus diesem Teil.

Schriften der Freydenker lesen, und anpreisen; sondern auch einen Ruhm zu erwerben hoffen, wenn sie selbst als Freydenker erscheinen können". Dies wird für
Thorschmid an der Ausbreitung des französischen Geschmacks festgemacht: Bücher müssten, um gelesen zu werden, „französisch in Duodez gedruckt seyn". Man
bewundere Meinungen aus Büchern, „weil sie von der Denkungsart anderer ver-
nünftiger Menschen abweichen, Uebersetzungen aus dem Frantzösischen, und andere kleine Werkgen, die den Witz der Franzosen nachäffen; diese sind es, die gesucht, gekauft, gelesen, und geliebet werden".

Zwei Jahre, nachdem er die Ausbreitung englisch-deistischer Literatur konsta-
tierte, lebt Thorschmid in einer von französischen Nachahmern durchsetzten Gegenwart, die unter dem Deckmantel der „erleuchteten Zeiten" der Religionsver-
achtung anheim gefallen ist. Deren Ausmaß ist umfassend und betrifft „Hofleute,
Kriegsmänner, Lehrer, Journalisten, ja so gar Handwerksleute und Bediente". Deshalb ist Thorschmid auch klar, wer etwas an seinem Werk auszusetzen hat. „Wer
sind denn diese Leute, die mein Buch mit ihrem hochweisen Senf beflecken? Sie
sind selbst Freydenker, und es thut ihnen in der Seele wehe, daß ihre Brüder sollen
angetastet werden". Die geistige Situation hat Thorschmid auch bildlich dokumentiert: Dem vierten Teil seines *Versuchs einer vollständigen Engelländischen Freydenker-
Bibliothek* hat er als Titelkupfer ein Porträt von Julien Offray de Lamettrie vorgesetzt.

4.4. Überholte Gelehrsamkeit

Thorschmid hat mit seiner *Freydenker-Bibliothek* die englisch-deistische Literatur
aus dem überlieferten Bestand allgemeiner Heterodoxie ausgegliedert. Im Unterschied zu Baumgarten, der eine allgemeine Überlieferung aufrecht erhalten hatte,
hat er dieser Literatur ein Eigengewicht zukommen lassen und als eigenes Phänomen stilisiert. Thorschmids Werk ist, wie er es auch selbst empfand, ein deutscher
Gegenentwurf zu Lelands *Abriß*. Allerdings hat Thorschmid seine Arbeit nicht mit
der literarischen Fertigkeit verrichtet, die die in England erscheinenden Großapo-
logien von Leland und Skelton auszeichnet. Er hat sich in der Überlieferung englisch-deistischer Literatur ähnlich konservierend und sichernd verhalten wie
Baumgarten in seiner Tätigkeit.

Rund ein Jahrzehnt nach dem Tod Baumgartens war der Typus der Gelehrsam-
keit, den Thorschmid noch repräsentiert, überholt. Die in der *Allgemeinen deutschen
Bibliothek* laut werdende Kritik am Stil, der Art und Weise der Darstellung und die
Forderung nach einer anderen, neuen Form der Auslegung des Phänomens markieren deutlich das Ende einer Ära historisch-literarischer Bemühungen, wie sie
die ganze Auseinandersetzung mit dem englischen Deismus in Deutschland seit den
Anfängen prägte. Diese Bemühungen hat Thorschmid wie kaum ein anderer in
Deutschland in ein Werk gegossen, das allein durch seine Vielfalt seinen Zeitgenossen schon des Guten zu viel war. Trotzdem hat Thorschmid nicht gegen seine Zeit
oder gänzlich an ihr vorbei geschrieben. Er hat ganz mit und in ihr die Lage dia-

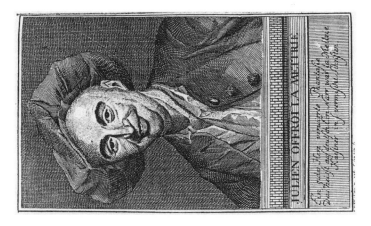

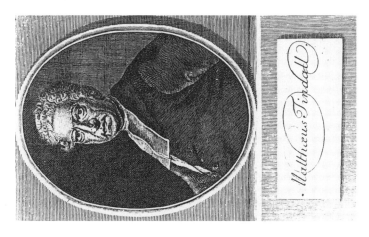

Abb. 3

gnostiziert, seine Arbeit legitimiert und dem apologetischen Willen Ausdruck verliehen. Die Reaktion sowohl der *Allgemeinen deutschen Bibliothek* wie Thorschmids selbst resultiert aus jenen gereizten Differenzen, die nur durch besondere Nähe hervorgerufen werden.

Unbemerkt von seinen Zeitgenossen hat Thorschmid als erster das Bild einer umfangreichen theologisch-philosophischen Rezeption englisch-deistischer Literatur in Deutschland gezeichnet und dieses mit Material angefüllt. Gegenüber rein abstrakten Behauptungen der Ausbreitung des ‚Atheismus‘, wie anfänglich gehalten, oder der sich nun anbahnenden Rede von der ‚Revolution der Denkungsart‘, hat Thorschmid versucht, den Diskussionen um die englisch-deistische Literatur nachvollziehbare Gestalt zu geben. Die von Thorschmid hierzu verwendeten Mittel wird man erst viel später wiederentdecken. An dieser Leistung ist man – wie an Thorschmid insgesamt – vorübergegangen.

Allerdings ist Thorschmid nicht einer der gern gesuchten theologischen Zeitgenossen der Aufklärungszeit, die (natürlich) zu Unrecht marginalisiert wurden. Man wird im Ganzen auch sagen müssen, dass die Vergessenheit, der Thorschmid anheim gefallen ist, auch Gründe hatte: Thorschmid hat die Zeichen seiner Zeit eben nicht erkannt und er hat sein Werk nach systematischen, literarischen und nicht zuletzt pragmatischen Gesichtspunkten unattraktiv gestaltet. So sehr Thorschmid bemüht war, die englischen Deisten als eigenes Phänomen in den Blick zu bekommen, so wenig ist ihm eine wirkliche Profilierung des Phänomens gelungen. Er hat gerade nicht den hoffnungsvollen Versuch seiner *Critischen Lebensgeschichte* fortgesetzt, ein umfassend informiertes Bild *eines* Denkers zu erstellen, sondern ist der Versuchung erlegen, die englisch-deistische Literaturproduktion in den allgemeinen Rahmen der ‚Freidenkerei‘ einzugliedern. Dass der Diskussionsstand der 1760er Jahre in dieser Hinsicht für die englisch-deistische Literatur nicht besonders günstig gelagert war, zeigen Thorschmids eigene Ausführungen der Replik auf die *Allgemeine deutsche Bibliothek*. Man hat in den 1760er Jahren einen allgemeinen Religions- und Sittenverfall diagnostiziert, dafür aber nicht auf die englisch-deistische Literatur zurückgegriffen. Soweit man an ideellen Beständen interessiert war, sind es die französischen ‚Freidenker‘, die nun aufregen. Das Werk Thorschmids fällt in die Zeit der Auflösung der direkten Konfrontationssituation mit der englisch-deistischen Literatur. Thorschmids *Freydenker-Bibliothek* haftet deshalb etwas zutiefst Tragisches an. Über 30 Jahre hat es gedauert, bis der Plan zu einem Kompendium englisch-deistischer Literatur inklusive deutscher Widerlegungen realisiert wurde.[403] Als das Kompendium erschien, war es schon veraltet.

---

[403] Vgl. II., 1.3.2.

5. *Tendenzen, neue Allgemeinheit, Auflösungen*

Die Aufarbeitungen der englisch-deistischen Literatur, wie sie sich in den 1740er Jahren bis in die 1760er vollziehen, bilden keinen geschlossenen Problemzusammenhang. Weitgehend unabhängig voneinander setzt man sich in unterschiedlicher Weise zum englischen Deismus ins Verhältnis. Die hier vorgestellten Typen der Aufbereitungen machen allerdings *Tendenzen* deutlich, die den verschiedenen gedanklichen Bewältigungsversuchen unterliegen.

Man nähert sich der englisch-deistischen Literatur nach wie vor mit apologetischem Vorbehalt. Mit dem konzedierten Willen zur Widerlegung verweigert man die Anerkennung, dass das Phänomen, ob als System oder Literaturbewegung vorgestellt, einen philosophisch-systematischen Eigenwert hat bzw. eine gedanklich ernst zu nehmende Option eröffnet. Die Vielfältigkeit der Aufbereitungen reflektiert dabei das ebenso anhaltende Grundproblem. Bis in die 1760er Jahre gibt es eigentlich keinen ‚englischen Deismus‘. Wie in den 1730er und 1740er Jahren weiß man sehr wohl, welche englischen Autoren Protagonisten von Heterodoxie sind. Die Versuche, einen einheitlichen Begriff einer abgrenzbaren Gruppe zu bilden, bleiben entweder formal oder zeigen das in das Phänomen hineingetragene Interesse auf. Wie zuvor ist eine durchgängige Charakterisierung und Profilierung des englischen Deismus nicht eingetreten,[404] zumindest soweit, dass sich ein Konsens in irgendeiner Richtung abzeichnen würde. Gleichwohl haben die Versuche, allen voran die konstruktiven Darstellungen von Grundig bis Skelton, wesentliche Elemente hervorgebracht, die bis heute die historiographische Charakterisierung des ‚englischen Deismus‘ prägen. Die wichtigsten sind: die Gründungsgeschichte des englischen Deismus durch Herbert von Cherbury (Grundig), die Unterscheidung des englischen Deismus in eine Vor- und Blütezeit (Alberti), die Kanonisierung von Autoren (Leland) und die relative Abschlussbeschreibung des Deismus in Form der Bewertung von *Christianity as old as the Creation* als ‚Bibel des Deismus‘ (Skelton).

Von Grundigs *Geschichte* bis zu der Kritik der *Allgemeinen deutschen Bibliothek* durchzieht alle Typen der Aufbereitung auch eine Tendenz zur Abkopplung des literarischen-materialen Bestandes von dem Verlaufmodell, durch das dieser Bestand ausgelegt wird. Die Auslegung des Phänomens erweist sich dabei immer deutlicher

---

[404] Vgl. II., 3. Das zeigt auch der Versuch von Johann Lorenz Mosheim, der offensichtlich die Kortholtsche Widerlegung Tindals vor Augen hat: J.L. Mosheim, Institutionum Historiae Ecclesiasticae antiquae et recentiori. Libri quattuor, Helmstedt 1755, 1023: „Deistarum vero natio seu hominum, religionis omnis divinitus patefactae, maxime Christianae, veritatem invadentium, valde discors est et in varias familias distinguitur. Optimum, satis licet deforme ac fatum, id genus est, quod Christianam religionem cum ea sociare studet, quam ratio docet, CHRISTUMque oblitterata tantum naturae, rectaque rationis praecepta renovasse, contendit. In hoc TYNDALIUS, CHUBBIUS, MANDEVILLUS, MORGANIUS et alii multi ex Allis militant, si vere dredunt id, quod verbis profitentur". Vgl. zum ‚Sektenproblem‘ bei Mosheim Ulrich Johannes Schneider, Zum Sektenproblem der Kirchengeschichte, in: Martin Mulsow u.a. (Hrsg.), Johann Lorenz Mosheim (1693–1755). Theologie im Spannungsfeld von Philosophie, Philologie und Geschichte, Wiebaden 1997 (Wolfenbütteler Forschungen 77), 147–191.

als unabhängig von einer Wahrnehmung des systematischen Inhalts der englisch-
deistischen Literatur: Ob nun im klassischen Sinn Bildungsverfall (Grundig) oder
ein schematisches Ablaufmodell (Baumgarten) in Anschlag gebracht, oder neu die
‚Bürgerlichkeit' (Alberti) oder die katholische Subversion (Skelton) zur Interpretation herangezogen wird. Dass Thorschmid letztlich eine solche Interpretation in
seiner *Freydenker-Bibliothek* gar nicht eigens thematisiert, wird ihm zum Verhängnis.

Diese Tendenz ist begleitet von einem begriffsgeschichtlichen Wandel. Nachdem man den alten ‚Atheismus' hinter sich gelassen hatte und mit dem Begriff der
‚englischen Deisten' eine individuierte Form von Heterodoxie bezeichnete, signalisiert das Aufkommen des Begriffs der ‚Freidenkerei' bzw. ‚Freigeisterei' eine
Reintegration heterodoxer Äußerungen in einen allgemeinen Horizont. Nur bedeutet dieser Wandel keine Rückkehr des alten Horizonts, sondern eine *neue Allgemeinheit*, wenn auch durchsetzt mit Interpretations- und Auslegungsmustern, wie
sie aus dem 17. Jahrhundert bekannt sind. Die ‚Freigeisterei' ist natürlich, als Inte-
grationsfigur unterschiedlicher Phänomene, ein Abstraktum. Sie hat aber im Gegensatz zum alten ‚Atheismus' einen ganz konkreten Bezug. Folgte früher die Ausbreitung und das Anwachsen des ‚Atheismus' aus der Begriffslogik des ‚Atheismus'
selbst,[405] so wird nun die ‚Freigeisterei' phänomenalen Beständen zugeordnet, die
sich vor allem in dem immer wieder ventilierten Problem des Lesens von deistischen Büchern niederschlagen. In der Steigerung des schon früher empfundenen
Problems des Lesers deistischer Bücher[406] weitet sich die Wahrnehmung auf ein
ganzes Lesepublikum. In dieser Wahrnehmung amalgamieren sich Eigenart und Eigenständigkeit individuierter Heterodoxie und allgemeine Ausbreitungsvorstellungen. Thorschmid spricht hier die deutlichste Sprache. Die Steigerung ist etwas anderes als die bloß quantitative Häufung individuellen Irrens. Sie öffnet den Blick auf
eine ganze Kultur. Die Abfall- und Dekadenztheorien, die nun entwickelt werden,
haben qualitativen Charakter. In ihnen formuliert sich im Modus der Ent- bzw.
Überfremdungstheorie die Wahrnehmung einer Differenzierung gesellschaftlichen
Ausmaßes. Die Verteidigung und Selbstdarstellung des christlichen Glaubens entwirft sich im Gegenüber zu einem von christlich-kirchlichen Orientierungsmu-
stern weitgehend frei gedachten kulturellen Leben, einer virtuellen Alternative.[407]
Die bloße Ausgliederung des ‚Atheismus' aus der eigenen Gesellschaft in die An-
dersdenker, die früher für sich schon Plausibilität hervorbrachte, muss nun umgedreht werden: als Reintegration des Entfremdeten.

Programmatische Konsequenzen deuten sich an. Den direkten Weg von Leland
oder Skelton ist man dabei nicht gegangen. Bereits Thorschmid und Baumgarten
entwickeln einen anderen Gestus. In der Dokumentation der überlegenen deutschen Widerlegung der englisch-deistischen Literatur setzt Thorschmid seiner Dia-

---

[405] Vgl. I., 5.
[406] Vgl. II., 3.
[407] Vgl. VOLKER DREHSEN, Theologia Popularis. Notizen zur Geschichte und Bedeutung einer
praktisch-theologischen Gattung, Pastoraltheologie 77 (1988), 2–20, 8.

gnose der überfremdenden Ausbreitung ausländischer freigeistiger Gedanken in Deutschland eine Überbietungsgeschichte entgegen. Im Ausland herrschende Probleme werden demnach in Deutschland umfangreich – umfangreicher als in ihrer Heimat – aufgenommen, verarbeitet und vor allem: gelöst. Damit hat Thorschmid einer Ansicht den Weg geebnet, die in der deutschen protestantischen Neuzeittheorie und Kirchengeschichtsschreibung später großen Anklang finden wird. Baumgarten hat gegen die Tendenzen seiner Zeit, wie schon von Kantzenbach bemerkt worden ist,[408] die vernünftige Selbstevidenz des christlichen Glaubens durch die entsprechende Auslegung der ‚Heiligen Schrift‘ stärken wollen. Ulrich Barth hat gezeigt, wie dies in einer „abstrakte[n] Unvermitteltheit von dogmatischen Lehrgrundlagen und rationalistischer Auslegungstheorie" mündet, worin bereits Baumgartens Schüler ihm nicht mehr gefolgt sind.[409] Doch dem Ausbau der vernünftig-verständigen Selbstevidenz des Christentums gehörte, so wird man verkürzend wohl sagen dürfen, die unmittelbare Zukunft.[410] In dem Denkraum, der sich hiermit erschloss, brach auch jene harmonisierende Argumentation zusammen, die die natürliche Religion nur in Form ihrer soteriologischen Unzulänglichkeit begreifen konnte und sie von einer ihr letztlich äußerlich bleibenden übernatürlichen Offenbarung abhängig machte.

In der sich entfaltenden Dynamik von neuem Wahrnehmungshorizont, sich nun erschließendem Denkraum und dem dazu erforderlichen Denkstil tritt die englisch-deistische Literatur als motivierendes Gegenüber zurück. Sie hat sich historisch überlebt und verliert an Aktualität. Die *Auflösungen* der direkten Konfrontationssituation von englischem Deismus und deutscher Gedankenarbeit sind abschließend zu bezeichnen: Die Ausbreitungsvorstellungen freigeistiger Literatur münden in eine *allgemeine Theorie des Religions- und Sittenverfalls*. Weit über den fachtheologischen Diskurs hinaus wird von den 1750er Jahren an die gesellschaftliche Gefahr der Freigeisterei in ganz verschiedenen Zusammenhängen thematisiert. Die englisch-deistische Literatur wird, wenn überhaupt, am Rande erwähnt. Konstitutiv ist ihre Wahrnehmung in diesen Zusammenhängen nicht.[411] Die *theologische*

---

[408] KANTZENBACH, Protestantisches Christentum, 111 ff.

[409] BARTH, Hallesche Hermeneutik, 96.

[410] HANS-ERICH BÖDEKER, Die Religiosität der Gebildeten, in: KARLFRIED GRÜNDER/KARL HEINRICH RENGSTORF (Hrsg.), Religionskritik und Religiosität in der deutschen Aufklärung, Heidelberg 1989 (WSA 11), 145–195; KONRAD FEIEREIS, Die Umprägung der natürlichen Theologie in Religionsphilosophie. Ein Beitrag zur deutschen Geistesgeschichte des 18. Jahrhunderts, Leipzig 1965 (EThSt 18); KLAUS SCHOLDER, Grundzüge der theologischen Aufklärung in Deutschland, in: Geist und Geschichte der Reformation, FS H. Rückert, Berlin 1966 (AKG 66), 460–486; WALTER SPARN, Vernünftiges Christentum. Über die geschichtliche Aufgabe der theologischen Aufklärung im 18. Jahrhundert in Deutschland, in: RUDOLF VIERHAUS (Hg.), Wissenschaften im Zeitalter der Aufklärung, Göttingen 1985, 18–57.

[411] Dieser Gesamtdiskurs ist noch keiner näheren Untersuchung unterzogen worden. Bekannt sind natürlich die Ausführungen Lessings, die sich schon wieder kritisch auf eine solche Diskussion beziehen. Vgl. aber weiterhin: HEINRICH GRAF VON BÜNAU, Betrachtungen über die Religion und ihren itzigen Verfall, hg. v. Johann Friedrich Burschern, Leipzig 1769; CHRISTIAN FÜRCHTEGOTT GELLERT, Moralische Vorlesungen (1770), in: ders., Moralische Vorlesungen. Moralische

Apologetik reagiert ihrerseits auf die veränderte Gedankenlage. Die ‚Umprägung der natürlichen Theologie in Religionsphilosophie' (Feiereis) wird in Gang gesetzt. Ausführungen zur englisch-deistischen Literatur finden sich, wenn überhaupt, in den historisierenden Einleitungen zu Apologien. Eine konstitutive Rolle für die Ausarbeitung der Theorie ist nicht ersichtlich.[412] Zuletzt zeigen die Anfänge der historiographischen Erfassung des englischen Deismus in der *Kirchengeschichtsschreibung* den zunehmenden Aktualitätsverlust an. Der Stab des Unglaubens ist weitergereicht. In den 1770er Jahren regt Voltaire auf.[413]

Charaktere, hg. v. Sybille Späth, Berlin New York 1992 (= GS VI), bes. 33–48. An dieser Diskussion beteiligen sich auch katholische Intellektuelle, vgl. [ANONYM], Freymüthige Gedanken eines Indianischen Philosoph über die Europäische Freydenker. Constanz 1767. Diese Diskussion geht zeitlich einher mit der von Bödeker beschriebenen theoretischen Ausdifferenzierung von ‚gebildeter' und ‚ungebildeter' Religiosität (BÖDEKER, Die Religiosität, 149–156). Dieser Verfallsdiskurs ist wohl eine Begleiterscheinung, wie man in Aufnahme von Rudolf Vierhaus annehmen kann. Denn die Klage über den Verfall der Bildung ist eine der Formen, „die, pro domo formuliert, ebenso zur Selbstdarstellung der Gelehrten gehört wie die hohe Selbsteinschätzung ihrer Wichtigkeit für Gesellschaft und Staat" (RUDOLF VIERHAUS, Umrisse einer Sozialgeschichte der Gebildeten in Deutschland, QFIAB 60 [1980], 395–419, 402).

[412] Auch dieser Prozess, den FEIEREIS, Die Umprägung, im Abriss vorgestellt hat, bedürfte weiterer Forschung. Apologetische Literatur der Zeit nennt EILERT HERMS, „Offenbarung V. Theologiegeschichte und Dogmatik", in: TRE 25 (1995), 146–210, 175. Besonders informierend ist: GOTTFRIED LESS, Wahrheit der christlichen Religion, Zweyte sehr geänderte und vermehrte Auflage, Göttingen 1773. Hier bes. 7–102 (Einleitung) mit englisch-deistischer Literatur (13–35) und dann französischer (35–57). Zu Leß kurz P. TSCHACKERT, „Leß, Gottfried", in: RE³ 11 (1902), 404–406, und KONRAD HAMMANN, Universitätsgottesdienst und Aufklärungspredigt. Die Göttinger Universitätskirche im 18. Jahrhundert und ihr Ort in der Geschichte des Universitätsgottesdienstes im deutschen Protestantismus, Tübingen 2000 (BHTh 116), 262–291. Vgl. nächste Anmerkung.

[413] Besonders deutlich in der mir frühesten bekannten historiographischen Arbeit des Göttinger Theologen und Schülers von Baumgarten GOTTFRIED LESS, Neueste Geschichte des Unglaubens unter den Christen, in: CHRISTIAN WILHELM FRANZ WALCH, Neueste Religions-Geschichte, 2. Theil, Lemgo 1772, 1–54 und dass., 3. Theil, Lemgo 1773, 373–402. Leß begreift als „Häupter der neuesten Ungläubigen, Hr. d'Argens, d'Alembert, und besonder der heftigste, eifrigste und geschäftigste Feind des Christenthums Hr. v. *Voltaire*" (ebd., 1772, 3f.). Die englisch-deistische Literatur ist Durchgangsstation (22–35), Voltaire wird ausführlich behandelt (41–54). Im zweiten Teil (ebd., 1773) behandelt Leß Apologien (375–392) und die Quellen der Freigeisterei (392–402). Durchgängig zu vergleichen wäre ALBERTI, Briefe, den Leß nicht nennt, aber in manchen Punkten scheint er auf ihn zurückzugehen. Leß verweist auf Baumgartens Arbeiten und nennt auch manchmal Leland. Thorschmid wird nicht angeführt.

Eine Darstellung der ersten historiographiehistorischen Phase ist hier nicht mehr intendiert, die hierher gehörigen Fragen zeigt EKKEHARD MÜHLENBERG, Göttinger Kirchenhistoriker im 18. und 19. Jahrhundert, in: BERND MOELLER (Hg.), Theologie in Göttingen: eine Vorlesungsreihe, Göttingen 1987 (Göttinger Universitätsschriften: Ser. A, Schriften; Bd. 1), 232–255. Vgl. die materialreichen Arbeiten von: JOHANN RUDOLPH SCHLEGEL, Kirchengeschichte des achtzehnten Jahrhunderts. Erster Band, Heilbronn 1784, bes. 245–340. HEINRICH PHILIP KONRAD HENKE, Allgemeine Geschichte der Christlichen Kirche nach der Zeitfolge. Dritte verbesserte und stark vermehrte Auflage, Vierter Theil, Braunschweig 1804, 386ff. und dass., Sechster Theil, Braunschweig 1804, bes. 19–83. JOHANN AUGUST HEINRICH TITTMANN, Pragmatische Geschichte der Theologie und Religion in der protestantischen Kirche während der zweyten Hälfte des achtzehnten Jahrhunderts. Erster Theil, bis zur Erscheinung der kritischen Philosophie, Breslau 1805,

Die deutsche Auseinandersetzung mit dem englischen Deismus versandet – ebenso unspektakulär, wie sie begann.

---

bes. 93ff. Eine Ausbreitung der englisch-deistischen Literatur nach Deutschland wird in diesen Arbeiten nicht eigens verhandelt. Bezeichnenderweise ist Thorschmid bei keinem genannten Autor angeführt. Für die Rezeptionsvorstellung ausschlaggebend erweist sich die Popularisierung der Revolutionsmetapher besonders in der Nachfolge Kants, die auf der älteren Wendung ‚Revolution des menschlichen Geistes‘ aufruht (zum Revolutionsbegriff als ideengeschichtlicher Kategorie vgl. CHRISTIAN ALBRECHT, „Revolution I. Neuzeit", in: TRE 29 [1999], 109–126, 112f. und H. GÜNTHER, „Revolution", in: HWP 8 [1992], Sp. 957–973, 961f.). Das erste Mal in Bezug auf den englischen Deismus: CARL FRIEDRICH STÄUDLIN, Geschichte und Geist des Skepticismus vorzüglich in Rücksicht auf die Moral und Religion. Zweiter Band, Leipzig 1794, 135f. Dann wichtig WILHELM MÜNSCHER, Versuch einer historischen Entwicklung der Ursachen und Veranlassungen, durch welche die Dogmatik in dem protestantischen Theile von Deutschland seit der letztern Hälfte des gegenwärtigen Jahrhunderts eine neue Gestalt erhalten hat, in: CARL FRIEDRICH STÄUDLIN (Hg.), Beiträge zur Philosophie und Geschichte der Religion und Sittenlehre überhaupt und der verschiedenen Glaubensarten und Kirchen insbesondere. Vierter Band, Lübeck 1798, 1–50. Vgl. Einleitung.

IV. Bilanzierende Aspekte: Der englische Deismus in Deutschland zwischen Aneignung und Wirkung

Die vorliegende Analyse der Dokumente, die die deutsche Auseinandersetzung mit der englisch-deistischen Literatur widerspiegeln, zeitigt augenscheinlich Ergebnisse, die in Kontrast zu der gängigen theologiegeschichtlichen Meinung treten, wonach der englische Deismus der Entwicklung der deutschen protestantischen Theologie des 18. Jahrhunderts entscheidende Impulse gegeben habe. Einen bloßen Umkehrschluss, der diese gängige Meinung schlicht negierte, legen dieselben Dokumente allerdings auch nicht nahe. Das Ergebnis ist facettenreicher. Resümierend sollen deshalb noch einmal verschiedene Problemaspekte in Erinnerung gerufen werden, die aus der Zergliederung einer allgemeinen Charakterisierung der deutschen Auseinandersetzung mit der englisch-deistischen Literatur zu erheben sind:

Vom Ende des 17. Jahrhunderts bis in die 1760er Jahre hat die deutsche gebildete Welt die englisch-deistische Literatur umfangreich wahrgenommen und sich zu ihr ins Verhältnis gesetzt. Die gelehrten und theologischen Zeitschriften sind für diese Auseinandersetzung von grundlegender Bedeutung: Als Transmissionsinstanz für ausländische Literatur betrachtet, haben sie eine breite Wahrnehmung deistischer Bücher in Gang gesetzt bzw. ermöglicht. Die in den Zeitschriften zu findenden Nachrichten sind dabei ganz unterschiedlicher Art. Man lernt deistische Bücher vom Hörensagen oder durch bibliographische Auflistungen ebenso kennen, wie durch vereinzelte Rezensionen oder komprimierte Berichterstattungen. Der *Umfang* solcher Nachrichten legt eine stete Aufmerksamkeit gegenüber der englisch-deistischen Literatur in Deutschland offen, die nach der ersten Hälfte des 18. Jahrhunderts nicht mehr erreicht wurde. Zugleich haben die Zeitschriftennachrichten für die Urteilsfindung und Meinungsbildung konstitutiven Charakter. Sie zeigen und vermitteln die Haltungen, die man dieser Literatur entgegenbrachte. Auch in dieser Beziehung zeigt sich ein facettenreiches Bild verschiedener Formen. Man hat die Inhalte der rezensierten Schriften kurz notiert und gelehrt nacherzählt, in Anmerkungen Stellung bezogen oder auch andere Nachrichten kritisiert. Der *Umgang* mit der englisch-deistischen Literatur lässt eine Diskussionsbereitschaft erkennen, die die Mittel und Standards der frühen deutschen Aufklärung ausschöpft.

Einer Fixierung der deutschen Intellektuellen auf die deistischen Debatten in England ist damit nicht das Wort geredet. Emanuel Hirschs Bild einer ‚deistischen Sturmflut‘[1] dramatisiert bereits die englischen Verhältnisse. Für die deutschen ist es

---

[1] HIRSCH I, 292.

unzutreffend. Die Auseinandersetzung mit der englisch-deistischen Literatur bleibt in Deutschland durchgehend ein Thema unter anderen. Die stete Aufmerksamkeit ergibt sich in erster Linie aus der Ausnahme, die der englische Deismus zu anderen religionsphilosophischen Ansätzen des 18. Jahrhunderts bildet. Nur in England, so hat es Günter Gawlick charakterisiert, „ist eine verhältnismäßig kontinuierliche, wenngleich durchaus nicht immer konsequente Entwicklung zu beobachten".[2] Die Kontinuität der religionsphilosophischen Literaturproduktion in England und deren Rahmenbedingungen, die weitreichende Pressefreiheit und Freiheit der Meinungsäußerung, sind den deutschen Zeitgenossen nicht verborgen geblieben. Der englische Deismus bildete die damals kompakteste und daher am besten zu beobachtende Form einer philosophisch-theologischen Schriftstellerei, die durch dogmatisch-institutionelle Plausibilitäten nicht abgesichert war.

Der Umfang der Auseinandersetzung und der Umgang mit der englisch-deistischen Literatur lässt keinerlei Verdacht entstehen, dass der lange währende Prozess der intellektuellen Bemühungen durch institutionelle Repressalien und obrigkeitliche Steuerungen seinen bestimmten Charakter aufgedrückt bekam. Natürlich tragen alle hier verfolgten Bemühungen den Stempel ihrer jeweiligen medialen Institutionen, die Äußerungen zur englisch-deistischen Literatur allererst möglich machten. Doch ob Zeitschrift oder Kompendium – Spielraum zu einer offenen Meinungsbildung haben diese Medien allemal gelassen. Wie solche Spielräume in inhaltlich-argumentativer Art, also in den *Lektüren* der englisch-deistischen Bücher genutzt wurde, ist zuerst zu überlegen. Wie die Wahrnehmung dieser Literatur von bestimmten *Beobachtungen* begleitet war, ist in einem zweiten Schritt noch einmal zusammenzufassen, um auch die Wirkungen der theorieexternen Impulse, die die englische Religionsphilosophie in Deutschland auslöste, zu bilanzieren.

1. Lektüren

Aus dem allgemeinen Befund einer umfangreichen Wahrnehmung lässt sich keine breitenwirksame Aufnahme der englisch-deistischen Literatur erheben, wie es August Tholuck 1839 folgenschwer getan hat: „In welchem Grade die Schriften jener Männer in England, Frankreich und Deutschland die Aufmerksamkeit auf sich zogen, können wir eben schon aus den fleißigen Anzeigen und Auszügen in Zeitschriften und nicht minder aus der ungemein großen Zahl von Widerlegungsschriften schließen".[3] Zumindest ist die von Tholuck initiierte These fraglich, fol-

---

[2] Günter Gawlick, Der Deismus als Grundzug der Religionsphilosophie der Aufklärung, in: Hermann Samuel Reimarus (1694–1768): ein „bekannter Unbekannter" der Aufklärung in Deutschland, Göttingen 1973 (Veröffentlichung der Joachim Jungius-Gesellschaft der Wissenschaften 18), 15–43, 18.

[3] August Tholuck, Abriß einer Geschichte der Umwälzung, welche seit 1750 auf dem Gebiete der Theologie in Deutschland statt gefunden, in: ders., Vermischte Schriften größtentheils apologetischen Inhalts, Zweiter Theil, Hamburg 1839, 1–147, 24f.

gert man aus der allgemeinen – und bei Tholuck ziemlich unspezifischen – Beobachtung eine systematisch-argumentative Verbreitung von englisch-deistischen Thesen und Begründungsleistungen sowie deren systematisch-argumentative Akzeptanz oder Ablehnung. Die Diskussionen in den deutschen Zeitschriften haben hiergegen eine selektive Wahrnehmung des englisch-deistischen Anspruchniveaus erkennen lassen. Als durchgängig stabil erwies sich dabei das Fehlen von Zustimmungsbekundungen und eine durchschlagende antideistische Haltung. Die Annahme, dass sich gegen diese Stabilitäten eine dem englischen Deismus aufgeschlossene Haltung in der deutschen gelehrten Welt ausgebildet hätte, ist bereits methodisch bedenklich. Vor allem ist das unwahrscheinlich.[4]

Ähnlich problematisch verhält es sich mit der Meinung, dass man in Deutschland insgesamt die kritischen Einsichten der englischen Deisten rezipierte, deren Konsequenzen aber ablehnte. Mindestens in der öffentlichen Diskussion ist eine dergestalt argumentierende Äußerung nicht zu finden. Freilich ist diese Haltung denkbar. Bei wem und wie sich eine solche realisierte, ist im Einzelfall zu überlegen.

Aufgrund des faktischen Bestandes der Überlieferung englisch-deistischer Literatur in Deutschland ist es durchaus möglich, dass deistische Motive in der deutschen philosophischen und theologischen Diskussion aufgenommen und verarbeitet werden. Hier wäre allerdings zu zeigen, dass solche Motive eindeutig auf die Kenntnis englisch-deistischer Literatur zurückgehen und nicht durch Kenntnisse anderer Motivhorizonte motiviert sind, die von ganz unterschiedlichen philosophischen und heterodoxen theologischen Positionen des 17. und 18. Jahrhunderts geteilt werden.[5] Der englische Deismus selbst verarbeitet bereits verschiedene Mo-

---

[4] So bereits Werner Schneiders' Kritik an der vermeinten Religionsfeindlichkeit deutscher Aufklärer: WERNER SCHNEIDERS, Hoffnung auf Vernunft. Aufklärungsphilosophie in Deutschland, Hamburg 1990, 11.

[5] Ein differenziertes Bild etwa in Blick auf Johann Joachim Spalding und dessen Rezeption englischen Gedankenguts entwirft JOSEPH SCHOLLMEIER, Johann Joachim Spalding. Ein Beitrag zur Theologie der Aufklärung, Gütersloh 1967, 145–156. Vgl. unten. – Nicht wirklich verständlich ist WOLFGANG ERICH MÜLLER, Johann Friedrich Wilhelm Jerusalem. Eine Untersuchung zur Theologie der „Betrachtungen über die vornehmsten Wahrheiten der Religion", Berlin/New York 1984 (TBT 43). Nachdem Müller darauf aufmerksam macht, dass die Differenzen zur Orthodoxie bei Jerusalem sich durch deutsche schulphilosophische Einflüsse erklären lassen (223) und James Fosters Kritik an Tindal ohne Einfluss auf Jerusalem war, dreht sich das Bild in Bezug auf Tindal eigentümlich um: obwohl sich die „Vermutung einer direkten Einflußnahme nicht belegen" lässt (224) und die „Divergenz zwischen Jerusalem und Tindal … bei der Bestimmung von Vernunft und Offenbarung in ihrer Bedeutung für die Religion auffällig" ist (233), bemerkt Müller Übereinstimmungen. Zuerst solche, „die, in verschiedenen Ausprägungen und Stufungen, sich auch von Leibniz, Wolff, Baumgarten, Reimarus und Foster herleiten ließen" (233) und dann motivische: Ablehnung des literalen Schriftverständnisses, Akkommodation, negative Einschätzung von Zusätzen zur Religion, Vorbehalte gegen Wunder, „Betonung tätiger Nächstenliebe, nicht aber des Kultus", Ablehnung altkirchlicher Glaubensformeln und theologischer Fachbegriffe (233f.). Wieso das alles bei Jerusalem gerade von Tindal herkommen soll, wird nicht weiter geklärt. Für die daraus resultierende ‚Nähe' zieht Müller das Beispiel der Auslegung des Sündenfalls heran, um in dessen Bewertung den „Unterschied" zu sehen (234). Wie entsteht daraus die These, dass Jerusalem „stellvertretend für die Richtung der Neologie angesehen werden kann, die zudem

tivlagen, die ihm in den komplexen und aufgefächerten intellektuellen Kontexten begegneten, in denen er sich entfaltete.

Die Konstitution, Formulierung und Durchsetzung von philosophischen und theologischen Neuansätzen in Deutschland hat sich bis weit in das 18. Jahrhundert hinein nicht in einem prodeistisch aufgeschlossenen Klima vollzogen. Bedenkenswert hat Karl Aner die Entstehung und Ausformulierung des Theologieprogramms der sogenannten ‚Neologie' an verschiedenen theologischen Streitigkeiten zwischen 1760 und 1780 festgemacht.[6] Deren Themen wurden in den publizistischen Auseinandersetzungen mit der englisch-deistischen Literatur allerdings nicht diskutiert. Und Martin Mulsow hat an den esoterischen Versuchen Georg Schades eine eigenständige Anverwandlung deistischer Gedanken herausgearbeitet. Bezeichnenderweise ist Schade mit seiner Programmatik, wie mit allen anderen Tätigkeiten, gescheitert.[7] Michael Albrecht hat daher zu Recht hervorgehoben, was der Befund Mulsows über die Bedeutung der ideengeschichtlichen Traditionen beibringt, die Schade in seinem Werk aufnimmt: „Bloß einen weiteren Beleg ihrer Existenz – keinerlei Bereicherung ihres historischen Weiterlebens".[8]

Die Rekonstruktion der Zeitschriftennachrichten hat ergeben, dass nur drei englisch-deistische Bücher über die bloße Kenntnisnahme hinaus einer systematisch weitergehenden Wahrnehmung zugeführt wurden, nämlich John Tolands *Adeisidaemon sive Titus Livius a superstitione vindicatus* (1709), Anthony Collins' *Discourse of Free-Thinking* (1713) und Matthew Tindals *Christianity as old as the Creation* (1730). Bei den ersten beiden tritt der Kontext, der das Interesse an den Büchern hervorrief, deutlich hervor:

Tolands *Adeisidaemon* hatte Aufmerksamkeit auf sich gezogen, vertrat Toland doch bereits auf dem Titelblatt die These Pierre Bayles, dass der Atheismus einer Gesellschaft nicht so schädlich sei wie der Aberglaube. Damit wurde Toland in die schon länger laufende Debatte um die Aberglaubenskritik als Epigone Bayles hineingenommen. Die These Pierre Bayles wurde in Deutschland von Christian Thomasius als Hypothese für diskussionswürdig gehalten. Das hat veranlasst, dass mit Nicolaus Hieronymus Gundling und Christian Gottfried Hoffmann sich in der Debatte um Tolands Buch Schüler von Thomasius zu Wort meldeten. Sie haben gegen die Widerlegungsschriften gegen Toland genau dieses Problem in Erinnerung gerufen und Klärung eingefordert.

Die Hauptthese von Anthony Collins' *Discourse* wurde im Rahmen der Vorurteilskritik und -theorie der deutschen Frühaufklärung als radikale Forderung an

---

aus England entscheidende Impulse erhalten haben dürfte, was wir am Beispiel Tindals aufgezeigt haben" (236)?

[6] Karl Aner, Die Theologie der Lessingzeit, Halle 1929 (= ND Hildesheim 1964), 234–295.

[7] Martin Mulsow, Monadenlehre, Hermetik und Deismus. Georg Schades geheime Aufklärungsgesellschaft, Hamburg 1998 (Studien zum achtzehnten Jahrhundert 22).

[8] Michael Albrecht, [Rez. zu:] Martin Mulsow, Monadenlehre, Hermetik und Deismus. Georg Schades geheime Aufklärungsgesellschaft, 1747–1760. Hamburg: Meiner 1998, Das achtzehnte Jahrhundert 24/2 (2000), 231–235, 233.

den Rand gedrängt. Trotz aller unterschiedlichen Begründungen, die von philoso-phisch-pragmatischen bis theologisch-dogmatischen reichten, hat man gegen Col-lins den herrschenden Konsens mobilisiert, der Religion und Offenbarung aus dem Bereich der Denkfreiheit ausnimmt. Natürlich war mit Collins' These ein „Jahr-hundertthema" (Gawlick) angeschnitten, einen Stimmungsumschwung gab es bis in die 1760er Jahre nicht.

Etwas anders ist die Situation gelagert, in denen Matthew Tindals *Christianity as old as the Creation* Aufregung verursachte. Hier haben besonders die Rezensenten der *Deutschen Acta Eruditorum* ab 1734 gegen die englischen Apologeten Einspruch erhoben. Deren veränderte Widerlegungsstrategie gegen Tindal war ihnen durch-gängig Gegenstand der Kritik. Mit der Aufnahme des traditionellen antinaturalisti-schen Arguments hat man noch immer gemeint, die von Tindal gestellten Fragen beantworten zu können. Vielleicht ist die Sensibilität gegenüber einer veränderten apologetischen Situation in England durch die Diskussionen befördert worden, die um Christian Wolff in den 1730er Jahren erneut ausbrachen. Als sich die Wogen dieser Streitigkeiten gelegt hatten, konnte jedenfalls 1741 die deutsche Überset-zung von Tindals Schrift durch Johann Lorenz Schmidt erscheinen, ohne weiter-führende Reaktionen hervorzurufen.

Doch in allen Fällen wird deutlich: Systematisch informierte Diskussionen sind in Deutschland mit englisch-deistischen Büchern dann geführt worden, wenn diese auf bekannte bzw. aktuelle Problemlagen und Situationen zu beziehen waren. Das ist kein intellektueller Affront, sondern für Lektüreprozesse, besonders des 18. Jahr-hunderts, ganz normal.[9] Die englisch-deistischen Bücher haben in der deutschen Diskussion also gerade keine neuen Fragen provoziert, sondern es sind gerade um-gekehrt in dem Prozess des Lesens bestimmte Problemlagen des Lesers in die Lektü-re hineingetragen worden, was der Blick auf die Aufarbeitungen der englisch-dei-stischen Literatur bestätigt. Deren wiederholte Lektüre hat die englisch-deistischen Bücher aus den direkten Diskurszusammenhängen entfernt: John Leland und Phi-lip Skelton haben die Literatur ganz dem eigenen Rekonstruktionswillen unterge-ordnet. Die Lektüre ist hier bloß illustrativ, um die Intention oder das Wesen der englischen Deisten aufzuzeigen. Die Rezensenten der englisch-deistischen Bücher in den Zeitschriften, die Siegmund Jacob Baumgarten betreute, haben eine solche Haltung nicht eingenommen. Ihre Relektüren sind so zu zuverlässigen aber weit-hin unkonstruktiven Zusammenfassungen geworden. Und an Urban Gottlob Thorschmids Lektüren zeigt sich deutlich, wie Thorschmid überkommene und ei-gene Vorstellungen zu ganz unterschiedlichen Lesarten verbunden hat.

---

[9] Vgl. Ulrich Johannes Schneider, Die Vergangenheit des Geistes. Eine Archäologie der Phi-losophiegeschichte, Frankfurt 1990, 32–42. In methodologischer Hinsicht: Donald N. Levine, Ambivalente Begegnungen: „Negationen" Simmels durch Weber, Lukács, Park und Parsons, in: Heinz-Jürgen Dahme/Otthein Rammstedt (Hrsg.), Georg Simmel und die Moderne. Neue Interpretationen und Materialien, Franfurt 1984 (stw 469), 318–387, 376ff. Heinz Schlaffer, Der Umgang mit Literatur. Diesseits und jenseits der Lektüre, Poetica 31 (1999), 1–25.

Die Präsenz englisch-deistischer Autoren in den Diskussionen um Aberglaubens- und Vorurteilskritik ist, wie erinnerlich, kaum zu überschätzen. Diese Problemkomplexe waren für die Konstitution der deutschen Aufklärungsphilosophie zentral, sie wurden aber von John Toland und Anthony Collins nicht hervorgerufen. Strukturell Ähnliches wird man in Bezug auf die Diskussion über die apologetischen Strategien gegen Tindal behaupten dürfen. Die Berichterstattung der *Deutschen Acta Eruditorum* begleitet hier einen zentralen Transformationsprozess der deutschen evangelischen Theologie. Bereits bei Johann Lorenz Schmidt hat der überkommene apologetische Horizont seine Plausibilität eingebüßt. Schmidts Versuch einer diskursiven Neuformierung apologetischer Intentionen hatte zwar keine unmittelbaren Folgen. Doch gegen Ende der 1740er Jahre trat, wie Walter Sparn nachvollziehbar argumentiert, ein „kritischer Typ der Apologetik" in Gestalt von Religionsphilosophie ans Licht.[10] Dessen Durchsetzung hat selbst Jahrzehnte gedauert. In Bezug auf den englischen Deismus hat er keine systematische Entfaltung mehr gefunden. Hier wurden alte apologetische Modelle, wie etwa bei Siegmund Jacob Baumgarten zu sehen, aufrechterhalten.

In Diskussionen, die für die Entstehung der deutschen philosophischen und theologischen Aufklärungskultur zentral waren, war die englisch-deistische Literatur präsent. Und sie war in diesen Diskussionen wirkungslos. Soweit Begründungsleistungen überhaupt in den Blick kamen, hat man sie sich nicht angeeignet. Als produktiv erwiesen sich dagegen die Diskussionen mit den Widerlegungsschriften. In deren Kritik, bei gleichzeitiger Ablehnung der englischen Deisten, hat man sich in Deutschland positioniert. Man hat sich gegen empfundene Radikalitäten verwehrt und eigene argumentative Standards verteidigt. Welche systematischen Anstöße und Ideen der Umgestaltung der deutschen Theologie zwischen 1690 und 1760 zugrunde liegen, bedarf bekanntlich dringend der Aufklärung. Für die Wirkung, die der englische Deismus in dieser Hinsicht hatte, bleibt nach dem, was sich aus der öffentlichen Diskussion ergab, karg festzuhalten: Es haben sich nur wenige der Mühe ausgesetzt, englisch-deistische Bücher zu lesen. Für die Fragen, die sie bewegten, haben sie in ihnen keine Antworten gefunden.

Es ist allerdings kaum einzusehen, dass einzig und allein der stabile Antideismus für die systematisch-argumentative Folgelosigkeit der englisch-deistischen Literatur in Deutschland verantwortlich sein sollte. Insgesamt reflektiert der Umgang mit den deistischen Argumenten ebenso eine offensichtliche Unattraktivität, die man

---

[10] Walter Sparn, Religiöse Aufklärung. Krise und Transformation der christlichen Apologetik im Weltanschauungskampf der Moderne, Glaube und Denken 5 (1992), 77–105.155–164, 85. Johann Joachims Spaldings *Betrachtungen über die Bestimmung des Menschen* (1748), das von Sparn angeführte Gründungsdokument der sich formierenden neuen Theologie der Aufklärungszeit, steht nicht unter dem religionsphilosophischen Einfluss der deistischen Literatur. Spalding hat in seiner Anverwandlung Shaftesburys und Hutchesons deren religionsphilosophischen Gedanken immer distanziert gegenübergestanden. Siehe bereits Schollmeier, Johann Joachim Spalding, 155f.164 und jetzt auch Clemens Schwaiger, Zur Frage nach den Quellen von Spaldings *Bestimmung des Menschen*. Ein ungelöstes Rätsel der Aufklärungsforschung, in: Norbert Hinske (Hg.), Die Bestimmung des Menschen, Hamburg 1999 (Aufklärung 11/1), 7–19.

in Deutschland ihnen gegenüber empfand. Warum allerdings die deistischen Argumente für die deutschen Zeitgenossen unattraktiv waren, darüber haben diese geschwiegen. Es bleibt aber zu bedenken, dass die englischen Deisten ihre Argumente nicht in den fachlichen und akademischen Stil kleideten, der gerade in Deutschland die intellektuelle Szene beherrschte. Vielleicht haben ihre Überlegungen auch deshalb nicht affizierend gewirkt. Einen normativen Anspruch darauf, von den deutschen Gelehrten aufgenommen zu werden, besaßen sie ohnehin nie.

2. Beobachtungen

Hat man sich in Deutschland die Positionen der englischen Deisten auch nicht angeeignet, so hat man die englischen Diskussionslagen über Jahrzehnte hinweg verfolgt. In der Rekonstruktion der Rezeptionsdokumente sind immer wieder Beobachtungen der deutschen Zeitgenossen über die englisch-deistische Literatur hervorgetreten, die von deren systematischer Erfassung unabhängig waren. Diese Beobachtungen und sekundär niedergelegten Reflexionen dokumentieren tiefgreifende Wahrnehmungswandlungen. Bereits Gotthart Victor Lechler hat 1841 treffend ein sich wandelndes Verhältnis zu der englisch-deistischen Literatur in Deutschland bemerkt, aber nur sehr vage angedeutet.[11] Vor allem aber hat Lechler, wie Tholuck vor ihm, das sich wandelnde Verhältnis als ideengeschichtliche Wirkung des englischen Deismus begriffen und die weltanschaulichen Komponenten dieses Prozesses nicht in den Blick genommen. Doch gerade die systematisch-argumentative Abstinenz, die man in Deutschland gegenüber den englisch-deistischen Argumentationen übte, setzt die Bedeutung der weltanschaulichen Stilisierungen für die gesamte Auseinandersetzung mit dem englischen Deismus in ein neues Licht. Wie die Lektüren der englisch-deistischen Bücher verschiedene Perspektiven hervorgebracht haben, so umfassen auch die Beobachtungen der englisch-deistischen Literatur unterschiedliche Facetten.

Der Wahrnehmungswandel schlägt sich äußerlich in *begriffsgeschichtlichen Tendenzen* nieder, die den gesamten Prozess in drei Phasen gliedern, ohne dass damit scharfe Trennungen einhergingen: So haben die *ersten Wahrnehmungen* der englischen Religionsphilosophie noch ganz unter dem Eindruck des Atheismusdiskurses des 17. Jahrhunderts gestanden. In schillernder Vielfalt und Uneindeutigkeit ist der *Atheismus*begriff die Ordnungsinstanz, mit der die Werke von John Toland und Anthony Collins aufgenommen und verarbeitet werden. Um 1730, in der Auseinandersetzung mit Thomas Woolston, tritt die Ahnung einer Eigenart der englisch-deistischen Literatur in das Bewusstsein der deutschen Zeitgenossen. Der Begriff des ‚*englischen Deisten*‘ kommt 1732 auf und macht die englische Religionsphilosophie von dem althergebrachten ‚Atheismus‘ sprachlich unterscheidbar. Mit der deutschen Diskussion um Matthew Tindal ist die Ahnung einer Eigenart bis zur Ei-

---

[11] Lechler, 447.

genständigkeit der englischen Literaturproduktion durchformuliert. Damit ist die zweite Phase der *ersten Annäherungen* gegen Ende der 1740er Jahre beschlossen. In einer dritten Phase, die vor allem die 1750er und 1760er Jahre umfasst, gliedern die unterschiedlichen *Aufarbeitungen* der englisch-deistischen Literatur diese neue Entität in den Horizont der ‚*Freigeisterei*‘ bzw. ‚*Freidenkerei*‘ ein.

Der begriffsgeschichtlichen Entwicklung korrespondiert ein Reflexionszusammenhang, der in drei miteinander wechselwirkenden Problemkreisen besteht: a) dem Umgang mit der englisch-deistischen Literatur, b) ihrem Leser und c) ihrer Ausbreitung.

a) Der *Umgang* mit der englischen Religionsphilosophie ist im Rahmen des Atheismusbegriffs unproblematisch. Mit dem Hinweis auf den ‚Atheismus‘ verweist man die Literatur aus dem Bereich der ernst zu nehmenden Gedanken. Die eigene Gesellschaft wird so vor Andersdenkenden geschützt. Der Hinweis auf Widerlegungsschriften legitimiert das Verfahren und bezeugt die Wirkungslosigkeit der betreffenden Schrift. Konstatiert man eine Eigenart der begegnenden Heterodoxie, bricht dieser Habitus an entscheidender Stelle ein. Neben dem anfangs kaum zu lösenden Problem, wie man die Eigenart beschreiben soll, wird die Frage virulent, wie man ihr widersteht. Man übersetzt zwischen 1732 und 1734 überraschend viele Entgegnungen aus dem Englischen. Dies geschieht nicht im Bewusstsein, gegen Woolston anzugehen, sondern als Mittel im Kampf gegen *den* Atheismus. Bereits im Rahmen dieser Übersetzungstätigkeiten fasst man publizistische Pläne, die Schmidt 1741 realisiert. Die Übersetzung eines englischen Deisten ins Deutsche bringt bereits die Wahrnehmung der Eigenständigkeit dieser Literatur zum Ausdruck. Für Schmidt ist ein adäquater Umgang mit ihr nur in der direkten Konfrontation möglich, dem Lesen.

b) Einen *Leser* atheistischer Bücher kennt der überkommene Atheismusdiskurs eigentlich nicht, sondern nur die Verführer und die Verführten. Was von beiden zu halten ist, ist mit ‚Atheisten‘ gesagt. Das Problem eines potentiellen Lesers deistischer Bücher diskutiert man in der Auseinandersetzung mit Matthew Tindal das erste Mal. Die Warnung des Lesers durch die *Deutschen Acta Eruditorum* markiert den entscheidenden Punkt. Denn ein Leser kann durch seine eigene Lektüre überzeugt werden. Schmidt hat das später bei seiner Übersetzung Tindals zwar nicht für wahrscheinlich allerdings für möglich gehalten. Dafür hat ihn Georg Friedrich Meier als Sünder bezeichnet. Der potentielle Leser als Instanz der Aneignung eigengewichtiger Positionen produziert keine Eindeutigkeit in dem, was von der Lektüre zu halten ist, sondern er wägt ab. Mit den Reflexionen auf das Lesen und den Leser deistischer Bücher ist das Meinungsmonopol des überkommenen Atheismusdiskurses in Frage gestellt. Wie bereits erwähnt, ist es diese Situation, die Schmidt zu einer Reformulierung apologetischer Strategien veranlasst hat.

c) Nur in England hat man den Leser literarisch in die Widerlegung des englischen Deismus einbezogen. John Lelands und Philip Skeltons Apologien haben in Deutschland keine Nachahmer gefunden. Ihre Werke wurden als Informationsquellen über den englischen Deismus aufgenommen. Diese Reaktion bezeugt zwar ein Informationsdefizit, das man in Deutschland hatte. Trotzdem hat man in der deutschen Diskussion den Leser deistischer Bücher immer wieder thematisiert. Untermauert wird diese Annahme mit Theorien der *Ausbreitung* englisch-deistischer Literatur. Aus dem 17. Jahrhundert übernimmt man anfangs das bekannteste Modell: den rhetorischen Hinweis auf die ,weite Welt' und das plastische Bild der ansteckenden Krankheit. Neue Möglichkeiten ergeben sich am Ende der 1740er Jahre, wenn der ,Deismus in England' als ein Phänomen der ,Freigeisterei' begriffen wird. Der englische Deismus erscheint nun als Theoriegestalt allgemeiner Phänomene des Religions- und Sittenverfalls. Klassisch etwa bei Christoph Gottlob Grundig, der die englischen Deisten mit der nachlassenden Bildung assoziiert. Für Georg Wilhelm Alberti ist der Leser deistischer Bücher auch der, den er in England im Theater beobachtet. Das Lesen leichter Literatur betrachtet Siegmund Jacob Baumgarten als Einfallstor der Freigeisterei. Der jüngere Urban Gottlob Thorschmid findet, niedere Stände sollten überhaupt nur die Bibel und das Gesangbuch lesen, anderes wäre für sie schädlich. In seinem späten Werk hat Thorschmid die unterschiedlichsten Vorstellungen zu einem gesellschaftlich bestimmenden freigeistigen Lesepublikum zusammengeführt. Soldaten, Journalisten, Höflinge und selbst Handwerker und Bedienstete lesen in Thorschmids Augen englisch-deistische Bücher. Und zwar genau die, die er widerlegt. Dass Thorschmid hierfür eine breite Übersetzung englisch-deistischer Bücher in lesbare Sprachen, in das Deutsche und Französische, annimmt, ist nur konsequent. Von seinen eigenen Ausführungen ist diese Annahme aber bereits nicht mehr gedeckt.

Der hier noch einmal knapp skizzierte Prozess wäre seinem Charakter nach allerdings verzeichnet, wollte man nun ihn als die genuine Wirkung des englischen Deismus auf die deutsche Geisteswelt werten. Strukturell parallel zu den Lektüren der englisch-deistischen Bücher sind auch die sekundären Beobachtungen und Reflexionen auf andere Diskurssituationen analytisch zurückzubeziehen, an denen die deutsche Auseinandersetzung mit dem englischen Deismus zwar Anteil hatte, sie aber nicht hervorbrachte. In formal-methodischer Hinsicht gilt dies für die *historisierende Erfassung* des Phänomens des ,englischen Deismus' und nach der Seite der inhaltlich-motivischen Beschreibung der damit verbundenen Probleme ist ein *gesamtgesellschaftliches Umbruchbewusstsein* in Anschlag zu bringen. Dass diese beiden bewusstseinsgeschichtlichen Prozesse nicht in reiner Gestalt aus der deutschen Auseinandersetzung mit der englisch-deistischen Literatur zu erheben sind, sondern in ihr einen bestimmten Anwendungsfall finden, gerade das macht den besonderen Charakter der hier verfolgten Rezeptionslage aus.

Die *historisierende Wahrnehmung* der englisch-deistischen Literatur ist an zwei markanten Punkten hervorgetreten. *Erstens* in dem sich ausformulierenden Bewusstsein von Individualität des beschriebenen Gegenübers, wie es in der Auseinandersetzung mit Thomas Woolston sichtbar wird; es schlägt sich in der Benennung der ‚englischen Deisten‘ nieder. *Zweitens* wird eine neue historische Deutung dadurch ermöglicht, indem man von der abstrakten Ordnungsgröße des ‚Atheismus‘ abrückt und durch den neuen Allgemeinbegriff der ‚Freigeisterei‘ einen kulturellen Bezugrahmen als Interpretationshorizont heranzieht. Wie Lucien Braun und Ulrich Johannes Schneider gezeigt haben, sind diese Merkmale ungefähr gleichzeitig in der Konstitution eines neuen philosophiehistorischen Diskurses ebenfalls merklich.[12] Doch zu einer rein philosophiehistorischen Interpretation kommt es im Bezug auf die englisch-deistische Religionsphilosophie in dem hier behandelten Zeitraum nicht: Die historisierende Erfassung des englischen Deismus bleibt auf halbem Wege stehen. Die deutsche Auseinandersetzung geht in den 1760er Jahren allererst in den zeitlichen Abstand über, der eine solche möglich macht. Die historisierende Wahrnehmung gerät deshalb abstrakt.

Aufgrund der fehlenden zeitlichen Distanz ist der Widerstand gegen die englisch-deistische Literatur das primäre Interesse der deutschen Beobachter. Der Widerstandswille verhindert durchgängig eine gelungene inhaltliche Profilierung der Individualität der ‚englischen Deisten‘. Ihre Eigenart und Eigenständigkeit ist vorgestellt aber nicht beschrieben. Die theoretische Position ist aus diesen Größen nicht erhoben, sondern bleibt im Rahmen des bekannten Naturalismus definiert: Ein englischer Deist hält zur natürlichen Religion und lehnt alle näheren Offenbarungen Gottes ab, vor allem die der christlichen Religion.

Auch die Integration der englisch-deistischen Literatur in einen kulturellen Bezugrahmen ist äußerlich. Die fehlende zeitliche Distanz hat hier zur Folge, dass man in den verschiedenen Beobachtungen zu einer zeitdiagnostischen Haltung tendiert. Damit ist man, wie Ulrich Barth formulierte, „gezwungen, mit der Analyse der besonderen Phänomenbestände zugleich die Ermittlung übergreifender Tendenzen zu verbinden, in deren Horizont jene allererst beschreibbar werden. Die Spezifikation des Einzelnen fällt hier mit der Rekonstruktion des Allgemeinen zusammen".[13] Mit der Deutung der englisch-deistischen Literatur im Horizont kultureller Phänomene wird das frühere Allgemeine des Atheismusdiskurses, der ‚genius saeculi‘, abgelöst. Mit dem Motiv des ‚Lesens‘ wird nun eine allgemeine Kulturtechnik an dessen Stelle gesetzt. Der Charakter der Interpretation hat sich damit grundlegend verschoben: Im Rahmen des alten Atheismusdiskurses war die behandelte Literatur wesentlich als theoretische Position bestimmt. Als Theoriegestalt übergreifender Kulturphänomene gewinnt dieselbe Literatur nun eine praktische Dimension: Die englischen Deisten schreiben Bücher, die von anderen gelesen werden. Der englische Deismus wird als Literaturbewegung vorgestellt und so an bestimmten kulturell-gesellschaftlichen Verhaltensmustern konkretisiert. Inwie-

---

[12] Lucien Braun, Geschichte der Philosophiegeschichte, Darmstadt 1990, 127–130.167–174. Schneider, Die Vergangenheit des Geistes, 61–90.149–157.

[13] Ulrich Barth, Schleiermachers *Reden* als religionstheoretisches Modernisierungsprogramm, in: Silvio Vietta/Dirk Kemper (Hrsg.), Ästhetische Moderne in Europa. Grundzüge und Problemzusammenhänge seit der Romantik, München 1997, 441–474, 452.

weit eine Theorie der natürlichen Religion und die Praxis des Lesens notwendig ineinander greifen, bleibt undiskutiert. Der direkte Zusammenhang wird mit den Begriffen des ‚Geschmacks‘ und der ‚Mode‘ thematisiert. Er scheint den deutschen Zeitgenossen evident.[14]

Die konkrete Interpretation der englisch-deistischen Literatur im Rahmen eines eo ipso schädlichen allgemeinen ‚Lesens‘ ist durch die historisierenden Formen der Wahrnehmung nicht mehr gedeckt. Angesichts der rasanten Veränderungen der literarischen Kommunikation besonders in der zweiten Hälfte des 18. Jahrhunderts liegt es nahe, die inhaltliche Ausschmückung der Beobachtungen als einen Reflex eines *gesellschaftlichen Umbruchbewusstseins* anzusehen. So nimmt *erstens* Georg Friedrich Meier eine Veränderung des Leseverhaltens kritisch in den Blick. In seinen lesepsychologischen Überlegungen unterscheidet er eine extensive von einer intensiven Lektüre, wobei er diese mit dem Studium der Wahrheitsbeweise der christlichen Religion, jene mit der Lektüre der ‚freigeistigen‘ Literatur identifiziert. Gegen eine Ausweitung des Lesepublikums polemisiert *zweitens* Urban Gottlob Thorschmid, der dessen sozial indifferente Verfassung hervorhebt. Idealtypisch erscheinen in solchen Bemerkungen Strukturmerkmale, die bekanntlich die Entstehung einer neuen literarisch-kritischen Öffentlichkeit in Deutschland begleiteten.[15] In den Diskussionen über das Lesen, das Publikum und dann die ‚Öffentlichkeit‘ selbst hat dieser Prozess einen weit über den Bereich der Religion und Theologie hinausreichenden Niederschlag gefunden.[16] In dem hier behandelten Zeitraum ist die volle Entfaltung und Eigendynamik, die die sozialen Transformationen mit sich bringen werden, noch nicht eingetreten. So wie die Historisierung des Phänomens des englischen Deismus abstrakt geriet, so bleibt die Bestimmung seines Anteils an den gesellschaftlichen Veränderungsprozessen unvermittelt.

Die Kritik an der Veränderung des Leseverhaltens ist mit der des Lesens englischdeistischer Bücher bzw. freigeistiger Literatur direkt verknüpft. In ihrem Kern tendiert sie zu einer negativen Einschätzung der Popularisierung des Lesens überhaupt. In dieser Allgemeinheit bedient sie einen Topos, der im 18. Jahrhundert zu einem kulturkritischen Stereotyp gerinnt und dessen Struktur Rudolf Schenda herausge-

---

[14] Kurz nach dem hier verhandelten Zeitraum wird man solche Zusammenhänge als ‚pragmatische‘ bezeichnen und in der ‚pragmatischen Geschichtsschreibung‘ zum Darstellungsprinzip erheben. Vgl. etwa Ludwig Theodor Spittler, Grundriß der Geschichte der christlichen Kirche, Göttingen 1782, 476ff. Inhaltlich ergibt sich nichts Neues, Spittler wertet die Arbeit von Gottfried Leß (siehe III. Anm. 413) aus und meint, bereits Leß mache mit „den pragmatischen Hauptideen … sehr angenehm bekannt“ (Spittler, a.a.O., 476).

[15] Die Literatur zu diesen Themen ist Legion, weshalb hier nur grundsätzlich orientierende Literatur zu nennen ist, die weitere Forschungsliteratur anführt und Diskussionsstandards reflektiert: Helmuth Kiesel/Paul Münch, Gesellschaft und Literatur im 18. Jahrhundert. Voraussetzungen und Entstehung des literarischen Markts in Deutschland, München 1977 (Beck'sche Elementarbücher). Rolf Grimminger (Hg.), Deutsche Aufklärung bis zur Französischen Revolution 1680–1789, München 1984[2] (Hansers Sozialgeschichte der deutschen Literatur 3). Hans-Wolf Jäger (Hg.), „Öffentlichkeit“ im 18. Jahrhundert, Göttingen 1997 (Das achtzehnte Jahrhundert: Supplementa; Bd. 4).

[16] Vgl. Lucian Hölscher, „Öffentlichkeit“, in: GGB 4 (1984), 413–467, bes. 433–438.

arbeitet hat: „Die angebliche Gefährlichkeit einzeln aufgeführter Schriften wird …
zur allgemeinen Gefahr unbestimmter Lesestoffe aufgebauscht".[17] Die Anführung
englisch-deistischer Literatur hat in den Bemerkungen über das Lesen bloß illustra-
tiven Charakter. Als bekannteste Tradition heterodoxer Schriftstellerei in der ersten
Hälfte des 18. Jahrhunderts dient der englische Deismus als Repräsentant einer Entwicklung, deren religiöse Negativfolgen vorausgesetzt sind.

Die Popularisierung des Lesens, wie sie in Deutschland gezielt vor allem von den
Moralischen Wochenschriften vorangetrieben wurde, gibt indes keinen Anlass, der Anwendung des Topos analytische Einsicht zu bescheinigen. Wie Wolfgang Martens gezeigt hat, ist es Ziel der Moralischen Wochenschriften, durchaus traditionelle Wert-
vorstellungen zu vermitteln.[18] Die Präsenz religiöser Heterodoxien und vor allem des
englischen Deismus ist durch sie nicht befördert worden. Die Informationen über ihn
erscheinen hier als eine nochmalige Verkürzung und Abstraktion des Kenntnisstan-
des, den man in den gelehrten und theologischen Zeitschriften vorfindet. Aufgrund
der personellen Überschneidungen von Rezensenten in gelehrten Zeitschriften
bzw. deren Lesern und den Verfassern Moralischer Wochenschriften liegt eine Kongruenz der Kenntnisstände nahe: „Atheismus, Materialismus und Deismus verwirft
man unter dem Etikett von Freigeisterei, Religionsspöttertum und Gottesleugner-
schaft recht pauschal. Von ihren geistigen Repräsentanten erfährt der Leser vielleicht
einmal die Namen. … Wie ihre Weltanschauung jedoch des Näheren beschaffen sei,
… darauf lassen sich die Moralischen Wochenschriften nicht ein".[19]

Die Moralischen Wochenschriften haben nicht nur das Lesen in Deutschland po-
pularisiert, sondern sie haben auch neue Leserschichten erschließen geholfen und
damit die Ausweitung des Lesepublikums befördert. Doch erst allmählich und
durch die Entstehung neuer Vergesellschaftungsformen hat die literarische Kommunikation die breit diskutierte „Fiktion des urteilenden Publikums", so Lucian
Hölscher, eingeholt.[20] Einen Religions- und Sittenverfall hat man nur vermutet.
Entsprechend der pauschalen Verurteilung des Lesens entwirft man das Bild einer
freigeistig durchsetzten Öffentlichkeit. Die Bedeutung der englisch-deistischen Literatur für diesen Umstand gewinnt man dabei in einer direkten Projektion der
wahrgenommenen englischen Verhältnisse in die unmittelbare eigene Gesellschaft.
Nicht zuletzt die deutsche Unkenntnis über das wirkliche Ausmaß und die argumentativen Standards der englischen Debatten begünstigt dieses Verfahren. Die
Existenz englisch-deistischer Literatur und also der ‚Freigeisterei' fällt für den deutschen Beobachter mit einer literarischen Öffentlichkeit selbst zusammen, die nicht
mehr ausschließlich durch ihre traditionellen Trägerschichten konstituiert wird.

---

[17] Rudolf Schenda, Volk ohne Buch. Studien zur Sozialgeschichte populärer Lesestoffe 1770–
1910, Frankfurt 1970 (SPLNJ 5), 106, vgl. 93–107.

[18] Wolfgang Martens, Die Botschaft der Tugend. Die Aufklärung im Spiegel der Moralischen Wochenschriften, Stuttgart 1968.

[19] Ebd., 214f. Vgl. zu den Verfasser ebd., 123–141. Die Wechselwirkungen von gelehrten
Zeitschriften und Wochenschriften verdienten noch nähere Ausarbeitung.

[20] Hölscher, „Öffentlichkeit", 436.

Die deutsche Auseinandersetzung mit der englisch-deistischen Literatur hat im Bewusstsein der deutschen Gebildeten die Annahme einer Gesellschaft hervorgebracht, die von christlichen Wert- und Deutemustern entfremdet vorgestellt wird. Dieses – eigentliche – Rezeptionsergebnis ist fiktiv. Doch bereits die Annahme einer dergestalt verfassten Öffentlichkeit impliziert beträchtliche Folgen. Die eindeutige normative Wertung des neuen Lesepublikums konstatiert zumindest die Einsicht in die wachsende Bedeutung literarischer Kommunikation, die sich der direkten Steuerung durch kirchlich-institutionelle und dogmatisch-ideelle Maßnahmen entzieht. Für eine Wertorientierung, die durch traditionelle religiöse und theologische Deutemuster geprägt ist, ergibt sich eine ambivalente Situation. Es bildet sich einmal, wie Volker Drehsen es treffend charakterisierte, eine „von kirchliche[m] Bewußtsein und kirchlicher Lebenswelt emanzipierte, relativ verselbständigte, literarische, bürgerliche Kultur *virtuell* als Alternative heraus".[21] Diese tritt potentiell in weltanschauliche Konkurrenz zu den überkommenen Institutionen der Wertvermittlung und Werterhaltung. „Andererseits", so wieder Drehsen, „rücken Literatur und neue bürgerliche Vergesellschaftungsformen, Lektüre und räsonnierende Partizipation an öffentlicher Meinungsbildung nun auch als eigene Möglichkeiten kirchlicher und religiöser Sozialisation und Tradierung in den Blick".[22] Das weltanschauliche Konkurrenzverhältnis schließt keineswegs aus, dass diese neue Kultur nicht selbst zu einer eigenen Realisationsgestalt der christlichen Religion gerät. Das hielt man freilich für unwahrscheinlich.

Besonders die Theologie ist angesichts der Doppeldeutigkeit der Situation gezwungen, neue Mittel und Wege zur Selbstdarstellung der christlichen Religion zu suchen. Zumindest dann, wenn man die sich nun entwickelnde eigene Kultur nicht ihrer Dynamik überlassen will und man von der bleibenden Bedeutung der christlichen Welt- und Wertorientierung auch für diese Kultur überzeugt ist. Hiermit deutet sich eine Konstellation an, deren adäquate Beantwortung nicht mehr durch einen einfachen Rückgriff auf überkommene theologische Programme gelöst werden kann. Natürlich hat man auf diesen vielfach aufgebaut. Die Komplexität der theologiegeschichtlichen Situation wäre auch extrem unterbestimmt, würde man die bereits existierenden und oftmals bewährten theologischen Entwürfe als bloß rückwärtsgewandt betrachten. Allein die Möglichkeit, sie in die neue Konstellation einzupassen und umzuformen, spricht für die ihnen inhärierenden neuzeitlichen Potentiale. Doch solange die theologische Weltsicht wie selbstverständlich die eindeutige und einheitliche Weltanschauung verbürgte, bestand keine Nötigung zu einer Revision.[23] Die Ausarbeitung eines neuen theologischen Denkstils wird im letzten Drittel des achtzehnten Jahrhunderts in Angriff genommen, was hier nur

---

[21] Volker Drehsen, Theologia Popularis. Notizen zur Geschichte und Bedeutung einer praktisch-theologischen Gattung, Pastoraltheologie 77 (1988), 2–20, 8. Hervorhebung von mir, CV.
[22] Ebd.
[23] Vgl. Volker Drehsen, Neuzeitliche Konstitutionsbedingungen der Praktischen Theologie. Aspekte der theologischen Wende zur soziokulturellen Lebenswelt christlicher Religion, 2 Bde., Gütersloh 1988, Bd. 1, 91–96.

formelhaft anzudeuten ist. Man wird, *erstens*, die publizistische Herausforderung in die Arbeit der Theologie ausdrücklich integrieren. Man schreibt dabei nicht nur populäre Bücher, sondern man gibt auch traditionellen Gattungen, wie etwa der ‚Dogmatik‘ und ‚Moral‘, eingängigere Überschriften. Ein gutes Beispiel sind die Titel der Arbeiten des bekannten Schülers Siegmund Jacob Baumgartens, der ein führender Vertreter der Neologie war, Gottfried Leß: *Christliche Religions-Theorie fürs gemeine Leben, oder Versuch einer praktischen Dogmatik* (2. Aufl., Göttingen 1780) bzw. *Handbuch der Christlichen Moral und der Allgemeinen Lebens-Theologie. Für Aufge-klärtere* (3. Aufl., Göttingen 1787). Vor allem aber formuliert man, *zweitens*, das apologetische Grundargument um. Das Ziel ist nicht mehr der Ausschluss des Anders-denkenden, sondern seine Reintegration. An der natürlichen Religion hebt man nun nicht mehr ihre soteriologische Unzulänglichkeit hervor, sondern betont ihre innere Affinität zu christlichen Ausdrucks- und Lebensgestalten. Das Programm formuliert Johann Joachim Spalding, der sich 1749, im Anhang zur dritten Auflage seiner *Betrachtungen über die Bestimmung des Menschen*, an seine gebildeten Verächter wendet: „Glaubet nur die natürliche Religion; aber glaubet sie recht. Glaubet sie mit aller der Empfindung und Bewegung, mit allen großen Entschließungen der Andacht und der Heiligung, welche ihre Wahrheit bey einem jeden nachdenken-den und rechtschaffenen Gemüthe erwecken müssen; und dann sey es eurem Ge-wissen überlassen, wie es euch gegen den christlichen Glauben gesinnet machen wird; dann fanget an, die Religion Jesu Christi zu schmähen, wenn ihr könnt“.[24]

Kurzum: Während der letzten hier in den Blick genommenen Beschäftigungen mit der englisch-deistischen Literatur steht die Zeit, in der die Theologie deutlich machen wird, dass das christliche Wahrheitsbewusstsein vor dem humanen Re-chenschaft ablegt und sich nur mit ihm und durch es vollziehen kann, unmittelbar bevor, sie ist aber noch nicht da.[25] Als sich die Ausarbeitung des neuen Denkstils als Grundlage der theologischen Arbeit etabliert hatte, ist die englisch-deistische Lite-ratur weitgehend aus dem Gesichtskreis verschwunden. Sie hat sich historisch über-lebt.

In der Formalität und Äußerlichkeit bzw. Allgemeinheit und Fiktionalität ist über die Jahrzehnte der intellektuellen Auseinandersetzung der ‚Deismus in Eng-land‘ zu einem weltanschaulichen Kampfbegriff geworden. Die unvermittelte Ab-straktheit von dem, was man sich als englischen Deismus vorstellte, gibt den Anfüh-rungen von Autoren und Büchern oder dem Begriff des ‚englischen Deisten‘ ihren eigentümlichen Wert, den Ludwik Fleck als „denksozialen“ beschrieben hat: „sie erwerben magische Kraft, denn sie wirken geistig nicht mehr durch ihren logischen Sinn – ja, oft gegen ihn – sondern durch bloße Gegenwart. … Findet sich solch ein

---

[24] Zit. nach: Horst Stephan (Hg.), Spaldings Bestimmung des Menschen (1748) und Wert der Andacht (1755). Mit einer Einleitung neu herausgegeben, Gießen 1908 (SGNP.Q 1), 35.

[25] Vgl. die Ausführungen über die Lage eine Generation später von Martin Ohst, Der theolo-gie- und kirchengeschichtliche Hintergrund, in: Klaus-M. Kodalle/Martin Ohst (Hrsg.), Fichtes Entlassung. Der Atheismusstreit vor 200 Jahren, Kritisches Jahrbuch der Philosophie 4 (1999), 31–47, 47.

Wort im wissenschaftlichen Text, so wird es nicht logisch geprüft; es macht sofort Feinde oder Freunde".[26] In der klaren Option für oder wider garantieren weltanschauliche Schlagworte die Handlungsfähigkeit ihrer Verwender. Deshalb sind die deutsche Auseinandersetzung mit dem englischen Deismus und die Spuren, die diese auf dem Weg von der Zeitschrift zum Kompendium hinterließ, nicht zu marginalisieren.

Ernst Troeltsch hat den englischen Deismus einmal als Epiphänomen der Aufklärung bezeichnet, die er verbindlich zur „Gesamtumwälzung der Kultur" erklärt hat.[27] Auf die deutsche Beschäftigung mit der englisch-deistischen Literatur lässt sich das Diktum Troeltschs mit Nachdruck anwenden. Das gilt besonders für ihre theologiegeschichtliche Bedeutung. Die Entwicklung der evangelischen Religion und Theologie in Deutschland hat im 18. Jahrhundert nur ganz mittelbar mit der Entstehung und Entfaltung der englischen Religionsphilosophie in Verbindung gestanden. Soviel Präsenz die englische religionsphilosophische Literatur in zentralen Diskussionen der deutschen protestantischen Aufklärungskultur entwickelt hat, sowenig hat man sie sich angeeignet. Soviel man über die englische Literaturbewegung ausgesagt hat, sowenig verdankt sich das der Kenntnis des englischen Deismus selbst. Die Bemerkung von Troeltsch ist aber auch nach ihrer anderen Seite aufzunehmen. Denn ebenso wenig wie die Gesamtumwälzung der Kultur ohne den englischen Deismus auskam, so ist die deutsche theologiegeschichtliche Entwicklung ebenfalls nicht ohne die Auseinandersetzung mit der englisch-deistischen Literatur vor sich gegangen. Man hat den englischen Deismus beobachtet und man hat ihn abgelehnt. Für die Bewältigung eigener Problemlagen hat man ihn nicht für nützlich gehalten und ihn als weltanschaulichen Boten der aufbrechenden Legitimationskrise der Religion und Theologie unter den Bedingungen einer sich ausdifferenzierenden Gesellschaft bekämpft.

Doch dieses weltanschauliche Bewusstsein ist, um es noch einmal zu wiederholen, etwas anderes als das Produkt einer ideengeschichtlichen Wirkung. Historiographisch allerdings ist eben die weltanschauliche Stilisierung der Gegnerschaft von Freigeisterei und Christentum schon früh als Indiz für eine solche gewertet worden. Gotthilf Samuel Steinbart hat in der Vorrede zur ersten Auflage seines *Systems der reinen Philosophie oder Glückseligkeitslehre des Christenthums* (1778) die weltanschauliche Konkurrenz als Movens seiner Arbeit hervorgehoben, ohne jeden Bezug auf den englischen Deismus.[28] Wilhelm Münscher hat dann zwanzig Jahre später im Kontext seiner Darstellung der Rezeption des englischen Deismus in Deutschland

---

[26] LUDWIK FLECK, Entstehung und Entwicklung einer wissenschaftlichen Tatsache. Einführung in die Lehre vom Denkstil und Denkkollektiv, Basel 1935, 49f.

[27] ERNST TROELTSCH, Die Aufklärung (1897), in: ders., Aufsätze zur Geistesgeschichte und Religionssoziologie, Tübingen 1981[2] (= GS 4), 338–374, 339; ders., Der Deismus (1898), in: ebd., 429–487, 434.

[28] GOTTHILF SAMUEL STEINBART, System der reinen Philosophie oder Glückseligkeitslehre des Christenthums für die Bedürfnisse seiner aufgeklärten Landsleute und andrer die nach Weisheit fragen eingerichtet. Zweite, sehr vermehrte Auflage, Züllichau 1780, I–XX, bes. VIIIff.

eine lang anhaltende Tradition eröffnet: „Die interessante Erzählung, welche Steinbart ... über die Entstehung und Bildung seines Systems mitgetheilt hat, kann zu einem Beleg des eben gesagten dienen, und gewiß sind mehr Theologen auf eben
diesem Wege zu ihren veränderten Überzeugungen gelangt".[29]

---

[29] WILHELM MÜNSCHER, Versuch einer historischen Entwicklung der Ursachen und Veranlassungen, durch welche die Dogmatik in dem protestantischen Theile von Deutschland seit der letztern Hälfte des gegenwärtigen Jahrhunderts eine neue Gestalt erhalten hat, in: CARL FRIEDRICH
STÄUDLIN (Hg.), Beiträge zur Philosophie und Geschichte der Religion und Sittenlehre überhaupt und der verschiedenen Glaubensarten und Kirchen insbesondere. Vierter Band, Lübeck
1798, 1–50, 40.

Anhang

Ursachen des Beyfalls, welche Collins Abhandlung vom Freydenken bey so vielen
Lesern erhalten hat [109–118]
Anzeige derjenigen Schriften, Journale und Monathsschriften, in welchen man Aus-
züge und mehrere Nachricht von des Collins Buch antrift [118–119]
Nachrichten von den Englischen Ausgaben der Abhandlung vom Freydenken [119–
126]
Von den französischen Uebersetzungen dieser Abhandlung [126–155]
Widerlegungen von der Abhandlung von der Freyheit zu denken [155–587]
Ungenannte Gegner [157–198]
Gegner Collins, die sich genennet haben [198–587]
Des sechsten Abschnitt zweyte Abtheilung. Schutzschriften und Nachahmungen des
Buchs von der Freyheit zu denken [587–644]

Zweyter Theil (1766)
Schriften und Einwürfe gegen die Christliche Religion, und den geistlichen Stand, welche der
Engelländische Freydenker MATTHÄUS TINDAL ans Licht gestellt hat [1–703]

Erster Abschnitt, von Tindals Vertheidigung der Rechte der Christlichen Kirche [6–58]
[The Rights of the Christian Church asserted (London 1706)]
Historische Umstände von dieser Schrift [7–10]
Veranlassung zu dieser Schrift [10–13]
Absicht und Innhalt [13–21]
Urtheile und Recensionen [21–23]
Des ersten Abschnitts erste Abtheilung, welche von Tindals Vertheidigung seines vor-
hergehenden Buches von den Rechten der Christlichen Kirche handelt [24–31]
Des ersten Abschnitts, andere Abtheilung [31–58]
I. Ungenannte Gegner Tindals [31–33]
II. Gegner, die ihren Namen vor ihre Widerlegungen gesetzt haben [33–58]

Zweyter Abschnitt von Tindals Zuschrift an die Londonischen Einwohner [58–62]

Dritter Abschnitt, in welchem Tindals Beweis, daß das Christenthum so alt als die Welt
sey, betrachtet, beurtheilt, und widerlegt wird [62–680]
[Christianity as old as the Creation (London 1730)]
Historische Umstände von diesem Buche [62–67]
Absicht und Einrichtung dieses Buches [67–80]
Innhalt des Tindalischen Buches [80–118]
Recensionen und Urtheile über dieses Buch des Tindals [118–120]
Des dritten Abschnitts, erste Abtheilung. Ungenannte Vertheidiger der Christlichen
Religion gegen Tindaln [120–183]
Des dritten Abschnitts, zweyte Abtheilung. Gegner Tindals, die ihren Namen vor ihre
Vertheidigungsschriften der Christlichen Religion gesetzt haben [183–681]
Vierter Abschnitt. Von Tindals zweyten Sendschreiben an die Einwohner zu London &c.
[681–683]

Fünfter Abschnitt. Von Tindals Untersuchung über das canonische Ansehen des Evangelii
St.Matthäi [683–694]

Vierter Theil (1767)
Fortsetzung und Beschluß der Freydenkerischen Schriften und Einwendungen gegen die
Christliche Religion und den geistlichen Stand welche der Irländische Freydenker JOHANN
TOLAND ans Licht gestellt hat [1–472]

Literaturverzeichnis

1. Ungedruckte Quellen

Riksuniversiteit Leiden – BPL 751   Briefe von Johann Lorenz Mosheim an Sigebert Haverkamp (1719–1722)

2. Gedruckte Quellen

2.1. Zeitschriftenliteratur

Die Zeitschriftennachrichten sind alphabetisch nach Zeitschriften und dann chronologisch geordnet. Originaltitelangaben sind nur übernommen, insoweit sie aussagekräftig sind, ansonsten folgt in eckigen Klammern [] eine Kurzbeschreibung. Auf eine feste Kategorisierung wurde verzichtet. Wenn nicht anders angegeben, sind die Nachrichten anonym. Zugewiesene Autoren stehen in geschweiften Klammern { }.

Acta Eruditorum – AE (Leipzig)

AE (1696), 463–469: {G. OLEARIUS}, [Rez.] The Reasonableness of Christianity, as delivered in the Sciptures, h.e. Religionis Christianae, prout in S. Literis traditur, Rationalitas, Londini … 1665 (sic!)

AE (1696), 469–474: {G. OLEARIUS}, [Sammelrez.] A vindication of the Reasonableness of Christianity &c. h.e. Vindicae libri de Christianae Religionis Rationalitate, contra imputationes Johannis Eduardi. Londini, 1695 … Socianism unmask'd h.e. Socinianismus delarvatus … Autore Joanne Eduardi … Londini … 1696

AE (1697), 442–449: {G. OLEARIUS}, [Rez.] An Account of Reason and Faith &c. Hoc est Rationis et Fidei … Autore Ioanne Norris … Londini … 1697

AE (1698), 341–342: {G. OLEARIUS}, [Rez.] A second Vindication of the Reasonableness of Christianity h.e. Repetitae libri de Rationalitate Religionis Christianae Vindicae … Londini … 1697

AE (1699), 12–19: {G. OLEARIUS}, [Sammelrez.] A Lettre to the Bishop of Worcester h.e. Litterae ad virum max. rever. Eduardum episcopum Vigorniensis, quibus loca quaedam libri sui de mente humana ab illo examinata vindicat Jo. Locke. Londini … 1697 … The Bishop of Worcester's answer i.e. Eduardi Vigorniensis responsoria ad litteras Lockii. Londini … 1697

AE (1700), 371–379: [Rez.] The Life of John Milton &c. id est, Vita Johannis Miltoni, continens praeter operum ejus historiam, characteres extraordinarios hominum, librorum item, sectarum, partium & opinionum. Londini … 1699

AE (1709), 248–253: {W. WILCKE}, [Rez.] Adeisidaemon sive Titus Livius a superstitione vindicatus, Autore J. Tolando. Annexae sunt ejusdem origines Judaicae. Hagae … 1709

AE (1709), 353–355: [Rez.], The Doctrin of Faith an Justification … hoc est, Doctrina fidei et justificationis dilucidata a Joanne Edwards … Londini … 1708

AE (1710), 476–481: {CHR. WOLFF}, [Rez.] Defensio Religionis, nec non Mosis & Gentis Judaicae, contra duas Dissertationes Joh. Tolandi; Autore JACOBO FAYO … Ultrajectino … 1709

AE (1711), 474–480: {CHR. WOLFF}, [Rez.] Some familiar lettres between Mr. Locke and several of his Friends. h.e. Epistolae Familiares Lockii et nonnullorum Amicorum ejus. Londini … 1708

AE (1714), 229–241: {J.C. BIEL}, [Rez.] A Discourse of Free-Thinking. i.e. Discursus de cogitandi libertate, scriptus ocassione ortus & progressus Sectae libere Cogitantes apellatae. Londini, 1713

AE (1714), 289–293: {J.F. BURG}, [Rez.] A brief Enquiry into Free-Thinking in Matters of Religion. i.e. Brevis Disquisitio de libertate Philosophand in rebus ad Religionem spectantibus … Autore SAMUELE PYCROFT … Cantabrigiae … 1713

AE (1714), 312–320: {J.C. BIEL}, [Rez.] Remarks upon a late Discourse of Free-Thinking. i.e. Animadversiones in nuperum Discursum de Cogitandis libertate, in Epistola ad F.H.D.D. Autore Philoleuthero Lipsiensi. Londini … 1713

AE (1715), 5–12: {J.C. BIEL}, [Rez.] Remarks upon a late Discourse of Free-Thinking. i.e. Animadversiones in nuperum Discursum de Cogitandis libertate, in Epistola ad F.H.D.D. Autore Philoleuthero Lipsiensi. Londini … 1713, Pars II.

AE (1715), 485–489: {J.A. HEUMANN}, [Rez.] Irenaei Fragmenta Anecdota … Autore C.M. Pfaff. Hague … 1715

AE (1717), 447–448: {CHR. WOLFF}, [Rez.] A Philosophical Inquiry concerning human liberty &c. hoc est Disquisitio Philosophica de libertate humana. Editio secunda correctior. Londini … 1717

AE (1717), 448: {CHR. WOLFF}, [Rez.] A Vindication of Mankind, or Freewill asserted. hoc est, Vindicatio generis humani, seu liberum arbitrium assertum. Londini … 1717

AE (1717), 448–450: {CHR. WOLFF}, [Rez.] Remarks upon a book entitul'd: A Philosophical Enquiry &c. hoc est, Animadversiones in librum, cui titulus: Philosophica disquisitio de libertate humana. Autore SAMUELE CLARKIO … Londini … 1717

AE (1722), 492–495: {M. MINDENIUS}, [Rez.] Vindicae Antiquae Christianorum disciplinae, adversus JO. TOLANDUM. Accedit de vita, fatis & scriptis Tolandi commentatio JO. LAURENTII MOSHEIM. Hamburgi … 1722

AE (1729), 308–320: [Rez.] A Collection of several pieces of Mr. John Toland with some memoirs of his Life and Writings &c. h.e. Collectio Variorum Opusculorum JOHANNIS TOLANDI, cum Commentariis Vitam & Scripta ipsius attinentibus &c. Londini … 1726

AE (1729), 356–368: [Rez.] Recensio operum variorum Jo. Tolandi continuata. Conf. Act. Erud. A. 1729, M. Jul. pag. 308.

AE (1730), 534–544: [Rez.] A Vindication od the Defense of Christianity from the Prophecies of the Old Testament in answer to the Sheme (sic!) of literal prophecy &c. h.e. Vindicae Apologia pro re christiana, ex vaticiniis Vet. Testamenti concinnatae, quibus Autori Schematis vaticiniorum secundum literam explicatorum respondetur a Viro Summe Rev. EDUARDO … TOMI II. Londini … 1728

AE (1731), 252–261: [Rez.] Christianity as old as the Creation: or the Gospel a Republication of the Religion of Nature. h.e. Religio Christiana aeque antiqua ac creatio: sive, Evangelium nova religionis naturalis promulgatio. VOLUMEN I. Londini … 1730

Acta Eruditorum Supplementa – AE Suppl. (Leipzig)

AE Suppl. (1721, Tom.VII), 286–294: [Rez.] Nazarenus: or, Jewish, Gentile and Mahometan Christianity, with the relation of an Irish Manuscript of the Four Gospels &c. i.e. Nazarenus: sive Judaicus, Gentilis & Muhammedicus Christianismus, una cum recensione MSCti cujus dam Hybernici quatuor Evangeliorum & appendice; Autore TOLANDO. Londini … 1718

AE Suppl. (1724, Tom.VIII), 107–115: [Rez.] Remarks upon Nazarenus &c. id est, Animadversiones in Nazarenum, in quibus falsitas Evangelii Muhammedici & recensionis, qua TOLANDUS Muhammedanorum de Christiana religione opiniones exhibuit, ostenditur; Autore THOMA MANGEY … Londini … 1719

AE Suppl. (1729, Tom.IX), 445–449: [Rez.] The Scheme of Literal Prophecy. h.e. Schema Prophetiae Literalis, consideratum in repraesentatione controversiae recentissimae, cui occasionem dedit libellus, sub titulo: Discursus de fundamentis & rationibus religionis christianae. Londini, 1727

AE Suppl. (1729, Tom.IX), 449–455: [Rez.] A Discourse on the Miracles of our Saviour &c. hoc est, Discursus de Miraculis Salvatoris nostri in ratione ad praesentum controversiam inter Infideles & Apostatas; Autore THOMA WOOLSTONIO, … Londini … 1727

AE Suppl. (1734, Tom.X), 503–512: [Rez.] Les Temoins de la Resurrection de Jesus Christ examinez & jugez selon les regles du Barreau &c. h.e. Testes Resurrectionis Jesu Christi examinati & judicati secundum regulas forenses; … Hagae … 1732

Acta Historico-Ecclesiastica (Weimar)
Acta Historico-Ecclesiastica (1755, 109.Theil), unpag.: Vorrede von den neuesten zur Kirchenhistorie gehörigen Schriften

Acta Philosophorum (Halle)
Acta Philosophorum (1716), 972–1031: Lebens-Beschreibung Ioanis Lockii

Allgemeine deutsche Bibliothek – AdB (Berlin)
AdB (1766, Bd. 2, St.2), 160–165: {F.G. Resewitz}, [Rez. U.G. Thorschmid, Versuch einer vollständigen Engelländischen Freydenker-Bibliothek, Theil 1, Halle 1765]
AdB (1767, Bd. 5, St.1), 231–233: [Rez. U.G. Thorschmid, Versuch einer vollständigen Engelländischen Freydenker-Bibliothek, Theil 2, Halle 1766]
AdB (1767, Bd. 5, St.1), 237–238: [Rez. U.G. Thorschmid, Versuch einer vollständigen Engelländischen Freydenker-Bibliothek, Theil 3, Cassel 1766]

Aufrichtige und Unpartheyische Gedancken über die Journale (Leipzig)
Aufrichtige und Unpartheyische Gedancken (1715), 74–77: [zu: DAE (1713, 19.Theil), 607–644]
Aufrichtige und Unpartheyische Gedancken (1715), 783–808: Theologica [zu: Anthony Collins, A Discourse of Free-Thinking]
Aufrichtige und Unpartheyische Gedancken (1716), 432–446: Vorrede, von der Satyrischen Schreib-Art und derselben Mißbrauche

Auserlesene Theologische Bibliothek – ATB (Leipzig)
ATB (1725), 92: [Rez. Thomas Sherlock, The use and intent of Prophecy, London 1725]
ATB (1727), 1123–1127: [Rez.] A collection of several Pieces of Mr. John Toland … London … 1726
ATB (1728), 977–979: [Rez.] A third Discourse on the Miracles of our Saviour … By Tho. Woolston … Lond. 1728
ATB (1729), 114.136: [Rez.] La Religion Chrétienne demonstrée pa la Resurrection de nôtre Seigneur Jesus-Christ, par Mr. Homfroi Ditton. Traduit de l'Anglois par A.D.L.C. à Amsterd. … 1728
ATB (1731), 464–466: [Rez.] C.G. Joecheri, … Examen Paralogismorum Thomae Woolstoni de miraculis Christi. Lipsiae … 1730
ATB (1732), 342–351: [Rez.] Vertheidigung der Wunder-Wercke des HErrn JEsu wider Woolston … Dreßden, und Leipzig … 1732
ATB (1732), 613–614: [Nachricht zu Th. Smallbruck,] A Vindication of the Miracles of Christ [o.J.]
ATB (1734), 517–541: [Rez.] A Defence of reveal'd Religion, by John Conybeare, D.D. Lond. 1732
ATB (1735), 758–772: [Rez.] Revelation examin'd with Candour. Or, a fair enquiry into the sense and use of the several Revelations &c. London 1733
ATB (1736), 933–965: [Rez.] The gradual Revelation of the Gospel … by William Berrimann (sic!) &c. … London 1733

Ausführlicher Bericht von allerhand neuen Büchern und anderen Dingen (Frankfurt/Leipzig)
Ausführlicher Bericht von allerhand neuen Büchern (1709), 583–588: [Rez.] Adeisidaemon, sive Titus LIVIUS a superstitione vindicatus, auctore Joh. TOLANDO. Annexae sunt ejusdem Ori-

gines Judaicae. Das ist: Titus Livius Vom Aberglauben vertheidiget von Joh. Toland. Diesem ist eines desselben Epistel von dem Ursprunge der Jüden beygefüget. Haag 1708 (sic!)

Bibliotheca Historico-Philologico-Theologica (Frankfurt/Leipzig/Bremen)
Bibliotheca Historico-Philologico-Theologica (1718), 934: [Anzeige: J. Toland, Nazarenus (1718)]
Bibliotheca Historico-Philologico-Theologica (1720), 354–356: [Sammelrez. J. Toland, Nazarenus (1718)]
Bibliotheca Historico-Philologico-Theologica (1720), 894–908: [Rez.] Joh. Laur. Mosheim, Vindiciae Antiquae Christianorum Disciplinae adversus celeberrimi viri JOHANNIS TOLANDI, Hiberni, NAZARENUM, Kiel 1720
Bibliotheca Historico-Philologico-Theologica (1721, Cl.IV Fasc.6), 1090: [Anzeige: J. Toland, Pantheisticon (1720)]
Bibliotheca Historico-Philologico-Theologica (1721, Cl.V Fasc,1), 173–174: [Rez. J. Toland, Pantheisticon (1720)]
Bibliotheca Historico-Philologico-Theologica (1721, Cl.V Fasc.2), 377: [Rez. J. Toland, Tetradymus (1720)]
Bibliotheca Historico-Philologico-Theologica (1721, Cl.V Fasc.4), 734–735: [Rez.] Joh. Laur. Mosheim, Vindiciae Antiquae Christianorum Disciplinae adversus celeberrimi viri JOHANNIS TOLANDI, Hiberni, NAZARENUM, Hamburg 1722 [Zweite Auflage]
Bibliotheca Historico-Philologico-Theologica (1723), 368–369: [Rez. J. Toland, Tetradymus (1720)]

Bibliotheque Angloise (Amsterdam)
Bibliotheque Angloise (1717, Tom.I Part.II), 413–446: [Rez. R. Bentley, Remarks upon a late Discourse of Free-Thinking (5.Aufl., 1716)]
Bibliotheque Angloise (1720, Tom.VII Part.II), 550: [Nachricht zu J. Toland, Pantheisticon (1720)]
Bibliotheque Angloise (1720, Tom.VIII Part.II), 285–311: [Rez. J. Toland, Pantheisticon (1720)]
Bibliotheque Angloise (1728, Tom.XV Part.II), 519–536: [Rez. Th. Woolston, A Discourse on the Miracles of our Saviour (1727)]

Bibliotheque raisonée (Amsterdam)
Bibliotheque raisonée (1730, Tom.V Part.II), 251–282: [Rez. M. Tindal, Christianity as old as the Creation (1730)]
Bibliotheque raisonée (1731, Tom.VI Part.I), 5–44: [Forts. v. Bibliotheque raisonée (1730, Tom.V Part.II), 251–282]
Bibliotheque raisonée (1731, Tom. VII Part.II), 291–329: [Rez. J. Foster, The Usefulness, Truth and Excellency of the Christian Revelation (1730)]
Bibliotheque raisonée (1732, Tom.VIII Part.II), 243–302: [Forts. v. Bibliotheque raisonée (1731, Tom. VII Part.II), 291–329]
Bibliotheque raisonée (1732, Tom.IX Part.I), 5–65: [Forts. v. Bibliotheque raisonée (1732, Tom.VIII Part.II), 243–302]

Deutsche Acta Eruditorum – DAE (Leipzig)
DAE (1713, 19.Theil), 607–644: [Rez.] Melange de Remarques contre Mr. Toland. Das ist: Verschiedene Critische, Historische, Philosophische und Theologische Anmerckungen über Mr. Tolands zwey Tractate vom Aberglauben und Ursprunge der Juden, durch Elias Benoist ... Delft ... 1712
DAE (1714, 23.Theil), 959–996: [Rez.] Fortsetzung der Nachricht von Mr. Benoist Melange de Remarques contre Mr. Toland
DAE (1714, 28.Theil), 279–307: [Rez.] Discours sur la liberté de penser. Das ist: Discurs von der Freyheit im Dencken, welcher bey der Gelegenheit einer neuen Secte, die aus solchen Freydenckenden bestehet, verfertiget worden, aus dem Englischen übersetzt. Londen, 1714

DAE (1721, 75.Theil), 196–221: Ubersetzung des I. Articuls aus dem II. Theile des VIII. Tomi der Englischen Bibliothec p. 285 [scil. Bibliotheque Angloise (1720, Tom.VIII Part.II), 285–311]

DAE (1732, 167.Theil), 810–823: [Rez.] Die Wahrheit der Christlichen Religion aus der Auferstehung JEsu erwiesen durch Humfredum Ditton … Braunschweig 1732

DAE (1734, 182.Theil), 77–105: [Rez.] Christianity as old as the Creation. Das ist: Daß das Christenthum so alt als die Schöpffung der Welt, oder daß die Predigt von der Gnade, eine wiederholte Vorschrifft der natürl. Glaubens-Lehre sey &c. Londen, 1731

DAE (1734, 183.Theil), 153–174: [Rez.] An Essay upon the usefulness of Revelation, notwithstanding the greates excellence of human Reason &c. Das ist: Versuch eines Beweises, daß die Offenbahrung, der Vortre|llichkeit der menschlichen Vernunfft, ohngeachtet, höchst nützlich sey &c. ausgefertiget von Christoph Robinson … zu Londen 1733

DAE (1734, 184.Theil), 274–295: [Rez.] A Second Essay upon the Natur, Manner and End of christian Revelation &c. Das ist: Der andere Versuch, von der Beschaffenheit, Weise und Endzweck der christlichen Offenbahrung &c. ausgefertigt von Christoph Robinson … Londen 1733

DAE (1734, 185.Theil), 305–335: [Rez.] An Answer to a late Book intituled, Christianity as old as the Creation &c. Das ist: Beantwortung eines ohnlängst unter der Aufschrift: das Christenthum so alt als die Schöpffung, ausgefertigten Buches, verfasset von Joh. Leland &c. der 1ste Theil. Dublin 1733

DAE (1734, 187.Theil), 505–529: [Rez.] Fortsetzung des Auszugs aus Herrn Leland Beantwortung, des ohnlängst ausgefertigten Buchs, daß das Christenthum so alt als die Schöpffung sey.

DAE (1734, 188.Theil), 578–606: [Rez.] A Defence of Reveal'd Religion. Das ist: Vertheidigung der geoffenbarten Glaubens-Lehre, gegen die Einwürffe, so ohnlängst iemand in einem Buch gemacht, so er, unter der Aufschrift: das Christenthum so alt als die Schöpffung, ausgefertiget: von Johann Conybeare, … Londen 1732

DAE (1735, 191.Theil), 787–807: [Rez.] Remarks on a Book intituled: Christianity as old as the Creation, with Regard to Ecclesiastical Antiquity. das ist: Einige Alterthümer der Kirchen betreffende Anmerckungen über ein Buch, so unter der Aufschrift: das Christentum so alt als die Schöpffung, heraus gekommen: ausgefertiget von einem Geistlichen der hohen Schule zu Cambridge. Cambridge 1732

DAE (1735, 193.Theil), 50–71: [Rez.] Remarks on a Book intituled: Christianity as old as the Creation, with Regard to Ecclesiastical Antiquity. das ist: Einige Alterthümer der Kirchen betreffende Anmerckungen über ein Buch, so unter der Aufschrift: das Christentum so alt als die Schöpffung, heraus gekommen: ausgefertiget von einem Geistlichen der hohen Schule zu Cambridge &c. Fortsetzung des ersten Theils, Cambridge 1733

DAE (1736, 205.Theil), 42–60: [Rez.] A third Essay: Schewing (sic!), that de (sic!) christian Morality is agreable (sic!) to the Nature and End of the christian Revelation. Das ist: Ein dritter Versuch: darinne gezeiget wird, daß die christliche Sitten-Lehre mit dem Wesen und Endzweck der christlichen Offenbarung einstimmig sey: Ausgefertigt von Christoph Robinson … Londen 1734

DAE (1736, 209.Theil), 339–358: [Rez.] Essay the fourth, or the Authority, Use and Importance of the Clergy. d.i. Der vierte Versuch, von dem Ansehen, Nutzbarkeit und Wichtigkeit der Geistlichen herausgegeben von Christoph Robinson … London 1735

DAE (1737, 212.Theil), 596–608: [Rez.] Present or future Happiness The (sic!) Result of All. Das ist: Der fünffte Versuch: Oder daß die gegenwärtige oder zukünftige Glückseligkeit, zu Ende der gantzen Rechnung heraus komme, ausgefertiget von Christoph Robinson … London 1736

Fortgesetzte Sammlung [vorher: Unschuldige Nachrichten] – FoSa (Leipzig)

FoSa (1720), 284: [Rez.] Pantheisticon. Cosmopoli, 1720

FoSa (1720), 1048: [Rez.] Tetradymus, by Mr. Toland. Londen, 1720

FoSa (1722), 647–679: Joh. Christoph Schüßlers Kurtze Nachricht von dem Leben und den Schrifften des beruffenen Johanns Tolandi

FoSa (1723), 742–744: [Rez.] Jo. Laur. MOSHEMII, Vindiciae antiquae Christianorum disciplinae adversus Jo. Tolandi Nazarenum. Hamburg, 1722

FoSa (1724), 660: [Rez.] A discourse of the Grounds & Reasons of the Christian Religion. Londen; 1724

FoSa (1724), 858–864: {V.E. LOESCHER}, Anmerkung über Arthur Collins Buch von der Free-thinking

FoSa (1724), 899–918: M.J.C.K., Zufällige Gedancken dritte Probe

FoSa (1725), 606: [Rez.] The literal Accomplissement (sic!) of Scripture Prophecies. by W. WHI-STON. Londen, 1724

FoSa (1728), 984–985: [Nachricht zu Thomas Woolston]

FoSa (1728), 1183–1184: [Rez.] A third Discourse of the Miracles of our Saviour … By Thomas Woolston … Londen, 1728

FoSa (1729), 1315: [Nachricht über Eduard Chandler gegen Anthony Collins, Scheme of literal Prophecy (1726)]

FoSa (1729), 1316: [Rez.] A Vindication of the literal sense of the Miracles of Christ. Londen, 1729

FoSa (1729), 1041–1042: [Nachricht zu Thomas Woolston]

FoSa (1731), 593–594: [Rez.] Des Bischoffs von Londen Pastoral-Schreiben an seine Dioeces. Hannover, 1729

FoSa (1731), 786–787: [Rez.] The Miracles of Jesus vindicated. Londen, 1729

FoSa (1732), 664–666: [Rez.] Les Temoins de la Resurrection de Jesus Christ examinés & jugés. Haag, 1732

FoSa (1733), 262–264: [Rez.] Humphrey DITTONS Wahrheit der Christlichen Religion aus der Auferstehung Christi bewiesen. Braunschweig 1732

FoSa (1733), 803–804: [Rez.] Vertheidigung der Wunderwercke JEsu. Dresden, 1732

FoSa (1733), 1093: [Rez.] Untersuchung der Connexion zwischen der Lehre und den Wunder-wercken JEsu. Leipzig, 1732

FoSa (1734), 523: [Rez.] Johann Enticks Gewißheit der Christlichen Religion aus geschehenen Dingen. Leipzig … 1734

FoSa (1734) 657–660: [Nachricht: Peter Hanssen, De differentia Religionem Naturalem (1733)]

FoSa (1735), 108–109: [Rez.] Christiani KORTHOLTI De Matth. Tindalio Dissertatio. Leipzig, 1734

FoSa (1735), 233–235: [Rez.] An Essay upon the usefulness of the Revelation, by Christoph RO-BINSON. London, 1733

FoSa (1738), 290–307: Weyland Hrn. Barons, Gottfried Wilhelm von Leibnitz, Anmerckungen über Joh. Tolandi gottloses Buch Christianism not mysterious

FoSa (1743), 208–209: [Rez.] La Liberté de penser defendue. 1717

FoSa (1745), 539–542: {V.E. LOESCHER}, [Rez.] Discours sur la Liberté de penser. London, 1717

Franckfurtische Gelehrte Zeitungen (Frankfurt)

Franckfurtische Gelehrte Zeitungen (1741, Nr. 30), 174–177: [Rez. (M. Tindal), Beweiß, das das Christenthum so alt als die Welt sey (1741)]

Freywillige Heb-Opfer (Berlin)

Freywillige Heb-Opfer (1715, 9. Beytrag), 788–804: Alethophili, Kurtzes Send-Schreiben, von der falschen Glaubens-Freyheit in Religions-Sachen

Freywillige Heb-Opfer (o.J., 41. Beytrag), 3–121: Continuation von Friederich Wagners, Refle-xionen über das erste Geheimniß Neuen Testaments &c.

Die Gelehrte Fama (Leipzig)

Die Gelehrte Fama (1711), 85–86: [Rez.] Palaestina terrarum decus, Benevolo superiotum indul-tu, occassione Ezech. XX,6.15 ab iniquis Tolandi criminationibus vindicata, ac publico erudito-rum examini exhibita a M. Joh. Benjamin Martini… & Godehardo Georg. Schrader

Die Gelehrte Fama (1711), 475: [Rez.] Cultum Dei rationalem ex Rom. XII.1. succinte descrip-tum sub moderamine D. Joh. Frid. Mayeri &c. defendent M. Jacobo Staalkopff & Christ. Hint-zius

Die Gelehrte Fama (1713), 8–10: [Rez.] de Usu Mysteriorum in Praxi vitae Christianae Praeside D. Jo. Francisc. Buddeo disputabat M. Gottfried Hecking
Die Gelehrte Fama (1718), 146–148: [Rez.] Dissert. inaug. de Evangeliis sub Anastasio Imperatore non corruptis pro Loco in Fac. Theol. obtinendo defendit Christoph. Matth. Pfaffius ... respond. M. Georg. Bernh. Bulffinger

Göttingische Zeitungen von gelehrten Sachen (Göttingen)
Göttingische Zeitungen (1741, 23.St.), 189–191: [Rez. (M.Tindal), Beweiß, daß das Christenthum so alt als die Welt sey (1741)]
Göttingische Zeitungen (1748, 17.St.), 136: [Rez. C.G. Grundig, Geschichte und wahre Beschaffenheit der heutigen Deisten (1748)]
Göttingische Zeitungen (1750, 99.St.), 792: [Rez. C.G. Grundig, Geschichte und wahre Beschaffenheit der heutigen Deisten, 2.Aufl. (1749)]

Hamburgische Berichte (Hamburg)
Hamburgische Berichte (1733, No.77), 639–640: [Anzeige: H. Ditton, Die Wahrheit der Christlichen Religion, 2. Aufl. (1734)]
Hamburgische Berichte (1734, No. 67), 559–560: [Anzeige: dt. Übersetzung v. P. Delany, Revelation examin'd with Candour (1733)]
Hamburgische Berichte (1742, No.68), 547–548: [Rez. H. Ditton, die Wahrheit der Christlichen Religion, 3. Aufl. (1742)]

Histoire des Ouvrages des Savans (Rotterdam)
Histoire des Ouvrages des Savans (1697), 310–321: [Rez.] Christianity not mysterious ... by John Toland, London 1696

Journal Literaire (Den Haag)
Journal Literaire (1713), 473–475: [Nachricht zu A. Collins, Discourse of Free-Thinking (London 1713)]

Museum Historico-Philologico-Theologica [vorher: Bibliotheca Historico u.s.w.] (Bremen)
Museum Historico-Philologico-Theologica (1728, Vol.I Par.II), 373: [Anzeige] A third Discourse on the Miracles of our SAVIOUR ... By Tho. WOOLSTON ... Cambridge ... 1728

Nachrichten von einer hallischen Bibliothek – NhB (Halle)
NhB (1748, 1.Bd., 6.St.), 479–483: [Rez. Th. Woolston, A Discourse on the Miracles of our Saviour (6.Aufl., 1729)]
NhB (1748, 1.Bd., 6.St.), 483–486: [Rez. Th. Woolston, A second Discourse (4.Aufl. 1729)]
NhB (1748, 1.Bd., 6.St.), 486–487: [Rez. Th. Woolston, A third Discourse (4.Aufl. 1729)]
NhB (1748, 1.Bd., 6.St.), 487–488: [Rez. Th. Woolston, A fourth Discourse (4.Aufl. 1729)]
NhB (1748, 1.Bd., 6.St.), 488: [Rez. Th. Woolston, A fifth Discourse (3.Aufl. 1729)]
NhB (1748, 1.Bd., 6.St.), 489–490: [Rez. Th. Woolston, A sixth Discourse (2.Aufl. 1729)]
NhB (1748, 1.Bd., 6.St.), 490–492: [Rez. Th. Woolston, Defence of his Discourses, part one (3.Aufl. 1729)]
NhB (1748, 1.Bd., 6.St.), 492–493: [Rez. Th. Woolston, Defence of his Discourses, part two (1730)]
NhB (1748, 1.Bd., 6.St.), 493–501: [Rez. Th. Woolston, The old Apology for the Truth of the Christian Religion (1705)]
NhB (1748, 1.Bd., 6.St.), 501–506: [Rez. Th. Woolston, A Free-Gift to the Clergy (1722)]
NhB (1748, 1.Bd., 6.St.), 506–509: [Rez. Th. Woolston, A second Free-Gift to the Clergy (o.J.)]
NhB (1748, 1.Bd., 6.St.), 509: [Rez. Th. Woolston, A third Free-Gift to the Clergy (o.J.)]
NhB (1748, 1.Bd., 6.St.), 509: [Rez. Th. Woolston, A fourth Free-Gift to the Clergy (1724)]
NhB (1748, 1.Bd., 6.St.), 510–511: [Rez. Th. Woolston, The Ministry of the Lettre vindicated (1724)]

NhB (1748, 1.Bd., 6.St.), 512–514: [Rez. Th. Woolston, Dissertatio de Pontii Pilati (1720)]

NhB (1748, 1.Bd., 6.St.), 514–520: [Rez. Th. Woolston, The exact Fitness of the Time (1722)]

NhB (1748, 1.Bd., 6.St.), 520–522: [Rez. Th. Woolston, A Defence of the Miracles of the thundering Legion (1726)]

NhB (1748, 1.Bd., 6.St.), 522–525: [Rez. Th. Woolston, A Lettre to the Rev. Dr. Bennet (1720)]

NhB (1748, 1.Bd., 6.St.), 525–529: [Rez. Th. Woolston, A second Lettre to the Rev. Dr. Bennet (1721)]

NhB (1748, 1.Bd., 6.St.), 529–531: [Rez. Th. Woolston, An Answer to Aristobulus's two Lettres to Dr. Bennet (1721)]

NhB (1748, 1.Bd., 6.St.), 531–535: [Rez. Th. Woolston, The Moderator (3.Aufl. 1729)]

NhB (1748, 1.Bd., 6.St.), 535–536: [Rez. Th. Woolton, A Supplement to the Moderator (1725)]

NhB (1748, 1.Bd., 6.St.), 536–537: [Rez. Th. Woolston, A second Supplement to the Moderator (1725)]

NhB (1748, 1.Bd., 6.St.), 537–540: [Rez. Th. Woolston, Origenis Adamanti Renati (1720)]

NhB (1748, 1.Bd., 6.St.), 540–542: [Rez. Th. Woolston, Origenis Adamanti Epistola secunda (1720)]

NhB (1748, 2.Bd., 8.St.), 133–147: [Rez. A. Collins, Discourse of Free-Thinking (frz. Ausgabe 1714)]

NhB (1748, 2.Bd., 9.St.), 268–280: [Rez. A. Collins, Priestcraft in Perfection (1709)]

NhB (1748, 2.Bd., 10.St.), 354–382: [Rez. A. Collins, A discourse on the Ground and Reasons of the Christian Religion (1724)]

NhB (1748, 2.Bd., 11.St.), 441–476: [Rez. A. Collins, The Scheme of literal Prophecy (1726)]

NhB (1749, 3.Bd., 16.St.), 299–302: [Rez. An historical Account of the Life and Writings of John Toland (1722)]

NhB (1749, 3.Bd., 16.St.), 302–310: [Rez. J. Toland, Lettres to Serena (1704)]

NhB (1749, 3.Bd., 16.St.), 311–320: [Rez. J. Toland, Christianity not mysterious (Ausg. v. 1702)]

NhB (1749, 3.Bd., 16.St.), 320–330: [Rez. J. Toland, Nazarenus (1718)]

NhB (1749, 3.Bd., 16.St.), 330–333: [Rez. J. Toland, Adeisidaemon (1709)]

NhB (1749, 3.Bd., 16.St.), 334–343: [Rez. J. Toland, A Collection of several pieces (1726)]

NhB (1749, 4.Bd., 23.St.), 448–454: [Rez. M. Tindal, Christianity as old as the Creation (1730)]

Nachrichten von merkwürdigen Büchern – NmB (Halle)

NmB (1756, 9.Bd., 52.St.), 328–341: [Rez. J. Foster, Usefulness, truth an excellency of the christian Religion (1730)]

NmB (1756, 9.Bd., 52.St.), 342–357: [Rez. J. Conybeare, A Defence of revealed Religion (1732)]

NmB (1756, 9.Bd., 52.St.), 357–360: {S.J. BAUMGARTEN}, [Rez. J. Leland, An Answer to a late Book (1730)]

Nachrichten von den neuesten Theologischen Büchern und Schrifften (Jena/Leipzig)

Nachrichten von den neuesten Theologischen Büchern und Schrifften (1741, Bd. 1, 2.St.), 111–127: [Rez. (M.Tindal), Beweiß, daß das Christenthum so alt als die Welt sey (1741)]

Neue Bibliothec (Frankfurt/Leipzig)

Neue Bibliothec (1709), 45–48: [Rez.] Defensio Religionis nec non Mosis & Gentis Judaicae contra duas J. Tolandis Dissertationes. d.i. Vertheidigung der Religion / Mosis und des Jüdischen Volcks / gegen Johann Tolands 2. Schrifften / davon die eine Adeisidaemon die andere Antiquitates Judaicae genennet wird / durch Jacob Fay. Utrecht ... 1709

Neue Bibliothec (1713), 375–407: {N.H. GUNDLING}, [Rez.] Melange des remarques critiques, historiques, philosophiques, theologiques, sur les deux dissertations de M. Tolland intitulée l'une l'homme sans superstition & l'autre les origines Judaiques par Elie BENOIT ... Das ist Eliae Benoit ... vermischte Critische / Historische / Philosophische / und Theologische Anmerckungen über zwey Dissertationes des Herrn Tolland / davon die eine der Mensch ohne Aberglauben / die andere Jüdische Ursprünge betitelt worden. Delft ... 1712

Neue Bibliothec (1714), 323–339: {N.H. GUNDLING}, [Rez.] Discours sur la LIBERTE DE PENSER librement. Das ist: Discurs über die Freyheit zugedencken. Londen 1714

Neue Bibliothec (1718), 214–218: [Auszug aus: Bibliotheque Angloise (1717, Tom.I Part.II), 413–446]

Neue Bibliothec (1720), 570–575: [Auszug aus: Bibliotheque Angloise 1718, Tom.IV, Part.II, zu: John Toland, Nazarenus (1718) und Thomas Mangey, Remarks upon Nazarenus (1718)]

Neue Theologische Bibliothek (Leipzig)

Neue Theologische Bibliothek (1755, 95.Stück), 460.472: [Rez. J. Leland, Abriß der vornehmsten deistischen Schriften (1755)]

Neue Zeitungen von Gelehrten Sachen – NZvGS (Leipzig)

NZvGS (1716), 372: [Rez. Thomas Bennet, An Essay in the thirty nine Articles of Religion, London 1715, nach: AE]

NZvGS (1716), 533: [Bemerkung zu Anthony Collins]

NZvGS (1716), 545–552: Herrn Gottfried Wilhelm Leibnitzens Gedancken über einige Stellen in denen gelehrten Zeitungen des Jahrs 1715 aus seinem Munde aufgezeichnet

NZvGS (1717), 621: [Sammelrez. R. Bentley, Remarks upon a late Discourse of Free-Thinking, fifth edition, London 1716, nach: Bibliotheque Angloise]

NZvGS (1718), 523: [Anzeige: J. Toland, Nazarenus (1718)]

NZvGS (1718), 734: [Rez. R. Bentley, Remarks upon a late Discourse of Free-Thinking, nach: Journale Literaire]

NZvGS (1719), 162–164: [Rez. J. Toland, Nazarenus (1718), nach: Bibliotheque Angloise]

NZvGS (1719), 164–165: [Rez. T. Mangey, Remarks upon Nazarenus (1718), nach: Bibliotheque Angloise]

NZvGS (1720), 455: [Rez. J.Toland, Nazarenus (1718) nach: AE Suppl. (1721, Tom.VII), 296–299]

NZvGS (1721, 566–568: [Rez. J.Toland, Tetradymus (1729), nach: Bibliotheque Angloise]

NZvGS (1722), 290–296: [Lebensbeschreibung] Londen. Verwichnen 21 Mertz ist der beruffene Johann Toland zu Putney gestorben

NZvGS (1722), 353–354: [Rez. J.Toland, Tetradymus (1720), nach: Memoires Litteraires de la Grande Bretagne]

NZvGS (1722), 414–415: [Rez. J.L. Mosheim, Vindicae antiquae Christianorum disciplinae (1722), nach: Historie der Gelehrsamkeit]

NZvGS (1722), 455–456: [Forts. v. (1722), 353–354]

NZvGS (1722), 845: [Rez. T.Mangey, Remarks upon Nazarenus (1718), nach: AE Suppl. (1724, Tom.VIII), 107–115]

NZvGS (1722), 870: [Rez. J.L. Mosheim, Vindicae antiquae Christianorum disciplinae (1722), nach: AE (1722), 492–495]

NZvGS (1724), 319: [Rez. J.L. Mosheim, Vindicae antiquae Christianorum disciplinae (1722), nach: Bibliotheque Germanique]

NZvGS (1724), 506–510: [Rez. J.L. Mosheim, de Vitam, fatis & Scriptis Jo. Tolandi Commentatio (1722), nach: Bibliotheque Germanique]

NZvGS (1724), 698–700: [Rez. A. Collins, A Discourse on the Grounds and Reasons of the Christian Religion (1724), nach: Bibliothque Angloise]

NZvGS (1724), 736: [Rez. A. Collins, A Discourse on the Grounds and Reasons of the Christian Religion (1724), nach: Memoires Litteraires de la Grande Bretagne]

NZvGS (1725), 214–220: [Rez. W. Whiston, The literal Accomplishment of Scripure-Prophecies (1724), nach: Bibliotheque Angloise]

NZvGS (1725), 602–606 [Rez. A Discourse upon the Pillar of Cloud and Fire … occasione'd by a Dissertation of Mr. Toland's call'd Hodegus, nach: Bibliotheca Literaria (London)]

NZvGS (1725), 642–643: [Sammelrez. A. Collins, A Discourse of the Grounds and Reasons of the Christian Religion (1724)]

NZvGS (1725), 668–672: [Rez. Eduard Chandler, A Defense of Christianity from the Prophecies of the Old Testamtent (1725), nach: Bibliotheque Angloise]

NZvGS (1725), 853–854: [Rez. Th. Sherlock, The use & intent of Prophecy (1725), nach: ATB (1725), 92]

NZvGS (1726), 208: [Rez. A.A. Sykes, An Essay upon the Truth of the Christian Religion (1725), nach: Bibliotheque Angloise]

NZvGS (1727), 25–26: [Rez. J. Toland, A Collection of several pieces of Mr. John Toland (1726)]

NZvGS (1727), 482–486: [Rez. J. Toland, A Collection of several pieces of Mr. John Toland (1726), nach: Bibliotheque Angloise]

NZvGS (1728), 178–180: [Rez. A. Collins, The Scheme of Literal Prophecy (1726), nach: Bibliotheque Angloise]

NZvGS (1728), 493: [Nachricht zu Thomas Woolston]

NZvGS (1728), 964–965: [Rez. Th. Woolston, A Discourse on the Miracles of our Saviour (1727), nach: Bibliotheque Angloise (1728, Tom.XV Part.II), 519–536]

NZvGS (1729), 5–7: [Rez. H. Ditton, La Religion Chrétienne demonstrée pa la Resurrection de nôtre Seigneur Jesus-Christ (1728), nach: Bibliotheque raisonée]

NZvGS (1729), 51–52: [Nachricht zu A. Collins]

NZvGS (1729), 98: [Anzeige: S. Chandler, Of the Authority and Antiquity of Daniel's Prophecies (1728)]

NZvGS (1729), 615–616: [Rez. Th. Woolston, A third Discourse on the Miracles of our Saviour (1728), nach: ATB (1728), 977–979]

NZvGS (1729), 679: [Rez. J. Toland, A Collection of several pieces of Mr. John Toland (1726), nach: AE (1729), 308–320]

NZvGS (1729), 685–686: [Rez. J. Toland, A Collection of several pieces of Mr. John Toland (1726), nach: AE (1729), 356–368]

NZvGS (1729), 916: [Anzeige: A Vindication of the literal sense of the Miracles of Christ (1729)]

NZvGS (1730), 34: [Nachricht zu Thomas Woolston]

NZvGS (1730), 218–219: [Nachricht apologetische Literatur gegen Th. Woolston]

NZvGS (1730), 528: [Rez. Christoph Wolle, Schediasma historico-theologicum de Jesu Spirituali in Anglia redivivo (1730)]

NZvGS (1730), 874–875: [Rez. Th. Stackhouse, nach: NNZ (1730, 84.St.), 669–670]

NZvGS (1730), 875: [Nachricht zu M. Tindal, Christianity as old as the Creation (1730)]

NZvGS (1730), 899–900: [Sammelrez. Th. Woolston, Defence of his Discourses on the Miracles of our Saviour (1729)]

NZvGS (1731), 158–159: [Nachricht zu M. Tindal, Christianity as old as the Creation (1730)]

NZvGS (1731), 465: [Nachricht zu M. Tindal, Christianity as old as the Creation (1730)]

NZvGS (1731), 722: [Nachricht zu M. Tindal, Christianity as old as the Creation (1730)]

NZvGS (1731), 775–777: [Ankündigung: H. Ditton, Die Wahrheit der Christlichen Religion (1732)]

NZvGS (1732), 237–238: [Sammelrezension apologetische Literatur gegen M. Tindal]

NZvGS (1733), 60–62: [Rez. R. Lerd, A Vindication of the Miracles of our Saviour (1729–31), nach: Journal des Savans]

NZvGS (1733), 129–130: [Rez. Th. Sherlock, Les Temoins de la Resurrection de Jesus Christ (1732)]

NZvGS (1733), 384: [Rez. Th. Sherlock, Gerichtliches Verhör der Zeugen der Auferstehung Jesu (1733)]

NZvGS (1733), 586: [Rez. (Anon.), Remarks on Tindal's Christianity as old as the Creation (1733)]

NZvGS (1733), 601: [Rez. C. Robinson, An Essay upon the Usefulness of Revelation (1733)]

NZvGS (1734), 137–138: [Rez., J. Conybeare, A Defence of Reveal'd Religion (1732)]

NZvGS (1734), 223–234: [Rez. J. Entick Gewißheit der Christlichen Religion aus geschehenen Dingen (1734)]

NZvGS (1734), 618–624: [Rez. (Anon.), A Lettre to Mr. Waterland (1731), nach: Bibliotheque Brittanique]

NZvGS (1735), 92–95: [Rez. J. Leland, An Answer to a late Book (1733)]
NZvGS (1735), 95: [Rez., C. Robinson, A second Essay (1734)]
NZvGS (1735), 147: [Rez. (Anon.), The Religions, Rational and Moral Conduct of Matthew Tindal (1734)]

Neuer Büchersaal (Leipzig)
Neuer Büchersaal (1714), 423–435: [Rez.] Discours sur la liberté de penser. Das ist: Discurs von der Freyheit zu gedencken / welcher geschrieben bey Gelegenheit einer neuen Secte, die man Esprits forts oder Leute / die frey gedencken / nennet. Aus dem Englischen übersetzt und vermehrt mit einem Briefe eines Arabischen Medici. Londen 1714
Neuer Büchersaal (1714), 453–491: [Rez.] Dissertations sur diverses Matieres par Mr. l'Abée de Tilladet
Neuer Büchersaal (1715), 495–507: [Rez.] De l'excellence de la Religion, Das ist von der Vortrefflichkeit der Religion … durch Jacob Bernard … Amsterdam 1714

Niedersächsische Nachrichten von gelehrten neuen Sachen (Hamburg)
Niedersächsische Nachrichten (1731, 14.St.), 117: [Sammelrez. englischer apologetischer Literatur]
Niedersächsische Nachrichten (1731, 9.St.), 78: [Anzeige: Th. Woolston, Mr. Woolston's Defence of his Discourses on the Miracles of our Saviour (1729)]
Niedersächsische Nachrichten (1731, 10.St.), 89–90: [Sammelrez. M. Tindal, Christianity as old as the Creation (1730)]
Niedersächsische Nachrichten (1731, 11.St.), 96: [Nachricht apologetische Literatur gegen M. Tindal]
Niedersächsische Nachrichten (1731, 24.St.), 211: [Sammelrez. apologetische Literatur gegen M. Tindal]
Niedersächsische Nachrichten (1731, 53.St.), 444: [Rez. apologetische Literatur gegen M. Tindal]
Niedersächsische Nachrichten (1731, 56.St.), 469–472: [Rez. M. Tindal, Christianity as old as the Creation (1730)]
Niedersächsische Nachrichten (1732, 12.St.), 108: [Rez. (Z. Pearce), Vertheidigung der Wunderwercke des Herrn Jesu (1732)]
Niedersächsische Nachrichten (1732, 65.St.), 563–564: [Rez. J. Foster, The Usefulness, Truth and Excellency of the Christian Revelation (1730), nach: Bibliotheque raisonée (1731, Tom.VII Part.II), 291–329]
Niedersächsische Nachrichten (1732, 86.St.), 748–750: [Rez. J. Conybeare, A Defence of reveal'd Religion (1732)]
Niedersächsische Nachrichten (1732, 93.St.), 563–564: [Rez. J. Foster, The Usefulness, Truth and Excellency of the Christian Revelation (1730), nach: Bibliotheque raisoée (1732, Tom.VIII Part.II, 243–302]
Niedersächsische Nachrichten (1733, 10.St.), 78: [Nachricht apologetische Literatur gegen M. Tindal]
Niedersächsische Nachrichten (1733, 16.St.), 129–131: [Rez. J. Conybeare, A Defence of reveal'd Religion (1732), nach: The present State of the Republick of Lettres]
Niedersächsische Nachrichten (1733, 41.St.), 361–362: [Rez. apologetische Literatur gegen M. Tindal]
Niedersächsische Nachrichten (1733, 101.St.), 878: [Nachricht zu einer frz. Übersetzung von M. Tindal, Christianity as old as the Creation (1730)]

Niedersächsische Neue Zeitungen von Gelehrten Sachen – NNZ (Hamburg)
NNZ (1730, 5.St.), 39: [Nachricht zu Thomas Woolston]
NNZ (1729, 69.St.), 572–573: [Nachricht zu Thomas Woolston]
NNZ (1729, 92.St.), 763–764: [Sammelrez. apologetische Literatur gegen Th. Woolston]
NNZ (1730, 50.St.), 397: [Nachricht zu apologetischer Literatur gegen Th. Woolston]

NNZ (1730, 84.St.), 669–670: [Rez. Th. Stackhouse, A fair state of the controversy between Mr. Woolston and his adversaries (1730)]

Nova Acta Eruditorum [vorher: Acta Eruditorum] – NAE (Leipzig)
NAE (1732), 94–96: [Rez.] Alberti Wilhelmi Melchioris, I.F. Apologia pro miraculis Christi … adversus THOMAM WOOLSTONUM … 1731
NAE (1735), 131–134: {C. KORTHOLT}, [Rez.] The Main Argument of a late Book: Christianity as old as the Creation, fairly stated and examined.h.e. Praecipuum Argumentum libri, cujus index: Christiana Religio & Creatio ejusdem Antiquitatis, expositum, atque sub examen vocatum. Londini … 1733
NAE (1735), 419–421: {C. KORTHOLT}, [Rez.] A Discourse concerning the Use and Advantages of the Gospel Revelation &c. h.e. De Utilitate Eximia Evangelii divinitus revelati Dissertatio, qua ad Objectiones, in libro, cujus index: Christiana Religio aeque antiqua ac creatio, propositas, respondetur; Autore HENRICO STEBBING … Londini … 1733
NAE (1735), 421–423: {C. KORTHOLT}, [Rez.] Oratio de Vanitate luminis naturae, habita d. 2 Aprilis A. 1733, in communi Universitatis Andreapolitanae Auditorio, cum Rectoris dignitatem annuam deponeret; Autore ARCHIBALDO CAMPBELL … Edinburgh … 1733
NAE (1735), 423–426: {C. KORTHOLT}, [Rez.] Remarks on a book intituled: Christianity as old as the Creation, &c. h.e. Observationes in librum, cujus index: Religio Christiana comparis cum Creatione aetatis, quibus praecipuae Objectiones, Religioni revelatae oppositae, sub examen vocantur; Autore JOANNE JACKSON … Londini … 1731
NAE (1735), 426–427: {C. KORTHOLT}, [Rez.] A Demonstration of the Insufficiency both of reason and Revelation, &c. h.e. Demonstratio, quod ex Ratio et Revelatio, seperatim & junctum consideratae, ad ostendendam viam, quae beatitatem ducit aeternam minime, sufficiant. Londini … 1731
NAE (1735), 427–432: {C. KORTHOLT}, [Rez.] Dissertatio de Matthaeo Tindalio; Autore Christiano KORTHOLT … Lipsiae 1734

Observationes Miscellaneae (Leipzig)
Observationes Miscellaneae (1713), 290–308: Von unterschiedenen Straffen des Ehebruchs bey einigen alten und neuen Völckern

The Present State of the Republick of Lettres (London)
The Present State of the Republick of Lettres (1731), 245–263: Historia Litium Woolstoni

Relationes von gelehrten Neuigkeiten (Tübingen)
Relationes von gelehrten Neuigkeiten (1730, II.St.), 58: [Anzeige: A vindication of the literal sense of the Miracles of Christ (1729)]
Relationes von gelehrten Neuigkeiten (1730, III.St.), 71–72: [zu Th. Woolston, identisch mit: FoSa (1729), 1041–1042]
Relationes von gelehrten Neuigkeiten (1730, VII.St.), 348: [Nachricht zu apologetischer Literatur gegen Th. Woolston]
Relationes von gelehrten Neuigkeiten (1730, VII.St.), 351: [Nachricht zu apologetischer Literatur gegen Th. Woolston]
Relationes von gelehrten Neuigkeiten (1730, VII.St.), 355–356: [Rez. Th. Woolston, Defence of his Discourses on the Miracles of our Saviour (1729)]
Relationes von gelehrten Neuigkeiten (1730, VII.St.), 374–375: [Nachricht zu apologetischer Literatur gegen Th. Woolston]

Sammlung Auserlesener Materien zum Bau des Reichs Gottes (Halle)
Sammlung Auserlesener Materien zum Bau des Reichs Gottes (1739, 2. Suppl., X. Sammlung), 162: [Nachricht zu Thomas Woolston]

Theologische Annales (Leipzig)
Theologische Annales (1715), 191: {V.E. Loescher}, [Rez.] A Lettre to Eusebia. Londen, 1704
Theologische Annales (1734), 791–792: {V.E. Loescher}, Christianity as old as the Creation: or the Gospel a Republication of the Religion of Nature, Londen [1730]

Unschuldige Nachrichten von Alten und Neuen Theologischen Sachen – UN (Leipzig)
UN (1702), 137–139: Gefährliche neue Principia des berühmten Norris
UN (1704), 728–729: [Rez.] A Preservative against Socianism i.e. Preservativ wider den Socianismum, Auctore Jonath. EDWARD, … Oxfurt (sic!) 1703
UN (1709), 214–216: [Rez.] Joh. TOLANDI Adeisidaemon & Origines Judaica. Haag / 1709
UN (1709), 530–531: [Rez.] The Doctrin of Faith and Justification Oder D. Jo. EDWARDS Lehre vom Glauben und der Rechtfertigung. Londen / 1708
UN (1709), 733–735: [Rez.] Jacobi FAYI, D. Defensio Religionis contra J. Tolandum. Utrecht / 1709
UN (1709), 768–772: [Rez.] Que la Religion Chrétienne est tres-raisonnable. Amsterdam / 1696
UN (1710), 296–297: [Rez.] The Doctrin of Faith and Justification, by Joh. EDWARDS. Londen 1708
UN (1712), 982–983: [Rez.] Melanges des Remarques sur deux Dissertations de Mr. Toland, par El. Benoit. Delfft 1712
UN (1714), 464–468: [Rez.] Discours sur la liberté de penser librement. 1714
UN (1714), 706–707: [Rez.] A brief Enquiry into Freethinking in Matters of Religion, by Samuel PYCROFT. Cambridge, 1713
UN (1715), 823–826: [Rez.] Christoph. Matthaei Pfaffii, Irenaei Fragmenta Anecdota, Haag 1715
UN (1718), 540: [Rez.] Examen du Traité de la liberté de penser, par Mr. de Crousaz. Amsterd. 1718
UN (1718), 827–828: [Rez.] Examen du Traité de la liberté de penser, Amsterdam 1718
UN (1719), 366–367: [Sammelrez. J. Toland, Nazarenus (1718)]

Zuverlässige Nachrichten [vorher: Deutsche Acta Eruditorum] (Leipzig)
Zuverlässige Nachrichten (1754, 177.Theil), 653–679 [fälschlich paginiert: 779]: [Rez.] M. Urban Gottlob Thorschmids critische Lebensgeschichte Anton. Collins des ersten Freydenkers in Engelland: Mit einigen Anmerkungen zur Vertheidigung der Offenbahrung un der Geistlichen versehen. Dreßden und Leipz. 1754
Zuverlässige Nachrichten (1756, 204.Theil), 896–903: [Rez.] Die offenbarte Deisterey, oder unpartheyische Untersuchung der Angriffe und Einwendungen gegen das Christenthum, II. Theile … Braunschweig und Hildesheim 1756

2.2. Sonstige Quellen

Georg Wilhelm Alberti, Some Thoughts on the Essay on *Natural Religion*, as opposed to DIVINE REVELATION. Said to be written by the Celebrated *Dryden*. Which is pretended to be the most formidable Piece that ever yet appeared against the Revelation. Reprinted, and Answered by Alethophilus Gottingensis. London 1747
–, Aufrichtige Nachricht von der Religion, Gottesdienst, Sitten und Gebräuchen der Quäker. Nebst einer kurzen Erzählung der Geschichte dieses Volks, Hannover 1750
–, Briefe betreffend den allerneuesten Zustand der Religion und der Wißenschaften in Groß-Britannien, Vier Theile, Hannover 1752–1754
[Anonym], The Life of Mr. *Woolston*, with an impartial Account of his writings, London 1733
[Anonym], Historia Litium Thomae Woolstoni etc. das ist, Eine Historische Erzehlung der Controvers mit dem bekannten Thomas Woolston. Worinnen alle pro und Contra dabey gewechselten Schrifften nach der Ordnung an geführt werden, Leipzig 1733

[ANONYM], Philosophische Connexion oder Verknüpffung die sich zwischen der Lehre und den Wunder-Wercken JEsu Christi findet, in einem Sendschreiben. Aus dem Englischen übersetzt, Leipzig 1732

[ANONYM], Uhrsachen des Verfalls der Religion und der einreissenden Freydenkerey, Berlin 1747

[ANONYM], Freymüthige Gedanken eines Indianischen Philosoph (sic!) über die Europäische (sic!) Freydenker. Constanz 1767

GOTTFRIED ARNOLD, Wahre Abbildung der ersten Christen nach ihrem lebendigen Glauben und Heiligen Leben … In der dritten Ausfertigung mit einer nöthigen Verantwortung, wie auch vollständigen Summarien und Registern vermehrt. Mit einer Vorrede D. Siegmund Jacob Baumgartens. Sechste Auflage, Leipzig 1740

SIEGMUND JACOB BAUMGARTEN (praes.)/MICHAEL NESTIUS (resp.), Examen miraculi legionis fulminatricis contra Thomam Woolstonum. Dissertatio I, Halle 1740

– (praes.)/ JOHANN FRIEDRICH OPPERMANN (resp.), Examen miraculi legionis fulminatricis contra Thomam Woolstonum. Dissertatio II, Halle 1740

– (praes.)/ARETIN ISRAEL BANDELOVV (resp.), Examen miraculi legionis fulminatricis contra Thomam Woolstonum. Dissertatio III, Halle 1741

–, Auszug aus der Kirchengeschichte von der Geburt JEsu an. Erster Theil, Halle 1743

–, Kleine teutsche Schriften. Erste Sammlung, Halle 1743

–, (praes.)/CHRISTIAN ERNST VON WINDHEIM (resp.), Disputatio de Paullo gentium apostolo contra Thomam Morganum, Halle o.J. [10. Mai 1745]

–, Abris einer Geschichte der Religionsparteien, oder gottesdienstlichen Gesellschaften und derselben Streitigkeiten so wol als Spaltungen ausser und in der Christenheit: für seine Zuhörer angefertiget, Halle 1755

–, Evangelische Glaubenslehre, 3 Bde., Halle 1759–1760

–, Untersuchung theologischer Streitigkeiten. Mit Anmerkungen, Vorrede und fortgesetzter Geschichte der christlichen Glaubenslehre herausgegeben von Johann Salomo Semler, 3 Bde., Halle 1762–1764

–, Geschichte der Religionspartheyen. Herausgegeben von Johann Salomo Semler, Halle 1766

–, Biblische Hermeneutic, Halle 1769

ELIAS BENOIST, Melange des Remarques critiques, historiques, philosophiques, theologiques sur les deux dissertations de M. Toland, Delft 1712

RICHARD BENTLEY, Remarks upon a late Discourse of Free-Thinking: in a letter to F.H., D.D. by Phileleutherus Lipsiensis (ed. 1743), in: ders., Works, 3 vols., London 1838, vol. 3, 287–472

[JAQUES BERNARD], Jacob Bernards Abhandlung von der Vortrefflichkeit der Religion. Mit einer Vorrede von Siegmund Jacob Baumgarten, Rostock 1754

JOHANN FRANCISCUS BUDDEUS, Programma de Origine Gentis Ebraeae contra Ioan. Tolandum (1710), in: ders., Syntagmate Dissertationum Theologicarum Academicarum, Jena 1715

–, De usu mysteriorum fidei in praxi vitae Christianae, Jena 1713

–, Commentatio Theologica de Libertate Cogitandi (23. Juni 1715), in: ders, Miscellanea sacra, 3 Teile, Jena 1721, 2. Teil, 322–337

–, Lehr-Sätze von der Atheisterey und dem Aberglauben, Jena 1717

–, Historia ecclesiastica veteris Testamenti, Halle 1726[3]

[–], Historische und Theologische Einleitung in die vornehmsten Religions-Streitigkeiten, aus Johann Francisci Buddei Collegio herausgegeben, von Joh. Georg Walchen, Jena 1728

HEINRICH GRAF VON BÜNAU, Betrachtungen über die Religion und ihren itzigen Verfall, hg. v. Johann Friedrich Burschern, Leipzig 1769

[JAMES BURGH], Britain's Remembrancer, the fifth edition, London o.J. [1748]

[GILBERT BURNET], Vertheidigung der natürlichen und geoffenbarten Religion, oder Gilbert Burnets Auszug der von Robert Boyle gestifteten Reden. Aus dem Englischen übersetzt von Elias Caspar Reichard durchgesehen und zum Druck befördert von Siegmund Jacob Baumgarten, 3 Bde., Leipzig und Bayreuth 1738–1741

JOHANN HEINRICH CALLENBERG, Vierzehnte Fortsetzung seines Berichts von einem Versuch das arme jüdische Volck zur Erkänntniß der christlichen Wahrheit anzuleiten, Halle 1736

JOH. GOTTLOB CARPZOV, Introductio ad libros historicos Bibliorum veteris Testamenti, 3 Teile, Leipzig 1721[2]

–, Critica Sacra Veteris Testamenti, parte I. circa textum originalem, II. circa versiones, III. circa pseudo-criticam Guil. Whistoni, solicita, Leipzig 1728

–, Apparatus historico-criticus Antiquitatum Sacri Codicis et Gentis Hebraeae uberrimis annotationibus in Thomae Goodwini Mosen et Aaronem subministravit Ioh. Gottlob Carpzov, Franckfurt und Leipzig 1748

–, Introductio ad libros Canonicos Bibliorum Veteris Testamenti omnes, praecognita critica et historica ac autoritatis vindicias exponens. Editio quarta, Leipzig 1757

[SAMUEL CHANDLER], Samuel Chandlers Englische Schrift von der Beschaffenheit und Nutzbarkeit der Wunderwercke ins deutsche (sic!) übersetzt, mit unterschiedenen Anmerkungen erläutert, und mit einer Vorrede, von dem Mißbrauch der christlichen Lehren und Wunderwercke zu politischen Staats-Streichen, versehen von M. Christoph Wolle, Leipzig 1729

JOHANN MARTIN CHLADENIUS, Vernünftige Gedanken von dem Wahrscheinlichen und desselben Missbrauche. Sie sind von Urban Gottlob Thorschmid herausgegeben und mit Anmerkungen versehen worden, Stralsund u.a. 1748

–, Das Blendwerk der natürlichen Religion Schrift- und vernunftmäßig entdeckt. Der Uebersetzer ist Urban Gottlob Thorschmid. Er hat auch die Vorrede und den Anhang verfertigt, Leipzig 1751

[JEAN LE CLERC], Johann Le Clercs Untersuchung des Unglaubens, nach seinen allgemeinen Quellen und Veranlassungen. Nebst zween Briefen von der Wahrheit der Christlichen Religion aus dem Französischen übersetzt. Am Ende sind beygefügt Johann Alphonsus Rossets allgemeine Gedancken über die Deisterey. Mit einer Vorrede Siegm. Jac. Baumgartens wider Joh. Christ. Edelmans (sic!) Glaubensbekenntnis, Halle 1747

ANTHONY COLLINS, A Discourse of Free-Thinking. Faksimile-Neudruck der Erstausgabe London 1713 mit deutschem Paralleltext, hrsg. und eingeleitet v. Günter Gawlick, mit einem Geleitwort v. J. Ebbinghaus, Stuttgart-Bad Cannstatt 1965

JOHN CONYBEARE, A Defence of Reveal'd Religion against the Exceptions of a late Writer, in his Book, intituled, *Christianity as old as the Creation*, &c., London 1732

PATRICK DELANY, Aufrichtige Untersuchung der Offenbahrung welche dem Menschlichen Geschlechte von der Schöpfung an gegeben, ehedem in englischer Sprache, unter dem Titul, Revelation examin'd with Candour heraus gegeben von D. Patrik Delany, nunmehro aber nach der andern englischen Ausgabe ins Teutsche übersetzet und mit den Zugaben der dritten Auflage vermehret auch mit einem Vorberichte, Anmerkungen, Zusätzen und Registern versehen von Heinrich Christian Lemker, Lüneburg 1738 (Zweiter Theil, Lemgo 1741)

SALOMO DEYLING, An auctor Pentateuchi, Moses, fuerit Pantheista?, in: ders., Observationum Sacrarum, 3 Teile, Leipzig 1720–26[2], 2. Teil (1722), 1–10

–, Exercitatio VII.: De Angelo Domini, Israelitarum per vastas Arabiae solitudines ductore ad Exod. XIV, 19 (1722), in: ders., Observationem Sacrarum et Miscellanearum, Pars IV., Leipzig 1747, 734–761

[HUMPHRY DITTON], Die Wahrheit der Christlichen Religion, aus der Auferstehung JEsu Christi auf eine demonstrativische Art in drey Theilen bewiesen, durch Humfredium Ditton. Nebst einem Anhange darinn die wichtigsten Stücke der natürlichen Religion abgehandelt werden. Anfangs in Englischer Sprache herausgegeben, nun aber auf vielfältiges Verlangen in die deutsche übersetzt, mit Anmerkungen, Registern, dem Leben des Verfassers und einer Vorrede Sr. Hochw. des Herrn Abt Mosheims vermehret durch Gabriel Wilhelm Goetten, Braunschweig und Hildesheim 1732

JOH. CHRISTOPH DORN, Bibliotheca Theologica Critica, Frankfurt und Leipzig 1721

[JOHN ENTICK], Die Gewißheit der Christl. Religion, aus geschehenen Dingen behauptet, und durch die geistliche und weltliche Historie bewiesen. Aus dem grossen Huetius und andern, durch einen Englischen Geistlichen Johann Entick herausgezogen; Aus dem Englischen aber ins Deutsche übersetzt von Ferdinand Christian Stieff. Nebst einer Vorrede von der Falschheit der Woolstonischen allegorischen Erklärung der Wunder unsers Heylandes. Und einem Vorwort des Ubersetzers, Leipzig 1734

Johann Albert Fabricius, Codex Apocryphus Novi Testamenti, pars tertia, Hamburg 1743[2]

Jacob Fay, Defensio Religionis, nec non Mosis & Gentis Judaicae, contra duas Dissertationes Joh. Tolandi, quarum una inscribitur Adeisidaemon, altera verò Antiquitates Judaicae, Ultrajecti 1709

Christian Fürchtegott Gellert, Moralische Vorlesungen (1770), in: ders., Moralische Vorlesungen. Moralische Charaktere, hg. v. Sybille Späth, Berlin New York 1992 (= GS VI)

Edmund Gibson, The Bishop of London's Pastoral Letter to the people of his Diocese; particularly to those of the two great cities of *London* and *Westminster*. Occasion'd by some late Writings in favour of Infidelity. The sixth Edition, London 1730

Christoph Gottlob Grundig, Geschichte und wahre Beschaffenheit derer heutigen Deisten und Freydencker, worinnen besonders von dem Leben, Schrifften, Nachfolgern und Gegnern des berühmten und gelehrten Englischen Lords EDOARD HERBERT de CHERBURY &c. als deren Vorgängers und Anführers, gehandelt wird, aus seinen eigenen Schrifften und vielen besondern Nachrichten zusammen getragen, und mit nöthigen Anmerkungen erläutert, Cöthen 1748

Nicolaus Hieronymus Gundling, Philosophische Discourse Erster Theil oder academische Vorlesungen über seine viam ad veritatem logicam, Franckfurth und Leipzig 1739

–, Philosophischer Discourse Anderer Theil oder Academische Vorlesungen über seine viam ad veritatem logicam, Franckfurth und Leipzig 1740

Peter Hanssen, De differentia Religionem Naturalem inter ac Revelatam vera et reali meditatio adversus v. cl. Tindalium, Anglum, Ploenae 1733

Georg Volckmar Hartmann, Anleitung zur Historie der Leibnitzisch-Wolffischen Philosophie und der darinnen von Hn. Prof. Langen erregten Controvers, nebst einer Historischen Nachricht vom Streite und Ubereinstimmung der Vernunfft mit dem Glauben, oder Nutzen der Philosophie in der Theologie, und denen drey Systematibus der Gemeinschafft zwischen Seele und Leib; nach ihrem natürlichen Zusammenhange deutlich und gründlich fürgetragen, mit Anmerkungen erläutert und aus Liebe zur Wahrheit heraus gegeben, Franckfurth und Leipzig 1737 (= Christian Wolff, GW III/4, Hildesheim/New York 1973)

[Christian Friedrich Hempel], Nicolai Hieronymus Gundlings umständliches Leben und Schriften, nebst einigen Zusätzen und Verbesserungen seiner, bißher, edirten Historie der Gelahrtheit und deren doppeltes Registern, Franckfurth und Leipzig 1735

David Hollaz, Examen Theologicum Acroamaticum universam Theologiam thetico-polemico complectens, commodo candidatorum theologiae destinatum, Stargadiae Pomeranorum 1707 (ND Darmstadt 1971), 2 Bde.

Ludwig Freiherr von Holberg, Vermischte Briefe. Erster Theil, Copenhagen und Leipzig 1753

[Abbé Houtteville], Herrn Abt Houtteville, Erwiesene Wahrheit der Christlichen Religion durch die Geschichte. Nebst einer Vorrede Sr. Hochwürden Herrn Siegmund Jacob Baumgartens, Franckfurt und Leipzig 1745

Petrus Daniel Huet, Demonstratio Evangelica, ad Serenissimum Delphinum, Paris 1624

[–], Lettre de Mr. Morin, de l'Académie des Inscriptions, a Monsieur Huet, touchant le Livre de Mr. Tolandus, intitulé, Adeisidaemon & Origenes (sic!) Judaicae, in: L'Abbé de Tilladet, Dissertations sur diverses Matières de Religion et de Philosophie, 2 Bde., a la Haye 1714, Bd. 1, 369–386

[Christian Gottlieb Jöcher], Thomae Woolstoni de miraculis Christi paralogismos, praeside Christ. Gottl. Ioechero, publice examinabit Henr. Adolph. Hohmannus (18. Oktober 1730), Leipzig 1730

Pierre Jurieu, La Religion du latitudinaire, Rotterdam 1696

Cornelius Dietrich Koch, Disquisitio Philosophica de sententia media in dissertationem nuperam de libertate cogitandi, Helmstedt 1714

Martin Knutzen, Philosophischer Beweiß der Wahrheit der Christlichen Religion, darinnen die Nothwendigkeit einer geoffenbarten Religion insgemein und die Wahrheit oder Gewißheit der Christlichen insbesondere, aus ungezweifelten Gründen der Vernunft nach Mathematischer Lehr-Art dargethan und behauptet wird. Dritte Auflage, mit einigen Anmerkungen, Register und einer Zugabe hieher gehöriger Abhandlung vermehret. Königsberg 1742

CHRISTIAN KORTHOLT, Gründlicher Beweis der Wahrheit der Christlichen Religion, und deren wichtigsten Lehren, welche in selbiger zum voraus gesetzet werden, Leipzig 1737

–, De Matthaeo Tindalio disserit, Leipzig 1734

[JOHANN CHRISTIAN KRÜGER], Die Geistlichen auf dem Lande. Ein Lustspiel in drey Handlungen. Zu finden in der Franckfurter und Leipziger Michaelis-Messe 1743

[NATHANAEL LARDNER], D. Nathanael Lardners Glaubwürdigkeit der evangelischen Geschichte. … Aus dem Englischen übersetzt von David Bruhn. Mit einer Vorrede Siegmund Jacob Baumgartens, 2 Teile in 5 Bänden, Berlin und Leipzig 1750–51

GOTTFRIED WILHELM LEIBNIZ, Annotatiunculae subitaneae ad Librum de Christianismo Mysteriis carente: conscriptae 8. Augusti 1701, in: LEOPOLD ZSCHARNACK (Hg.), John Toland's Christianity not mysterious (Christentum ohne Geheimnis) 1696, Giessen 1908 (SGNP.Q 3), Anhang: 141–148

–, Remarques sur le sentiment de M. de Worcester et de M. Locke, in: Lettres et Opuscules inédits de Leibniz, hg. v. A. Foucher de Careil, Paris 1854, 1–26

–, Briefwechsel zwischen Leibniz und Wolff. Aus den Hsn. der Königl. Bibliothek zu Hannover hrsg. v. C.I. Gerhardt, Halle 1860 (= ND Hildesheim 1963)

–, Philosophische Schriften 2/1, hrsg. u. übers. v. H. Hering, Darmstadt 1985

JOHN LELAND, An Answer to a Book intituled, Christianity as old as the Creation, in two Parts. Part I. In which that Author's Account of the Law of Nature is consider'd, and his Scheme is shewn to be inconsistent with Reason and with itself, and of ill Consequence to the Interests of Virtue and the Good of Mankind. Part II. In which the Authority and Usefulness of the Revelation contain'd in the sacred Writings of the Old and New Testament, is asserted and vindicated, against the Objections and Misrepresentations of that Author. The second Edition corrected, 2 Bde., London 1740

–, A view of the Principal Deistical Writers that have appeared in England in the last and present Century; with Observations upon them, and some Account of the Answers that have been published against them. In several Lettres to a Friend, London 1754

–, Abriß der vornehmsten Deistischen Schriften, die im vorigen und gegenwärtigen Jahrhunderte in England bekandt geworden sind; nebst Anmerkungen über dieselben und Nachrichten von den gegen sie herausgekommenen Antworten: in verschiedenen Briefen an einen guten Freund. Aus dem Englischen übersetzt von Henrich Gottlieb Schmid, Hannover 1755

–, Abriß der vornehmsten Deistischen Schriften, die im vorigen und gegenwärtigen Jahrhunderte in England bekandt geworden sind; nebst Anmerkungen über dieselben und Nachrichten von den gegen sie herausgekommenen Antworten: in verschiedenen Briefen an einen guten Freund. Zweiten Theils erste Abteilung. Aus dem englischen übersezzet von Johann Heinrich Meyenberg, Hannover 1755

[–], Hrn. D. John Lelands Abhandlung von den göttlichen Ansehen des Alten und Neuen Testaments zur Widerlegung der Einwürfe des moralischen Philosophen. Aus dem Englischen übersetzt von Andr. Gottl. Masch. Mit einer Vorrede von Siegmund Jacob Baumgarten, Rostock und Wismar 1756

HEINRICH CHRISTIAN LEMKER, Historische Nachricht von Thomas Woolstons Schiksal, Schriften und Streitigkeiten, aus seinen eignen Schriften und andern beglaubten Nachrichten aufgesetzt und mit einem Vorberichte von den neuesten paradoxen Schriften der Engelländer, Leipzig 1740

GOTTFRIED LESS, Wahrheit der christlichen Religion. Zweyte sehr geänderte und vermehrte Auflage, Göttingen 1773

–, Neueste Geschichte des Unglaubens unter den Christen, in: CHRISTIAN WILHELM FRANZ WALCH, Neueste Religions-Geschichte, 2.Theil, Lemgo 1772, 1–54. 3.Theil, Lemgo 1773, 373–402

GOTTHOLD EPHRAIM LESSING, Rez. vom 22.Januar 1754, in: Gotthold Ephraim Lessings sämtliche Schriften. Hg. v. K. Lachmann. Dritte, auf's neue durchgesehene und vermehrte Auflage von F. Muncker, Bd.5, Stuttgart 1890, 379

–, Rez. vom 7.November 1754, in: Lessings sämtliche Schriften, Bd.5,443–445

–, Briefe, die neueste Litteratur betreffend, in: Gotthold Ephraim Lessings Werke und Briefe, Bd. 4, Frankfurt 1997

MICHAEL LILIENTHAL, Theologische Bibliothec, das ist, richtiges Verzeichnis, zulängliche Beschreibung der dahin gehörigen vornehmsten Schriften welche in Michael Lilienthals … Bücher-Vorrath befindlich sind. Stück 1–10, Königsberg 1741

[JOHN LOCKE], Johann Locks gründlicher Beweiß, daß die Christliche Religion, so wie sie in der Heil. Schrift vorgestellet wird / höchst billig / vernünftig / und Raisonable sey. Allen Irr=Geistern zu deutlicher und genugsamer Überzeigung / übersetzt herausgegeben / von D. Joh. Christoph Meinigen, Braunschweig 1733

[–], Familiar lettres between Mr. John Locke, and several of his friends, London 1742[4]

VALENTIN ERNST LOESCHER, Praenotiones Theologicae contra Naturalistarum & Fanaticorum omne genus, Atheos, Deistas, Indifferentistas, Anti-Scripturarios, &c. Crassos aeque ac subtiles, nec non suspectus Doctores, custodiendae, Wittenberg 1713[2]

–, Anti-Latitudinarius sive statera articulorum fidei errorum sonticorum et elenchi necessarii, Wittemberg&Leipzig 1724

[–], Catalogus Bibliothecae Viri Summi D. Valtini Ernesti Loescheri, 3 Bde., Dresden und Leipzig 1750–51

CARL GÜNTHER LUDOVICI, Ausführlicher Entwurff einer vollständigen Historie der Wolffischen Philosophie, Anderer Theil, Leipzig 1737 (= ND Hildesheim/New York 1977)

GEORG FRIEDRICH MEIER, Rettung der Ehre der Vernunft wider die Freygeister, Halle 1747

[THOMAS MORGAN], A brief Examination of the Rev. Mr. Warburton's *Divine Legation of Moses* … By a Society of Gentlemen, London 1742

JOHANN LORENZ MOSHEIM, De vita, fatis et scriptis Joannis Tolandi commentatio, in: ders., Vindiciae Antiquae Christianorum Disciplinae, adversus celberrimi viri Jo. Tolandi, Hiberni, Nazarenum. Editio secunda, priori longe auctior. Accedit de vita, fatis et scriptis Joannis Tolandi Commentatio. Praefationem, qua Atheismi calumnia a S. Scriptura depellitur, praemisit Jo. Franciscus Buddeus, Hamburg 1722

–, Institutionum Historiae Ecclesiasticae antiquae et recentiori. Libri quattuor, Helmstedt 1755

[CHRISTIAN MÜNDENIUS], Dissertatio theologica de Miraculis Christi salvatoris nostri contra Thomam Woolstonum, quam auspice Christo, praeside Christiano Mündenio, publice submittit Lud. Ioach. Danckwerts (7. Juli 1730), Helmstedt o.J.

H. MUHLIUS, De libertate academica, in: ders., Dissertationes Historico-Theologicae, Kiel 1715, 209–272

[JEAN PIERRE NICERON], Johan Peter Nicerons Nachrichten von den Begebenheiten und Schriften berümter Gelehrter mit einigen Zusätzen hrsg. v. Siegmund Jacob Baumgarten, 1.–15. Theil, Halle 1749–1757

JOHN NORRIS, An Account of Reason and Faith: In Relation to the Mysteries of Christianity, London 1697

[ZACHARY PEARCE], The miracles of Jesus vindicated, London 1729

[–], Vertheidigung der Wunder-Wercke des Herrn Jesu wider Woolston, in IV Theile abgefasset, seiner Nothwendigkeit wegen aus dem Englischen übersetzt von M. George Paul Strobel, nebst einer Vorrede Hr. Valent. Ernst Löscher. Dreßden und Leipzig 1732

JOHANN GEORG PERTSCHEN, Das Recht der Beicht-Stühle … Nebst einem Vorbericht von der Juristen Studio in der Theologie, Halle 1721

CHRISTOPH MATTHIAS PFAFF, Dissertationes de Praejudiciis Theologicis (1715), in: ders., Primitiae Tubingenses, Tübingen 1728

–, Entwurff einer Theologiae Anti-Deisticae. Zum Behuf Academischer Vorlesungen, Giessen 1757

–, Academische Reden über den Entwurff der Theologiae Anti-Deisticae, da die Einwürffe der unglaubigen Geister wider die Christliche Offenbahrung entwickelt werden, Franckfurt 1759

JOHANN JACOB RAMBACH, Institutiones Hermeneuticae Sacrae, variis observationibus copiosissimisque exemplis biblicis illustratae. Cum praefatione Jo. Franciscii Buddei, Jena 1725

JAKOB FRIEDRICH REIMMANN, Historia universalis Atheismi et Atheorum falso & merito suspectorum apud Judaeos, Ethnicos, Christianos, Muhammedanos … Hildesheim 1725 [zuerst 1722]

GEORG HEINRICH RIBOV, Gründlicher Beweiß, daß die Geoffenbahrte Religion nicht könne aus der Vernunft erwiesen werden, nebst einer Widerlegung des Tindals, Göttingen 1740

–, Institutiones Theologiae Dogmaticae methodo demonstrativa. Pars I. continens theologiam naturalem, Göttingen 1741

CHRISTOPHER ROBINSON, An Essay upon the Usefulness of Revelation, notwithstanding the greatest Excellence of human Reason, London 1733

[JACOB SAURIN], Herrn Jacob Saurin, Betrachtungen über die Wichtigsten Begebenheiten des Alten und Neuen Testaments, Erster Theil. Aufs neue mit Fleiß übersetzet, auch hin und wieder mit einigen Anmerkungen vermehret und mit nöthigen Registern auch Kupfern versehen von Friedrich Eberhard Rambach. Mit einer Vorrede begleitet von Herrn D. Siegmund Jacob Baumgarten, Rostock 1745

JOHANN SALOMO SEMLER, Ehrengedächtnis des weiland Hochwürdigen und Hochgelarten Herrn Herrn Siegmund Jacob Baumgartens, Halle 1758

[JOHANN LORENZ SCHMIDT], Die göttlichen Schriften vor den Zeiten des Messie Jesu. Der erste Theil, worinnen die Gesetze der Jisraelen enthalten sind, nach einer freyen Übersetzung, welche durch und durch mit Anmerkungen erläutert und bestätiget wird. Wertheim 1735

[–], Sammlung derienigen Schriften welche bey Gelegenheit des wertheimischen Bibelwerks für oder gegen dasselbe zum Vorschein gekommen sind, mit Anmerkungen und neuen Stücken aus Handschriften vermehrt heraus gegeben, Franckfurt und Leipzig 1738

THOMAS SHERLOCK, Les Temoins de la Resurrection de Jesus Christ examinéz et jugéz par les Regles des Barreau; pour sevir de Résponse aux objections du Sr. Woolston, et de quelques autres Auteurs; traduit de l'Anglois sur la 6me Edition: on y a joint une Dissertation Historique sur les Ecrits de Mr. Woolston, sa Condamnation, et les Ecrits publiées contre lui: par A. le Moine, A la Haye 1732

[–], Gerichtliches Verhör der Zeugen der Auferstehung Jesu, worinnen nicht nur des Woolstons Einwürffe, die er in seinen so genannten sechs Discursen anführt; sondern auch diejenigen, welche so wohl er, als andere, in andern Schrifften heraus gegeben, gantz unpartheyisch erwogen werden. Aus dem Englischen übersetzet, Leipzig, 1733

[–], Hrn. Wilh. Sherlock's SS. Theol. D. und Decani zu St.Pauli etc. Gerichtliches Verhör der Zeugen der Auferstehung Jesu, worinnen nicht nur des Woolstons Einwürffe, die er in seinen so genannten sechs Discursen anführt; sondern auch diejenigen, welche so wohl er, als andere, in andern Schrifften heraus gegeben, gantz unpartheyisch erwogen werden. Aus dem Englischen übersetzet. Nebst des Herrn Uebersetzers Historia Litium Thomae Woolstoni. Andere Auflage, Leipzig 1736

[–], Thomas Sherlocks Gerichtliches Verhör der Zeugen der Auferstehung JEsu, worinnen nicht nur des berüchtigten Woolstons Einwürffe, die er in seinem so genannten sechsten Discours angeführet; sondern auch diejenigen, welche so wol er als andere in Schrifften hervor gebracht, gantz unpartheyisch erwogen werden. Aus dem Englischen übersetzet. Nebst einer Vorrede von des verfassers Leben, und historischer Nachricht von Thomas Woolstons Schicksal, Schrifften und Streitigkeiten versehen, von M. Johann Adam Schier. Dritte und vermehrte Auflage. Leipzig 1748

PHILIP SKELTON, Deism revealed, or, the Attack on Christianity …, 2 vls., London 1751

–, Die Offenbarte Deisterey oder unpartheyische Untersuchung der Angriffe und Einwendungen gegen das Christenthum, in welchen man eigentlichen Werthe und nach dem vornehmsten Inhalte der berüchtigten Schriften von Lord Herbert, Lord Shaftesbury, Hobbes, Toland, Tindal, Collins, Mandeville, Dodwell, Woolston, Morgan, Chubb, und andern. Aus dem Engländischen übersetzet [von Matth. Theod. Chr. Mittelstedt], Zwei Theile, Braunschweig und Hildesheim 1756

–, Ophiomaches: or Deism revealed. In Two Volumes (ND der Ausgabe 1749), Bristol 1990

[BARUCH DE SPINOZA], B.v.S. Sittenlehre widerleget von dem berühmten Weltweisen unserer Zeit Herrn Christian Wolf. Aus dem Lateinischen übersetzet. Frankfurt und Leipzig 1744 (= CHRISTIAN WOLFF, GW 3/15, Hildesheim/New York 1981)

LUDWIG THEODOR SPITTLER, Grundriß der Geschichte der christlichen Kirche, Göttingen 1782

THOMAS STACKHOUSE, Verthädigung der Christlichen Religion wider die vornehmsten Einwürfe der heutigen Ungläubigen. Aus dem Englischen ins Teutsche übersetzet von Heinrich Christian Lemker. Erster Theil, Hannover und Göttingen 1750

GOTTHILF SAMUEL STEINBART, System der reinen Philosophie oder Glückseligkeitslehre des Christenthums für die Bedürfnisse seiner aufgeklärten Landsleute und andrer die nach Weisheit fragen eingerichtet. Zweite, sehr vermehrte Auflage, Züllichau 1780

EDUARD STILLINGFLEET, Schreiben an einen Deisten, oder Schrifftverläugner, in welchem verschiedene wider die Wahrheit und das Ansehen der Heiligen Schrifft gemachte Einwürffe gründlich beantwortet werden. Ursprünglich in Englischer Sprache abgefaßt von D. Eduard Stillingfleet, Bischoff zu Worcester; nun aber aus dem Englischen Original ins Teutsche übersetzet, und seinen kleinen Geistreichen Schrifften angefüget. Leipzig 1731

CHRISTIAN THOMASIUS, Cautelae circa praecognita Jurisprudentiae in usum Auditorii, Halle 1710

URBAN GOTTLOB THORSCHMID, Critische Lebensgeschichte Anton Collins, des ersten Freydenkers in Engelland. Mit einigen Anmerkungen zur Vertheidigung der Offenbahrung und der Geistlichen versehen, Dreßden und Leipzig 1755

–, Versuch einer vollständigen Engelländischen Freydenker-Bibliothek, in welcher alle Schriften der berühmtesten Freydenker nach ihrem Inhalt und Absicht, nebst Schutzschriften für die Christliche Religion aufgestellet werden, Theil 1–2, Halle 1765–1766, Theil 3–4, Cassel 1766–1767

MATTHEW TINDAL, Christianity as old as the Creation, ND der Ausgabe London 1730, hrsg. u. eingel. v. Günter Gawlick, Stuttgart-Bad Cannstatt 1967

[–], Beweis, daß das Christenthum so alt als die Welt sey, nebst Herrn Jacob Fosters Widerlegung desselben. Beydes aus dem Englischen übersetzt, Frankfurt und Leipzig 1741

JOHN TOLAND, Christianity not mysterious, London 1696

–, Adeisidaemon, sive Titus Livius a superstitione vindicatus. Annexae sunt Origines Judaicae, Haag 1709

[–], Collection of several pieces of Mr. John Toland, 2 Bde., London 1726

[–], John Toland e G.W. Leibniz: Otto Lettere, a cura di Giancarlo Carabelli, RCSF 29 (1974)

GOTTLIEB SAMUEL TREUER, Dissertatio moralis qua limites libertatis cogitandi occasione scripti eadem materia a Tolando edidit, Helmstedt 1714

JOHANN ANTON TRINIUS, Freydenker-Lexicon, oder Einleitung in die Geschichte der neuern Freygeister ihrer Schriften, und deren Widerlegungen. Nebst einem Bey- und Nachtrage zu des seligen Herrn Johann Albert Fabricius Syllabo Scriptorum, pro veritate Religionis Christianae, Leipzig und Bernburg 1759

Uebersetzung der Algemeinen Welthistorie, die in England durch eine Geselschaft von Gelehrten ausgefertiget worden …: nebst Anmerkungen der holländischen Uebersetzung auch vielen neuen Kupfern und Karten, genau durchgesehen und mit häufigen Anm. vermeret von Siegmund Jacob Baumgarten, 1.–17. Theil, Halle 1744–1758

GERHARD JOH. VOSSIUS, De Historicis latinis libri III, Lugduni Betavorum 1651²

FRIEDRICH WAGNER, Allgemeine Betrachtungen über die geoffenbahrten Geheimnisse der Christlichen Religion überhaupt, Hamburg 1737

JOHANN GEORG WALCH, Philosophisches Lexicon, Leipzig 1726

[–], Dissertatio theologica de Praerogativa fidelium in operibus prae Christo ad locum Ioan. XIV, 12. praeside Joanne Georgio Walchio, subiicit Christian. Theophilus Struve (10. Juli 1732), Jena o.J.

–, Historische und Theologische Einleitung in die Religions-Streitigkeiten außer der Evangelisch-Lutherischen Kirche, 5 Bde., Jena 1733–36 (ND Stuttgart-Bad Cannstatt 1985)

–, Philosophisches Lexicon, Leipzig 1740²

ISAAC WATTS, Reden von der Liebe GOttes und ihrem Einfluss in alle menschliche (sic!) Leidenschaften, auch derselben Gebrauch und Misbrauch, aus dem Englischen übersetzt, genau durchgesehen und mit einer Vorrede herausgegeben von Siegmund Jacob Baumgarten. Halle 1747

–, Zukünftige Welt, oder Reden von der Freude und dem Elende abgeschiedener Seelen auch der

Herlichkeit und dem Schrecken der Auferstehung, nebst vorläufigem Versuch eines Beweises von abgeschiedenen Zustande der Selen nach dem Tode. Mit einer Vorrede Siegm. Jac. Baumgartens. Zweite Auflage. Halle 1749

–, Verwarung gegen die Versuchung zum Selbstmord. Aus dem Englischen übersetzt von Johann Gebhard Pfeil aus Magdeburg. Genau durchgesehen und mit einer Vorrede ausgefertiget von Siegmund Jacob Baumgarten. Neue Auflage. Frankfurt und Leipzig 1759

THOMAS WOOLSTON, A Discourse on the miracles of our Saviour, in view of the present controversy between Infidels and Apostates. Fourth Edition, London 1728

–, Mr. Woolston's Defence of his Discourses on the Miracles of our Saviour, against the Bishops of St. David's and London, and his other Adversaries. Part I. The second Edition, London 1729

[ARTHUR YOUNG], Arthur Youngs Historische Untersuchung abgöttischer Verderbniße von Anfang der Welt, und von denen Mitteln, welche die göttliche Vorsehung dagegen gebraucht, zur Rettung der Offenbahrung wider die Deisten, aus dem Englischen ins Deutsche übersetzt von Johann Conrad Mönnch. Nebst einer Vorrede Hn. Siegm. Jacob Baumgartens, Berlin 1747

JOHANN HEINRICH CHRISTOPH ZAHN, Briefe an die Freidenker, worinne dieselbe aus ihren eigenen Schriften und der Natur der Sache widerleget werden, 3 Theile, Eisenach 1764–65

3. Sonstige Literatur

3.1. Nachschlagewerke

Allgemeine Deutsche Biographie, Berlin 1967[2]ff.

FRIEDRICH WILHELM BAUTZ (Hg.), Biographisches-Bibliographisches Kirchenlexikon, Hamm 1975ff.

The British Library Gerneral Catalogue of Printed Books to 1975, London u.a. 1979–1987

CHRISTIAN GOTTLIEB JÖCHER (Hg.), Allgemeines Gelehrten-Lexicon, Theil 1–4, Leipzig 1750–1751 (ND Hildesheim 1960)

– /JOHANN CHRISTOPH ADELUNG (Hrsg.), Fortsetzung und Ergänzungen zu Christian Gottlieb Jöchers allgemeinem Gelehrten Lexicon, 7 Bde., Leipzig 1784–1897 (ND Hildesheim 1961)

Dictionary of National Biography, ed. Leslie Stephen, London 1885ff.

JOHANN GEORG MEUSEL, Lexikon der vom Jahr 1750–1800 verstorbenen teutschen Schriftsteller, 15 Bde., Leipzig 1802–1816

MICHAEL RANFFT, Leben und Schriften aller chur-sächsischen Gottesgelehrten, 2Bde., Leipzig 1742

JOHANN HEINRICH ZEDLER (Hg.), Großes vollständiges Universal-Lexicon aller Wissenschaften und Künste, 64 Bde., Leipzig und Halle 1732–1754

3.2. Sekundärliteratur (ab 1784)

CHRISTIAN ALBRECHT, „Revolution I. Neuzeit", in: TRE 29 (1999), 109–126

–, Historische Kulturwissenschaft neuzeitlicher Christentumspraxis. Klassische Protestantismustheorien in ihrer Bedeutung für das Selbstverständnis der Praktischen Theologie, Tübingen 2000 (BHTh 114)

MICHAEL ALBRECHT, [Rez.] Martin Mulsow, Monadenlehre, Hermetik und Deismus. Georg Schades geheime Aufklärungsgesellschaft, 1747–1760. Hamburg: Meiner 1998, Das achtzehnte Jahrhundert 24/2 (2000), 231–235

KARL ANER, Der Aufklärer Friedrich Nicolai, Gießen 1912 (SGNP 6)

–, Die Theologie der Lessingzeit, Halle 1929 (=ND Hildesheim 1964)

JAN ASSMANN, Moses der Ägypter. Entzifferung einer Gedächtnisspur, München/Wien 1998

G.G.H. BAKER, „Anglikanische Kirche II. Mission der anglikanischen Kirche", in: RGG[3] 1 (1957), Sp. 382–384

GABRIELE BALL, Moralische Küsse: Gottsched als Zeitschriftenherausgeber und literarischer Vermittler, Göttingen 2000 (Das achtzehnte Jahrhundert: Supplementa; 7)

WILFRIED BARNER, Lessing zwischen Bürgerlichkeit und Gelehrtheit, in: RUDOLF VIERHAUS (Hg.), Bürger und Bürgerlichkeit im Zeitalter der Aufklärung, Heidelberg 1981 (WSA 7), 165–204

HANS-MARTIN BARTH, Atheismus und Orthodoxie. Analysen und Modelle christlicher Apologetik im 17. Jahrhundert, Göttingen 1971 (FSÖTh 26)

ULRICH BARTH, Schleiermachers *Reden* als religionstheoretisches Modernisierungsprogramm, in: SILVIO VIETTA/DIRK KEMPER (Hrsg.), Ästhetische Moderne in Europa. Grundzüge und Problemzusammenhänge seit der Romantik, München 1997, 441–474

–, Hallesche Hermeneutik im 18. Jahrhundert. Stationen des Übergangs zwischen Pietismus und Aufklärung, in: MANFRED BEETZ/GIUSEPPE CACCIATORE (Hrsg.), Die Hermeneutik im Zeitalter der Aufklärung, Köln u.a. 2000 (Collegium Hermeneuticum 3), 69–98

RAINER A. BAST, Der Titel ‚Philosophische Bibliothek‘. Ein Beitrag zur materialen Philosophie- und Bildungsgeschichte vor allem des 18. Jahrhunderts, Köln 1997

JÖRG BAUR, V.E. Löscher – Zeitgenosse im Widerspruch, in: Valentin Ernst Löscher. Zeitgenosse im Widerspruch, Texte aus der VELKD 90 (1990), 7–17

–, Die Anfänge der Theologie an der ‚wohl angeordneten evangelischen Universität‘ Göttingen, in: JÜRGEN V. STACKELBERG (Hg.), Zur geistigen Situation der Zeit der Göttinger Universitätsgründung. Eine Vortragsreihe aus Anlaß des 250jährigen Bestehens der Georgia Augusta, Göttingen 1988 (Göttinger Universitätsschriften: Ser. A, Schriften; Bd. 12), 9–56

WILHELM BENDER, Zur Geschichte der Emancipation der natürlichen Theologie, JPTh 9 (1883), 529–592

DAVID BERMAN, „Skelton, Philip“, in: The Dictionary of eighteenth-century British Philosophers, 2 Vols., Bristol 1999, Vol. 2, 799–800

– /STEPHEN LALOR, The Suppression of *Christianity as old as the Creation* Vol. II, Notes & Queries 31 (1984), 3–6

KARLMANN BEYSCHLAG, Kallist und Hippolyt, ThZ 20 (1964), 103–124

HANS-JOACHIM BIRKNER, Natürliche Theologie und Offenbarungstheologie, NZsTh 3 (1961), 279–295

HORST W. BLANKE, Politische Herrschaft und soziale Ungleichheit im Spiegel des Anderen, Waltrop 1997 (Wissen und Kritik 6), 2 Bde.

HANS-ERICH BÖDEKER, Die Religiosität der Gebildeten, in: KARLFRIED GRÜNDER/KARL HEINRICH RENGSTORF (Hrsg.), Religionskritik und Religiosität in der deutschen Aufklärung, Heidelberg 1989 (WSA 11), 145–195

–, Von der „Magd der Theologie“ zur „Leitwissenschaft“. Vorüberlegungen zu einer Geschichte der Philosophie des 18. Jahrhunderts, Das achtzehnte Jahrhundert 14/1 (1990), 19–57

GEORG BORHMANN, Spinozas Stellung zur Religion. Eine Untersuchung auf der Grundlage des theologisch-politischen Traktats, Gießen 1914 (SGNP 9)

LUCIEN BRAUN, Geschichte der Philosophiegeschichte. Aus dem Französischen übersetzt von Franz Wimmer. Bearbeitet und mit einem Nachwort versehen von Ulrich Johannes Schneider, Darmstadt 1990

WOLFGANG BREIDERT, Die Rezeption Berkleys in Deutschland im 18. Jahrhundert, RIPh 39 (1985), 223–241

AXEL BÜHLER/LUIGI CTADALANI MADONNA, Von Thomasius bis Semler. Entwicklungslinien der Hermeneutik in Halle, in: dies., (Hrsg.), Hermeneutik der Aufklärung, Hamburg 1994 (Aufklärung 8,2), 49–70

PETER BYRNE, Natural Religion and the Nature of Religion: the legacy of deism, London 1989

–, „Deismus, I. Religionsphilosophisch“, in: RGG⁴ 2 (1999), Sp. 614–616

GIANCARLO CARABELLI, Tolandiana. Materiali bibliografici per lo studia dell' opera e della fortuna di John Toland (1670–1722), Florenz 1975 (Pubbl. Centro Studi Pens. Ser. 2; 3)

J.A.I. CHAMPION, The Pillars of Priestcraft shaken. The Church of England and its Enemies, 1660–1730, Cambridge 1992 (Cambridge Studies in Early Modern British History)

ROGER CHARTIER, Intellektuelle Geschichte und Geschichte der Mentalitäten, in: ULRICH RAULFF

(Hg.), Mentalitäten-Geschichte. Zur historischen Rekonstruktion geistiger Prozesse, Berlin 1987 (WAT 152), 69–96

ROSALIE L. COLIE, Spinoza and the early english Deists, JHI 20 (1959), 23–46

CHARLES A. CORR, Christian Wolff and Leibniz, JHI 36 (1975), 241–262

LEO PIERRE COURTINES, Bayle's Relations with England and the English, New York 1938

MAURICE CRANSTON, John Locke. A Biography, London u.a. 1957

DON CUPITT, The Doctrine of Analogy in the Age of Locke, JThS 19 (1968), 186–202

LUTZ DANNEBERG, Siegmund Jacob Baumgartens biblische Hermeneutik, in: AXEL BÜHLER (Hg.), Unzeitgemäße Hermeneutik. Verstehen und Interpretation im Denken der Aufklärung, Frankfurt/Main 1994, 88–157

LUDWIG DIESTEL, Geschichte des Alten Testaments in der christlichen Kirche, Jena 1869

WILHELM DILTHEY, Friedrich der Grosse und die deutsche Aufklärung, in: ders., Studien zur Geschichte des deutschen Geistes, Leipzig/Berlin 1927 (= GS III), 81–205

VOLKER DREHSEN, Neuzeitliche Konstitutionsbedingungen der Praktischen Theologie. Aspekte der theologischen Wende zur soziokulturellen Lebenswelt christlicher Religion, 2 Bde., Gütersloh 1988

–, Theologia Popularis. Notizen zur Geschichte und Bedeutung einer praktisch-theologischen Gattung, Pastoraltheologie 77 (1988), 2–20

SUSANNE EHRHARDT-REIN, Zwischen Glaubenslehre und Vernunftwahrheit. Natur und Schöpfung bei Hallischen Theologen des 18. Jahrhunderts, Münster 1996 (Physikotheologie im historischen Kontext 3)

BERNHARD FABIAN, Bibliothek und Aufklärung, in: WERNER ARNOLD/PETER VODOSEK (Hrsg.), Bibliotheken und Aufklärung, Wiesbaden 1988 (Wolfenbütteler Studien zur Geschichte des Buchwesens 14), 1–19

–, The English book in eighteenth-century Germany, London 1992 (The Panizzi Lectures 7)

–, Selecta Anglicana. Buchgeschichtliche Studien zur Aufnahme der englischen Literatur in Deutschland im achtzehnten Jahrhundert, Wiesbaden 1994 (Schriften und Zeugnisse zur Buchgeschichte 6)

JOHN FEATHER, English books in the Netherlands in the eighteenth century: reprints or piracies?, in: C. BERKVENS-STEVELINCK U.A. (Hrsg.), Le magasin de l'univers. The Dutch republic as the centre of the European book trade, Leiden u.a. 1992 (Brill's studies in intellectual history 31), 143–154

KONRAD FEIEREIS, Die Umprägung der natürlichen Theologie in Religionsphilosophie. Ein Beitrag zur deutschen Geistesgeschichte des 18. Jahrhunderts, Leipzig 1965 (EThSt 18)

NORBERT H. FEINÄUGLE, Lessings Streitschriften. Überlegungen zu Wesen und Methode der literarischen Polemik, Lessing Yearbook 1 (1969), 126–149

MICHEL FICHANT, Leibniz et Toland: Philosophie pour Princesses?, Revue de synthèse 116 (1995), 421–439

LUDWIK FLECK, Entstehung und Entwicklung einer wissenschaftliche Tatsache. Einführung in die Lehre vom Denkstil und Denkkollektiv, Basel 1935

PETER F. GANZ, Der Einfluss des Englischen auf den deutschen Wortschatz 1640–1815, Berlin 1957

WILHELM GASS, Geschichte der Protestantischen Dogmatik in ihrem Zusammenhange mit der Theologie überhaupt. Vierter Band: Die Aufklärung und der Rationalismus. Die Dogmatik der philosophischen Schulen. Schleiermacher und seine Zeit, Berlin 1867

GÜNTER GAWLICK, „Freidenker", in: HWP 2 (1972), Sp. 1062–1063

–, Der Deismus als Grundzug der Religionsphilosophie der Aufklärung, in: Hermann Samuel Reimarus (1694–1768): ein „bekannter Unbekannter" der Aufklärung in Deutschland, Göttingen 1973 (Veröffentlichung der Joachim Jungius-Gesellschaft der Wissenschaften 18), 15–43

–, Christian Wolff und der Deismus, in: WERNER SCHNEIDERS (Hg.), Christian Wolff 1679–1754. Interpretationen zu seiner Philosophie und deren Wirkung, Hamburg 1983 (Studien zum achtzehnten Jahrhundert 4), 139–147

–, Über einige Charakteristika der britischen Philosophie des 18. Jahrhundert, StLeib XV/1 (1983), 30–41

–, Die ersten deutschen Reaktionen auf A. Collins' „Discourse of Free-Thinking" von 1713, Aufklärung 1/1 (1986), 9–25

–, Thomasius und die Denkfreiheit, in: W. SCHNEIDERS (Hg.), Christian Thomasius, 256–273

–, G.F. Meiers Theorie der Freiheit zu denken und zu reden, in: FRANK GRUNDERT/FRIEDRICH VOLLHARDT (Hrsg.), Aufklärung als praktische Philosophie, Tübingen 1998 (Frühe Neuzeit 45), 281–295

–, „Von der Duldung der Deisten". Zu einem Thema der Lessing-Zeit, in: EVA J. ENGEL/CLAUS RITTERHOFF (Hrsg.), Neues zur Lessing-Forschung. FS Ingrid Strohmeyer-Kohrs, Tübingen 1998, 153–167

– /LOTHAR KREIMENDAHL, Hume in der deutschen Aufklärung. Umrisse einer Rezeptionsgeschichte, Stuttgart-Bad Cannstatt 1987 (FMDA Abt.II: 4)

CHRISTOF GESTRICH, „Deismus", in: TRE 8 (1981), 392–406

MARTIN GIERL, Pietismus und Aufklärung. Theologische Polemik und die Kommunikationsreform der Wissenschaften am Ende des 17. Jahrhunderts, Göttingen 1997 (VMPIG 129)

JOH. CARL LUDW. GIESELER, Kirchengeschichte des achtzehnten Jahrhunderts. Von 1648–1814. Aus dem Nachlass hg. v. E.R. Redepenning, Bonn 1857 (= Lehrbuch der Kirchengeschichte, 4. Band)

WILHELM GRAEBER/GENEVIÈVE ROCHE, Englische Literatur des 17. und 18. Jahrhunderts in französischer Übersetzung und deutscher Weiterübersetzung. Eine kommentierte Bibliographie, Tübingen 1988

FRIEDRICH WILHELM GRAF, Protestantische Theologie und die Formierung der bürgerlichen Gesellschaft, in: ders. (Hg.), Profile des neuzeitlichen Protestantismus, Bd. 1: Aufklärung, Idealismus, Vormärz, Gütersloh 1990 (GTS 1430), 11–54

ROLF GRIMMINGER (Hg.), Deutsche Aufklärung bis zur Französischen Revolution 1680–1789, München 1984[2] (Hansers Sozialgeschichte der deutschen Literatur 3)

H. GÜNTHER, „Revolution", in: HWP 8 (1992), Sp. 957–973

RALPH HÄFNER/MARTIN MULSOW, Mosheims Bibliothek, in: M. MULSOW U.A. (Hrsg.), Johann Lorenz Mosheim, 373–399

KONRAD HAMMANN, Universitätsgottesdienst und Aufklärungspredigt. Die Göttinger Universitätskirche im 18. Jahrhundert und ihr Ort in der Geschichte des Universitätsgottesdienstes im deutschen Protestantismus, Tübingen 2000 (BHTh 116)

PETER HARRISON, „Religion" and the religions in the English Enlightenment, Cambridge 1990

HANS HEINRICH, Zur Geschichte des ‚Libertin' in der englischen Literatur. Verführer auf der Insel, Heidelberg 1999 (AnglF 271)

ERNST L. THEODOR HENKE, Neuere Kirchengeschichte. Nachgelassene Vorlesungen für den Druck bearbeitet und herausgegeben von W. GASS. Band II. Geschichte der getrennten Kirchen bis zur Mitte des XVIII. Jahrhunderts, Halle 1878

HEINRICH PHILIP KONRAD HENKE, Allgemeine Geschichte der Christlichen Kirche nach der Zeitfolge. Dritte verbesserte und stark vermehrte Auflage, Vierter Theil, Braunschweig 1804

–, Allgemeine Geschichte der Christlichen Kirche nach der Zeitfolge. Dritte verbesserte und stark vermehrte Auflage, Sechster Theil, Braunschweig 1804

JOHANN GOTTFRIED HERDER, Adrastea (Auswahl). Hg. v. Günter Arnold. Johann Gottfried Herder, Werke 10, Frankfurt 2000 (Bibliothek deutscher Klassiker 170)

HERMANN HETTNER, Geschichte der deutschen Literatur des achtzehnten Jahrhunderts. 2. Buch: Das Zeitalter Friedrichs des Großen, Braunschweig 1925[7] (= Literaturgeschichte des achtzehnten Jahrhunderts. In drei Teilen. Dritter Teil)

EILERT HERMS, „Offenbarung V. Theologiegeschichte und Dogmatik", in: TRE 25 (1995), 146–210

KARL HEUSSI, Johann Lorenz Mosheim. Ein Beitrag zur Kirchengeschichte des achtzehnten Jahrhundert, Tübingen 1906

CARL HINRICHS, Preußentum und Pietismus. Der Pietismus in Brandenburg-Preußen als religiössoziale Reformbewegung, Göttingen 1971

NORBERT HINSKE, Die tragenden Grundideen der deutschen Aufklärung. Versuch einer Typologie, in: KARLFRIED GRÜNDER/NATHAN ROTENSTREICH, Aufklärung und Haskala in jüdischer und nichtjüdischer Sicht, Heidelberg 1990 (WSA 14), 67–100

EMANUEL HIRSCH, Geschichte der neuern evangelischen Theologie im Zusammenhang mit den allgemeinen Bewegungen des europäischen Denkens, neu hg. und eingeleitet von Albrecht Beutel, 5 Bde. (= GW 5–9), Waltrop 2000 (zuerst Gütersloh 1949–54)

LUCIAN HÖLSCHER, „Öffentlichkeit", in: GGB 4 (1984), 413–467

UTE HORSTMANN, Die Geschichte der Gedankenfreiheit in England. Am Beispiel von Anthony Collins: A Discourse of Free-Thinking, Königstein (Ts.) 1980 (MPF 197)

JAMES R. JACOB, Henry Stubbe, radical Protestantism and the early Enlightenment, Cambridge 1983

HANS-WOLF JÄGER (Hg.), „Öffentlichkeit" im 18. Jahrhundert, Göttingen 1997 (Das achtzehnte Jahrhundert: Supplementa; Bd. 4)

HERBERT JAUMANN, Was ist ein Polyhistor? Gehversuche auf einem verlassenen Terrain, StLeib XXII (1990), 76–89

FRIEDRICH WILHELM KANTZENBACH, Protestantisches Christentum im Zeitalter der Aufklärung, Gütersloh 1965 (Evangelische Enzyklopädie 5/6)

WALDEMAR KAWERAU, Friedrich Gabriel Resewitz. Ein Beitrag zur Geschichte der deutschen Aufklärung, Geschichtsblätter für Stadt und Land Magdeburg 20 (1885), 149–192

HELMUTH KIESEL/PAUL MÜNCH, Gesellschaft und Literatur im 18. Jahrhundert. Voraussetzungen und Entstehung des literarischen Markts in Deutschland, München 1977 (Beck'sche Elementarbücher)

HANS-MARTIN KIRN, Deutsche Spätaufklärung und Pietismus. Ihr Verhältnis im Rahmen kirchlich-bürgerlicher Reform bei Johann Ludwig Ewald (1748–1822), Göttingen 1998 (AGP 34)

LOTHAR KREIMENDAHL (Hg.), Aufklärung und Skepsis. Studien zur Philosophie und Geistesgeschichte des 17. und 18. Jahrhunderts, Stuttgart-Bad Cannstatt 1995 (Quaestiones 8)

JOACHIM KIRCHNER (Hg.), Bibliographie der Zeitschriften des deutschen Sprachgebietes bis 1900: in vier Bänden, Bd. 1: Die Zeitschriften des deutschen Sprachgebietes von den Anfängen bis 1830, Stuttgart 1969

FRANKLIN KOPITZSCH, Einleitung: Die Sozialgeschichte der deutschen Aufklärung als Forschungsaufgabe, in: ders. (Hg.), Aufklärung, Absolutismus und Bürgertum in Deutschland, München 1976 (nymphenburger texte zur wissenschaft 24), 11–169

REINHART KOSELLECK, Zur historisch-politischen Semantik asymmetrischer Gegenbegriffe, in: ders., Vergangene Zukunft. Zur Semantik geschichtlicher Zeiten, Frankfurt 1992² (stw 757), 211–259

A.H. LAEVEN, De „Acta Eruditorum" onder Redactie van Otto Mencke. De Geschiedenis van een internationaal Geleerdeperiodek tussen 1682 en 1707, Amsterdam&Maarsen 1986 (Studien des Inst. f. intell. Beziehungen zw. den westeurop. Ländern im 17. Jh. 13)

GOTTHARD VICTOR LECHLER, Geschichte des englischen Deismus. ND der Ausgabe Stuttgart-Tübingen 1841. Mit einem Vorwort und bibliographischen Hinweisen von Günter Gawlick, Hildesheim 1965

DONALD N. LEVINE, Ambivalente Begegnungen: „Negationen" Simmels durch Weber, Lukács, Park und Parsons, in: HEINZ-JÜRGEN DAHME/OTTHEIN RAMMSTEDT (Hrsg.), Georg Simmel und die Moderne. Neue Interpretationen und Materialien, Franfurt 1984 (stw 469), 318–387

FRIEDRICH LOOFS, Grundlinien der Kirchengeschichte. In der Form von Dispositionen für seine Vorlesung, Halle 1910²

ERNST MANHEIM, Aufklärung und öffentliche Meinung. Studien zur Soziologie der Öffentlichkeit im 18. Jahrhundert. Hg. und eingeleitet von Norbert Schindler, Stuttgart-Bad Cannstatt 1979 (Kultur und Gesellschaft 4)

WOLFGANG MARTENS, Die Botschaft der Tugend. Die Aufklärung im Spiegel der Moralischen Wochenschriften, Stuttgart 1968

EDGAR MASS, Französische Materialisten und deutsche „Freygeisterei" (1746–1753), in: WERNER SCHNEIDERS (Hg.), Aufklärung als Mission. Akzeptanzprobleme und Kommunikationsdefizite, Marburg 1993 (Das achtzehnte Jahrhundert; Supplementa 1), 129–156

RUDOLF MAU, Programme und Praxis des Theologiestudiums im 17. und 18. Jahrhundert, ThV XI (1979), 71–91

MICHAEL MAURER, Die Biographie des Bürgers. Lebensformen und Denkweisen in der formativen Phase des deutschen Bürgertums (1680–1815), Göttingen 1996 (VMPIG 127)

–, Reisen interdisziplinär – Ein Forschungsbericht in kulturgeschichtlicher Perspektive, in: ders. (Hg.), Neue Impulse der Reiseforschung, Berlin 1999 (Aufklärung und Europa), 277–410

JOACHIM MEHLHAUSEN, „Freidenker", in: TRE 11 (1983), 489–493

HORST MÖLLER, Aufklärung in Preussen. Der Verleger, Publizist und Geschichtsschreiber Friedrich Nicolai, Berlin 1974 (EHKB 15)

–, Königliche und bürgerliche Aufklärung, in: MANFRED SCHLENKE (Hg.), Preußen. Beiträge zu einer politischen Kultur, Berlin 1981, 120–135

–, Enlightened Societies in the Metropolis. The Case of Berlin, in: ECKHART HELLMUTH (Hg.), The Tranformation of Political Culture. England and Germany in the Late Eighteenth Century, Oxford 1990, 219–233

W. MÖLLER, „Walch, Johann Georg", in: RE² 16 (1885), 608–610

EKKEHARD MÜHLENBERG, Göttinger Kirchenhistoriker im 18. und 19. Jahrhundert, in: BERND MOELLER (Hg.), Theologie in Göttingen: eine Vorlesungsreihe, Göttingen 1987 (Göttinger Universitätsschriften: Ser. A, Schriften; Bd. 1), 232–255

GÜNTER MÜHLPFORT, Radikaler Wolffianismus. Zur Differenzierung und Wirkung der Wolffschen Schule ab 1735, in: WERNER SCHNEIDERS (Hg.), Christian Wolff, 237–253

WOLFGANG ERICH MÜLLER, Johann Friedrich Wilhelm Jerusalem. Eine Untersuchung zur Theologie der „Betrachtungen über die vornehmsten Wahrheiten der Religion", Berlin/New York 1984 (TBT 43)

WILHELM MÜNSCHER, Versuch einer historischen Entwicklung der Ursachen und Veranlassungen, durch welche die Dogmatik in dem protestantischen Theile von Deutschland seit der letzten Hälfte des gegenwärtigen Jahrhunderts eine neue Gestalt erhalten hat, in: CARL FRIEDRICH STÄUDLIN (Hg.), Beiträge zur Philosophie und Geschichte der Religion und Sittenlehre überhaupt und der verschiedenen Glaubensarten und Kirchen insbesondere. Vierter Band, Lübeck 1798, 1–50

MARGIT MUFF, Leibnizens Kritik der Religionsphilosophie von John Toland, Diss.phil. Zürich 1940

MARTIN MULSOW, Monadenlehre, Hermetik und Deismus. Georg Schades geheime Aufklärungsgesellschaft, Hamburg 1998 (Studien zum achtzehnten Jahrhundert 22)

– u.a. (Hrsg.), Johann Lorenz Mosheim (1693–1755). Theologie im Spannungsfeld von Philosophie, Philologie und Geschichte, Wiesbaden 1997 (Wolfenbütteler Forschungen 77)

–/HELMUT ZEDELMAIER (Hrsg.), Skepsis, Providen, Polyhistorie. Jakob Friedrich Reimmann (1668–1743), Tübingen 1998 (Hallesche Beiträge zur europäischen Aufklärung 7)

REINHARD M.G. NICKISCH, Brief, Stuttgart 1991 (Sammlung Metzler 260)

KURT NOWAK, Vernünftiges Christentum? Über die Erforschung der Aufklärung in der evangelischen Theologie seit 1945, Leipzig 1999 (ThLZ.F 2)

FRIEDERIKE NÜSSEL, Bund und Versöhnung. Zur Begründung der Dogmatik bei Johann Franz Buddeus, Göttingen 1996 (FSÖTh 77)

VICTOR L. NUOVO, „Leland, John", in: The Dictionary of eighteenth-century British Philosophers, 2 Vols., Bristol 1999, Vol. 2, 544–548

JAMES O'HIGGINS, Anthony Collins. The man and his works, The Hague 1970 (AIHI 35)

Z. OGONOWSKI, „Sozinianismus", in: HWP 9 (1995), Sp. 1257–1263

MARTIN OHST, Der theologie- und kirchengeschichtliche Hintergrund, in: KLAUS-M. KODALLE/ MARTIN OHST (Hrsg.), Fichtes Entlassung. Der Atheismusstreit vor 200 Jahren, Kritisches Jahrbuch der Philosophie 4 (1999), 31–47

DAVID A. PAILIN, Attitudes to other Religions. Comparative religion in seventeenth- and eighteenth-century Britain, Manchester 1984

–, Rational Religion in England from Herbert of Cherbury to William Pailey, in: SHERIDAN GILLEY/W.J. SHEILS (Hrsg.), A History of Religion in Britain. Practice and Belief from Pre-Roman Times to the Present, Oxford/Cambridge, Mass., 1994, 211–233

–, Should Herbert of Cherbury be regarded as a ,Deist'?, JThS 51 (2000), 113–149

WOLFHART PANNENBERG, Problemgeschichte der neueren evangelischen Theologie in Deutschland. Von Schleiermacher bis zu Barth und Tillich, Göttingen 1997 (UTB 1979)

RICHARD H. POPKIN, The Philosophy of Bishop Stillingfleet, JHP XI (1971), 303–319

MARTIN POTT, Aufklärung und Aberglaube. Die deutsche Frühaufklärung im Spiegel ihrer Aberglaubenskritik, Tübingen 1992 (Studien zur deutschen Literatur 119)

Register zur Matrikel der Universität Erlangen 1743–1843, bearbeitet von KARL WAGNER. Mit einem Anhang: weitere Nachträge zum Altdorfer Personenregister von ELIAS VON STEINMEYER, München und Leipzig 1918 (Veröffentlichungen der Gesellschaft für Fränkische Geschichte, 4.Reihe, Bd. 4)

HENNING GRAF REVENTLOW, Bibelautorität und Geist der Moderne. Die Bedeutung des Bibelverständnisses für die geistesgeschichtliche und politische Entwicklung in England von der Reformation bis zur Aufklärung, Göttingen 1980 (FKDG 30)

–, Epochen der Bibelauslegung. Bd. IV: Von der Aufklärung bis zum 20. Jahrhundert, München 2001

ISABEL RIVERS, Reason, Grace and Sentiment. A Study of the Language of Religion and Ethics in England, 1660–1780. Vol. II: Shaftesbury to Hume, Cambridge 2000 (Cambridge Studies in eighteenth-century english Literature and Thought 37)

PAOLO ROSSI, The dark abyss of time. The history of the earth & the history of nations from Hooke to Vico, Chicago/London 1984

HARTMUT RUDDIES, Protestantische Identität und die Einheit Europas. Bemerkungen zur Europadebatte im deutschen Protestantismus nach 1945 und 1989, in: WOLFGANG GREIVE/DIETRICH KORSCH (Hrsg.), Ist Europa nur ein Wirtschaftsraum? Fragen zur geistigen und kulturellen Dimension Europas aus protestantischer Sicht, LoPr 10 (1995), 27–44

G. SAUDER, Bayle-Rezeption in der deutschen Aufklärung, DVjs 57 (1975), Sonderheft „18. Jahrhundert", 83*–104*

RUDOLF SCHENDA, Volk ohne Buch. Studien zur Sozialgeschichte populärer Lesestoffe 1770–1910, Frankfurt 1970 (SPLNJ 5)

HEINZ SCHLAFFER, Der Umgang mit Literatur. Diesseits und jenseits der Lektüre, Poetica 31 (1999), 1–25

JOHANN RUDOLPH SCHLEGEL, Kirchengeschichte des achtzehenten Jahrhunderts. Erster Band, Heilbronn 1784

MARTIN SCHLOEMANN, Siegmund Jacob Baumgarten. System und Geschichte in der Theologie des Übergangs zum Neuprotestantismus. Göttingen, 1974 (FKDG 26)

ULRICH JOHANNES SCHNEIDER, Die Vergangenheit des Geistes. Eine Archäologie der Philosophiegeschichte, Frankfurt 1990

–, Zum Sektenproblem der Kirchengeschichte, in: MARTIN MULSOW U.A. (Hrsg.), Johann Lorenz Mosheim, 147–191

WERNER SCHNEIDERS, Aufklärung und Vorurteilskritik. Studien zur Geschichte der Vorurteilstheorie, Stuttgart-Bad Cannstatt 1983 (FMDA: Abt.2, Monographien; Bd. 2)

–, Hoffnung auf Vernunft. Aufklärungsphilosophie in Deutschland, Hamburg 1990

– (Hg.), Christian Thomasius 1655–1728, Hamburg 1989 (Studien zum 18. Jahrhundert 11)

KLAUS SCHOLDER, Grundzüge der theologischen Aufklärung in Deutschland, in: Geist und Geschichte der Reformation, FS Hanns Rückert, Berlin 1966 (AKG 38), 460–486

JOSEPH SCHOLLMEIER, Johann Joachim Spalding. Ein Beitrag zur Theologie der Aufklärung, Gütersloh 1967

WINFRIED SCHRÖDER, Spinoza in der deutschen Frühaufklärung, Würzburg 1987 (Epistemata XXXIV)

–, „Pantheismus", in: HWP 7 (1989), Sp. 59–63

–, Aporien des theologischen Liberalismus. Johann Lorenz Schmidts Plädoyer für „eine allgemeine Religions- und Gewissensfreyheit", in: LOTHAR KREIMENDAHL (Hg.), Aufklärung und Skepsis, 221–237

–, Ursprünge des Atheismus. Untersuchungen zur Metaphysik- und Religionskritik des 17. und 18. Jahrhunderts, Stuttgart-Bad-Cannstatt 1998 (Quaestiones 11)

HARALD SCHULTZE, Orthodoxie und Selbstbehauptung. Zum theologiegeschichtlichen Ort eines spätorthodoxen Theologen, in: HEIMO REINITZER/WALTER SPARN (Hrsg.), Verspätete Orthodoxie. Über D. Johann Melchior Goeze (1717–1786), Wiesbaden 1989 (Wolfenbütteler Forschungen 45)

CLEMENS SCHWAIGER, Zur Frage nach den Quellen von Spaldings *Bestimmung des Menschen*. Ein ungelöstes Rätsel der Aufklärungsforschung, in: NORBERT HINSKE (Hg.), Die Bestimmung des Menschen, Hamburg 1999 (Aufklärung 11/1), 7–19

PAUL S. SPALDING, Seize the Book, Jail the Author. Johann Lorenz Schmidt and Censorship in Eighteenth-Century Germany, Indiana 1998

WALTER SPARN, Vernünftiges Christentum. Über die geschichtliche Aufgabe der theologischen Aufklärung im 18. Jahrhundert in Deutschland, in: RUDOLF VIERHAUS (Hg.), Wissenschaften im Zeitalter der Aufklärung, Göttingen 1985, 18–57

–, Religiöse Aufklärung. Krise und Transformation der christlichen Apologetik im Weltanschauungskampf der Moderne, Glaube und Denken 5 (1992), 77–105.155–164

–, „Omnis nostra fides pendet ab Historia". Erste Beobachtungen zum theologischen Profil des Hildesheimer Superintendenten Jakob Friedrich Reimmann, in: MARTIN MULSOW/HELMUT ZEDELMAIER (Hrsg.), Skepsis, Providenz, Polyhistorie, 76–94

CARL FRIEDRICH STÄUDLIN, Geschichte und Geist des Skepticismus vorzüglich in Rücksicht auf die Moral und Religion. Zweiter Band, Leipzig 1794

JOHANN ANSELM STEIGER, Johann Lorenz von Mosheims Predigten, in: MARTIN MULSOW U.A. (Hrsg.), Johann Lorenz Mosheim, 297–327

HORST STEPHAN, „Wolff, Christian", in: RE³ 21 (1908), 452–464

– (Hg.), Spaldings Bestimmung des Menschen (1748) und Wert der Andacht (1755). Mit einer Einleitung neu herausgegeben, Gießen 1908 (SGNP.Q 1)

LESLIE STEPHEN, History of English Thought in the Eighteenth Century, 2 Bde., London 1876

PETER STEMMER, Weissagung und Kritik. Eine Studie zur Hermeneutik bei Hermann Samuel Reimarus, Göttingen 1983 (Veröffentlichungen der Joachim Jungius-Gesellschaft der Wissenschaften Hamburg 48)

A.F. STOLZENBURG, Die Theologie des Jo. Franc. Buddeus und des Chr. Matth. Pfaff. Ein Beitrag zur Geschichte der Aufklärung in Deutschland, Berlin 1926 (NSGTK 22)

HORST STUKE, „Aufklärung", in: GGB 1 (1972), 243–342

ROBERT E. SULLIVAN, John Toland and the Deist controversy. A Study in Adaptations, Cambridge/Mass. 1982 (Harvard Historical Studies 51)

FRIEDRICH H. TENBRUCK, Bürgerliche Kultur, KZS.S 27 (1986), 263–285

AUGUST THOLUCK, Abriß einer Geschichte der Umwälzung, welche seit 1750 auf dem Gebiete der Theologie in Deutschland statt gefunden, in: ders., Vermischte Schriften größtentheils apologetischen Inhalts. Zweiter Theil, Hamburg 1839, 1–147

–, Das kirchliche Leben des siebzehnten Jahrhunderts. Zweite Abtheilung. Die zweite Hälfte des siebzehnten Jahrhunderts, Berlin 1862 (= Vorgeschichte des Rationalismus. Zweiter und letzter Theil: Das kirchliche Leben des siebzehnten Jahrhunderts bis in die Anfänge der Aufklärung)

JOHANN AUGUST HEINRICH TITTMANN, Pragmatische Geschichte der Theologie und Religion in der protestantischen Kirche während der zweyten Hälfte des achtzehnten Jahrhunderts. Erster Theil, bis zur Erscheinung der kritischen Philosophie, Breslau 1805

WILLIAM H. TRAPNELL, Thomas Woolston, Madman and Deist?, Bristol 1994

ERNST TROELTSCH, Die Aufklärung (1897), in: ders., Aufsätze zur Geistesgeschichte und Religionssoziologie, Tübingen 1981² (= GS 4), 338–374

–, Der Deismus (1898), in: ebd., 429–487

–, Historische und dogmatische Methode in der Theologie (1898), in: ders., Zur religiösen Lage, Religionsphilosophie und Ethik, Aalen 1962 (= GS 2), 729–753

P. TSCHACKERT, „Leß, Gottfried", in: RE³ 11 (1902), 404–406

–, „Polemik", in: RE³ 15 (1904), 508–513

RUDOLF VIERHAUS, Umrisse einer Sozialgeschichte der Gebildeten in Deutschland, QFIAB 60 (1980), 395–419

HANS-ULRICH WEHLER, Deutsche Gesellschaftsgeschichte. Erster Band: Vom Feudalismus des Alten Reichs bis zur defensiven Modernisierung der Reformära 1700–1815, München 1987

WALTER WENDLAND, Die praktische Wirksamkeit Berliner Geistlicher im Zeitalter der Aufklärung (1740–1806), Jahrbuch für Brandenburgische Kirchengeschichte 9/10 (1913), 320–376

PAUL WERNLE, Der schweizerische Protestantismus im XVIII. Jahrhundert, 3 Bde., Tübingen 1923–25

REINER WILD, Freidenker in Deutschland, Zeitschrift für historische Forschung 6 (1979), 253–285

JÜRGEN WILKE, Literarische Zeitschriften des 18. Jahrhunderts (1688–1789), 2 Bde., Stuttgart 1978 (Sammlung Metzler 174)

DAGMAR VON WILLE, Johann Georg Walch und sein *Philosophisches Lexicon*, Das achtzehnte Jahrhundert 22/1 (1998), 31–39

BASIL WILLIAMS, The Whig Surpremacy 1714–1760, Oxford 1962[2]

HANS-GERHARD WINTER, Dialog und Dialogroman in der Aufklärung, Darmstadt 1974 (Germanistik 7)

MAX WUNDT, Die deutsche Schulphilosophie im Zeitalter der Aufklärung, Tübingen 1945

B.W. YOUNG, Religion and Enlightenment in Eighteenth-Century England. Theological Debate from Locke to Burke, Oxford 1998

HELMUT ZEDELMAIER, *Cogitationes de studio litterario*: Johann Lorenz Mosheims Kritik der *Historia litteraria*, in: MARTIN MULSOW U.A. (Hrsg.), Johann Lorenz Mosheim, 17–43

–, ,Historia literaria'. Über den epistemologischen Ort des gelehrten Wissens in der ersten Hälfte des 18. Jahrhunderts, Das achtzehnte Jahrhundert 22 (1998), 11–21

THOMAS ZIPPERT, Bildung durch Offenbarung. Das Offenbarungsverständnis des jungen Herder als Grundmotiv seines theologisch-philosophisch-literarischen Lebenswerks, Marburg 1994 (MThSt 39)

LEOPOLD ZSCHARNACK, Lessing und Semler. Ein Beitrag zur Entstehungsgeschichte des Rationalismus und der kritischen Theologie, Giessen 1905

– (Hg.), John Toland's Christianity not mysterious (Christentum ohne Geheimnis) 1696, Giessen 1908 (SGNP.Q 3)

– (Hg.), John Lock's Reasonableness of Christianity (Vernünftigkeit des biblischen Christentums) 1695, Gießen 1914 (SGNP.Q 4)

Personenregister

Sachregister

Beiträge zur historischen Theologie

Herausgegeben von Albrecht Beutel
Alphabetische Übersicht

Albrecht, Christian: Historische Kulturwissenschaft neuzeitlicher Christentumspraxis. 2000. *Band 114.*

Alkier, Stefan: Urchristentum. 1993. *Band 83.*

Appold, Kenneth G.: Abraham Calov's Doctrine of Vocatio in Its Systematic Context. 1998. *Band 103.*

Axt-Piscalar, Christine: Der Grund des Glaubens. 1990. *Band 79.*

– Ohnmächtige Freiheit. 1996. *Band 94.*

Bauer, Walter: Rechtgläubigkeit und Ketzerei im ältesten Christentum. ²1964. *Band 10.*

Bayer, Oswald / Knudsen, Christian: Kreuz und Kritik. 1983. *Band 66.*

Betz, Hans Dieter: Nachfolge und Nachahmung Jesu Christi im Neuen Testament. 1967. *Band 37.*

– Der Apostel Paulus und die sokratische Tradition. 1972. *Band 45.*

Beutel, Albrecht: Lichtenberg und die Religion. 1996. *Band 93.*

Beyschlag, Karlmann: Clemens Romanus und der Frühkatholizismus. 1966. *Band 35.*

Bonhoeffer, Thomas: Die Gotteslehre des Thomas von Aquin als Sprachproblem. 1961. *Band 32.*

Bornkamm, Karin: Christus – König und Priester. 1998. *Band 106.*

Brandy, Hans Christian: Die späte Christologie des Johannes Brenz. 1991. *Band 80.*

Brecht, Martin: Die frühe Theologie des Johannes Brenz. 1966. *Band 36.*

Brennecke, Hanns Christof: Studien zur Geschichte der Homöer. 1988. *Band 73.*

Bultmann, Christoph: Die biblische Urgeschichte in der Auflklärung. 1999. *Band 110.*

Burger, Christoph: Aedificatio, Fructus, Utilitas. 1986. *Band 70.*

Burrows, Mark Stephen: Jean Gerson and 'De Consolatione Theologiae' (1418). 1991. *Band 78.*

Butterweck, Christel: 'Martyriumssucht' in der Alten Kirche?. 1995. *Band 87.*

Campenhausen, Hans von: Kirchliches Amt und geistliche Vollmacht in den ersten drei Jahrhunderten. ²1963. *Band 14.*

– Die Entstehung der christlichen Bibel. 1968. *Band 39.*

Claussen, Johann Hinrich: Die Jesus-Deutung von Ernst Troeltsch im Kontext der liberalen Theologie. 1997. *Band 99.*

Conzelmann, Hans: Die Mitte der Zeit. ⁷1993. *Band 17.*

– Heiden – Juden – Christen. 1981. *Band 62.*

Deppermann, Andreas: Johann Jakob Schütz und die Anfänge des Pietismus. 2002. *Band 119.*

Dierken, Jörg: Glaube und Lehre im modernen Protestantismus. 1996. *Band 92.*

Drecoll, Volker Henning: Die Entstehung der Gnadenlehre Augustins. 1999. *Band 109.*

Elliger, Karl: Studien zum Habakuk-Kommentar vom Toten Meer. 1953. *Band 15.*

Evang, Martin: Rudolf Bultmann in seiner Frühzeit. 1988. *Band 74.*

Friedrich, Martin: Zwischen Abwehr und Bekehrung. 1988. *Band 72.*

Gestrich, Christof: Neuzeitliches Denken und die Spaltung der dialektischen Theologie. 1977. *Band 52.*

Gräßer, Erich: Albert Schweitzer als Theologe. 1979. *Band 60.*

Graumann, Thomas: Die Kirche der Väter. 2002. *Band 118.*

Grosse, Sven: Heilsungewißheit und Scrupulositas im späten Mittelalter. 1994. *Band 85.*

Gülzow, Henneke: Cyprian und Novatian. 1975. *Band 48.*

Hamm, Berndt: Promissio, Pactum, Ordinatio. 1977. *Band 54.*

– Frömmigkeitstheologie am Anfang des 16. Jahrhunderts. 1982. *Band 65.*

Hammann, Konrad: Universitätsgottesdienst und Aufklärunspredigt. 2000. *Band 116.*

Hoffmann, Manfred: Erkenntnis und Verwirklichung der wahren Theologie nach Erasmus von Rotterdam. 1972. *Band 44.*

Holfelder, Hans H.: Solus Christus. 1981. *Band 63.*

Hübner, Jürgen: Die Theologie Johannes Keplers zwischen Orthodoxie und Naturwissenschaft. 1975. *Band 50.*

Hyperius, Andreas G.: Briefe 1530–1563. Hrsg., übers. und komment. von G. Krause. 1981. *Band 64.*

Jacobi, Thorsten: „Christen heißen Freie": Luthers Freiheitsaussagen in den Jahren 1515–1519. 1997. *Band 101.*

Jetter, Werner: Die Taufe beim jungen Luther. 1954. *Band 18.*

Jorgensen, Theodor H.: Das religionsphilosophische Offenbarungsverständnis des späteren Schleiermacher. 1977. *Band 53.*

Jung, Martin H.: Frömmigkeit und Theologie bei Philipp Melanchthon. 1998. *Band 102.*

Kasch, Wilhelm F.: Die Sozialphilosophie von Ernst Troeltsch. 1963. *Band 34.*

Kaufmann, Thomas: Die Abendmahlstheologie der Straßburger Reformatoren bis 1528. 1992. *Band 81.*

– Dreißigjähriger Krieg und Westfälischer Friede. 1998. *Band 104.*

Kleffmann, Tom: Die Erbsündenlehre in sprachtheologischem Horizont. 1994. *Band 86.*

Koch, Dietrich-Alex: Die Schrift als Zeuge des Evangeliums. 1986. *Band 69.*

Koch, Gerhard: Die Auferstehung Jesu Christi. ²1965. *Band 27.*

Koch, Traugott: Johann Habermanns „Betbüchlein" im Zusammenhang seiner Theologie. 2001. *Band 117.*

Köpf, Ulrich: Die Anfänge der theologischen Wissenschaftstheorie im 13. Jahrhundert. 1974. *Band 49.*

– Religiöse Erfahrung in der Theologie Bernhards von Clairvaux. 1980. *Band 61.*

Korsch, Dietrich: Glaubensgewißheit und Selbstbewußtsein. 1989. *Band 76.*

Kraft, Heinrich: Kaiser Konstantins religiöse Entwicklung. 1955. *Band 20.*

Krause, Gerhard: Andreas Gerhard Hyperius. 1977. *Band 56.*

– Studien zu Luthers Auslegung der Kleinen Propheten. 1962. *Band 33.*

– siehe *Hyperius, Andreas G.*

Krüger, Friedhelm: Humanistische Evangelienauslegung. 1986. *Band 68.*

Kuhn, Thomas K.: Der junge Alois Emanuel Biedermann. 1997. *Band 98.*

Lindemann, Andreas: Paulus im ältesten Christentum. 1979. *Band 58.*

Mädler, Inken: Kirche und bildende Kunst der Moderne. 1997. *Band 100.*

Markschies, Christoph: Ambrosius von Mailand und die Trinitätstheologie. 1995. *Band 90.*

Mauser, Ulrich: Gottesbild und Menschwerdung. 1971. *Band 43.*

Mostert, Walter: Menschwerdung. 1978. *Band 57.*

Ohst, Martin: Schleiermacher und die Bekenntnisschriften. 1989. *Band 77.*

– Pflichtbeichte. 1995. *Band 89.*

Osborn, Eric F.: Justin Martyr. 1973. *Band 47.*

Pfleiderer, Georg: Theologie als Wirklichkeitswissenschaft. 1992. *Band 82.*

– Karl Barths praktische Theologie. 2000. *Band 115.*

Raeder, Siegfried: Das Hebräische bei Luther, untersucht bis zum Ende der ersten Psalmenvorlesung. 1961. *Band 31.*

– Die Benutzung des masoretischen Textes bei Luther in der Zeit zwischen der ersten und zweiten Psalmenvorlesung (1515-1518). 1967. *Band 38.*

– Grammatica Theologica. 1977. *Band 51.*

Sallmann, Martin: Zwischen Gott und Mensch. 1999. *Band 108.*

Schäfer, Rolf: Christologie und Sittlichkeit in Melanchthons frühen Loci. 1961. *Band 29.*

– Ritschl. 1968. *Band 41.*

Schröder, Markus: Die kritische Identität des neuzeitlichen Christentums. 1996. *Band 96.*

Schröder, Richard: Johann Gerhards lutherische Christologie und die aristotelische Metaphysik. 1983. *Band 67.*

Schwarz, Reinhard: Die apokalyptische Theologie Thomas Müntzers und der Taboriten. 1977. *Band 55.*

Sockness, Brent W.: Against False Apologetics: Wilhelm Herrmann and Ernst Troeltsch in Conflict. 1998. *Band 105.*

Sträter, Udo: Sonthom, Bayly, Dyke und Hall. 1987. *Band 71.*

– Meditation und Kirchenreform in der lutherischen Kirche des 17. Jahrhunderts. 1995. *Band 91.*

Strom, Jonathan: Orthodoxy and Reform. 1999. *Band 111.*

Tietz-Steiding, Christiane: Bonhoeffers Kritik der verkrümmten Vernunft. 1999. *Band 112.*

Thumser, Wolfgang: Kirche im Sozialismus. 1996. *Band 95.*

Voigt, Christopher: Der englische Deismus in Deutschland. 2003. *Band 121.*

Wallmann, Johannes: Der Theologiebegriff bei Johann Gerhard und Georg Calixt. 1961. *Band 30.*

– Philipp Jakob Spener und die Anfänge des Pietismus. ²1986. *Band 42.*

Waubke, Hans-Günther: Die Pharisäer in der protestantischen Bibelwissenschaft des 19. Jahrhunderts. 1998. *Band 107.*

Weinhardt, Joachim: Wilhelm Hermanns Stellung in der Ritschlschen Schule. 1996. *Band 97.*

Werbeck, Wilfrid: Jakobus Perez von Valencia. 1959. *Band 28.*

Wittekind, Folkart: Geschichtliche Offenbarung und die Wahrheit des Glaubens. 2000. *Band 113.*

Ziebritzki, Henning: Heiliger Geist und Weltseele. 1994. *Band 84.*

Zschoch, Hellmut: Klosterreform und monastische Spiritualität im 15. Jahrhundert. 1988. *Band 75.*

– Reformatorische Existenz und konfessionelle Identität. 1995. *Band 88.*

ZurMühlen, Karl H.: Nos extra nos. 1972. *Band 46.*

– Reformatorische Vernunftkritik und neuzeitliches Denken. 1980. *Band 59.*

Einen Gesamtkatalog sendet Ihnen gern der Verlag
Mohr Siebeck · Postfach 2040 · D-72010 Tübingen.
Neueste Informationen im Internet unter www.mohr.de